职业活动导向一体化培训教材

汽车营销

主　编　何学容　唐艳辉

副主编　宋　寒　吴　卫

参　编　吴梁洲　张艳芳　刘春秋

贺剑英　王国林

中国物资出版社

图书在版编目（CIP）数据

汽车营销/何学容，唐艳辉主编．—北京：中国物资出版社，2011.8

（职业活动导向一体化培训教材）

ISBN 978-7-5047-3721-2

Ⅰ.①汽… Ⅱ.①何…②唐… Ⅲ.①汽车工业—市场营销学—职业教育—教材

Ⅳ.①F407.471.5

中国版本图书馆 CIP 数据核字（2011）第 050051 号

策划编辑	涂　晟	责任印制	何崇杭
责任编辑	涂　晟	责任校对	孙会香　梁　凡

出版发行	中国物资出版社		
社　　址	北京市丰台区南四环西路 188 号 5 区 20 楼	邮政编码	100070
电　　话	010-52227568（发行部）		010-52227588 转 307（总编室）
	010-68589540（读者服务部）		010-52227588 转 305（质检部）
网　　址	http://www.clph.cn		
经　　销	新华书店		
印　　刷	三河市西华印务有限公司		
书　　号	ISBN 978-7-5047-3721-2/F·1554		
开　　本	787mm×1092mm　1/16		
印　　张	17.5	版　　次	2011 年 8 月第 1 版
字　　数	437 千字	印　　次	2011 年 8 月第 1 次印刷
印　　数	0001—3000 册	定　　价	31.00 元

内容简介

全书共分为六章，主要内容包括：汽车市场营销概论、细分汽车市场和定位汽车目标市场、汽车营销4Ps策略、汽车终端销售及实务、汽车销售延伸服务和辅助支持系统、二手车评估与市场营销。每一章配有教学目标和习题，并收集相关案例，便于教师讲授和学生自学。

本书每章配有实训的相关案例和实训课程，教师可根据实际情况，利用实训课程时间，完成相应的实训项目，提高学生的实践能力。

本书既可作为高等职业技术学校技术服务与营销、汽车运用与维修专业的教材，亦可供相关专业及从事汽车营销的人员参考。

出版说明

《国家中长期教育改革和发展规划纲要》从现代化建设的全局出发，确定了到2020年我国教育发展的战略目标，提出“优先发展、育人为本、改革创新、促进公平、提高质量”的工作方针，并将职业教育作为六大发展任务之一。为更好地完成这一任务，必须进一步深化职业教育教学改革，提高教育教学质量。

高质量的职业教育离不开高质量的职业教育教材。如何真正使得职业教育教材符合现代职业教育特点，达到企业对用工的“学以致用”的要求，是我们一直以来对教材改革、探索的目的。

本着以上精神，我们组织开发了本套“职业活动导向一体化教材”。本套教材具有以下特点。

1. 对传统教材固有结构的改变。本套教材强调基于职业活动能力的教学模块分析与整合，每个专向教学模块内容，知识和技能不是简单的拼凑，而是真正能够体现出实际职业活动的特色。

2. 内容与工作任务的有效融合，注重解决问题和学习能力的培养。工作标准、相关知识、相关技能都是从典型化的工作任务出发，分解而成。每一个学习单元/学习任务都是一个完整的工作过程，注重学生职业能力的提高和持续学习能力的获取。

3. 展现以企业工作场景为平台，校企合作的成果。在编写过程中，组织聘请了多个著名企业参与论证，修订内容。从而保证了教材的校企共同研发，而非“传统编写”，体现教材的职业教育价值。

一套好的职业教材，需要不断地在实践中运用、论证、修改才能日益完善，我们组织的这套教材也不例外，存在失误、不足在所难免，恳请各位读者提出指正，以便今后的修订改进。

中国物资出版社职业教育编辑室

前 言

中国加入WTO后，势不可挡的经济全球化大趋势和供求关系的不断变化使汽车产业进入了一个市场规模、生产规模迅速膨胀的阶段，市场需求的规模也进入了从千人拥有汽车20辆到100辆的发展阶段。尤其在2009年，我国汽车共生产1379.10万辆，销售1364.48万辆；乘用车产销量首次超越千万辆门槛，分别达到1038.38万辆和1033.13万辆，成为了世界第一汽车产销大国。

在这种市场大背景下，竞争变得更加激烈，原有的汽车市场营销体系受到了巨大的冲击，汽车营销模式也出现了新的变化。营销组织的成员具有相当的专业知识、高素质和创新能力，才能适应新形势下的市场营销工作。

本书从实际应用的角度出发，通过对汽车市场营销及各种策略、汽车销售实务以及延伸服务和后台支持系统等方面的详细论述，使学生既能够比较完整而系统的掌握汽车市场策划方面的基本理论、分析方法和实际操作技能，又能够很快的熟悉和应用4S店管理和销售的技巧。提高学生了解企业和行业的环境，熟悉行业竞争态势和相关产品，利用企业资源制定适合的品牌和产品营销策略的能力；了解客户的消费习惯，利用沟通技巧向客户准确传递产品信息和相关的产品知识，与消费者建立长久、固化的互动关系和创造顾客需求的销售技能。

本书具有以下特点：

1. 注重知识的全面性。本书分为六章，除了对市场营销和销售服务的专业知识进行系统的讲述外，还特别引入了“汽车销售延伸服务和辅助支持系统”、“二手车评估与市场营销”的相关内容，系统的描述了网络信息化系统在汽车营销管理中的实际运用和二手车的评估以及营销延伸服务的相关知识，全面扩展学生的知识面和就业技能。

2. 注重内容的实用性。本书在学习内容上以加强学生的理论知识、提高实践能力为目标，注重理论联系实际，强调知识的系统性、实战性。并针对我国汽车市场现在的发展状况，在介绍基本的汽车营销理论的基础上，广泛借鉴和总结国内外最新的营销理论、服务理念，精选大量借鉴性较强的汽车市场营销案例，分布于各章各节之中。同时结合中、高等职业教育重视实战及技能教学的特点，通过对实用营销事务和实际操作技能等内容的介绍，将汽车的销售服务技巧和市场营销相关理念有效的传导给学生，从而提高学生的专业技能水平。

3. 注重学习项目的实操性。在各章节的实训项目里，介绍了当今汽车制造企业在市场营销工作中的各种策略实施案例，在老师的带领下完成各项实训项目可以让学生在完成实训任务的过程中，提高自身的知识应用能力，有利于提高学生求职技能和实际工作技能。

本书的编写是集体劳动的成果，由重庆电子工程职业学院何学容、唐艳辉担任主编，重庆理工大学宋寒、具有丰富市场经验的汽车营销策划人吴卫担任副主编。编写分工如下：第 1 章由吴卫编写；第 2 章由吴粱洲、何学容编写；第 3 章由唐艳辉、刘春秋编写；第 4 章由何学容、吴卫、唐艳辉编写；第 5 章由宋寒、贺剑英编写；第 6 章由张艳芳、王国林编写。全书由何学容、吴卫统稿。

本书编写过程中，得到了电子工程职业学院汽车系主任罗永前主任、重庆理工大学汽车学院邹喜红教授、杨英、袁冬梅等人的诸多中肯建议，同时还得到长安福特汽车有限公司市场总监曹挺先生、重庆长安马自达市场副总监王晓玲女士、长安轿车销售公司市场总监周江先生、绵阳华鑫汽车有限公司营销副总监高磊先生的大力支持，在此一并表示深深的谢意。此外，本书在编写过程中，参考、借签了大量的文献资料和网站资讯，在此对这些文献资料的作者表示诚挚的感谢！

本教材建议安排 60～65 学时，各学校可按自身专业设置的具体情况灵活调整。

限于编者的水平，书中难免有不妥之处，敬请广大读者给予批评指正。

编　者

2011 年 4 月

目　录

1 汽车市场营销概论

【参考学时】6 课时

【任务目标、要点及权重】

任务目标	任务要点	权重
了解汽车市场的发展和营销观念	汽车市场的历史、现状及趋势	20%
熟悉各种创新营销方式及应用	信息时代的营销方式的创新	20%
准确掌握汽车市场营销的相关概念和理论知识	4P、4C、4R 营销理论及应用	60%

引导案例

“福特 T 型车”的兴衰历程

1908 年 3 月 18 日由亨利·福特和柯冉斯亲自策划的福特 T 型车销售计划，是采取秘密拟定的方式进行的。

福特不声不响地印发了 T 型车的商品目录，T 型车的照片也被印在上面，然后秘密地将这些目录散发给福特汽车公司的主要经销商，经销商们收到福特邮寄来的信封有些莫名其妙，等拆开信封，仔细看过里面的商品目录、说明书和价格表之后，才醒悟过来，都赞同这是个难得的奇妙的构思，福特 T 型车的外观如图 1-1 所示。

图 1-1 福特 T 型车

商品目录上的T型车较之尚未售完的R型车和S型车，是介于有篷车和敞篷车之间的一种造型，款式更新颖。

根据商品目录上的销售宣传，T型车有如下几个显著特征：一是使用了软质坚固的名钒钢合金材料制造；二是4个汽缸都在由两个半椭圆形的钢板支撑着的同一个铸模内，发动机体积较小；三是变速器全部隐蔽在车体内，不像以前那样露在外面；四是方向盘设计安装在左边，与欧洲车方向盘的位置相反。

难以置信的是，福特给经销商们的定价竟然只有815美元。

等一等！就决定买这种车了！但是要等到把R型车和S型车的库存扫光为止，否则推出这种车是会破产的！

当福特得知经销商们的兴奋之情时，毫不犹豫地作出断然决定，立刻选定了推出新车的发表日期。10月1日（星期五），亨利·福特断然拉开了一场新车宣传战的帷幕，这出其不意的一举着实令世人震惊，这是史无前例的创举。

先不说报纸、杂志上那些大篇幅的目不暇接的宣传，仅以邮寄广告方式，在全美展开的声势浩大、规格空前的宣传活动，就连席亚斯和鲁巴克也自叹不如，甘拜下风。亨利·福特并不满足于以邮寄广告的方式所获得的效果，他还通过电报和电话的方式，直接迅速地告知消费者。

亨利·福特抓住一切机会进行宣传，在同年春天即将创刊的《福特时间》这一杂志上，福特同时作了宣传，在杂志中，福特的广告写道："自从T型车发售以来，凡是购买T型车的顾客均可以享受邮资免费的优待。"这本杂志相当畅销，到了1910年，这本杂志相继用法文、西班牙文、葡萄牙文、俄文等几种文字大量发行，到了1916年，其发行量已达60万份。

T型车为福特带来了高额利润。仅一年的时间，销售量已达6000辆，创下了历史最高纪录，所获得净利润比过去5年的总销售额还高出100万美元以上，尽管为了T型车投入了巨额宣传费用，但将其减除掉，剩余量仍是相当可观的。毋庸置疑，这一盛举为亨利·福特写下了一生中灿烂夺目的一页。

到了20世纪初，美国汽车市场发生了巨大的变化，买方市场基本形成，道路及交通状况也大为改善，简陋而千篇一律的T型车虽然价廉，但已经不能满足消费者的需求。然而，面对市场的变化，福特仍然顽固地坚持生产中心的观念，宣称"无论你需要什么颜色的汽车，我福特只有黑色的"。而通用汽车公司则及时地抓住市场机会，在汽车的舒适化、个性化和多样化等方面大做文章，以产品的特色化来对抗廉价的福特汽车，推出了新式样和多种颜色的雪佛兰汽车。雪佛兰一上市就受到消费者的追捧，使福特T型车的销量剧降。

销量的滞后，使福特公司不得不改变心中固有的想法，他们开始在公司内部成立商情调研部门，从满足消费者的心理及实际需要出发，对消费者进行分析研究。经过市场调查，亨利·福特决定改变T型车的颜色和外形。车的颜色一改过去单调的黑色，根据车的用途将颜色分为三种：充满活力的红色旅行车、朴实实用的灰色一般大众代步车和气派高雅的绿色豪华车。同时，在车子面前铿亮的散热器上，镶嵌着一个经过注册的"福特"的商标，这个商标煞是醒目，在半英里（约800公尺）外就能清楚地看到，同时，它还产生了相当美观的效果，因此，颇受用户青睐。截止到1921年，T型车的产量已占世界汽车总产量的56.6%，福特公司也成为了美国最大的汽车公司。

1920年经济大萧条时期，福特虽然通过大幅度的降低成本渡过了难关，但由于公司在战略上没有太大的改变，一直处于无所适从的境地，迅速崛起的通用汽车公司逐渐垄断了美国汽车市场12%的销售额，通用不断创新汽车样式，以适应不同等级的市场，向富豪们供应昂贵的凯迪拉克，向中产阶级供应中档的别克、奥尔兹和庞迪阿克，向普通大众供应低价的雪佛兰。

尽管人们纷纷指出T型车的缺点，并要求改进，但福特面对强大的竞争，仍旧通过低成本的策略来应付，还固执的认为"福特汽车的缺点就是我们造得不够快"。到了1927年，累计销售了1500多万辆的T型车不得不停产，通用公司也一举超过福特，成为世界最大的汽车公司。

点评：这一案例典型地反映了市场营销学的中心问题，即市场营销观念的历史演变过程。正如从T型汽车的兴旺到停产、从"黑色"到"三色"的发展变化所显示的那样，随着社会和经济的发展，市场营销也经历了生产观念—产品观念—推销观念—市场营销观念四个阶段的发展和演变。它提醒着企业，在注重产品本身的同时，必须树立一切围绕"消费者"不断发展变化的利益相应调整企业的营销观念和市场策略，真正做到"需求第一"、"顾客至上"。以"市场观念"来决定企业的营销方针，并作为企业营销的出发点和归宿。

1.1 汽车市场营销概述

1.1.1 市场的含义、要素、分类及特征

1. 市场的含义

市场就是指买者和卖者聚集在一起进行商品交换的场所，它是社会分工和商品交换的必然产物。在营销者看来，市场在形式上表现为物与物的交换，实质上体现着供需双方的经济利益关系。同时，由于商品交换直接取决于市场上的供求关系和信息的沟通结果，所以，市场又是一种经济调节机制和运行方式。

市场是通过两套体系把买卖双方联系起来（如图1-2所示）；一套是商品转化为货币的流程（内框）——卖方把商品或服务卖给消费者，并通过消费者取得货币收入；另一套是信息流程（外框）——卖方把商品方面的信息传递给买方，买方也会将自己的需求和意见反馈给卖方，卖方再将所获得的信息转变成为生产信息，以便提供更适合买方的商品或服务。

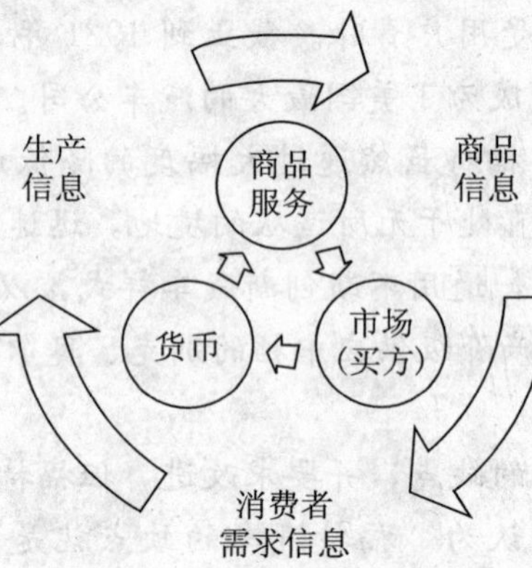

图 1-2　市场中的两套体系

2. 市场三要素

(1) 有某种需要的个体。

(2) 有满足这种需要的购买欲望。

(3) 有满足这种欲望的购买能力。

即，市场＝个体＋购买欲望＋购买力。

3. 市场的分类

市场类型的划分是多种多样的。

按产品的自然属性划分，可分为商品市场、金融市场、劳动力市场、技术市场、信息市场、房地产市场等。

按市场范围和地理环境划分，可分为国际市场、国内市场、城市市场、农村市场等。

按消费者类别划分，可分为中老年市场、青年市场、儿童市场、男性市场、女性市场等。

按交易对象划分，可分为生产资料市场、消费资料市场、生产要素市场。

按交易数量划分，可分为批发市场、零售市场。

4. 现代市场的主要特征

(1) 市场的开放性——它不仅使消费者在商品或服务的质量、价格、品种、功能上有更多的选择，也使企业在购买生产要素和销售产品时有更好的选择。

(2) 市场的竞争性——市场的竞争性会使经济活动充满生机和活力；能使企业之间在更大的范围内和更高的层次上展开竞争与合作，努力促进产品在质量、价格、服务、品种等方面不断提高，更好地推动经济活动的发展。

(3) 市场的有序性——企业的管理制度、规范的政府职能、良好的社会信用、健全的法治基础、有效的舆论监督、规范的市场监管等体系能保证平等的竞争和公平的交易，保护生产经营者和消费者的合法权益。

1.1.2　市场营销的概念

美国西北大学教授菲利普·科特勒将市场营销表述为："个人和集体通过创造提供并

同他人交换有价值的产品，以满足各自需要和欲望的一种社会活动和管理过程。”该概念中包含了：需要、欲望和需求、产品和服务、价值和满意、交换和交易、关系和网络、市场和营销、信息和沟通等一系列的概念。

这些定义具有以下几个方面的丰富内涵：

（1）强调所进行的市场营销活动必须“以满足人们的需求为导向”，任何市场活动都以“最大化地满足消费者的各种需求与欲望”为目的。

（2）需要的满足必须依靠满意的产品，满意的产品是价值和满意度的体现。它能够更有效地提高实现交换的可能性。当然产品不仅仅是指那些看得见的物质产品，也包括那些能够使人们的需要得到满足的服务或者创意等无形产品。

（3）实现需求的满足是通过市场营销者采取积极有效的策略和手段来促进市场交易而实现的。若站在市场营销者的角度来看，它包括了市场调研、市场定位、产品开发、产品生产、销售和售后服务等所有阶段在内的所有组织和管理的过程。

1.1.3 信息时代的营销方式的创新

1. 网络营销

网络营销是以现代信息通信技术为基础，以计算机网络为媒介和手段来进行信息的交换和沟通，并以新方式、方法和理念实施营销活动，从而更有效地达成市场交易活动的一种市场营销手段。

网络营销能够实现包括开发网络产品、实施在线调研、建立分销渠道、发布产品信息、拓展网站推广、促进销售活动、维护顾客关系、协调顾客服务八个方面的营销职能。

应用案例 1-1

荣威 550 首创网络 4S 模式

2009 年，荣威 550 首次携手新浪汽车营销推出了一种全新在线购车模式，通过这种全新的“在线即在店”的方式，消费者不仅可以更加详细地了解车型的信息，并且还可以以直接提取现车的方式购买到当下货源紧张的荣威 550，开创了国内人性化汽车营销的先河。统计显示，两周的活动时间里，荣威 550 网上 4S 店每天的进店浏览人数超过五位数，总点击量更超过了 200 万人次，火暴势头可见一斑。

（资料来源：新浪汽车网）

点评：“网络购车”这种创新的营销模式，在操作便捷、省时省力等各方面优势明显。但消费者的购车过程是一个系统的体验式的消费过程，要想真正从传统意义上的购物习惯过渡到网络购车还有很长一段路要走。

现有网络流行的营销方式有以下几种：

（1）病毒式营销：常用于进行品牌或产品推广，利用新颖的传播内容，吸引客户，并使客户之间形成自发进行的口碑传播，且像病毒一样迅速蔓延，从而达到信息传递和推广的目的。病毒性营销是一种高效的信息传播方式，而且几乎是不需要费用的网络营销手段。

（2）电子邮件营销：是以加强企业和客户的沟通为目的，通过发送电子邮件与受众客户进行商业交流，以促成交易的一种沟通方式。

（3）论坛营销：是以宣传企业的品牌、加深市场认知度为目的，利用论坛这种网络交流的平台，通过文字、图片、视频等方式发布企业的产品和服务的信息，让目标客户更加深刻地了解企业的产品和服务。

（4）搜索引擎营销：通过对网站进行符合搜索引擎标准的方法进行优化，从而提高在搜索引擎上的排名，以达到推广目的的一种营销推广方式。

2. 服务营销

服务营销是指汽车制造企业在充分认识消费者需求的前提下，为充分满足消费者需要在营销过程中所采取的一系列活动。同传统的营销方式相比较，服务营销是一种通过关注客户，进而提供服务，最终实现有利于产品交换的一种营销手段。企业所关心的不仅是产品的成功售出，更注重的是客户在享受企业所提供的服务的过程中的感受；而传统的营销方式只是提供简单的满足消费者在生理或安全方面的需求。

在汽车行业中的客户可以分为两个层次：中间商和消费者。因此，对于汽车制造企业来说，服务营销的内容则是向所有中间商和消费者提供最优质的服务，并通过服务提高两者的满意度，并建立其忠诚度。

3. 其他营销创新

（1）个性化营销：通过调查和收集不同群体消费者的个性化需求信息，定制不同的产品，以满足消费者的需求。个性化营销除了需要一套强大的消费者需求信息收集渠道和数据整合体系来支撑以外，更重要的是要求企业在合理控制成本的状况下，必须从业务、管理、服务等流程进行优化，以确保制造技术、生产能力以及整个经营体系能够迎合这种时间短、批量小、差异大的产品和服务需求。例如，如今，在美国定制一款汽车的交货周期已经压缩到20天，并且可以满足消费者的爱好和个性化需要，增加丰富的配置。不仅如此，一些零售商们还进一步了解客户的需求，开发了一系列个性化服务。如详细分析每位客户用车习惯，准确地提醒客户维修保养的时间、免费上门取车送车、紧急救援卡等。

个性化营销可以多方面满足更多消费者的利益，并通过这种差异化的营销方式与产品共同形成完整的价值服务体系，并且可以根据市场的竞争状况和发展趋势，灵活地调整个性化产品和服务的构成，使企业能够持续性地保持市场竞争力。

（2）会员制营销：是指企业以某项产品长期利益或服务为主题将用户组成某种形式的团体，提供适合会员需要的服务，并开展宣传、销售、促销等活动，以达到培养产品或品牌的忠诚顾客、长期获得经营利益的目的。

会员制营销除了是电子商务网站常用的有效推广营销手段以外，同时也是其他行业扩展客户网络、维系长期客户关系、营造品牌或产品口碑和知名度的一种重要营销手段。

据调查，通用汽车公司在北美每卖100辆汽车中，就有65辆是老客户购买的。而我国目前有很多行业都在逐步尝试会员制营销，例如，深圳万科房地产公司的“万客会”就是目前房地产业会员制营销模式的体现；招商银行、苏宁电器等企业也通过会员营销取得了良好的效果。

会员制营销不只是简单发放各种形式的会员卡，若大量会员仅仅是建立在期望得到折扣、优惠或特价等优惠的基础上，那就不是会员制营销，而是成为一种变相的降价促销手段。它的核心在于通过客户忠诚度计划将增值服务、长期利益、信息沟通、长期的情感诉求等因素进行整合，为客户提供较为独特的、高认知价值的长期利益组合。

(3) 跨界营销：是指企业依据自有品牌的特征，与不同行业、不同产品，但拥有共同消费群体的企业联合，融合双方的品牌优势和营销资源，共同实施有效的营销策略来提升品牌价值，从而实现联合企业市场最大化和利润最大化的一种新型营销模式。

跨行业营销在品牌推广和产品销售上的优势尤为突出，通过企业间的资源对接，能更集中、有效地对共同的目标群体实施推广，给消费者带来一种与众不同的审美情趣或者价值观念，提升消费者对两种品牌的印象和好感。在消费心理上，跨界营销能够起到更好的导向作用，使消费者在认知、情感和行为上更容易倾向两种品牌的产品。

应用案例 1-2

斯柯达 Fabia 晶锐和伊利果之优酸乳

2009 年 8 月，斯柯达 Fabia 晶锐和伊利果之优酸乳发起了“果之达人，乐绘晶锐”活动，其间包括创意彩绘大赛，陆续在北京、天津等十个城市举行。汽车行业和果乳饮料行业如此大规模的异业联合营销在业界尚属首例，图 1-3 为广告图片。

图 1-3 斯柯达 Fabia 晶锐和伊利果之优酸乳广告

斯柯达与伊利，两个本身同为 2008 年奥运会合作伙伴的实力品牌，Fabia 晶锐与果之优酸乳的联姻是跨界交叉的合作，双方在品牌诉求和消费者定位上有很高的重合度，这正是双方认为 1+1>2 的信心来源。如果说两个产品在受众人群年龄上只是部分相同，那么在品牌个性方面则是基本一样——讲求生活品质，相信生活。通过创意彩绘形式吸引彩绘达人进行个性彩绘创作，争夺 Fabia 晶锐使用权，是展示品牌内涵的互动促销活动。而斯柯达更看重的是伊利遍布全国的超市销售网络，Fabia 晶锐个性箱贴在优酸乳箱体上呈现，加上幸运刮卡，给消费者认知 Fabia 晶锐提供了便捷的方式，借助伊利，斯柯达巧妙地将汽车销售驶入万家超市卖场。

(资料来源：好车网，郑娟)

点评：斯柯达与伊利的跨界推广之所以能够获得一定的成功，除了受众人群相近的特点外，双方的双赢也是能够结合的重要支撑点。在新车型上市的知晓度需要快速提高的背景下，借助与之相同的讲求生活品质的消费人群的快速消费品品牌和它的销售渠道，当然能够达到其推广的目的。而伊利则可以借势提高品牌在消费人群的档次和地位。因此，跨界营销讲求的重点是品牌的定位和特定环境下的营销目标能够结合。

1.1.4 汽车市场营销的概念

汽车市场营销是汽车企业为了最大限度地满足市场需求而利用自身资源，采取专业的策略和方法对汽车市场进行调研和预测，判断消费者目前和未来的需求，并按这种需求指导汽车企业进行汽车研发和生产，提供符合消费者需求的汽车产品，再通过销售和售后服务实现与消费者之间价值交换的全部经营管理过程。

简而言之，汽车市场营销就是企业针对汽车消费群体的需求，采取一系列生产经营活动实现这一需求并创造企业商业利益和价值的全过程。

理解这一概念还需要把握以下几个行业特性：

(1) 汽车市场营销的核心仍是消费者的需求。以顾客的观点来衡量汽车产品的价值是汽车企业进行一切经营活动应该遵循的指导思想和行为准则；通过调查、分析和预测消费者的需求才能够准确地把握目标群体的特性，才能使企业有正确的经营方向，正确地实施经营管理活动，以最优质的产品、最合理的价格送到消费者手里。

(2) 汽车产品的技术性和质量要求较高。汽车产品具有使用寿命较长，且购买的成本和维修的代价较高的特点，这就决定了产品需要较高的技术含量支撑，才能保证汽车产品具有较好的质量，才能够长期、持续地使用；而汽车企业往往也是将技术和保证质量的经验和创新作为市场营销活动中的核心竞争力来加以培养。

(3) 汽车市场营销具有持续性的特点。与其他行业有所区别的是汽车产品的一次性购买只是构建消费者长久关系的开始，企业在通过售前、售中、售后等一系列服务满足消费者需求的同时，建立了与消费者长久的沟通关系，而这一系列的产业链服务各环节不但可以持续地给企业带来经济效益，同时也可达到建立客户忠诚度和品牌传播的目的。

1.1.5 汽车市场营销的研究内容

汽车市场营销主要研究汽车企业如何在动态的市场中根据消费者的动态需求有效地生产和管理其汽车产品的交换关系和交换过程，以达到提高经营效果，实现企业一定时期内的战略目标。

它包含以下三个方面的内容：

(1) 了解宏观环境和市场环境，分析和预测市场动态、识别汽车消费群体潜在的欲望和需求，选择和确定企业所要提供产品和服务的消费群体，并判断这一群体产生的市场需求量的大小，以便更好地服务于这一目标市场。

(2) 根据这一群体的消费需求来指导产品设计开发、技术创新、产品配置、包装等生产过程，生产出适合的汽车产品。

(3) 制定产品合理的价格、选择适合的物流和销售渠道，并根据企业现有的资源合理地进行有效的产品推广和促销活动，使汽车产品能够以最合理的价格和最便捷的方式，把适销对路的汽车产品送到客户手里，从而实现产品良好的持续性的销售和服务，实现其产品价值。

1.1.6 汽车营销与汽车销售的区别

在汽车营销概念未能广泛发展的较长一段时期，很多人认为汽车市场营销就是指汽车的推销，还有部分人认为汽车市场营销就是指把汽车产品销售给汽车经销商，经销商通过汽车市场或销售店推销给消费者的整个过程。

其实，这两种观念都只认识到了汽车市场营销的部分职能，前者是把汽车市场营销中的终端最主要任务推销给消费者的过程理解为了汽车市场营销；而后者的观念则是把汽车产品从企业销售到渠道和终端推销的过程理解为汽车市场营销。它们的观念都是从卖方需求出发，考虑的只是如何把产品变为现金，而忽略了整个产品的前期调研、产品定位、制造环节、渠道策略、价格策略、推广策略以及售后服务等诸多环节。而市场营销则是考虑如何通过产品研制、信息沟通以及产品如何最终传递到消费者等一系列的动作来满足消费者需要的所有经营活动。

推销和销售观念都注重的是卖方需求；市场营销观念则注重买方的需求。推销和销售的观念是以企业自身的需要为出发点，考虑的是运用何种方法把产品变成现金；而市场营销的观念则是考虑如何通过调研、定位、制造、销售、售后服务等所有环节，来满足顾客的需要。

可见，市场营销观念的4个支柱是：市场中心、顾客导向、协调的市场营销和利润。推销观念的4个支柱是：企业、产品、推销、利润。从本质上说，市场营销观念是一种以顾客需要和欲望为导向的哲学，是消费者主权论在企业市场营销管理中的体现。

1.2 汽车市场营销组合策略的理论基础

1.2.1 4P营销理论的概念及应用

1. 4P营销理论的概念

4P理论产生于20世纪60年代的美国，随着营销组合理论的提出而出现的。1967年，菲利普·科特勒在《营销管理：分析、规划与控制》书中提出以4P为核心的营销组合方法，即Product（产品）、Price（价格）、Place（分销）和Promotion（促销）4大理论要素，并认为如果企业的营销组合中包括生产适应市场的产品，制定合理的价格，采用适当的渠道策略，并运用有效的推广策略，那么这将是一套成功的营销组合，它能够使企业的营销目标更容易实现。4大理论要素涵盖的内容包括：

产品：注重产品开发的功能设计，提出产品必须具有独特卖点，并将产品功能诉求放在第一位。

价格：根据细分市场的定位不同，采取不同的价格策略，产品定价依据是企业的营销战略。

分销：提出注重分销网络建设和经销商的培育，通过分销商来进行企业与消费者的信息沟通。

促销：通过推广和促销活动来刺激消费者、引导消费者选择产品或提前消费来促成销量增长。

如图 1-4 所示，这一套理论是站在企业的角度提出的，通过充分利用产品、价格、分销、促销 4 个企业可控的内部因素，对外部不可控因素作出积极动态的反应，从而促成交易的实现。

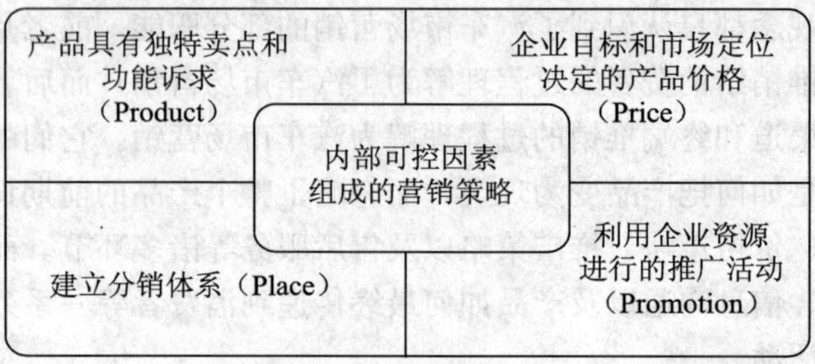

图 1-4　企业营销组合

应用案例 1-3

20 世纪 60 年代福特、通用等世界知名品牌在营销思想上率先开始运用 4P 这一专业化营销工具。

1964 年，美国福特野马车上市，就系统采纳了整合营销沟通手段。整个上市从四个角度进行整合，第一是组织了 100 多名记者，进行一场从纽约到另外一个地方的汽车大赛，使记者们在动态之中，感受到野马车的好处。第二是在全美发表了 300 多篇关于野马的介绍，其中特别成功的是，动员了时代杂志和商业周刊把野马上市作为封面专题。第三，在全美二百多家杂志、报纸刊登了福特汽车的整版广告。第四，购买了美国主要机场和全国两百多个五星级酒店的展示厅，摆上新汽车，结果野马一上市，先声夺人赢得了消费者喜爱，取得巨大成功，一举成为该年度第一销售品牌。

点评：福特野马车成功上市的案例体现了整合营销的两个特点：第一是方案的系统性，即强调所有的营销活动必须相互紧密配合；第二是强调产品上市的宣传力度，即一定要保证产品在市场上推出时具有足够的影响力，产生爆炸性的效果。

2. 4P 营销理论的应用——差异化营销

(1) 差异化营销的概念。站在市场营销的角度来看，差异化营销是指企业面对现有市场的特点，向消费者提供与其他竞争企业不同的产品和服务，并制定和实施相应的产品策略、价格策略、渠道（分销）策略以及促销策略。

(2) 差异化营销的核心过程。差异化营销不是某个营销层面、某种营销手段的创新；而是产品、概念、价值、形象、推广手段、促销方法等多方位、系统性的营销创新，并在创新的基础上实现品牌在细分市场上的目标聚焦，取得战略性的领先优势。

差异化营销的核心过程是：在细分市场的基础上，根据目标市场尚未满足的需求进行消费者定位，产品定位和竞争定位，并制定相应的差异化市场营销组合策略，在实施过程中树立与其他竞争产品不同的形象，并赋予品牌新的价值。

市场需求是多样化的，不同的消费者具有不同的爱好、个性、价值取向以及不同的收入水平和消费理念等，从而决定了他们对产品品牌有不同的需求侧重，而通过对目标市场实施差异化的营销组合策略，能够赋予品牌和产品独特的价值，树立鲜明的形象，建立品牌的差异化和个性化的核心竞争优势。

(3) 差异化营销战略。对于一般商品来讲，差异总是存在的，只是大小、强弱不同而已。而差异化营销战略所追求的“差异”是企业凭借自身的技术优势和管理优势，生产出在性能上、质量上优于市场上同类的产品或是体现出相似产品的不同价格的优势；也可以通过建立不同的销售渠道、特色的宣传活动、灵活的促销手段、周到的售后服务，在消费者心目中树立起区别于其他品牌和产品的形象。

它与传统意义上的差异化策略有所区别。站在竞争的角度来看，传统意义上的差异化策略是体现在企业自身的产品与竞争产品之间的差异化；站在企业内部的角度看，它则体现在不同目标市场制定的差异化产品策略。而站在市场营销的角度来看，差异化营销战略则包含了产品、价格、渠道和促销四个营销要素单独或组合的差异化策略。即每个营销要素都可以单独突出其差异化，制定相应的策略；营销要素之间也可以在任意组合后，制定差异化组合战略。

应用案例 1-4

多管齐下——上海汽车差异化营销脉络渐清

在 2010 年 12 月末的东方 CJ 电视购物节目中，上海汽车荣威品牌旗下的首款 A 级家轿产品荣威 350 在 45 分钟内卖出了 560 辆，创造了五秒钟卖一辆车的纪录。而此次上海汽车将主流汽车产品定制与电视购物模式成功整合，被业界认为是迈出了定位 80 后年轻消费者的差异化营销创新步伐。

但是显然，销售渠道差异化只是上海汽车的差异化营销的一部分，从价格定位、产品特点开始，荣威品牌就已经开始了差异化营销之旅。

(1) 价格差异化。

上汽集团执行副总经理兼乘用车公司总经理陈志鑫在“中国自主汽车技术与产品成果展”上告诉媒体，上汽用 20 多年合资合作积累的技术和管理经验发现，只有走差异化的发展道路，以中高端为切入点，以产品技术含量、性能和品质来和国际知名品牌做面对面的竞争，打造自己的品牌，才能进行可持续发展。陈志鑫坦诚告诉媒体：“虽然在自主品牌建设初期，上汽的自主轿车没有被消费者认知和接受，令上汽承受了很大的压力，销售上始终没有形成突破。但上汽并未放弃产品品质的提升。”

我们看到的是，由于起步定位就是打造中高端产品，荣威品牌与其他自主品牌主打小排量相比，确立了差异化的竞争优势，经过两年多的努力，消费者逐步认可并接受了上汽打造自主品牌的理念和定位。随着荣威550、MG6和荣威350的上市，上汽自主品牌销量开始大幅度提升，并开始实现赢利。

(2) 产品差异化。

从荣威350的身上更能看出上海汽车差异化营销的路子。

荣威350的传统价值是可圈可点的，它所搭载的发动机是上汽全新开发的1.5升VTI-TECH（多角度连续可变正时系统）高效能发动机。由于采用了创新的独立双位分层冷却系统，可以实现发动机启动后短时间快速暖机，最大限度减少缸体摩擦损耗，并且降低4%～6%的油耗和二氧化碳的排放量。

荣威350配备四速Multi-Mode（多模式）自动变速器和五速SSG手动变速器。其自动变速器具有自学习功能，能够依据驾驶者的驾驶习惯和道路情况进行调整和修正，以保证挡位切换时的平顺性。五速SSG手动变速器由上海汽车联合世界顶级公司开发，具有强度高、性能稳定等特点，换挡阻力小，定位精确，操作手感好，噪声低。

静音控制是荣威350众多亮点中值得大书特书的特点之一。荣威350不仅是国内仅有的同济风洞中心建立以来首次同时进行气动和声学实验的用户，更开创了自主品牌，首次同时进行气动声学实验的先河。

而在安全方面。前排双安全气囊、侧腹一体式气囊及前后排侧帘式气囊齐备，并全系标配ABS＋EBD＋CBC＋BA。

荣威350的传统价值可谓优秀，但它有没有人无我有的优势？就像荣威550以“数字智能轿车”的鲜明卖点吸引眼球一样，无论是小排量车还是豪华旗舰车，差异化都将成为上汽认准了的“撒手锏”。“这是我们打造新产品的主要设计思路，”上海汽车乘用车公司副总经理蒋峻表示，“荣威350是上海汽车从开始打造自主品牌之初就开始谋划的产品。因此，在规划之初、定义产品时，除了强调汽车的安全、油耗、空间等传统价值，上汽更仔细考虑了足以令350异军突起的优势。这种优势当然包括荣威350是搭载3G智能网络行车系统的‘全时在线中级轿车’”。

“上海汽车认为3G移动通信技术运用在汽车上是必然的趋势，单体汽车电子智能化必然会向汽车网络智能化演进，带移动通信功能的开放式导航娱乐系统是ICE的未来发展方向。荣威350全系可以选配的inkaNet系统，是上海汽车花了两年时间全力打造的未来网络时代的先锋。”上海汽车乘用车公司品牌与产品规划部总监刘涛告诉记者。

这个inkaNet系统，就是荣威350异军突起的产品优势。

(3) 渠道差异化。

有了不一样的定位、不一样的产品，那么有不一样的销售渠道也就不足为奇了。早在几年前，荣威550就尝试在网上开设4S店。而这次荣威350能在电视购物中有好成绩，更是精准地把握了它的消费群体。随着80后逐步成为汽车产品尤其是中级车的主要购买人群，他们的行为特点、触媒习惯和消费倾向势必影响汽车市场的未来走向。

上海汽车市场部相关负责人认为，“快消费”是80后消费的重要特点。一方面，快节奏的生活氛围促使他们必须选择更有效率的行为方式；另一方面，成长于信息爆炸、传媒渠道不断推陈出新的时代，80后也更加容易接受和尝试新鲜事物，敢于突破“眼见为实”的传统购物观念；这些都是网购、团购和电视购物等新兴营销方式日渐盛行的重要原因。

从成立伊始的"品位、经典"到完成B、A+和A级产品线布局后的"品位、科技、实现"，荣威品牌洞察并满足了中国市场汽车用户的期待和需求，不断以富于新意的方式进行传播。"从营销层面出发，如何找准每个细分市场的产品定位，覆盖对应的目标人群，这是营销需要解决的问题。所以，营销方向和手段不是跟着荣威750、荣威550、荣威350的产品变化而调整，而是取决于目标人群的消费习惯和特征。

(资料来源：http：//www. sina. com. cn)

点评：无论是产品、价格或是渠道的差异化，其核心就是要塑造品牌的差异化。而最为重要的是技术、品质和服务的稳定和提升。此外，企业在打造差异化的道路上需要更多的关注的是企业现有资源的整合与外部市场的变化相结合，才能够避免走入"一招鲜"的误区，真正的将差异化转变为品牌长久的核心竞争优势。

1.2.2 4C、4R理论及应用

1. 4C理论

在以消费者为核心的市场竞争中，随着市场经济的发展和消费者需求的变化，企业将面临消费者形态差异大的挑战。随着对"以消费者为中心"营销思路的深入研究，营销学者对此提出了新的营销要素。1990年劳特朗先生在《广告时代》上面，对应传统的4P提出了新的观点："营销的4C"。它强调企业应该把追求顾客满意度放在第一位，产品和服务在研发过程中就应该充分地考虑客户的购买力，产品必须满足顾客需求，同时提出要尽量降低顾客的购买成本，重点提出必须注重顾客购买过程中的便利性，同时还应和消费者保持长期、有效的联系。

4C即：

(1) 消费者的需要与欲望（Customer's needs and wants)；

(2) 消费者获取满足的成本（Cost and value to satisfy consumer's needs and wants)；

(3) 用户购买的方便性（Convenience to buy)；

(4) 与用户的沟通（Communication with consumer)。

消费者指消费者的需要和欲望。企业应重视消费者的需求，强调满足消费者的需求和欲望比产品功能更重要，不能站在企业角度去设计和制造产品，而是站在消费者的角度，并以其需求作为产品开发的依据和指导思想。

成本指消费者为了满足自己的需要所愿意付出的成本价格。它的含义包括了企业生产适合消费者需要的产品成本、消费者购物的货币支出，时间消耗成本、体力和精力耗费以及风险等。因此，企业必须在制定价格策略时，充分考虑消费者为得到该产品和服务所愿意支付的代价。

便利指购买的方便性。企业不仅仅考虑为顾客建立便利的营销渠道，让顾客便利地购买到商品，还要深入了解不同的消费者的购买方式和偏好，把便利原则贯穿于客户信息沟通、售前、售中、售后服务等营销活动的全过程。

沟通指与用户沟通，企业不单只依靠推广和促销策略来单向引导顾客消费，更要加强双向的信息交流，增进相互的理解，以此达到培养顾客忠诚度的目的。

2. 4C 营销理论的应用——客户满意战略

客户满意（Customer Satisfaction，CS）战略，是以客户为中心，以满足客户需求，并使客户满意为经营理念的一种新型营销战略。它包括五大满意系统，即理念满意系统(MS)、行为满意系统（BS)、视听满意系统（VS)、产品满意系统（PS）和服务满意系统(SS)。

据美国《哈佛商业评论》中的一项研究报告指出：再次光临的客户能为企业带来25%～85%的利润，一个企业只要比以往多维持5%的客户，其利润就可增加10%。美国市场营销协会的调查也表明，获得一个新客户所付出的成本是保持一个满意的老客户的成本的5倍。一项客户调研资料显示，宣称满意的客户经常变换其所购买的品牌，而那些十分满意的客户却很少改变购买，这说明高度满意能培养客户对品牌的感情上的持续力，而不仅仅是一种理性偏好。

由此可见，现代企业的竞争不仅要重视市场的竞争，更应重视客户满意和忠诚的竞争，创造和提高客户价值已成为企业竞争优势的新来源。企业必须高度重视提高客户的满意程度，建立起高度的客户忠诚，才能在激烈的竞争中获得竞争优势地位，以保证企业长期的生存和发展。

顾客满意战略的核心——提高让渡价值

使客户满意，对企业来说就是整个经营活动要以顾客满意度为指标，要从客户的角度、用客户的观点而不是企业自身的利益和观点来分析考虑顾客的需求，尽可能全面尊重和维护顾客的利益。其中的核心工作就是通过提高客户让渡价值来增加客户的满意度。

客户让渡价值＝总客户价值－总客户成本（总客户价值＝产品价值＋服务价值＋人员价值＋形象价值、总客户成本＝货币价格＋时间成本＋精力成本＋体力成本)。而这里所指的“客户”是一个相对广义的概念，它不仅指企业产品销售和服务的对象，而且指企业整个经营活动中不可缺少的所有合作伙伴；当然，还包括企业的员工。

因此，提高客户满意就可以从提高总客户价值中的每一项指标及降低总客户成本的每一项指标着手。而通常企业使用的主要手段是实施成本领先和差异化。

应用案例 1-5

提高客户满意度是宝马汽车在中国的重要战略

截至2010年9月底，宝马汽车在中国的汽车保有量已经超过了28万辆。随着保有量的不断扩大，售后服务的问题日益重要。12月10日，《中国汽车报》记者采访了宝马（中国）汽车贸易有限公司售后服务副总裁胡安。

记者：宝马在中国的市场份额在不断扩大，您觉得这几年售后服务有哪些变化？宝马售后服务与奔驰、奥迪等品牌相比有什么亮点和特色，在服务同质化非常严重的当下，您认为应该如何去提高竞争力？如何做出差异？

胡安：我认为，高档品牌要扩大市场份额不仅要依靠高品质的产品，还必须提供专业细致的售后服务。提高客户满意度是宝马在中国发展的三大战略之一。随着越来越多的消费者成为我们的客户，我们也在不断完善售后服务体系，这几年资金投入巨大。

在硬件方面，第一，快速拓展全国销售和服务网络。不仅在经济发达的东、南部二级、三级城市设立新的网点，而且开拓了过去未曾建立服务设施的新区域，比如，乌鲁木齐和呼和浩特等，在全国形成密集型的网状覆盖。目前，宝马在全国的经销商已达到130多家。以目前的全国保有量而言，每千辆汽车平均占有的服务网点数量已经优于主要竞争对手。第二，在北京、上海和佛山都设立了零部件配送中心，其最重要的作用是保证零部件及时送达全国经销商，大大缩短了客户等待配件维修的时间。第三，在中国还成立了2个培训中心和4个培训基地，这个辐射全国的培训网络为经销商的员工提供最新的技术和售后方面的培训，保证了高质量的技术及服务团队。

软设施方面，2005年年底，成立了宝马客户服务中心，形成了一个与客户双向沟通及管理客户投诉的平台。2006年开始在中国启动道路救援服务，主要目的是当客户使用宝马车在路上出现问题的时候，保证以最快的速度到达客户出事的地方，解决问题。

记者：您认为中国的宝马消费者与其他国家有什么区别？宝马在中国有没有特别为中国的消费者设立特色的售后服务呢？

胡安：相比于欧美等国家，中国的宝马车主更在意自己的车，比如说会花很多精力做内饰，遇到一个小划痕就会立刻去维修，喜欢询问维修顾问关于车的情况。

我们承诺为全球客户提供符合宝马全球标准的产品和服务，中国也不例外。从去年开始我们推出的标准化保养服务和预约快修通道服务就是为中国客户提供量身定做的服务。第一，为我们的客户提供透明统一的零部件价格和指导工时价格。第二，为了提供及时和高效的服务，我们推出了预约快修服务，客户通过预约可以在保证到达经销商处的两小时之内把车保养完。

为了适应中国消费者的消费习惯，我们还在每个4S店都设立了一个技术顾问，以满足技术咨询的要求。在中国每个4S店的客户等待区也是按高标准建的，配置豪华品酒区等舒适娱乐设施。

记者：据悉，现在中国豪华车维修技师非常缺乏，很多售后服务网点“宁换不修”，宝马是如何解决这些问题的？宝马的培训中心效果如何？

胡安：从1995年开始，宝马集团就为中国提供以市场为导向的销售和售后服务培训。2006年，宝马中国培训学院正式成立，开始系统地为经销商提供技术及非技术类培训，并通过资格认证环节监督培训效果。目前学院已设有北京和上海两个培训中心和4个培训基地。通过培训，宝马获得了技能及素质更加出色的服务队伍，为实现客户满意度提供了基本的保障。

记者：除了做好服务、提高效率，记者不止一次听宝马车主说过“买车容易养车难”的话，一是配件以进口为主，如果更换的话等待配件的时间比较长而且价格贵；二是工时费比较高。宝马认为应该如何减轻车主维修保养的负担？

胡安：前两年维修保养费用确实较高，我们一直在努力改善这一问题。从去年开始已经根据市场反馈全面调整了保养维修价格和工时费，现在与主要竞争对手的价格相比已经很有竞争力了。

记者：明年在售后服务方面有什么新计划？还会采取什么新的举措？

胡安：明年的工作重点是继续做好两项基本服务，标准化保养服务和预约快修服务。

另外今年上市的新车较多，明年还要着力培训维修技师以尽快掌握新技术。

（资料来源：www. cnautonews. com）

点评：未来的行业竞争将会重点体现在品质和服务上的竞争。宝马作为行业的领先者正是看到了这一点，实施顾客满意战略，重点打造高品质的服务，体现品牌的差异化。因此，在制定企业整体的战略中，围绕提升顾客满意度的4C理论则是其核心要点之一。

3. 4C理论与4P理论的关系

在一定时期内，有人甚至认为传统的营销组合4P已无法完全顺应时代的要求，应当用“4C”来取代“4P”。但许多学者仍然认为，“4C”理论是在市场营销理论基础上进一步明确了企业营销策略的基本前提和指导思想，从企业的执行层面上来看，仍然是通过“4P”为代表的营销活动来具体实施的。所以“4C”只是对“4P”的延伸，而不是取代“4P”。“4P”仍然是目前为止对营销策略组合最为简洁明了的诠释。

事实上，4C是站在消费者角度提出的一种营销理论，它与4P是互补的而非替代的关系。4P与4C二者之间的关系参见下表。

4P与4C的区别

类别	4P		4C	
时间	20世纪60年代		20世纪60年代中期	
诠释	产品（Product）	产品定位、品牌、产品效用、外观、式样、质量、包装、服务范围等	客户（Customer）	研究客户需求欲望，提供相应产品或服务
	价格（Price）	基本价格、折扣价格、付款时间、借贷条件等	成本（Cost）	考虑客户愿意付出的成本和代价
	渠道（Place）	分销渠道、储存、运输、存货控制等	便利（Convenience）	考虑客户购买和享受服务的便利
	促销（Promotion）	广告、人员推销、营业推广和公共关系等	沟通（Communication）	建立与客户沟通，强调消费者认同感

“Customer”是指用“客户”取代“产品”，在产品开发前，先研究顾客的需求与欲望，然后再去生产顾客确定想要买的服务产品；“Cost”是指用“成本”取代“价格”，了解消费者要满足其需要所愿意付出的成本，再制定价格策略；“Convenience”是指用“便利”取代“渠道”，指出制定分销策略时要尽可能让顾客方便；“Communication”是指用“沟通”取代“促销”，强调在运用推广和促销策略的同时，注重与消费者持续性地双向沟通。

4. 4R理论

（1）4R理论的概念。

4R理论是站在厂商和消费者双方的角度提出的一种营销组合，它是以关系营销为核心，以建立顾客忠诚度为目标，兼顾企业的利益的同时，也兼顾消费者的需求的一种营销观念。

艾略特·艾登伯格在 2001 年《4R 营销》一书中提出了一个全新的营销四要素：与顾客建立关联（Relevancy）、反应（Respond）、关系（Relation）、回报（Return）。

4R 理论的营销四要素：

第一，关联，强调企业经营的核心理念是通过有效的策略在产品、业务、需求等方面与顾客建立牢固的关联，形成一个命运共同体，并把握动态的信息变化，提高客户的忠诚度，获得长期而又稳定的市场。

第二，反应，在消费者与企业相互影响的市场中，企业应该建立快速反应机制，了解顾客的希望、渴望和需求，并从竞争对手的市场动作判断市场的变化，从而迅速做出回应，创造客户需求。这势必能够赢得市场先机，获得更多的市场机会。

第三，关系，要求企业重视长期利益，通过与客户的一次性交易建立企业与消费者的沟通，并识别每种客户类型，与之建立长期、友好而稳固的关系，从而获得顾客的满意和忠诚。从相互的利益冲突转向共同的和谐发展；从管理营销组合转向管理企业与顾客的互动关系。

第四，回报，是指企业在满足客户需求，为客户提供价值的同时，企业创造短期或长期的收入和经济利益的能力。回报是维持市场供需平衡关系的必要条件，也是市场营销发展的动力。

（2）4R 营销理论的特点。

①4R 营销理论是以关系营销为核心、以竞争为导向，并站在企业和消费者共同的角度来提出的营销组合。该理论认为在满足顾客的需求的同时，应主动地创造需求，通过关系、反应等形式把企业与顾客联系在一起，并与消费者建立和保持一种双赢的互动关系，并形成企业独特的竞争优势。

②4R 营销真正体现与客户情感互动的思想。4R 营销提出了如何识别客户类型，并与之建立不同的交流方式，在拥有客户、保证双方长期利益的同时，与客户保持情感的互动，这是关系营销史上前所未有的进步。

③4R 营销是实现顾客忠诚度的保证。4R 营销的互动机制制延伸了4P 营销中的推广和促销单方面的沟通行为，为建立顾客忠诚度提供了基础和保证，同时及时的反应机制也为提升客户忠诚度提供了实施的指导思想。

④4R 营销提出了企业和顾客双赢的理念。企业与顾客建立关联机制，意味着企业在追求利润的同时，需要考虑与客户的关联，即延伸 4C 理论中购买成本和便利性，并充分考虑顾客的需求和愿意支付的成本，采用低成本战略。在此基础上顾客回报给企业的则是获得更多的市场份额，使企业实现成本的最小化并形成规模效益。这样一来，企业为顾客考虑而提供的适合产品与追求市场份额和利润的回报两者就会最终融合、相互促进，从而实现双赢的目的。

5. 4R 营销理论的实际应用——客户关系管理

客户关系管理（Customer Relationship Management，CRM）是建立在以客户为中心的营销战略基础上，以客户关系为重点的营销体系。是一种通过开展系统化的客户研究，优化营销组织体系和业务流程，并利用多种信息交流渠道实现与客户之间的长期交流，不断了解客户需求，调整和实施有效的营销策略，提高客户满意度和忠诚度，使客户的收益率最大化的新型营销管理机制，如图 1-5 所示。

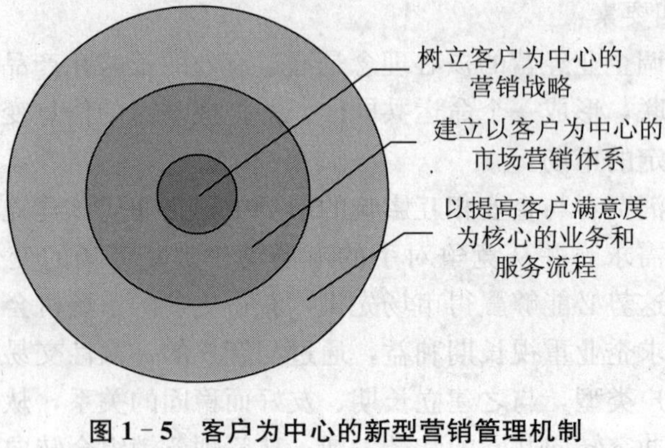

图 1-5　客户为中心的新型营销管理机制

应用案例 1-6

上海通用公司的 CRM 管理应用

随着汽车市场竞争的不断加剧，客户关系管理体制作为一种新型营销管理体制已逐步在汽车企业中得到应用，上海通用公司就是国内较早应用客户关系管理的公司之一。

他们建立了基于网络技术的 CRM 管理系统，客户对产品的个性化需求可以通过最快的方式得到满足。在通用公司，客户的个性化需求信息可以通过和 CRM 系统的柔性制造控制系统的连接，自动安排车辆的生产计划。电脑记录了客户对车型、配置等个性化需求和对应 SGM 生产编号后，自动车体识别系统将制造信息自动读入电子标签内，制造信息跟随此车身经过每一生产工段直至进入总装车间。通过联网系统，代表着客户个性化的需求的 SGM 生产编号被唯一对应地传送到各个工位，机器根据车辆的不同生产编号无误地执行不同的工作任务，而线旁的工人根据被粘贴在车身前左侧位上与生产编号一一对应的制造信息标签，正确完成不同的装配工作。质量报交系统则按照不同车型的不同检测标准进行测试，在每一个环节保证整车的可靠质量。系统还可以正确地反映出当前测量的状态，是在仓库里或者是在运输途中，还是正在交易之中。

在挖掘潜在客户方面，通用公司通过对客户购车信息获取途径的调查数据分析，了解到 70%的客户通过展览会了解汽车产品。他们就专门利用展示、促销活动等产品推广的契机，让每个想购买汽车的客户填表，询问客户的购车时间等方式收集客户信息，对潜在客户进行有效地挖掘；而针对不同时间买车的客户，通用公司提供的服务也不相同。如果对于马上购买的客户，通用的电话销售人员马上就通过电话向客户进行推荐。如果客户一年以后才考虑买车，那他们会给这个客户邮寄一套薄薄的资料。因为他们通过购车客户信息中了解到，一年以后买车的成功率只有 4%。100 个人看了资料只有 4 个人有意愿购买，96 个人都是没有效用的，通用当然不愿意把资料随意的浪费，这种根据客户的重要程度提供不同的服务的方式，会有效降低营销成本。

在产品销售方面，通用的客户服务中心可以对通过呼叫中心、客户经理、销售门店和各地方收集的潜在客户信息资源进行集中和分类，公司的销售代表可以共享到这些客户的所有信息，通过这些准确的潜在客户信息，提高促成产品销售的机会。而对于收集的已经购买了其他品牌汽车客户的信息，通用的销售人员也会采取长期不断地对竞争对手的客户进行转化游说。因为根据通用的系统数据已经告诉了他们，通用的客户有近35%的客户是从竞争对手那里转化来的。这种做法使得通用公司提高了客户信息的利用率，也使企业逐步形成了持续的销售竞争优势。

在营销推广方面，通过系统对以往实施的推广和促销活动进行效果评估，通用可以知道什么样的营销活动是有效的。比如在 Buick G 系列上市期间，通过对客户群体的细分和对以往推广活动的效果评估，通用公司发觉这部分消费群体喜爱歌剧，他们就在上海大剧院门口进行促销推广，当天咨询人数就达到了数百人。

在创造商业机会方面，通用公司了解到许多客户在贷款购车时，需要办理一大堆的手续，耗费了大量的精力和时间成本，他们通过这一群体需求进行分析，决定自己直接建立汽车贷款金融机构，针对购车消费者直接贷款，在汽车销售和金融贷款两方面针对同一个客户进行交叉销售，除了获得可观的利润外，通用的目的是将客户的信息数据管理做到每一个客户那里。

点评：通用公司对客户关系管理的应用案例反映出汽车企业实施客户关系管理的必要性和重要性。它告诉企业，建立以客户关系为核心的营销体系，不但可以为企业在营销战略上提供决策，战术上提供指导依据，而且还能够通过及时、有效的市场信息调整竞争策略，改善服务管理体系和模式，提高业务运作效率，降低经营成本，为企业带来长期的经济利益。

1.3 我国汽车市场营销的现状及趋势

1994 年开始国外商家不断的进入国内市场，带来了先进的营销方式，1998 年，通用、本田等公司在国内建立了品牌专卖的模式，标志着汽车现代市场营销的理念进入中国。此后，随着汽车生产工业的逐渐壮大，新型的汽车营销模式和完善的汽车营销体系也随之得到不断的发展。如今，随着国民经济的快速发展，汽车作为一个复杂的工业品和大件消费品，其营销模式也产生了巨大的变化。

1. 汽车市场营销理念和方式面临考验

近几年，无论是汽车制造企业还是各级经销商，都在通过“车展”和“价格战”去赢取更多的市场份额，层出不穷的销售车展，应接不暇的价格促销现象随处可见，它并不能代表汽车营销的创新，而是更多地反应出汽车市场营销的手段没有出现本质的改变，营销方式、营销内容严重的同质化。

在国内品牌的一些汽车制造企业，产品的“模仿创新”已经成为了产品研发的代名词，为实现产品的外观新颖，“买车、拆车”成为了国内部分汽车制造企业惯用的手法；为了实现低价位策略，一些企业以“降低客户维修成本”为借口，把越来越多的技术含量较高的零部件通过采购“通用件”模式来抄袭其他品牌的技术，以降低生产成本；在渠道建设方面，更多的企业更多的不是考虑产品与客户接触的便利性、渠道的有效性和品牌价值，而是一味地追求“大而全”的4S店的扩张，而将经销商的生死和渠道的价值置之度外。

而作为销售渠道的主体4S店，在销售中为追求利润，缺乏营运管理能力和营销创新，拉关系、找资源、价格战等老套的销售方式成为了它们的生存法则；部分4S店对顾客的服务意识薄弱，导致销售和服务体系不对称，追求暴利和以修养店的模式使得客户怨声载道，在失去了顾客忠诚度的同时，也使品牌的印象在消费者的心目中大打折扣；4S店还普遍存在缺乏营销人才的培养意识和培训体系的问题，懂汽车、懂营销及相关法律法规的复合型高级营销人才在经销商的眼里还不如那些懂得炒作轰动效应和运用社会资源拉到团购订单的初级市场销售人员；对4S店的职能模糊，以销售为中心，短期利益为目标的模式违背了以服务为中心，品牌营销为目标的指导思想，并缺乏与制造企业的信息沟通和交流，导致4S店的终端价值无法得到真正的体现。

2. 新产品不断增加，产能逐年扩充，终端4S店面临巨大的生存压力

4S店是联结消费者与汽车销售和制造企业的桥梁，是贯彻汽车制造企业营销理念，提供优质服务的核心。在我国，支撑汽车制造行业终端销售体系的汽车4S店模式经过了十多年的发展，基本上已经初具规模，随着近几年汽车产品和产能不断地增加，竞争变得日趋激烈，几乎所有的汽车制造企业都在不断地扩充原有的销售服务渠道，集销售、零配件、服务、信息反馈和营造品牌形象的4S店模式成为了制造企业的首选。据资料统计，到2008年上半年，全国4S店达到了7644家，资金占用达2300亿元，并且4S店的数量还在每年以1.5%的数量递增。

由于4S店数量的暴增，加之本身存在初期投入和经营成本高、利润低、专业人才缺乏等诸多问题，使得4S店的经营状况每况愈下；近几年汽车制造企业品牌又在不断增加，新产品层出不穷，4S店的资金占用越来越大；为了赢得更多的市场份额，制造企业、经销商又不得不采取价格战术，4S店的利润不断的缩水；使其生存面临着巨大挑战。

在市场和竞争环境不断变化的今天，制造企业与经销商和4S店的市场营销能力并没有在经营理念、营销模式、品牌推广等方面创新，双方还在各自为了追求自己的利益而违背健康、长远发展的企业目标，这不仅仅失去的是营销渠道的持续发展，而更为重要的是这将意味着失去企业的赖以生存的市场和品牌的价值，也失去了能够应对全球市场竞争格局的核心价值。

3. 国内汽车市场营销发展的趋势

通过对汽车市场的调查和国外汽车营销先进经验的参考，结合我国现有汽车市场营销的状况和特点，我们可以看出国内汽车营销会有以下几个方面的发展趋势：

(1) 在品牌建设方面以提升品牌价值为核心，差异化战略为指导。

品牌是企业可持续发展的最重要的资源之一，是存在于消费者心目中不变的价值，也是消费者追求的一种理念。品牌和产品的价值是永恒的，它甚至可以独立于它所代表的企业或产品之外。它不会因为企业的兼并、重组、破产倒闭或是产品换型、更新而失去原有的价值。德国大众公司收购“兰博基尼”跑车后，品牌形象的核心价值并没有因为这种企业间的并购行为而发生改变，这充分说明了品牌的重要价值。在中国未来的汽车市场发展

的过程中，品牌和产品的价值将会受到越来越多的关注。企业会更深层次的理解和逐渐发展企业形象、品牌形象和产品形象，它的发展预示着汽车产品价格和价值之间将会形成真正的平衡。

因此，塑造和管理品牌，将产品价值人格化就成为汽车市场营销工作的又一个重心。意味着市场营销工作者必须在产品的市场定位、产品定位、质量、性能、技术、装备和服务等诸多方面都要注重和挖掘产品和品牌价值来满足消费者对产品时尚化、个性化、高性价比的需求变化，并以技术研发为基础，成本优先为原则指导和实施低成本战略，形成特有的差异化竞争优势。

(2) 在渠道的建设上以战略联盟为理念，多元化经营业态为发展模式。

在汽车产品日趋同质化的今天，需求成为市场主体，得渠道者得市场。渠道是企业的命脉，是与消费者沟通的重要方式，也是实现产品价值交换的重要途径。在未来的汽车市场发展中，像许多行业一样，随着汽车制造企业将对渠道的依赖性逐渐增强，企业对渠道的认识和关系将会发生很大的转变。汽车企业对渠道的绝对控制权将随着渠道销售企业的壮大而逐渐被打破，越来越大的市场压力将会使得汽车制造企业改变其原有对汽车渠道中的销售企业的“管理”观念，逐渐形成汽车制造企业与渠道中的销售企业和谐相处，共同应对市场竞争局面的战略联盟关系。制造和销售企业将整合共同的资源，打造以多元化经营模式为主的销售渠道，来适应市场的动态变化；反馈和互动的交流将更加频繁，市场反馈的信息将成为汽车制造企业调整营销策略的主要手段，而汽车销售企业作为渠道的主体，将逐渐放弃以谋求短期利益为目标的经营理念，更加注重打造企业品牌所获得的长期利益，以注重提升多元化服务为盈利的经营模式将会得到更好的发展。

无论是制造企业或是渠道经销商的市场营销方向将会实现真正意义上的统一，以打造4S店、汽车市场、连锁店、互联网和直销代理人等全方位的渠道模式成为营销的重点，它意味着市场营销工作的方向转变成丰富和维护多种渠道体系，形成消费者与企业畅通的快速反应机制，为实现制造和销售企业与消费者之间共同的利益搭建一个新的经营模式。

(3) 在品牌推广上以信息交流为中心，情感消费为模式。

在面对汽车个性化消费需求不断增长的今天，个性化、小批量式的生产模式逐渐形成。企业必须和用户进行交互式的信息沟通，才能够使这种个性化需求得以实现。未来，随着汽车市场产品的极大丰富，传统的市场搜寻方法由于消耗的时间和精力过大必将被网络和汽车企业建立的互动平台所取代。另外，汽车市场上的私人消费方式也将向多模式支付方式转变，而提供安全而有效的保障交易的电子商务对于汽车业来说将成为不可或缺的重要手段。

因此，市场营销需要整合信息网络和金融体系的资源，打造以金融体系为纽带，互动利益关系为手段，为消费者提供消费需求、个性化需求和情感需求的商业平台，实现与消费者群体建立持续、稳固的情感关系以及多样化的汽车产品交易服务。

(4) 在持续的服务营销上以纵向延伸价值链为核心，开辟新的利润增长点。

汽车服务营销的重要性是显而易见的，它强调以人为本、以消费者为中心，注重社会、企业、消费者三者利益的有机结合。随着未来汽车市场的发展，它将引导企业向纵深发展，通过多功能一体化和整合的新服务模式来创造新的价值和利益。如上海华普在服务新营销上推出的"远程服务快车"的新型服务模式，主动为客户提供近距离服务，在改变服务模式思路的同时，又创造了品牌的核心竞争力，这一事例正是这一发展趋势的最好证明。

对整车制造企业来说，深度服务营销将以渠道价值链的整合为策略，在取得销量提升的基础上，不断拉动企业整体产品和品牌价值链的打造，现实"品牌、渠道和服务三赢"的战略指导思想。

对于汽车销售企业来说，深度的服务营销将更进一步的在电器配件、养护维修、美容装饰、功能升级等项目上细化，实现服务项目的延伸，真正意义上创造和满足新的服务需求，这将不仅是为打造品牌服务，实现盈利的新模式，更是延伸服务价值链，开辟新的利润增长点的一种新的营销战略。

本章小结

本章是整本书的导论，通过介绍与汽车市场营销相关的各种概念和营销理论，能够清晰地认识到汽车市场营销在汽车产业发展中的重要性和汽车市场营销将面临的机会和挑战；同时也能够改变原有对汽车市场营销的错误理解，树立正确的市场营销观念，认识新的汽车市场营销的特点，懂得运用科学的营销方法和手段来应对不断变化的市场环境和消费者需求，促进汽车市场和汽车市场营销活动的发展。

知识训练

一、填空题

1. 4P 是指：________、________、________和________。
2. 4C 是指：________、________、________和________。
3. 4R 是指：________、________、________和________。

二、选择题

1. 市场三要素有（　　）。

A. 购买个体　　B. 购买力　　C. 购买欲望　　D. 购买途径

2. 雪佛兰在电影《变形金刚》中使用了（　　）营销创新方式。

A. 跨界营销　　B. 个性化营销　　C. 会员制营销　　D. 网络营销

3. 差异化战略是属于（　　）营销理论在营销实践中的应用。

A. 4P　　B. 4C　　C. 4R　　D. STP

4. 顾客满意战略是属于（　　）营销理论在营销实践中的应用。

A. 4P　　B. 4C　　C. 4R　　D. STP

5. 客户关系管理是属于（　　）营销理论在营销实践中的应用。

A. 4P　　B. 4C　　C. 4R　　D. STP

三、思考题

1. 什么是汽车销售和汽车市场营销，两种概念之间有什么关系？

2. 简述4P、4C、4R营销理论各自的特点和联系。

3. 怎样正确理解4R营销与客户关系管理之间的关系？

实训项目

实训项目名称

调研、分析现代汽车企业市场部组织结构及业务流程

实训目的

1. 了解汽车企业市场部组织架构。

2. 掌握汽车企业市场部各级职能。

实训要求

1. 调查××汽车制造企业市场部组织模式。

根据以上知识，选定一家汽车生产企业作为研究对象，完成以下内容：

（1）调查和分析该公司的组织结构，并完成该公司组织架构图。

（2）调查该公司各级组织（各个部门）的工作内容，调查每个岗位的岗位职责和部门职责，并汇总成表格。

（3）根据岗位职责和部门职责，完成该公司的市场部组织职能表。

2. 分析和建议××汽车制造企业市场部的组织模式。

根据前面的相关知识，对该公司的市场组织模式给予评价，并给出市场部组织模式的调整建议，并具体到：

（1）依据所理解的市场营销发展趋势，重新设定该企业市场部的各级职能，给出新的市场部职能表，并给出理由。

（2）完成新的市场部组织架构图。

（3）完成新的各级部门职责和岗位职责。

实训时间

一周之内课外完成。

2 细分汽车市场和定位汽车目标市场

【参考学时】 14 课时

【任务目标、要点及权重】

任务目标	任务要点	权重
了解 STP 以及汽车市场营销环境的概念	STP 战略概念	20%
掌握市场营销环境分析市场调查和预测方法	市场调查和预测的方法	40%
掌握市场细分和汽车市场定位方法	市场细分和定位的手段	40%

引导案例

奇瑞·QQ——"年轻人的第一辆车"

奇瑞汽车公司成立于1997年，全称"上汽集团奇瑞汽车有限公司"。公司拥有整车外形等十多项专利技术，先后推出了SQR系列发动机和"奇瑞·风云"系列轿车，2003年4月又推出"奇瑞·QQ"系列和"奇瑞·东方之子"系列轿车。

奇瑞公司成立以来，在不到两年的时间里顺利实现3万辆轿车下线。2002年，奇瑞轿车产销量双双突破5万辆，比上年同比增长78.11%，在国内汽车市场占有率达到4.4%，成功跻身国内轿车行业"八强"之列，成为行业内公认的车坛"黑马"。与此同时，奇瑞轿车还连创五个国内第一，六次走出国门，以自己的不懈努力创造了中国汽车史上的奇迹。

"'奇瑞·QQ'卖疯了!"在北京亚运村汽车交易市场2003年9月8～14日的单一品牌每周销售量排行榜上，"奇瑞·QQ"以227辆的绝对优势荣登榜首。"奇瑞·QQ"能在这么短的时间内拔得头筹，归为一句话：这车太酷了，讨人喜欢。

在北京街头已经能时不时遭遇"奇瑞·QQ"的靓丽身影了，虽然只是5万元的小车，但是"奇瑞·QQ"那艳丽的颜色、玲珑的身段、俏皮的大眼睛、邻家小女孩般可人的笑脸，在滚滚车流中是那么显眼，仿佛街道就是它一个人表演的T形台!

"奇瑞·QQ"的目标客户是收入不高，但有知识、有品位的年轻人，同时也兼顾有一定事业基础、心态年轻、追求时尚的中年人。一般大学毕业两三年的白领都是"奇瑞·QQ"的潜在客户。人均月收入2000元即可轻松拥有这款轿车。许多时尚男女都因为QQ的靓丽、高配置和优性价比就把这个可爱的小精灵领回家了，从此与QQ成了快乐的伙伴。

奇瑞公司有关负责人介绍说：为了吸引年轻人，“奇瑞·QQ”除了轿车应有的配置以外，还装载了独有的“I-say”数码听系统，成为了“会说话的QQ”，堪称目前小型车时尚配置之最。据介绍，“I-say”数码听是奇瑞公司为用户专门开发的一款车载数码装备，集文本朗读、MP3播放、U盘存储多种时尚数码功能于一身，让QQ与电脑和互联网紧密相连，完全迎合了离开网络就像鱼儿离开水的年青一代的需求。

QQ的目标客户群体对新生事物感兴趣，富有想象力、崇尚个性，思维活跃、追求时尚。虽然由于资金的原因他们崇尚实际，对品牌的忠诚度较低，但是对汽车的性价比、外观和配置十分关注，是容易互相影响的消费群体；从整体的需求来看，他们对微型轿车的使用要求较多。奇瑞把QQ定位于“年轻人的第一辆车”，从使用性能和价格比上满足他们通过驾驶QQ所实现的工作、娱乐、休闲、社交的需求。

奇瑞公司根据对QQ的营销理念推出符合目标消费群体特征的品牌策略：

(1) 在产品名称方面：QQ在网络语言中有“我找到你”之意，QQ突破了传统品牌名称非洋即古的怪圈，充满时代感的张力与亲和力，同时简洁明快，朗朗上口，富有冲击力。

(2) 在品牌个性方面：QQ被赋予了“时尚、价值、自我”的品牌个性，将消费群体的心理情感注入品牌内涵。

(3) 引人注目的品牌语言：富有判断性的广告标语“年轻人的第一辆车”、“秀我本色”等流行时尚语言配合创意的广告形象，将追求自我、张扬个性的目标消费群体的心理感受描绘得淋漓尽致，与目标消费群体产生情感共鸣。

点评：从这一案例中，我们可以看出准确的市场细分和市场定位是“奇瑞·QQ”成功的关键所在，令人惊喜的外观、内饰、配置和价格是奇瑞公司占领微型轿车这个细分市场成功的关键。奇瑞汽车公司经过认真的市场调查，以市场为导向进行了明确的市场细分，生产符合消费者的市场需求和心理诉求的微型轿车，其QQ汽车优良的性价比吸引了消费者。可见，建立在科学的市场调查基础之上的成功的市场细分和市场定位以及品牌策略是QQ取得成功的基础。我们把“奇瑞·QQ”的成功归纳为以下几点：

(1) 明确的市场细分，定位准确。“奇瑞·QQ”的目标客户定位在收入不高但有知识、有品位、心态年轻和追求时尚的年轻人。而且QQ的高配置和优性价比也足以让消费者心动。

(2) 以市场为导向。奇瑞汽车公司经过认真的市场调查，生产符合消费者的市场需求和心理的诉求的微型轿车，其QQ汽车优良的性价比吸引了消费者。

(3) 独特的品牌策略：①QQ轿车的“QQ”这个名称，它既有时代感的张力和亲和力，同时又简洁便于记忆。②品牌的个性，QQ崇尚“时尚、价值、自我”，其张扬个性符合目标消费群体的心理感受。

(4) 营销策略：奇瑞汽车公司投入了立体化的整合传播，以大型互动活动为主线。信息的立体传播选择不同的媒介组合把QQ的品牌形象、品牌诉求等信息传达给消费者。各种活动的“点”、“面”结合。做了很多很成功的公关策划，比如新闻发布会和传媒的评选活动等活动让品牌逐渐融入消费群体的内心，并产生了良好的营销效果。

细分汽车市场和定位汽车目标市场又称为目标市场营销战略（即STP营销战略），这里S指Segmenting market，即市场细分；T指Targeting market，即选择目标市场；P为Positioning，即市场定位。它通常是企业为准确决策经营项目或产品、满足特定消费市场和消费者需求，在组织产品研发和生产前，进行的市场研究行为。

目标市场营销战略的实施有三个主要步骤：

第一步，市场细分，根据购买者对产品或营销组合的不同需要，确定市场变量、划分出若干不同的细分市场，并准确描述各细分市场的轮廓。

第二步，评估和确定目标市场，选择要进入的一个或多个细分市场。

第三步，定位，确定和逐步建立市场上传播该产品的关键特征、属性和利益。

2.1 分析汽车市场宏观环境

市场营销环境由微观环境和宏观环境构成。微观环境指与企业关系密切，直接影响企业营销活动的和服务顾客能力的各种因素，包括企业内部环境、供应商、营销中介、顾客、竞争者、社会公众。宏观环境指能影响微观环境和企业营销活动的、比较大的社会力量，这些力量具有不可控的特点，如一个国家的政治法律、自然、经济、人口、社会文化、科学技术等宏观因素，如图2-1所示。

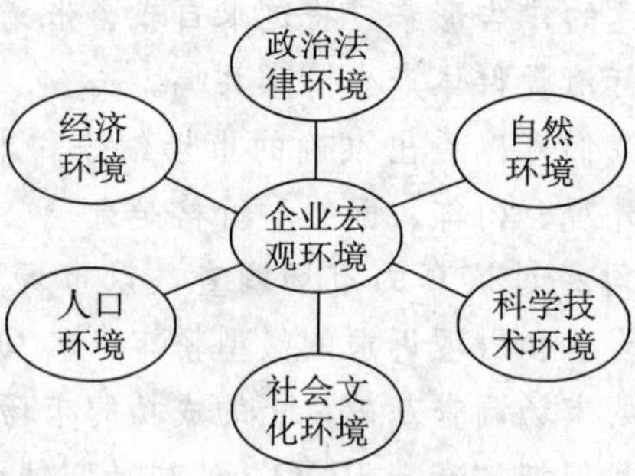

图2-1 汽车企业宏观环境

2.1.1 分析政治法律环境

政治法律环境对企业营销活动的影响是非常显著的。它是指对汽车产品的营销活动产生明显影响的政府有关方针、政策以及国家及地方立法制定的相关政策的总称。国家或地区政治和法律环境的变化无疑会影响到企业的营销活动。企业的一切活动都要遵守国家的方针、政策和法规，企业的经营战略和决策必须在国家的政策法规的宏观指导下制定。

各个国家对企业营销活动的管理和控制主要是通过法律手段来实现。商务立法的目的有三个：一是保护各企业的利益，相互间不容侵犯，支持公平竞争，反对独家垄断；二是保护消费者权益，对于制造伪劣产品、进行虚假广告等损害消费者利益的企业，必须予以严厉制裁和赔偿；三是保护社会公众和消费者的整体利益和长远利益，防止对环境的污染和破坏。金融危机时期的中国汽车市场能够逆市场上涨，无疑受到了 2009 年 1 月 14 日公布的《汽车行业调整振兴规划》的影响。支持小排量汽车，汽车下乡等政策都对在金融危机背景下的中国汽车市场起到了极大的推动作用。可见，从企业宏观层面来看，政治和法律环境正越来越多地影响着企业的市场营销。

2.1.2 分析经济环境

经济是市场的支撑力量，经济环境为汽车市场营销提供了可能性。经济环境一般包括宏观经济形势的变化、市场环境以及竞争规则的变化，就微观而言通常包括消费者收入、商品价格、居民储蓄水平、消费者支出模式的变化等方面。

经济环境对汽车市场营销影响较大的因素主要有国民经济的发展水平和国民收入的发展水平两个方面：一方面，国家的国民经济发展水平直接影响该国的汽车普及程度。我国改革开放以来，国民经济长期稳定快速增长，汽车的普及程度也越来越高，家用轿车越来越多地进入了家庭。根据经济理论及国际轿车市场的发展规律，一个国家乘用车市场的中长期发展趋势主要是由 R 值决定的。R 值是车价与该地区人均 GDP 的比值，R 值达到 2～3 时，轿车开始大规模进入家庭，如图 2－2 所示。

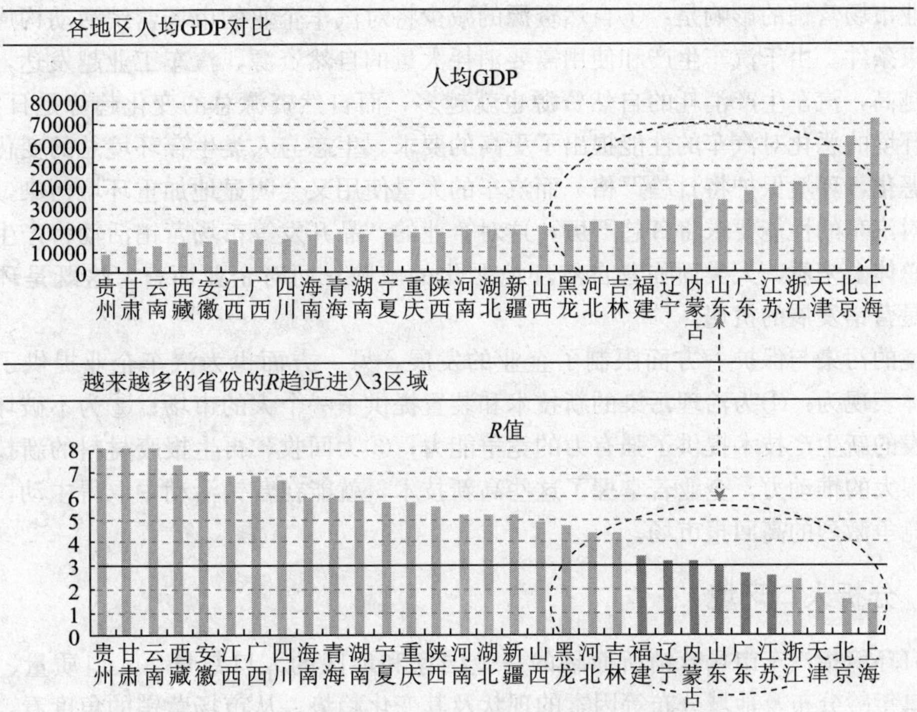

图 2－2 全国主要城市 2009 年的 *R* 值（按 10 万元汽车为例）

数据来源：中国汽车工业协会

另一方面，国民收入的发展水平也深刻地影响着汽车工业发展的规模和产品结构，在我国现在的家用轿车保有量中，小排量的经济型轿车占据了主导地位。国民收入不但是国民经济发展的必然结果，而且是国民经济发展的客观表现。收入影响消费，在我国，汽车更是处在高消费的巅峰。国民经济水平决定了国民汽车拥有程度，车型选择甚至决定付款方式，在购车付款方式方面，还有值得注意的规律，那就是，发达国家比较重视信用消费，发展国家比较重视现款消费；对于富有者提倡信用消费，贷款或者分期付款的购车方式比较宽松，对于贫穷者提倡现款消费，贷款或者分期付款的购车方式则相对严格。之所以出现这种现象，则是由商业信用系统发达程度决定的。就一个国家而言，经济较发达地区和经济不发达地区，其付款方式也会存在差异。在我国，经济呈现梯度发展，以北京、上海、天津、山东、广东、江苏和浙江为代表的一线城市，无论在经济总体规模还是在人均GDP方面都和其他省市拉开了差距；若用R值分析法，这7个省市的R值是全国的1/2甚至1/3。以上海为例，假定汽车均价为12万元，其R值等于2.14，2004年的千人保有量为47辆，早已进入高速增长期，而且将保持相当一段时间的增长。因此，我们在R值分析体系下，需要加入区域经济不同的客观事实以及付款方式等诸多因素，才能够准确地分析所处的经济环境以及未来的市场趋势。

2.1.3 分析自然环境

自然环境系指影响社会生产的自然因素，主要包括自然资源和生态环境。自然环境对汽车企业市场营销的影响是：①自然资源的减少将对汽车企业的市场营销活动构成一个长期的约束条件。由于汽车生产和使用需要消耗大量的自然资源，汽车工业越发达，汽车普及程度越高，汽车生产消耗的自然资源也就越多，而自然资源总的变化趋势是日益短缺；②生态环境的恶化对汽车的性能提出了更高的要求。生态与人类生存环境总的变化趋势也是日趋恶化，环境保护将日趋严格，而汽车的大量使用又会明显地加重环境污染，因而环境保护对汽车的性能要求将日趋严厉，这对企业的产品开发等市场营销活动将产生重要影响。从总体上来看，人类面临着自然环境恶化的威胁。而对企业而言，这既是环境的制约，又是营销发展的机遇。

环境的污染与保护一方面限制了企业的发展，另一方面也为汽车企业提供了营销机遇，具体表现为：①为治理污染的新技术和装置提供了一个大的市场；②为不破坏生态环境而研发的新生产技术提供了强有力的竞争能力；③为回收、再生报废材料的新技术发展提供了很大的推动力。企业若掌握了这些高新技术，就能在营销活动中取得主动，从而可以进入竞争激烈的高回报市场。

2.1.4 分析人口环境

人口环境指汽车市场营销所面临的一个国家和地区的人口数量、人口质量、家庭结构、人口年龄分布及地域分布等因素的现状及其变化趋势。从市场营销的角度看，人口数量意味着消费数量，即市场容量和市场潜量；而人口结构，如年龄、性别、职业、地位以及文化程度、经济收入等，即人的个性心理特征和个性心理倾向等，意味着消费选择和消费结构。放眼世界，自然人，无疑是汽车市场营销的基本对象。从发展的角度看，全世界一人一车或者十人一车，都是一个无限广阔的市场。人口环境对企业的市场需求规模、产品的品种结构，档次以及用户购买行为等市场特征具有决定性影响。

2.1.5 分析社会文化环境

社会文化环境是指一个社会的民族特征、风俗习惯、语言、意识形态、价值观、教育艺术、生活方式、行为规范和宗教信仰的总和。不同国家的社会文化是多姿多彩的，同一国家不同的文化层次对营销环境的表现也是不同的，各个国家和地区都有着不同的生活方式、价值观念、风俗习惯和审美观念。

1. 价值观念

价值观念是指人们对社会生活中各种事物的态度和看法。消费者由于价值观念的差异，因而对商品的需求和购买行为亦不相同。美国人喜欢提前消费、不崇尚储蓄，流行分期付款；偏爱产品的新颖性和时尚性，具有较多的激进的前沿消费群体。中国人喜欢存钱，做事留有余地，消费观念较偏于传统，偏爱耐久、实用型的商品，而如今，中国也出现了大量的新潮消费群体，他们崇尚个性，逐渐形成了新的消费风尚。

2. 风俗习惯

不同文化环境中的人们，由于自然环境和生活方式迥异，世代相传的不成文规范形成了人们特有的行为和思维习惯，主要是在饮食、服饰、居住、婚丧、信仰等方面形成了独特的心理特征、道德规范、行为方式和生活习惯。

企业应充分了解目标市场上消费者的禁忌、习俗、避讳以及流行。例如，美国通用公司曾生产以 NOVA 命名的汽车，含义为“神枪手”，但在拉丁美洲的语言里其意是“跑不动”，所以该车型无法在拉丁美洲市场寻得销路。

3. 审美观念

审美观念是指人们对商品的好与坏、美与丑、喜欢与厌恶的不同评价。不同国家、地区、民族、宗教、阶层、年龄和个人，常常具有不同的审美标准。而人们的审美观念也会随着时尚的变化而改变。对于企业而言，生产大批量的雷同产品不能满足不同的市场需求，必须根据不同社会文化背景下消费者的审美观念及其变化趋势来开发产品，制定市场营销策略。如在西方国家非常流行的两厢车进入中国却受到冷遇，人们认为三厢车才是真正意义上的轿车，喜欢大气豪华的车型，致使进入中国的很多两厢车都不得不进行“本土化”改造，给两厢车加个“尾巴”，“标致 307”便是其中之一。

2.1.6 分析汽车的科技环境

科技是文化的结晶，所谓科技环境是指影响汽车市场营销的科学和技术因素。“科学技术是第一生产力”，同时也是汽车市场营销的力量。科学技术的发展必然会带来汽车性能、汽车材料、生产方式和营销技术的变化。科技环境对市场营销的影响主要有以下三个方面：

（1）进入 21 世纪以后，科学技术更是得到日新月异的发展。许多新科学和新技术在汽车结构上得到了广泛的应用，从而提高了汽车的性能。汽车导航、汽车安全系统、汽车制动系统、汽车防盗系统、汽车电子技术、汽车电脑技术等高科技都应用到了汽车制造领域。改善了产品的性能，降低了产品的成本，使得汽车产品的市场竞争能力不断提高。而今，世界各大汽车公司为了满足日益明显的差异需求，汽车生产的柔性多品种乃至大批量定制现象日益明显，都是现代组装自动化、柔性加工、计算机网络技术发展和应用的结果。有人认为，21 世纪的汽车应该成为环保汽车、非钢汽车、电脑汽车和防盗汽车的天下。

（2）科技进步促进了汽车企业市场营销手段的现代化，引发了市场营销手段和营销方式的变革，极大地提高了汽车企业的市场营销能力。企业市场营销信息系统、营销环境监测系统以及预警系统等手段的应用，提高了汽车企业把握市场变化的能力，现代设计技术、测试技术以及试验技术，加快了汽车新产品开发的步伐，现代通信技术、办公自动化技术，提高了企业市场营销的工作效率和效果等。

（3）汽车技术的发展和进步深刻影响着人们的生活方式和消费方式。汽车克服了人类对地域限制，汽车已经成为我们日常生活中不可或缺的重要组成部分。汽车的普遍使用以及汽车技术的不断进步，将直接改变经济社会结构，形成一整套新的经济、文化、生活体系，改善人的生活质量，推进社会进步。

2.2 分析汽车市场微观环境

微观环境指与企业关系密切，直接影响企业营销活动的和服务顾客能力的各种因素，包括企业内部环境、供应商、营销中介、顾客、竞争者、社会公众，如图 2-3 所示。

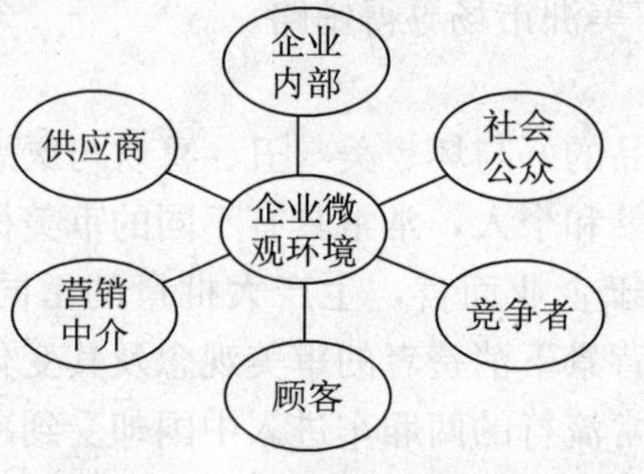

图 2-3 企业微观环境

2.2.1 企业内部环境

企业内部环境是指企业的类型、组织模式、组织机构及企业文化等因素。企业的组织机构即企业职能分配、部门设置及各部门之间的关系，是企业内部环境最重要的因素。

企业内部基本的组织机构通常包括高层管理部门、财务部门、研究与发展部门、采购部门、生产部门、营销部门。这些企业内部单位之间必须各司其职、密切配合，努力降低企业内部的运营成本，提高工作效率，真正做到想顾客所想，努力为顾客提供价值和满意度。

企业内部环境是企业提高市场营销的工作效率和效果的基础。因此，企业管理者应强化企业的内部管理，为市场营销创造良好的营销内部环境。

2.2.2　供应商

供应商是指向企业及竞争对手提供生产经营所需资源的组织或个人。企业营销活动的进行，首先要生产出能满足消费者需要的产品或服务，供应商供应的原材料价格、数量、质量等都将直接影响产品的成本和价格，这是营销部门需要关注的，这些因素短期将影响销售的数额，长期将影响顾客的满意度。汽车的各类零部件供应商对汽车企业来说，将直接影响到企业产品的质量、价格和汽车性能，最终势必将会影响到企业的竞争力和生存能力。

2.2.3　营销中介

营销中介是指协助汽车企业从事市场营销的组织或个人。它包括中间商、实体分配公司、营销服务机构和财务中间机构等。

中间商是销售渠道公司，能帮助公司找到顾客或把产品销售出去。中间商包括批发商和零售商。寻找合适的中间商并与之进行有效的合作并不是一件容易的事。制造商不能像以前那样从很多独立的小型经销商中任意挑选，而必须面对具备一定规模并不断发展的销售机构。营销中介对企业市场营销的影响很大，如关系到企业的市场范围、营销效率、经营风险、资金流通等。因而企业应重视营销中介的作用，保持与中间商的良好的关系，互相协调，以获得他们的帮助。

2.2.4　顾客

顾客是企业产品销售的市场，是企业产品或劳务的购买者，是企业赖以生存和发展的根本。企业市场营销的起点和终点都是满足顾客的需要，汽车企业必须充分研究各种汽车用户的需要和变化。对于企业而言，必须充分分析顾客的信息和消费心理，并仔细研究，在此基础上制定和修正计划，提供能真正满足消费者需要的产品和服务。

2.2.5　竞争者

在市场经济环境下，竞争是永恒的主题，任何企业的市场营销活动都要受到其竞争者的挑战，这是市场营销又一重要的微观环境。因此，企业在进入某一行业之前，要进行充分的市场竞争分析，掌握来自行业内外的竞争环境，从而寻找到合理的目标市场，并进行详细的营销规划。只有充分了解行业竞争环境的企业才有可能在激烈的市场竞争中生存下来。

2.2.6　社会公众

公众是指对企业的营销活动有实际的潜在利害关系和影响力的一切团体和个人。如新闻媒体、政府机关、协会、社团组织以及一般群众等。现代企业是处于一个开放的市场经济环境中，企业在进行经营活动的时候必然会与各种机构和组织发生联系，企业必须处理好与这些组织的关系，树立和保持良好的企业形象，实践证明，良好的企业形象对企业的生存和发展起着十分重要的作用，甚至关系到企业的生死存亡。

2.3 分析汽车市场营销环境

营销环境对企业营销工作会产生一系列的影响，企业只有不断地适应各种营销环境的变化，才能顺利地开展营销活动，所以企业必须对营销环境进行分析，按照环境提供的条件、要求及其发展变化的趋势来制定营销战略。

通常对环境分析的具体方法多采用SWOT分析法，即环境发展趋势基本上分为两大类：一类是环境威胁；另一类是市场营销机会。所谓环境威胁，是指环境中某种不利的发展趋势所形成的挑战，如果不采取果断的市场营销行为，这种不利趋势将伤害到企业的市场地位。企业市场营销管理者应善于识别所面临的威胁，并按其严重性和出现的可能性进行分类，之后，为那些严重性大且可能性也大的威胁制定应变计划。所谓市场营销机会，是指对企业市场营销管理富有吸引力的领域。在该领域内，企业将拥有竞争优势。这些机会可以按其吸引力以及每一个机会可能获得成功的概率来加以分类。企业在每一特定机会中成功的概率，取决于其业务实力是否与该行业所需要的成功条件相符合。

2.3.1 环境机会分析

不同的环境条件和机会，能给企业带来不同的潜在利润，从而形成不同的潜在吸引力。同时，企业利用各种环境机会，能够战胜竞争对手取得成功的可能性也是不同的。我们利用环境矩阵，可以进行图 2－4 所示的分析。

		成功可能性 高	成功可能性 低
市场吸引力	高	Ⅱ	Ⅰ
	低	Ⅲ	Ⅳ

图 2－4 机会分析矩阵图

（1）图中第Ⅱ象限的环境机会，属于市场吸引力和企业成功的可能性都高的状态，企业在这一市场条件下应全力去发展。

（2）第Ⅰ象限的环境机会，属于市场吸引力高和成功的可能性低的环境条件，企业应设法改善自身的不利条件，使第Ⅰ象限的环境机会逐步移到第Ⅱ象限而成为有利的环境机会。

（3）第Ⅲ象限的环境机会，属于市场吸引力低和成功可能性高的环境机会，对广大企业这种环境往往不予重视，对中小企业来说，正可以不失时机地捕捉这样的机会。

（4）第Ⅳ象限的环境机会，属于市场吸引力低和成功概率低的环境条件，对这样的环境状态，企业可能用很少的精力予以关注，一方面积极改善自身条件，另一方面静观市场变化趋势，随时准备。

2.3.2　环境威胁分析

对于环境的分析，不仅要分析机会，也必须关注环境给市场营销活动带来的威胁，如图 2－5 所示。

图 2－5 中，对于第Ⅱ象限的威胁，是企业的主要威胁，应高度警惕，并制定相应的措施，尽量避免损失或者使损失降低到最小，因为它的潜在严重性和出现的概率均很高。第Ⅰ、Ⅲ象限的威胁是企业的重要威胁，但不十分严重。企业也不应该掉以轻心，要给予充分的重视，制订好应变方案。第Ⅳ象限的威胁是最轻微的，企业一般应注意其变化，若有向其他象限转移趋势时应及时制定对策。

用上述方法来分析和评价企业所经营的业务，可能会出现四中不同的结果，如图 2－6 所示。

严重程度 \ 出现机会	高	低
高	Ⅱ	Ⅰ
低	Ⅲ	Ⅳ

图 2－5　威胁分析矩阵图

机会水平 \ 威胁水平	高	低
高	风险业务	理想业务
低	困难业务	成熟业务

图 2－6　威胁分析矩阵图

企业业务的分类和评价如下：

（1）理想业务，即高机会和低威胁的业务；

（2）风险业务，即高机会和高威胁的业务；

（3）成熟业务，即低机会和低威胁的业务；

（4）困难业务，即低机会和高威胁的业务。

由上可以看出，理想企业所处的环境最好，困难企业所处的环境最差。因此，各企业应对自已所处的地位和类型有足够清醒的认识，面对威胁做到沉着冷静制定应对策略。

2.3.3　企业内外环境分析法

企业内外情况是相互联系的，将外部环境所提供的有利条件（机会）和不利条件（威胁）与企业内部条件形成的优势与劣势结合起来分析，有利于制定出正确的经营战略，如下表所示。

SWOT 分析法

企业内部环境 / 企业外部环境	优势（S）	劣势（W）
机会（O）	SO 战略	WO 战略
威胁（T）	ST 战略	WT 战略

SWOT 方格分析法是取优势（Strong）、劣势（Weak）、机会（Opportunity）、威胁（Threat）的第一个字母构成。SWOT 分析法形成了四种可以选择的战略：

（1）SO 战略：为积极进取的战略。即利用企业内部的长处去抓住外部机会，在企业的优势同所出现的市场机会相一致的情况下，SO 战略的胜算把握会较大。

（2）WO 战略：为谨慎进入战略。利用外部机会来改进企业内部弱点；面对某种市场机会，企业可能并不具有相应的竞争优势。但如果机会的吸引力足够的大，企业也可能依然要去把握。只不过通过 SWOT 分析，了解自身在面对机会时所存在的弱点，就能够对此引起足够重视，并能以适应的策略予以防护。

（3）ST 战略：为积极防御战略。利用企业长处去避免或减轻外来的威胁，即以企业的优势去迎对可能出现的市场风险。在这种风险出现时，其他企业有可能无力承受，而被淘汰；企业如果在这方面具有优势，则可能因此而获得成功。

（4）WT 战略：为谨慎防御战略。直接克服内部弱点和避免外来的威胁，企业高度重视在业务发展中所可能出现的各种风险，并注意到在面对风险时所存在的不足之处。从而能使企业在事先就能做好充分的应对准备，在风险出现时，能从容面对。

2.4 分析汽车市场消费者

满足汽车消费者的购车需要和欲望是汽车市场营销的核心，在汽车市场中，消费者的需要的满足需要一系列的购买和消费行为来实现。因此，汽车市场营销必须对顾客的购买和消费行为进行研究，了解消费者的行为规律和特点，这将有助于企业制定有针对性的营销战略。

2.4.1 汽车市场消费者市场行为模式

我们研究消费者购买决策行为，就是要了解消费者买什么、在哪里买、如何买、何时买、为何买等问题，对于消费者买什么品牌的车，在哪里买这些问题可以通过调查消费者的实际购买行为来掌握和了解。但对于消费者为什么买却很难了解，这需要分析消费者的购买欲望和购买动机。消费者购买行为是一个复杂的过程，当消费者受到来自内外部的某种刺激时就会产生某种需要，并由此而产生需求，进而产生购买动机，最后就会产生购买行为。企业消费者的这个复杂过程可以从心理学的“认识—刺激”模式来认识，如图 2-7 所示。

营销刺激	其他刺激	购买者“黑箱”	购买者反应
产品 价格 渠道 促销	经济 政治 技术 文化	购买者特征（文化、社会、个人、心理） 购买者决策过程（确认需要、收集信息、评估、决策、购后行为）	产品选择 品牌选择 销商选择

图 2-7 消费者购买行为模式

营销刺激由 4P（产品、价格、渠道、促销）构成，其他刺激包括经济、政治、技术、文化等方面。所有的这些因素构成了汽车消费者的外在刺激，这些刺激通过消费者的一系列心理过程（复杂的心理过程被称为消费者“黑箱”）最终形成反应，即购买行为。包括消费者的买什么、在哪里买、什么时间买等购买决策。研究消费者的购买行为就是要了解营销刺激进行消费者的“黑箱”后的一系列反应。

2.4.2 影响汽车市场消费者购买行为的因素

影响汽车消费者购买行为的因素很多，是营销者难以控制的，但是他们必须要考虑和关注的因素包括：

（1）文化因素。文化因素包括核心文化和亚文化，每个国家都有自己核心文化，每个地区也都有自己的亚文化，这些核心文化和亚文化对所处国家和地区内的不同消费者群体有着深远的文化影响，他们的消费习惯、消费心理、消费行为都在这些文化的指导下完成。汽车营销者应发现和了解不同国家的文化背景、风俗习惯、价值观等，并试图发现随时间推移文化所发生的变迁，从而发现潜在的新的产品需求。中国汽车消费者在购买汽车时通常会受到下列价值观的影响：成功、地位、形象、物质享受、时间和效率、个性化等。

（2）社会因素。影响消费者购买行为的社会因素包括四个方面：社会阶层、参照群体、家庭、角色和地位。

社会阶层指某一社会中根据社会地位或受尊重程度的不同而划分的社会等级，是具有相同或类似的社会成员组成的相对持久的群体。同一阶层的成员，往往有相似的价值观、兴趣和行为，不同社会阶层中的人，购买需求和行为存在较大的差异。社会阶层对社会成员的行为具有约束作用。参照群体是消费者的态度和行为形成过程中直接或间接地对比和参照的对象，参照群体可以是几个人，也可以是一个组织。参照群体具有很强的示范作用，可能会导致模仿效应。消费者在购买决策过程中往往会以参照群体的选择作为依据，因此，营销者应在目标市场上努力寻找参照群体。如消费者希望成为成功商务人士，树立成功商务人士的形象，便会对奥迪等商务代表的轿车作为选购对象。家庭是社会的基本社会单位，是以婚姻、血缘为基础的，是社会中最重要的消费购买组织。在购车决策过程的所有参与者中，家庭成员对其决策的影响最大，随着中国社会的发展，女性和孩子在购车决策的作用和影响力越来越大。汽车企业和汽车营销人员就根据目标市场的家庭模式制定相应的营销策略，以影响家庭成员的购买选择。一个人在一生中会从属于很多群体，在不同的环境中所扮演的角色通常是不同的，扮演什么样的角色就会有相应的地位，由此，就可能会有不同的需要。

（3）个人因素。

①年龄与生命周期阶段。人们在一生中，会因为所处的年龄阶段的不同而产生不同的消费需求和偏好，随着时间的推移、年龄的增长，消费者的需求和偏好也会发生变化。年轻人主要考虑汽车的外形和动力，而中老年人购买汽车则注重汽车的舒适度和安全性。汽车企业只有明确目标顾客所处的生命周期阶段，才能制定合理的营销计划。

②职业。职业是影响消费者需求和偏好的重要因素，它将直接影响消费者的生活方式和消费行为。不同职业的消费者对汽车的购买目标是不一样的，汽车企业在制定营销策略时，要进行充分的市场细分，根据不同的职业对象开发符合其职业特点的车型。

③性别。生活中，男性比较喜欢大气、稳重、硬朗、运动型、操控性强的车型，如SUV、奥迪等。女性则比较喜欢外观时尚、乖巧、个性化的车型，当下最具代表性的便是大众“甲壳虫”，平时看到的“甲壳虫”几乎都是女性在驾驶。

④收入。收入实际上直接决定了个人和家庭的购买能力，汽车对普通消费者来说属于高档耐用消费品，收入水平达不到一定程度是很难参与购车的，收入水平不同的家庭所购买的车型显然也是不同的。

⑤生活方式。即使属于同一阶层，不同生活方式的人对车的爱好认识也是不尽相同的，在中国，人们对汽车产品的选择实质上是表明他是谁，他希望自己属于哪类人，拥有哪类人的身份。消费者常常选择不同的汽车与特定的生活方式有着密切的联系。

⑥个性与自我观念。生活中有的人稳重老成，有的人则喜欢冒险，这是因为个性的不同，这会导致消费者购买行为的差异，进而影响消费者对汽车产品的品牌选择。消费者往往会选择与他们的个性及自我定位相吻合的汽车产品。

（4）心理因素。

消费者的购买决策受以下四种心理因素的影响：

①动机。动机是推动人们去从事某种活动，以达到某种目的，满足一定需要的意图和愿望。它是人们从事某项活动的内在直接原因。当个人的某种需要未能得到满足时并强烈到一定程度才会转化为动机，它能及时引导人们去探求满足需要的目标。美国心理学家马斯洛的需求层次理论解释了人们受到特定需求驱使的原因，如图 2-8 所示。

图 2-8 马斯洛需求层次理论

马斯洛认为，人类的需要是层次化的，按其重要程度依次为生理需要、安全需要、归属与爱的需要、尊重需要和自我实现的需要，并且这些需要呈现出从低级到高级的演进特征。人们只在满足了基本生活的需要后，才会有汽车购买动机。常见的购买动机有：生存性购买动机、习惯性购买动机、理智性购买动机、冲动性购买动机、诱发性购买动机、时髦性购买动机等。

②感知。感知是指人们利用视觉、听觉、嗅觉、味觉等感觉器官收集、整理、解释信息，形成有意义的客观世界观的过程。随着动机的产生，人们就有了行动的准备，但具体如何行动则取决于感知程度。人们是通过各种感觉器官来感知事物的，同样的外部刺激对于不同的消费者会引起不同的感知，这是因为每个人感知、组织和解释信息的方式不尽相同。具体地说，人们要经历三种知觉过程：

选择性关注：人们在生活中会接触到各种刺激，但大部分会被过滤掉，只有少部分刺激会引起人们注意。汽车广告无处不在，但真正引起某一个即将准备买车的人注意的只有一个或者几个，然后这位购买者就会对引起关注的广告所宣传的车型作进一步的了解，进行深度关注。

选择性理解：人们在接受各种刺激的时候总是按自己的思维模式来接受信息，倾向于选择符合自己意愿的方式来理解信息。即人们经常按先入为主的想法来接受信息。如当消费者一旦对某一品牌的汽车产生质疑的时候，就会逐渐形成思维定式，即使企业做出努力，消费者也很难改变原有的态度。

选择性记忆：人们往会忘记接触过的大部分信息，而只记住那些符合自己态度与信念的信息。选择性记忆使得消费者常常只记住自己喜欢品牌的优点。因此营销人员必须尽力吸引消费者的注意，把信息传递给消费者。

③学习。学习是指由于经验而引起的个人行为的改变。人类的行为大多来源于学习，消费者的购买行为是受到后天经验影响而形成和改变的。消费者在接受各种信息，对各种汽车品牌进行了解和收集信息的过程本身就是一个学习的过程，消费者对汽车产品的消费和使用同样也是一个学习的过程。

④信念与态度。信念是指人们对事物所持的认识。消费者对事物的认识和见解不同，所持的信念也不同。要改变人们对某一品牌汽车已有的见解是比较困难的，因此，企业应通过广告、活动等营销手段来传递企业和产品的良好形象和信念。态度是个人对事物或观念相对稳定的评价、感觉和偏好。消费者的态度一经形成就成为一种模式，很难改变。如人们对德国车的态度是扎实、品质好、安全性，对日本车的态度是轻便、节油，对法国车的态度是浪漫、科技感。因此，汽车企业必须努力维护或提升这个消费者对企业的已有印象，不能出现有损形象的事件，以免消费者出现否定该品牌的态度。

2.4.3　汽车市场购买决策行为分析

消费者在购买的过程中，并不是对所有商品都采用同样的购买决策，不同类型的商品，所采用的购买决策行为也是有很大的差异的。如买一辆汽车和买一把牙刷，购买决策行为就会有很大不同。前者可能要广泛收集信息，反复比较选择，后者则可能不加思考，随时就可以购买。越是复杂的决策，参与决策的人可能越多，消费者本身也越慎重，根据消费者在购买过程中参与程度与品牌差异程度，美国学者阿萨尔将消费者的购买行为分为4种购买行为类型，如下图2－9所示。

	高度介入	低度介入
品牌间差异大	复杂的购买行为	寻求多样性的购买行为
品牌间差异小	降低失调的购买行为	习惯性购买行为

图2－9　消费者的4种购买行为类型

①复杂的购买行为。当消费者高度介入且认为品牌间存在显著差异时，会采取复杂的购买行为，主要是对于那些消费者认知度较低，价格昂贵，购买频率不高的大件耐用消费品。由于价格昂贵，购买决策的风险就比较大，购买决策必然比较谨慎；由于消费者对产品不够熟悉，需要收集的信息比较多，进行选择的时间也比较长。汽车消费者在购买过程中，会因为汽车价格昂贵、风险大、购买频率低、品牌差异度大而比较谨慎。消费者在选购汽车之前收集信息、比较品牌等过程，实际上是一个对汽车品牌、技术指标的学习和了解的过程，而且价格越贵，学习和了解的过程就越长、越复杂。

应用案例2－1

上海大众对帕萨特营销人员提出要求，要求营销人员在和客户接触过程中必须了解消费者需求，其服务内容包括如下几点：

（1）能够与消费者初步沟通，明确消费者对帕萨特的认识和偏好。

（2）有针对性地介绍帕萨特的基本知识。

（3）帮助消费者明确对产品的需求，包括型号、颜色、车型、基本装备和选装件等；而在介绍车辆服务中又提出了强调专业化的要求。

（4）介绍时的语言表述应当简洁，专业术语使用得当，并辅以通俗性的解释。

（5）介绍特点时，应当注意连贯性，不能跳跃。

（6）应进行全面的现场介绍，包括销售公司的基本经销战略，帕萨特的销售政策、历史、产品特点、技术指标以及一些售后服务等内容。

点评：针对消费者在选购汽车时的复杂行为，营销人员应通过与消费者的接触，帮助消费者了解产品性能、特点、服务等，逐渐清晰消费者模糊的购车目标，并有针对性地介绍本品牌汽车的个性特点，同时以专业化的术语为消费者做介绍和示范，给消费者带来安全感和信任感，从而提高品牌在消费者心目中的地位。

②降低失调的购买行为。当消费者所购买的新产品价格贵、有风险、频率较低，但品牌差异小时，消费者也会持比较谨慎的态度，在选购产品时也会有较高的介入度。因此，

会因为品牌差异不大而在作一番比较后快速购买。此类产品的营销重点在于介绍产品的和特点，帮助消费者建立购买信心。

③习惯性购买行为。对于某些消费者不太熟悉的新产品。由于价格比较低廉，购买频率也比较高，如日常生活消费品，在购买这一类商品时消费者不会太在意品牌差异，不会用多大的精力去进行研究和决策，而常常会抱着试一试的心态购买。即使人们经常购买同一种商品，往往也只是出于习惯性而不是强烈的品牌认同。

④寻求多样性的购买行为。对于那些消费者介入度低而品牌差异大的产品，消费者通常会经常改变品牌选择，而这种选择有时候并不是出于对产品的不满意，只是出于好奇心。

了解购买行为的不同类型，有助于企业根据不同的产品和消费者情况去设计和安排其营销计划，知道哪些是应当重点予以推广和宣传的，哪些只需作一般的介绍，以使企业的营销资源得到合理地分配和使用。对于汽车而言，汽车本身的产品特征决定了汽车的购买过程通常是复杂地购买行为。

2.4.4 分析不同社会阶层汽车消费者的心理

社会阶层是由具有相同或类似社会地位的社会成员组成的相对持久的群体。科特勒认为：社会阶层是一个社会中因具有相同价值观念、兴趣和行为而稳定存在的、有序的组成部分。我们知道，任何社会都存在着社会阶层结构，处于不同社会阶层的成员有着不同的消费行为模式和价值观。汽车市场营销研究社会阶层也正是因为同一阶层的人具有相似的消费行为和习惯，不同阶层的人之间则存在着明显的差异性。社会学通常用职业、收入、受教育程度三个标准来划分社会阶层。

中国作为一个正处在经济发展阶段的、多种经济所有制共存的社会，必然存在着不同的社会层次。多种层次的存在，特别是经济差异的存在，又必然对轿车的消费产生很大的影响。同一层次的整体性需求，会形成一个对某一类轿车的共同的取舍；不同层次的阶段性的需要，又会使轿车产业形成连续发展和多样化的有利局面。

2.5 调查汽车市场

2.5.1 市场调查的定义和作用

1. 市场调查

市场调查是针对企业面对的特定的市场营销问题运用科学的方法，系统地计划、收集、分析和研究相关信息，提炼出调查报告，发现问题和机会，为管理者的决策提供科学有效的决策依据。

2. 市场调查的作用

在市场经济活动中，企业面对激烈的市场竞争，必须要对市场中瞬息万变的市场信息有准确的把握，要努力寻找到市场机会，才能求得企业的生存发展，在现代企业里，许多公司都有自己的市场调研部门，以帮助企业了解顾客行为，评价市场机会和潜力，有一些大型的公司甚至寻找那些专门的市场调查公司做市场调查和预测。因此，市场调查就显得尤为重要。

(1) 市场调查是企业科学制定和完善营销策略的客观依据。

(2) 市场调查有利于优化营销组合。

(3) 市场调查有利于进一步发现和开拓新的市场。

2.5.2 汽车市场调查的内容

(1) 汽车产品调查。包括汽车新产品的设计、开发和试销，现有汽车产品的升级和改良，对目标顾客在汽车的定价、款式、性能、质量、包装等方面的偏好趋势进行调查和预测。

(2) 顾客调查。包括调查分析消费者的消费心理特征，分析社会、文化等因素对消费者购买决策的影响。关注顾客的渴望，寻找顾客的需求。了解潜在顾客的需求情况及影响需求的各因素变化的情况；消费者的品牌偏好及对本企业产品的满意率及满意的地方。发现顾客的不满意率及不满意的地方。

(3) 销售调查。销售调查是对产品的销路、产品的价值能否实现的调查，这对企业是至关重要的。一般包括产品的销售量、销售范围、分销渠道、顾客的需求、产品所处的生命周期、市场竞争情况等方面。

(4) 促销调查。促销调查主要是对企业在产品或服务的促销活动中所采用的各种促销方法的有效性进行测试和评价。如广告目标、媒体影响力、广告设计及效果；公共关系的主要动作及效果；企业形象的设计和塑造等。

(5) 竞争对手调查。竞争对手调查是市场竞争的客观需要，是信息作为一种战略资源的重要体现。它旨在帮助企业更加系统深入地了解竞争对手，分析企业目前所处的竞争环境，结合企业的自身情况调整营销战略。

(6) 汽车市场营销环境调查。汽车市场营销环境调查主要是对汽车市场营销的宏观和微观环境因素进行调查，掌握环境的变化对市场营销的影响，并指导企业市场营销策略的制定和修正。

2.5.3 汽车市场调查的方法

市场调查方法的选择合适与否，会直接影响到调查的结果。因此，选择合适的市场调查方法是市场营销调查的重要环节，常见的市场调查方法有以下几种：

(1) 案头调查法。案头调查大多是以收集分析案头资料（第二手资料）为主，当所需的第一手资料有限时，案头调查法就显得比较有效了。案头调查是利用与营销活动相关的各种现成资料，如文字资料、统计资料、图片资料等进行营销信息的收集。案头调查法通常能够帮助企业在较短的时间内，以较低的成本获得大量的相关信息。通过这种方法收集营销信息的途径十分广泛，作为一种间接的二手资料收集，资料研究法可以为其他调查方法做准备，有时也可以直接作为某项调查的依据。但是面对浩如烟海的二手资料，企业必须在连续、大量、全面收集资料的基础上，分析彼此之间的内在联系，才能找到企业真正需要的资料。

（2）访问法。访问法是调查人员将事先准备好的调查项目和问题以某种方式向被调查对象提出，并请求予以回答，以获得所需信息的调查方法。是最常见和使用最广泛的一种调查方法。通常包括：面谈访问法、电话询问法、邮寄询问法、留置问卷法、会议访问法等。不同的访问方法具有不同的特点，调查人员应充分掌握、灵活运用。如面谈访问法是调查人员与被调查者面对面的交流，可以获得第一手资料，有回收率高、真实性好的特点，但对调查人员本身的能力和素质要求比较高；电话询问法的成本较低、可在短时间内完成较大数量的样本，但不容易得到被访者的配合；留置问卷法是面谈与邮寄的结合，这种方法的回收率比较低；会议访问法是通过召开座谈会等形式的会议进行市场调查的方法，具有便于收集分散的市场动态信息的特点。

（3）观察法。调查人员通过对被调查者在现场的动作、行为并加以记录而获取信息的一种调查方法，观察法的特点是调查人员不必向被调查者提出问题，也不需被调查者回答，只是侧面观察被调查者的行为和表现，以了解其心理活动。观察法简便易行，不易被调查对象察觉，因此可以获得真实的调查资料。

（4）实验法。实验法是在有目的并严格控制条件的情况下，对被调查对象的从一个或多个因素进行控制，以测定不同因素对被调查者的影响及不同因素之间的关系。实验法具有科学性，能够获得比较真实的资料，但实验周期一般较长、费用较高，且实验法难以控制市场变量，从而影响实验结果的有效性。

2.5.4　汽车市场调查的程序

汽车市场调查是一项复杂的工作，要顺利完成一项调查，必须有计划、有程序的地进行，汽车市场调查的程序一般由以下部分组成，如图 2－10 所示。

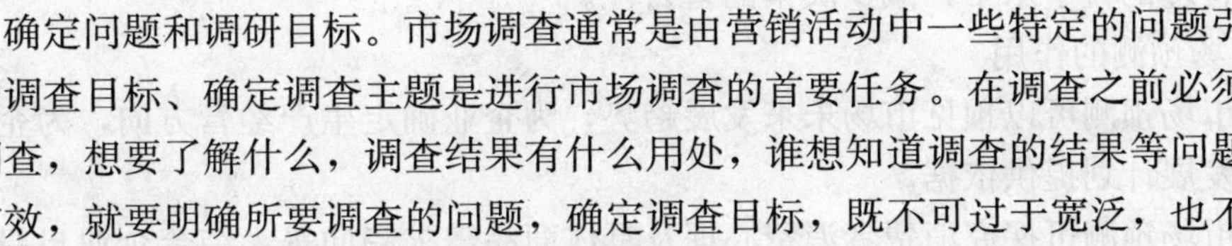

图 2－10　汽车市场调查的程序

（1）确定问题和调研目标。市场调查通常是由营销活动中一些特定的问题引起的，因此，明确调查目标、确定调查主题是进行市场调查的首要任务。在调查之前必须弄清楚为什么要调查，想要了解什么，调查结果有什么用处，谁想知道调查的结果等问题。要使调查科学有效，就要明确所要调查的问题，确定调查目标，既不可过于宽泛，也不宜过于狭窄，要有明确的界定并充分地考虑调查成果的实效性。

（2）制订调研方案和计划。在确定调查问题后，就需要进行调研方案的制订，并确认所需要的信息，为有效地收集信息制订计划，包括确定调查项目、确定信息来源、选择调查方式、估算调整费用、填制调查项目建议书、安排调查进度和编写调查计划书。在这一步也就是要回答调查要收集怎样的信息及如何收集信息。

（3）执行调研计划收集分析数据。调查人员在制订方案和计划后，就要把方案和计划付诸实施，这一阶段是市场调查的实质性阶段，包括收集、整理和分析信息资料等工作。在数据收集阶段花费时间多且容易失误，调查人员在计划实施过程中要尽量按计划进行，在整个信息收集过程中能排除干扰，获得理想的信息资料。数据资料的整理是一项烦琐的工作，调查人员要对收集来的庞杂的数据进行加工和分析，将数据转化为对清晰的表格等可以分析的形式。

（4）解释和报告调研结果。市场调查的最终目的是要形成可以为决策者提供决策依据的清晰报告，因此，解释报告结果就显得比较重要了，解释和报告调研结果阶段的主要工作有汇总整理调查资料和编写调查报告。调查人员需将调研结果及对结果的解释以报告的形式加以详细地说明，以供决策者参考。所撰写的报告应清晰明了，突出重点、客观真实、文字简练。

2.5.5 撰写汽车市场调查报告

撰写调查报告是对整个调查的终结，在资料的整理和分析工作完成以后，就必须准备拟定市场调查报告，通常将市场调查报告分为专题报告和一般性报告。

（1）专题报告。其又称技术性报告，这类报告内容详尽，用语专业，主要对象是供专业人员深入研究。内容一般包括：封面、序言、正文、附录等。

（2）一般性报告。其又称通俗报告，这类报告语言通俗，条理清晰、主要对象受众面较广，因此，在内容项目上要求不如专题报告深入和严格，只需作简明说明即可，但对报告的结论及建议应予以详细地阐述。

2.6 预测汽车市场

2.6.1 市场预测的定义和作用

1. 市场预测

市场预测就是运用科学的方法，对影响市场变化的诸多因素进行调查研究，分析和预见其发展趋势，掌握市场变化的规律，为经营决策提供可靠的依据。预测为决策服务，是为了提高管理的科学水平，减少决策的盲目性。

2. 市场预测的作用

（1）市场预测可以预见市场未来发展趋势，为企业确定生产经营方向，为企业制订生产经营的发展计划提供依据。

（2）市场预测可探究消费者消费心理及具体商品需求趋向等，结合企业自身条件，分析优势与差距，寻求解决方案。

（3）市场预测可以摸清竞争对手状况，制订相应策略。

（4）市场预测是提高企业经营管理水平的重要手段。

2.6.2 汽车市场预测的内容

市场的变化受到多种因素的影响，涉及市场营销的各个方面，因此市场预测的内容也十分广泛，概括起来，市场预测的内容主要包括以下三个方面：

（1）市场需求预测。市场需求预测是对已经存在的市场静态需求进行分析和预测，根据有关资料对汽车产品未来的需求变化进行细致地分析研究，掌握需求的内在规律，了解市场规模，为企业识别市场机会和选择目标市场提供可靠的依据并对其发展趋势做出比较正确的估计和判断。市场需求预测通常是根据人口变化、消费者购买力、消费习惯、消费结构的变化等因素，来分析市场对产品的需求。

（2）市场占有率预测。市场占有率是在一定的市场范围内，企业某种产品中的销售量或销售额与该市场上同类产品的总销量或销售额之间的比率。市场占有率通常标志着企业产品在市场上的竞争能力，市场占有率的变化说明了客户流向的变化，市场占有率提高说明其他企业的客户流向本企业。

（3）生产情况的预测。在面对市场竞争时，只是了解市场需求和市场占有率是不够的，企业还必须掌握自已和竞争对手的生产情况，了解市场上所有汽车产品的生产能力和市场布局，了解汽车产品的数量、质量和性能等，并且预测其生产情况发展变化的趋势。

2.6.3　汽车市场预测的方法

市场预测有一套比较完整的理论和方法体系，目前，市场营销预测的方法有数百种，最常用的也有数十种，通常预测的方法可分为定性预测与定量预测两大类：

（1）定性预测法。定性预测法也称为直观判断法，是市场预测中经常使用的方法。定性预测主要依靠预测人员的知识、经验和综合分析能力，在所掌握的市场市场信息和数据的基础上，对市场的发展趋势进行预测。这类预测方法简单易行，所需要的人、财、物也较少，所需的时间短且时效性强，特别适用于那些难以获取全面的资料进行统计分析的问题。因此，定性预测方法在市场预测中得到广泛的应用。定性预测方法又包括：德尔菲法（专家小组法）、类推法、销售人员意见汇集法等。

（2）定量预测法。定量预测也称为统计预测法，是根据市场调研所获得的数据，运用数学模型和计量方法，对市场现象进行数量分析，进而预测未来的市场需求。定量预测法是一种数量统计方法，因此需要完备的市场资料，才能保证预测结果的科学性、严密性。在实践中，通常采用定量与定性相结合的方式，以取得更好的效果。定量预测通常包括：时间序列预测法和回归预测法。

2.6.4　汽车市场预测的程序（收集和分析信息）

汽车市场预测的基本思路是针对特定问题，调用市场调研所收集的数据，结合一定的预测方法或模型，进行估计或计算，以得出预测结论。调研数据反映了汽车市场的现实状况，而预测则反映了汽车市场问题的内在关系，通常汽车市场营销预测包括以下步骤：

（1）确定预测目标。汽车市场预测的第一步便是确定预测目标，有了明确的目标之后，才能根据目标决定收集资料的范围和内容，选择预测方法，预测目标是企业在市场活动中需要预见和估算的问题，它体现在预测工作计划中，因此，预测目标必须具体、可行。

（2）收集资料。资料是预测的基础，没有充分的市场调研资料作保证，预测就会失去科学性，变成预测者的主观想象。因此，收集资料是预测的前提环节，同时，收集的资料必须充分反映市场的真实情况。

（3）选择预测方法。汽车市场预测应根据预测目标和收集的资料，选择适合的预测方法。预测的方法与模式很多，在选择预测方法时，要充分考虑预测问题与市场现象之间的联系，要对多种方法进行比较，选择最恰当的方法。

（4）撰写预测报告。通过预测估算得出预测结果后，要及时撰写成预测报告。在报告中，表述预测结果应简单、明确，对结果应作解释性说明和充分论证，预测报告包括预测目标、方法、调研结果、预测依据、预测结果以及预测检验过程和计算过程。

（5）分析误差。预测是对未来事件的预计，它很难与实际情况完全吻合，因此要对预测结果进行判断、评价，通过误差分析来修改调整由预测模型得出的结果或考虑采用其他更适合的预测方法，以得到较准确的预测值。

2.7 细分汽车市场

2.7.1 汽车市场细分的定义和作用

（1）市场细分。企业通过市场调研，根据消费者兴趣、爱好、购买力等的不同而形成多样化和差异性，把整个市场划分为若干具有某种相似特征的较小的顾客群，以便用来确定目标市场的过程。需要注意的是，市场细分不是对产品及其价格进行分类，而是对同种产品需求有差异的消费者进行分类，是识别具有不同需要的顾客群的分类过程。

（2）市场细分的作用。

①市场细分是选择目标市场和市场定位的前提和基础。

②市场细分有利于企业发现新的市场机会。

③市场细分有利于企业充分利用资源、发挥优势、提高竞争力。

④市场细分能科学制订和优化营销策略。

2.7.2 细分汽车市场的标准和步骤

（1）市场细分的标准。进行市场细分的方法和标准有很多，市场营销者应充分运用各种细分变量进行市场细分，以寻找到最佳的市场结构。菲利普·科特勒市场细分将主要变量分为了四大类：

①地理细分：即把市场分为不同的地理区域，如国家、城市、南方、北方等。显然，不同的国家和地区有不同的文化，消费者的消费习惯也具有明显的差异性。

②人口细分：即按年龄、性别、家庭规模、家庭生命周期、收入、职业、受教育程度等进行市场细分，人口细分是最常用的市场细分标准。如对于目前的中国消费者而言，收入通常是汽车消费者首要考虑的因素。

③心理细分：即根据社会阶层、生活方式、个性偏好等将消费者划分为不同的细分群体。不同社会阶层和个性偏好的消费者在购买汽车时会选择不同的汽车品牌，如奔驰、宝马象征成功人士等。

④行为细分：即根据消费者对产品的态度、知识、使用和反应等行为，将消费者细分

为不同的群体。如购买时机、购买方式、品牌忠诚度、利益偏好等。

需要注意的是，在实际市场细分中，市场营销者很少运用单一的细分标准，而是通过一系列细分标准的结合，以求细分出更小、更容易识别的目标顾客群。

(2) 市场细分的步骤。

①确定产品市场范围：企业应明确自己在某行业中的产品市场范围，并以此作为制订市场开拓战略的依据。产品市场范围应以市场需求而不是产品特性来定。

②列举潜在顾客的基本需求：通常从地理、人口、心理、行为等方面列出影响产品市场需求和顾客购买行为的各项变数。估算潜在顾客有哪些需求，为以后深入分析提供基本资料。

③分析潜在顾客的不同需求：企业可对不同的潜在顾客进行抽样调查，并对所列出的需求变数进行评价，了解哪些需求对顾客更重要。通过以上步骤的细分就应该可以分出两到三个细分市场了。

④制订相应的营销策略：即调查、分析和评估各细分市场，最终确定可进入的细分市场，并制订相应的营销策略。

2.7.3 细分汽车市场的原则

汽车企业在进行市场细分时，都要依据一定的细分标准，以求细分的实用和有效性。因此，有效的市场细分应遵循以下原则：

(1) 差异性。在选择细分标准时，该细分依据能准确地将整体市场划分为有明显差异性的细分市场，或者说，市场中确实存在着购买和消费等方面的明确差异性，以使其成为细分依据。

(2) 可衡量性。可衡量性是指细分的市场应该是可以识别和衡量的，其需求规模和购买力是可以测量的。即细分出来的市场不仅有明确的范围，还要能衡量其细分市场的规模和购买力。

(3) 可进入性。可进入性即所细分出来的市场对企业而言是有能力进入并取得一定的市场份额，如果细分出来的市场虽仍有较大的市场需求，但已有足够的竞争者，且企业自身能力和技术水平又很难达到，这样的细分对企业而言就失去了基本意义。

(4) 效益性。效益性即细分出来的市场其市场容量和需求规模能否保证企业获得足够的利润。太小的细分市场，对企业来说也就没有实际意义。

2.7.4 细分汽车市场的方法

(1) 单一变数法。单一变数法指仅根据影响消费需求的某一因素和变量对整体市场进行细分。如服装企业按年龄细分市场，可分为童装、少年装、青年装、中年装、中老年装、老年装。我们按汽车的用途可以把汽车分为：客车市场、轿车市场、载货车市场、特种车市场等，如图 2-11 所示。

(2) 多因素法。多因素法又称坐标法，指企业按影响消费需求的两种或两种以上因素或变量，同时从多个角度进行综合细分，在选择过程中通常选择 2～3 个最关键的因素进行细分。该方法适用于市场对产品需求的差异性是由多个因素或变量综合影响所致的情况。如影响汽车消费者购买行为的因素很多，通常认为质量和价格是其中最关键的因素，因此，可以建立一个坐标来细分市场，如图 2－12 所示。

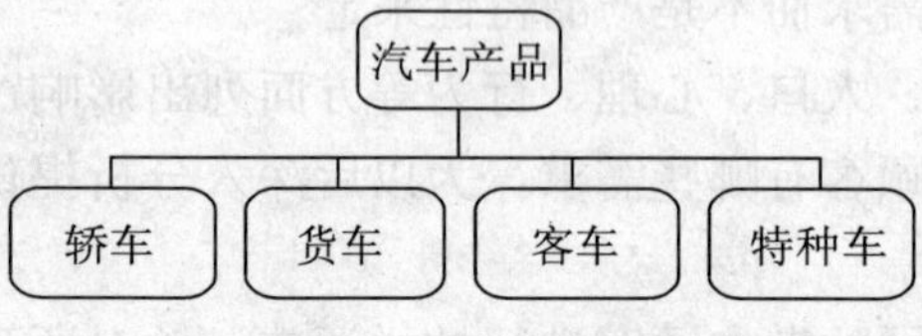

图 2－11　单一变数法

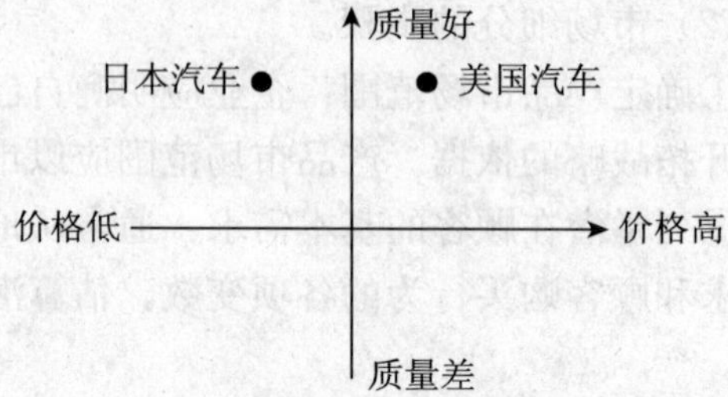

图 2－12　多因素法

（3）系列因素法。系列因素法指根据企业经营的特点并按照影响消费者需求的两种或两种以上因素或变量，由粗到细、由简到繁、由少到多地进行市场细分。细分的过程是一个比较、选择的过程，下一阶段的细分是在上一阶段细分中选定一个分市场依据不同的细分依据再进行的细分。如家用轿车市场，可按地理变量中消费者是处于农村、城市还是郊区，以及收入的高低、购买动机等因素再细分市场。

（4）网格法。在现实市场中，顾客的需求千差万别，仅从某一方面往往很难准确把握需求差异。因此，把各种标准和具体因素进行组合，从而形成多个细分市场，企业再根据自身条件有选择性地进入目标市场。这一方法就像切蛋糕一样，以一定的细分变量为界限，把汽车产品市场像切蛋糕一样分切成若干个小块，从中选择自己能够吃得下去的小块作为目标市场，如图 2－13 所示。

	生产企业	机关单位	家庭	……
载重汽车				
大巴				
中巴				
轿车				
……				

图 2－13　网格法

目前我国常见的汽车市场细分方法有以下几种：

（1）按传统的对汽车产品用途划分：客车市场、轿车市场、载货车市场、特种车市场等。

（2）按购买者的性质不同划分：公务用车市场、商务用户市场、生产经营性用户市场、私人消费性用户市场等。

（3）按汽车的性能特点不同划分为：载货汽车：重型汽车、中型汽车、轻型汽车、微型汽车市场等；轿车：高档车、中档车、普及型轿车等。

(4) 按是否首次使用划分：新车市场、二手车市场。

(5) 按汽车产品的完整性划分：整车市场、汽车配件市场等。

应用案例 2-2

上海通用汽车的市场布局

一、对中国汽车市场的分析

在上海通用汽车进入中国市场的时候，中国汽车市场正处于一个大变革的前夕。从长远来看，中国汽车市场潜力巨大。随着该市场的快速发展，中国已经成为全球第三大汽车消费市场，中国的消费者对于汽车产品的需求与日俱增。世界汽车诸品牌逐步进入中国，国际竞争国内化的格局全面呈现。

二、上海通用的品牌系列

(1) 凯迪拉克群星超豪华。

(2) 支柱品牌别克活力激情。

(3) 大众化雪佛兰亲和友善。

三、市场细分清晰

别克品牌的定位：凯越和君威的目标客户是以事业为重，新赛欧和景程的是以家庭为重，希望稳中求进的消费者。

雪佛兰品牌面对的是热爱生活，希望能通过努力不断提高生活质量的普通消费者和追求个性的年轻人。

别克荣御现身，为国内高档行政级公商务车市场带来全新选择。

四、群体定位准确

别克品牌：中高级公商务用车和成功人士及白领阶层的工作用车。

凯越 HRV：都市新锐一族、SOHO 族、年轻人、白领。

五、建立通用的汽车金字塔

六大品牌个性鲜明，并分别针对需求的不同，从基础品牌到高档豪华品牌形成了一个金字塔形品牌构架，如图 2-14 所示。

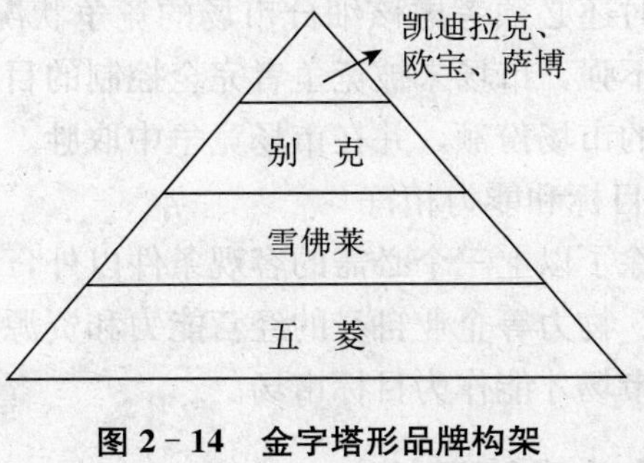

图 2-14 金字塔形品牌构架

处于在“金字塔”顶部的是凯迪拉克所代表的高档豪华车品牌；在“金字塔”的中上

部，则是为主流社会精英推出的高档别克品牌；立足于“金字塔”基础部分的当属雪佛兰；而“金字塔”的底端则为上汽通用五菱旗下的五菱品牌所覆盖。

点评：各细分市场的目标消费人群和需求有很大的差异，所要体现的品牌内涵也各不相同。通用公司在多年的品牌建设和维护中，正是准确的把握了各细分市场的消费者特性，才能够在行业竞争中处处把握先机，使自己的产品和品牌价值不断的提升，并逐渐的丰富和发展成今天这样较为全面的品牌系列。

2.8 选择汽车目标市场

2.8.1 评估各细分市场

企业进行市场细分是为了充分利用资源，集中目标，进入到有潜力的目标市场，企业在市场细分后，面对多个细分市场，并不是每一个细分市场都要进入，而是有选择性地进入，因此，评估各细分市场就成为了必须。企业应根据细分市场的市场潜力、竞争状况及本企业产品的特性和生产、技术、资金等方面的状况决定选择某几个细分市场作为目标市场，并确定营销战略，实行目标市场营销。目标市场选择的首先是要对划分好的各个细分市场进行评估。评估细分市场时除了上面所提到的有效市场细分的几项原则之外，还必须考虑以下几个因素：

1. 目标市场有足够的规模和潜在需求

这是企业选择目标市场的首要条件，因为，任何一个企业进入某一目标市场其最根本的目标还是期望获得利润并寻求发展，如果目标市场的规模太小，企业很难有所发展。同时，目标市场还应该有一定的潜在的市场需求，企业不能只看现实的市场需求，只有具备了一定的潜在需求的市场，企业才可能获得长期发展。

2. 目标市场具在一定的购买力

潜在的需求是需要购买力作支撑的。因此，企业在选择目标市场时还要看该细分市场是否具有足够的购买力，即是否有足够的营业额。那些比较落后的地区通常都具备足够的潜在市场需求，但却因为经济落后而导致购买力较低，企业就需要慎重考虑。

3. 市场竞争还不激烈，竞争对手未能完全控制市场

企业在选择目标市场时还必须考虑该细分市场的竞争状况，企业应充分分析和研究，选择那些竞争者少、实力不强，市场未被竞争者完全控制的目标市场，企业才有可能乘势开拓市场营销并占有一定的市场份额，并在市场竞争中取胜。

4. 目标市场与企业的目标和能力相符

企业选择目标市场，除了以上三个必需的客观条件以外，还应该充分考虑企业自身的主观条件，如人力、财力、物力等企业自身的经营能力和资源。只有企业在选择的目标市场中具有一定的优势，该市场才能作为目标市场。

2.8.2 评估企业目标和企业资源

汽车企业在评估细分市场的时候还必须充分考虑企业自身的目标和企业资源。企业对

细分市场的投资是否与企业资源相匹配。即使一个细分市场有适当的市场规模和增长潜力，但是否与企业的远景规划相符，企业是否有足够的技术能力和资源，这些都是企业在选择目标市场时必须考虑的。某些细分市场虽然有较大吸引力，但不符合企业长远目标，也应该放弃。即使这个细分市场符合企业的目标，它也必须考虑本企业是否具备在该细分市场获胜所必需的技术和资源。如果企业在某个细分市场缺乏一个或更多的能力并且无法获得，该细分市场就应放弃。但是，企业只有必要的能力是不够的。如果它要真正赢得该细分市场，它需要有压倒竞争者的优势。企业如果不能制造某些优势价值，就不应该进入该市场或细分市场。

对于通用和大众这样的汽车业巨头，他们有实力把全部细分市场都作为目标市场外，其他的一些汽车企业特别是自主汽车品牌的企业一般都只能选择部分细分市场作为目标市场。

2.8.3 选择适合企业的目标市场

1. 目标市场模式

企业在对细分市场进行评估后，应选择适合企业发展的目标市场，企业在选择目标市场时通常有以下五种模式，如图 2-15 所示。

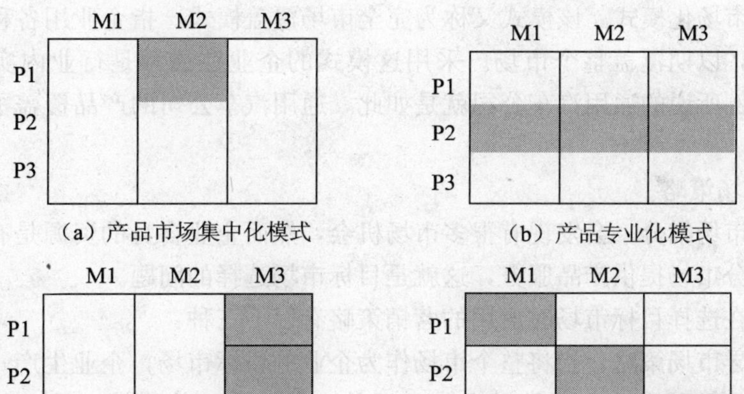

图 2-15 目标市场的五种模式

P—产品；M—市场

（1）产品市场集中化模式。这是一种典型的集中化模式。即企业只选择一个细分市场集中营销，企业的目标是只生产一种产品，供应一个顾客群，并寻求在一个细分市场中占有较高的市场占有率。通常，该策略适合实力较弱的中小型汽车企业。这类中小企业由于初次进入市场，资源有限、缺乏生产经营经验，往往采用这种模式，把一个细分市场作为继续发展、扩张的起始点。

（2）产品专业化模式。指企业只生产某种产品，向各类顾客销售，采用这种模式，企业的市场面广，生产相对集中，有利于发挥生产技能。企业通过这种模式可以在某一产品方面形成较高的声誉。如长城汽车以生产SUV为主，是中国的第一SUV品牌。

（3）市场专业化模式。企业面对同一顾客群，生产和销售他们所需要的各种产品。即生产各种产品以满足同一顾客群。如专门从事某一汽车零配件的企业，他们只为这一汽车公司服务，生产该公司需要的各种零配件，但是只面对这一汽车公司的顾客。该种模式有利于发展与顾客之间的关系，降低交易成本，并在这一类顾客中树立良好的形象。但对某一顾客群的依赖过大，易受到该顾客群消费习惯和购买力的影响。

（4）选择性专业化模式。指企业结合自身特点，在对市场充分研究的基础上，有选择地生产几种产品，有目的地进入某几个细分市场，每个细分市场之间存在明显的差异。这种方法有利于企业分散风险，但应当十分谨慎，采用这种模式的前提是必须在几个细分市场都有相当的吸引力。

（5）完全市场化模式。该模式又称为完全市场覆盖模式，指企业用各种产品满足各种顾客群的需要，以期覆盖整个市场。采用这模式的企业往往都是行业内实力较强的大企业。如前文案例所说的通用汽车公司就是如此，通用汽车公司的产品覆盖了整个汽车产品市场。

2. 目标市场策略

企业通过市场细分，会发现有很多市场机会，然而企业自身的资源是有限的，企业将要为多少个细分市场提供产品服务，这就是目标市场选择的问题。

通常企业在选择目标市场时所用的营销策略有以下三种：

（1）无差异市场策略。指将整个市场作为企业的目标市场，企业生产一种产品、采用一种营销组合满足所有消费者的需求，包括单一的包装、价格等，是一种针对市场共性的、求同存异的营销策略。最著名的案例就是曾经的可口可乐，很长时间以来他们的广告语都只有一句：请喝可乐！这种策略适用于需求差异性较小的产品，具有成本经济性，可发挥规模效应，但往往不能满足消费者的不同需求。

（2）差异性市场策略。差异性市场策略充分肯定消费者需求的多样性，是目前汽车企业普遍采用的策略，是指将整体市场划分为若干细分市场，针对每一细分市场采用不同的营销组合满足消费者的需求，是一种致力于顾客需求多样化的营销策略。这种策略适用于需求差异性较大的产品，能够更好地满足不同消费者的不同需求，有利于树立良好的市场形象。但容易导致企业成本增加，可能造成企业资源的过度分散，不利于企业核心竞争力的形成。因此，采用这种策略之前要充分研究，认真选择要进入的目标市场，同时，避免过度的细分市场，以造成成本的大幅增加。

（3）密集性市场策略。密集性市场策略又称集中性市场策略，是指选择一个或几个细分市场作为目标，制定一套营销方案，集中力量在较少数目标市场上开展营销活动，争取在这些细分市场上占有较大的市场份额，是一种致力于一类顾客需求的营销策略。与前两种营销策略都是以整体市场作为营销目标，试图满足所有消费者在某一方面的需要不同。集中性营销策略则是集中力量进入一个或少数几个细分市场，实行专业化的生产和销售。企业采用这一策略，不是要追求在一个大市场竞争，而是力求在一个或几个细分市场占有较大份额。该策略目标市场少，能深入挖掘并更好地满足细分市场消费者的需求；能够更充分利用企业资源，集中力量与竞争对手抗衡，建立巩固的市场地位。因此，该策略适合于企业自身资源和力量有限的中小企业。

应用案例 2-3

"野马"驰骋市场

1964 年，著名的汽车大王李·艾柯卡，为福特汽车公司推出的新产品"野马"轿车，取得了轰动一时的成功，两年内为福特公司创造了 11 亿美元的纯利润。当时，购买野马车的人打破了美国历史的纪录，在不到一年的时间里，野马汽车风行整个美国，各地还纷纷成立野马车会。为什么野马汽车如此受人欢迎？这与其独特周密的营销策划是分不开的。李·艾柯卡在仔细分析了市场状况之后，制定了一整套推出"野马"汽车的营销策略，令人瞩目的销售业绩使他获得了"野马之父"的称号。

(1) 选择适当的目标市场。1962 年，李·艾柯卡就任福特汽车公司分部总经理后，便策划生产一种受顾客欢迎的新车，这一念头是他对整个汽车市场营销环境作了充分调查研究之后产生的：①福特公司的市场研究人员调查得知：第二次世界大战以后，生育率激增，几千万婴儿如今已长大成人，今后十年的人口平均年龄要急剧下降，20～24 岁年龄组要增长 50%，购买新车的18～34岁年轻人可望占到一半。根据这一信息，艾柯卡预见到今后 10 年的汽车销售量将会大幅度增长，而对象就是年轻人。②随着受教育程度的提高，消费模式也在改变；妇女和独身者顾客数量增加，两辆汽车的家庭也越来越多，人们愿意把更多的钱花在娱乐上。人们正在追求一种样式新颖的轻型豪华车。③艾柯卡在欧洲了解福特汽车公司生产的"红雀"牌汽车销售情况时，发现"红雀"太小了，没有行李箱，虽很省油，但外型不漂亮，如不尽快推出一种新型车，公司就可能被竞争对手击败。于是，艾柯卡根据上述信息提出了一个目标市场，适合这个市场的车应当是：车型要独树一帜，容易辨认；为便于妇女和新学驾驶汽车的人购买，要容易操纵；为便于外出旅行，要有行李箱；为吸引年轻人，外型要像跑车，而且要胜过跑车。

(2) 追求完美的产品设计。有了新车的设计思路，福特的设计专家们便开始行动。李·艾柯卡授意车型经理和生产经理主持车型设计，指出这种新车一定要兼具式样好、性能强、价钱低三大特色。这种车应当是小型的，但又不能太小，必须能容下四人；它必须是轻型的，重量不能超过 2500 磅；价钱方面，要带有全套自选设备而不能超过 2500 美元。1962 年秋天，新车的泥塑模型呈现在了艾柯卡面前。1963 年春天，样机陈列在福特设计中心，与公司的强大竞争对手通用汽车公司的雪佛兰新车并排展示，进行对比性分析。样机一再改进，最后的形状为：方顶，流线形；前长后短，低矮大方；整车显得既潇洒又矫健。艾柯卡把新车的命名也看做产品设计的一部分。在早期设计阶段，新车被叫做猎鹰特号，后又有人想叫它美洲豹、雷鸟Ⅱ型等，艾柯卡认为均不理想，于是委托广告公司代理人去底特律公共图书馆找目录。此公从A到Z列出成千动物，最后筛出一个——“野马”，这是一个激动人心的地道的美国名字。美国人对第二次世界大战中野马式战斗机的名字印象极为深刻，用“野马”作为新型车的名字，不仅能显示出车的性能和速度，有着广阔天地任君闯的味道，而且很适合美国人放荡不羁的个性。接下来的工作是为“野马”车制定价格。新车试制小组在底特律选定了52对有中等收入的青年夫妇，请他们到福特展厅来品评新车。白领夫妇对新车造型表示满意，蓝领夫妇则把野马看做他们所追求的地位和权势的象征。艾柯卡请他们为新车估价，几乎所有人都估计约10000美元，并表示家中已有车，将不再购买这种车。当艾柯卡宣布车价在2500美元以内时，他们十分惊讶，都表示将购买这种能显示身份和地位的新车。在研究了消费者心理之后，艾柯卡把车价定在2368美元，并开始设计下一步的营销策略，为打开野马车的销路作精心的策划。

(3) 声势浩大的促销活动。福特公司在正式推出“野马”轿车之时，采用于多种多样具有轰动效应的促销手段，真可谓奇招迭出，一鸣惊人：“野马”汽车正式投放市场前四天，公司邀请了报界100多名新闻记者参加从纽约到迪尔本的70辆“野马”汽车大赛，这些车飞驰700英里无一发生故障，证实了野马车的可靠性。于是，几百家报纸都以显著的位置热情地刊出了关于“野马”的大量文章和照片。表面上看，这只是一次赛车活动，实际上是一次告知性广告，使“野马”成为新闻界的热门话题。在“野马”车投放市场的当天，福特在2600种报刊上登了全页广告，并在数家电视台播出广告短片。广告使用了所谓的“蒙娜·丽莎”手法：一幅朴素的白色“野马”在奔驰的画面，注上一行简单的字：“真想不到”，副题是：售价2368美元。由于公关经理的努力，新车照片同时出现在《时代》和《新闻周刊》封面上，关于这两大杂志的惊人宣传效果，艾柯卡后来回忆说：“《时代》和《新闻周刊》本身就使我们多卖出10万辆！”福特公司还在全国15个最繁忙的机场和从东海岸到西海岸的200家假日饭店的门厅里陈列了“野马”。公司选择最显眼的停车场，竖起巨型的广告牌，上书：“野马栏”以引起消费者的注意，激发人们的购买欲望。同时，福特公司向全国的小汽车用户直接寄发几百万封推销信，既达到了促销的目的，也表示了公司忠诚为顾客服务的态度和决心。此外，公司大量上市“野马”墨镜、钥匙链、帽子、“野马”玩具车，甚至在面包铺的橱窗里贴上广告：“我们的烤饼卖得像‘野马’一样快”。由于从选定目标市场、产品设计到销售野马车的各个环节，福特公司均作了一系列精心的策划，使野马汽车获得了汽车销售史上的巨大成功：其订货单源源而来。到1965年4月16日，即野马诞生一周年的时候，已售出418812辆，创下了福特公司的销售纪录。

点评：野马的销售之所以能够如此成功，不仅是其应用了创新的营销组合策略，而且其基础还是来自对消费群体的区分和界定，以及对年轻消费群体的了解和把握。因此，在制定各种营销策略前准确地细分市场，了解各子市场的现状和正确选择目标市场尤为重要。

2.9 定位汽车目标市场

2.9.1 汽车目标市场产品定位

科特勒说：产品定位是消费者根据产品的重要属性定义产品的方式——相对于竞争性产品而言，公司产品在消费者心目中占据的位置。营销的一个基本观念就是每一产品不可能满足所有消费者的要求，每一家公司只有以市场上的部分特定顾客为其服务对象，才能充分发挥其优势，提供更有效的服务。因此，汽车企业在选择了汽车目标市场后，就应该进行汽车产品定位了。产品定位是对目标市场的选择与企业产品结合的过程，是将市场定位企业化的工作。现代汽车企业都非常注重产品定位，通过广告、产品性能等为企业的每一种汽车都赋予鲜明的个性并传达给消费者。如沃尔沃强调“绝对安全”、宝马强调“高档豪华”等。一般在产品定位中应包括以下内容：

（1）产品的性能定位：该种汽车主要是要满足消费者什么样的需求。

（2）产品卖点定位：该种汽车较之其他汽车的差异化优势。

（3）产品线定位：即产品线的宽度和深度。

（4）产品的营销策略定位：即确定该种汽车产品的基本营销策略。

应用案例 2－4

四大名车的产品定位

1. 沃尔沃（VOLVO）

沃尔沃是强调安全的车，产品的定位就是安全。沃尔沃使用金属非常多，给人感觉比较重，保护性比较强，所以一进入车厢里面，感觉安全系数特别高；另外，还有一个感觉是稳。此外，沃尔沃车型的改良比较慢。

沃尔沃的目标顾客是男人、商人、中老年人。在中国很少看见老年人开车，主要是因为改革开放后富起来的大都是年轻人和中年人。很多专业人士也非常喜欢沃尔沃，因为专业人士非常注重安全，所以律师、医生等就喜欢开沃尔沃，尤其很多医生都是开沃尔沃。在国外，还有一些商业用车，比如，饭店用车、机场用车都喜欢用沃尔沃，因为安全系数比较高。所以，沃尔沃是非常理性消费的车，非常注重安全的车，比较不注重时尚、不注重新潮，也不注重流线美。

2. 奔驰（Bentz）

奔驰是强调高贵的车，非常强调稳重，给人的感觉是很正式。但是有时候，这种正式、稳重的身份给人一种距离感，所以开奔驰的人给别人的感觉是认真和老气横秋。喜欢开奔驰的人，主要包括商人——而且是男性居多、中老年居多，如官员、银行家、外交使节等。当然，也有一些专业人士也喜欢开奔驰。但总体上看，奔驰更注重身份。

3. 宝马（BMW）

如果说奔驰强调高贵，宝马则强调豪华；如果说奔驰强调稳重，宝马则强调动力；如果说奔驰强调身份，宝马则强调时尚，强调新潮；如果说奔驰强调正式，宝马则强调非正式。宝马给人的感觉是比较浮夸、比较嚣张。的确，开宝马的人通常是意气风发的人，自我感觉比较好；开宝马的人自我表现欲也比较强，穿着比较讲究、比较新潮。从年龄上看，主要是年轻人，女孩子也特别钟情宝马，当然也有中年和老年人。

4. 雷克萨斯（LEXUS）

雷克萨斯是强调舒适的、安静的、合理的。所谓合理，就是要像沃尔沃那样安全，又不像沃尔沃这么笨重；又要像奔驰这么高贵，又不像奔驰这么老气横秋；又要像宝马这么时尚和新潮，又不像宝马那么嚣张。所以，要找到一个合理的定位，而且有一个口号叫做"追求完美"。开雷克萨斯车的主要是商人，还有专业人士、政府官员。但是，雷克萨斯在档次上给人的感觉稍低，所以一般的传统商人还是喜欢开奔驰或者是宝马。

由此可见，不同的产品，有不同的产品定位和市场定位，如果产品定位和市场定位能够配搭得好，那才是恰如其分。

点评：从上述的四大品牌定位可见，不同的产品，有不同产品的定位，有不同的市场定位，合理的产品定位和市场定位，才能体现品牌和产品的差异化，也能使企业在制定相应的营销组合时，目标更加明确。

2.9.2 汽车目标市场竞争定位

竞争定位是指突出本企业产品与竞争者同档产品的不同特点，通过评估选择，确定对本企业最有利的竞争优势加以开发。也就是试图在消费者脑海中，为某个汽车品牌建立有别于竞争者的产品形象的过程。差异化是竞争定位的基础，企业要寻找到与同行业竞争对手的差异点，汽车企业在进行竞争定位时应该要清楚表达与竞争者的差异所在，差异性越大越能吸引目标市场的注意，并建立鲜明与深刻的印象。值得注意的是，不是所有差异点都值得推广，企业要寻找到对目标顾客而言该差异是有足够价值的，该差异点较之于竞争对手有明显的优势，推广该差异能为企业带来足够的利润的差异化优势。

2.9.3 汽车目标市场消费者定位

消费者定位就是对产品潜在的消费者群体进行定位，在对消费者定位时，我们在前文已有论述，如可从年龄、性别、收入、职业等角度进行消费者定位。消费者定位建立在消费者行为分析的基础之上，汽车企业必须充分了解潜在消费者的消费心理和消费习惯。

应用案例 2-5

比亚迪 F6 汽车市场 STP 营销战略

随着我国国民经济的发展和加入世界贸易组织，国内外环境的变化给我国汽车工业带来了新的挑战和机遇，比亚迪 F6 汽车市场营销行业也面临着巨大的市场机会，比亚迪 F6 汽车市场营销的理论方法有很多，其中一种重要的方式是 STP 营销战略。

1. 比亚迪 F6 汽车市场细分化

比亚迪 F6 市场细分，就是企业根据市场需求的多样性和购买者行为的差异，把整个市场（即全部用户）划分为若干具有某种相似特征的用户群（即细分市场），以便执行目标市场营销的战略和策略。

每一种产品都有购买者，由于种种因素，不同的购买者有着不同的需求，任何一个大企业都不可能全部给予满足，为所有的购买者提供有效的服务。因此，每个企业都应当依据一定的标准对市场进行细分，确定自己在市场竞争中的地位，搞好销售。成功地运用了市场细分化这种方法使自己的品牌在销售区域占有一席之地，扩大了自己的目标市场，针对不同的目标市场制定了有区别的营销策略，进行针对性营销，这是在市场取得辉煌胜利的关键。在市场细分中，从消费市场的角度来看，可以以年龄、性别、环境、政策等多种因素作为细分的因素，促进比亚迪F6汽车在销售市场中的跃进，以尽可能接近饱和状态的销售量在市场中站稳脚跟，实现公司利益最大化。

2. 比亚迪F6目标市场营销

在现代汽车市场营销活动中，对任何企业而言，并非所有的环境机会都具有同等的吸引力，由于资源有限，也为了保证资源有效利用率，企业的营销活动必然局限在一定的范围内，确定具体的服务对象，即选定目标市场。企业选择目标市场是在市场细分的基础上进行的，通过分析细分市场要求满足的程度，去发现那些尚未得到的满足的需求，相应确定准备为那些细分市场服务。

以“奇瑞·QQ”公司在2003年上市为例：从2003年携靓丽色彩、可爱外型隆重上市的第一款两厢车QQ，到如今拥有QQ3和QQ6两大品牌，十几个产品系列，销量超过35万辆的母品牌QQ，奇瑞仅用了短短四年时间，再次体现出“奇瑞速度”的传奇。这其中有着网络QQ不可磨灭的功劳，在细分市场的基础上，针对新出生的一代的特点，其造型和性能满足大多数年轻人心理标准，外加较低价位的优越性和女性的偏好进而推动潮流的涌动。认为注重年轻人个性的产品一定会流行起来，推出相应的个性化的产品，取得了很大的成功。

从奇瑞QQ成功进入市场并获得了巨大的案例中，我们可以看到，奇瑞公司在经过分析、衡量后，选择了差异性市场营销策略，应用了STP营销策略。奇瑞公司应用市场细分和差异性市场营销战略，获得了巨大的成功，这一点是无可争议的。

3. 比亚迪F6市场定位

所谓比亚迪F6市场定位指的就是企业根据用户对所生产产品的需求程度和市场上同类商品竞争状况，为本企业产品规划一定的市场地位，即为自己的产品树立特定的形象，使之与众不同。市场定位的过程就是在消费者心目中为公司的品牌选择一个希望占据位置的过程。

福特T型车是一个很好的例子。T型车具有自己的独特之处，浑身上下找不到一丝装饰或华而不实之处，百分之百地实用，普通人也买得起。T型车一投产就受到广泛的欢迎，它之所以跃居当时各类汽车之首是因为农民正需要这种车，普通人又都买得起。它的机械原理极为简单，任何的外行人都会很快地掌握。与当时其他类型汽车相比，T型车具有经久耐用、构造精巧和轻盈便利的优点。福特汽车公司这一时期的盈利情况也证明福特关于生产廉价车的决定是无比明智的。T型车仅用一年时间就跃居畅销车之首，成为第一号盈利车。这一年售出了1.1万辆，在销售量和利润方面均超过其他汽车制造商。大众化产品策略为福特公司找到了自身的市场定位，因而赢得了巨大的市场发展机会。

从以上成功案例中，我们可以看到是其灵活运用了SPT营销策略的结果，同时赢得了市场和消费者。近几年来，我国经济发展迅速，汽车工业也开始迅速崛起。我国汽车市场产销发展迅猛，但是由于市场环境急剧变化，使我国汽车产业面临重组和整合压力，企业利润不断下降。这就迫使汽车企业应不断地适应市场变化，寻找新的利润增长点，从而获得长足的发展。对于我国的汽车生产企业来讲，现实的可行之路就是必须迎合市场需求变化、提高服务水平、建立自主品牌、选择适合的销售模式，才可在更加激烈的竞争中寻求自身的发展。

据慧聪行业研究数据显示，最近几年我国汽车出口数量呈上升趋势，其中自主品牌功不可没。如何继续保持增长，实现汽车出口的可持续发展，是自主品牌面临的新任务。我国现有的自主品牌有奇瑞、哈飞、吉利、长安、力帆、比亚迪等。我国自主品牌刚刚起步，很多方面还不完善，自主技术方面、售后服务及市场营销策略等都亟待提高。

做好比亚迪F6市场的细分和定位要注意以下几点：

(1) 有差异性：细分后市场客观上必须存在明确的差异。

(2) 可预测性和可进入性：进入市场前应当进行相关地调研，预测出现有的和潜在的需求规模和购买力，根据预测来设计产品（这里不仅要考虑到消费者的需求，同时也要针对人群进行分类，如年龄、教育背景、收入、职业教育等）。

(3) 稳定性和实效性：当然这两点是关系到企业发展的长远利益，也是对前几点决策的验证。

我国自主品牌在不断成长的同时，也在不断地探索适合我国汽车市场的营销战略和道路。对于国外成功的汽车企业典型，我们要多多借鉴他们的营销策略和管理方法。另外，我们又要结合我们国内自身的特点，不断地发现问题、解决问题，做到真正找好自己的市场定位。相信在不久的将来，我们的自主品牌也会在世界汽车品牌中占有一席之地。

点评：所谓STP即市场细分（Segmentation）、目标市场（Target Market）、定位(Position)。三者都是构成企业营销战略的要素，被称为营销战略的STP。比亚迪F6在进入市场前做了充分的市场分析，这是F6能够成功进入市场的重要基础。

本章小结

任何一个汽车企业在市场经济活动中，都是作为一个最基本的单位参与其中的，因此，市场环境对企业的生存和发展有着极其重要的作用。本章首先从宏观和微观等角度的市场营销环境进行了分析和研究，并以市场调查和市场预测为基础，依据消费者的需求、购买习惯和购买行为分析，对市场进行了细分，以帮助企业选择和定位目标市场。并制定有效的市场营销策略，发挥企业优势、抓住机会，以实现市场营销目标。

知识训练

一、填空题

1. 宏观环境分析内容包括：________、________、________、________、________和________。

2. 微观环境分析内容包括：________、________、________、________、________和________。

3. 马斯洛的人类需要层次理论包括：________、________、________、________和________几个层次。

4. 选择目标市场的模式有：________、________、________、________和________五种。

二、选择题

1. STP 是指（　　）。

A. 市场细分　　B. 营销组合
C. 目标市场选择　　D. 目标市场定位

2. 目标市场定位包括（　　）。

A. 产品定位　　B. 竞争定位　　C. 消费者定位　　D. 促销定位

3. 市场调查方法有（　　）。

A. 实验法　　B. 观察法　　C. 访问法　　D. 案头调查法

4. 消费者知觉过程包括（　　）。

A. 选择性关注　　B. 选择性理解　　C. 选择性记忆　　D. 选择性喜好

5. 细分汽车市场的原则有（　　）。

A. 效益性　　B. 可衡量性　　C. 差异性　　D. 可进入性

三、思考题

1. 简述汽车企业内外环境的 SWOT 分析法。
2. 简述汽车市场调查的程序。
3. 结合实际说明市场细分和目标市场选择的重要性及它们之间的关系。

实训项目一

实训项目名称

产品竞争力调研

实训目的

1. 了解汽车产品竞争力调研流程。
2. 掌握汽车产品竞争力调研内容。
3. 掌握汽车产品调研需求向调研内容和调研问卷的转化。

实训要求

确定所在区域市场的一款现有轿车产品，调查分析该产品在该区域的产品竞争力和消费者满意度，并给出该产品在本区域市场的下年度营销策略建议。

任务 1：策划调研方案。包括确定调研内容、调研设计、调研流程及项目计划。

任务 2：完成调研问卷和访谈大纲的设计与执行。

任务 3：完成调研数据和信息的汇总和分析。

任务 4：撰写调研报告与建议。

实训时间

四周实训课程，教师指导和点评。

实训项目二

实训项目名称

汽车产品的 STP 调查研究

实训目的

1. 掌握汽车市场细分、目标市场选择方法和定位方法。
2. 掌握汽车产品进入市场所需研究的内容。

实训要求

确定轿车品类某细分市场（如微型轿车市场、经济型轿车市场、中级轿车市场、中高级轿车市场和豪华轿车市场），并针对该细分市场寻找一款产品的市场机会，给出该款产品进入市场的建议，以二手资料研究、案头研究等定性研究为主，并具体完成以下任务：

任务 1：进一步细分该市场。

任务 2：寻找目标市场。

任务 3：为目标市场定位，给出新产品开发建议。

实训时间

两周之内课外完成，教师指导和点评。

3 汽车营销 4Ps 策略

【参考学时】 20 课时

【任务目标、要点及权重】

任务目标	任务要点	权重
掌握产品策略的理论知识	汽车产品概念的界定	20%
掌握价格策略的理论知识	定价和调整价格的方法	20%
掌握渠道策略的理论知识	销售渠道的管理策略	30%
掌握促销策略的理论知识	促销的原则和各种促销的手段	30%

引导案例

营销 4P 在瑞风商务车推广及应用

2001 年，江淮汽车公司与韩国现代汽车公司合作，引进韩国现代的 H1 车型并推出了瑞风第一代车型。2002 年瑞风正式上市，当年年底销售 4466 台，比预期高出 11.65%。2003 年瑞风取得了 221.34%增长，迅速跻身 MPV 前三强。2004 年，瑞风销量跃至行业第二，2005 年又一举夺得 MPV 销量冠军，2006 年销量突破十万大关，2007 年在中国市场的保有量接近 15 万辆。

2008 年经济危机席卷全球，汽车行业不景气，瑞风仍以 3.7 万辆的销量逆流而上获冠军宝座，市场占有率大幅提升，此时瑞风累计销量已超过 20 万辆，建立了其在中国 MPV 中的“航母”地位。2009 年 1～6 月，江淮瑞风累计销量达 21650 辆，以领先第二名6000 余辆的绝对优势，成为 2009 年中国 MPV 市场上半年的销量冠军。

从市场营销 4P 角度分析江淮瑞风商务车的成功推广

当中国 MPV 市场刚刚被打开时，江淮公司就注意到这一新兴汽车市场，并且抓住市场缺乏低端产品的空当，果断决定进军国内 MPV 市场。

（一）产品策略

在产品开发上，江淮汽车公司引进当时与国际水平同步的韩国现代 H1 车型的技术和现代化生产线，生产具有国际品质的商务车。借助韩国现代技术，塑造国际潮流商务车技术形象，并将核心竞争优势体现在产品本身。

首先，技术先进，外观时尚。因其原型车 H1 是韩国现代公司出口欧美市场的主力产品，故瑞风品质技术世界领先、外观造型符合国际潮流。

其次，安全性达标，驾驶放心。瑞风不仅通过了中国的测试，同时也符合欧洲、美国、日本的安全法规要求。

最后，经济实用，低油耗。瑞风配备2.4L的先进发动机，油耗不但低于其他商务车，也明显低于轻型客车的高端产品，满足了人们对燃油经济性的需求，也符合国家节约能源要求的大政方针。市场的良好反应，使得瑞风高歌猛进，2003年连续推出7款车型，使江淮瑞风的产品线更加丰满充裕，有利于瑞风产品占领更多的细分市场，满足更广泛的市场需求。2004年北京国际车展上，江淮瑞风推出排量为2.4的柴油脚V车型，这不仅拓宽了MPV使用的领域和范围，更重要的是为中国解决能源紧张状况提出了一个切实可行的解决方案。

江淮瑞风目前已具有瑞风祥和、瑞风穿梭、彩色之旅三个系列数款车型，更好的满足了市场需求。

（二）价格策略

合理定价，既要能吸引消费者，还要能塑造瑞风高端品牌的形象，利于品牌的长远持续发展。2002年瑞风上市之初，就给产品以准确、清晰的价格定位，使瑞风成为中小企业也买得起的商务车。2003年7月，“非典”刚过，江淮汽车公司便宣布瑞风车型全线降价，最高降幅达6万元，此举顿使MPV市场风声鹊起。瑞风豪华公务版从原来的23.8万元降至19.9万元，降幅最低的标准商务版也由原来的18.8万元降至15.9万元，而2003年刚上市的瑞风国际版更是从28万元降至16.9万元。至此，原瑞风车型全部跌破20万元。降价同时，瑞风还以超低价格推出4款新车：瑞风游艇版、瑞风豪华公务版、舒适商务版和彩色之旅四款新车。其中瑞风游艇舨定价为29万元，彩色之旅售价为14.97万元。合理的价格和优秀的品质使得瑞风取得了良好的市场反应，销量一路飙升。

（三）渠道策略

江淮瑞风在建造营销渠道的时候，提出建立江淮瑞风商务车4S特许专卖店模式，单一经营瑞风商务车。这种在全国范围内推行集销售、服务、信息反馈、配件为一体的4S专卖店营销体系，被称作单层次拉动式营销网络，首开国内汽车营销之先河。这种营销模式最大限度地减少了汽车到用户手中的各个环节，将汽车生产厂与用户的距离缩短至最小：用户可以到汽车专卖店订货，根据自己的喜好挑选所购车辆的配置，厂家在收取这些信息后在最短的时间内为用户量身定做，并以最快速度将车送到消费者手中。

（四）促销策略

1. 公关策略，建立与新闻媒体之间畅通的信息沟通渠道。从2001年上海国际汽车博览会上首次亮相开始，瑞风车参加了中国的多届大型车展，取得了很好的宣传效果。瑞风通过举办社会活动，关注公益活动，赞助公益事业，举办庆典，为公众提供有益的大型活动，使其获得了很好的口碑，树立了良好的公众形象。

除此之外，瑞风一系列价值回馈行为被称为MPV业内创举，在公司与消费者一道分享瑞风在过去数年的耕耘历程与众多硕果的同时，更加塑造了瑞风良好的公众形象。这种注重全新高层次的文化营销与体验营销，突出体现了瑞风独创营销模式的风采。

2. 广告策略，加大广告宣传力度，将瑞风带到每个角落。首先，充分利用传统的广告媒介。电视、广播、网站、各站台的宣传画上，随处可见瑞风的身影。策划出精彩的产品广告是赢得消费者关注的重要一步。

其次，善于运用公益广告。江淮瑞风多次在抗洪、抗震、捐助希望小学及其他公益性捐助活动等公益性事业方面表现优秀。随着瑞风销量的增长，品牌知名度的不断提升，江淮瑞风除了在已有的公益性方面继续保持。另外，还应在环保、国家关注的其他公益事业方面把握机会，力所能及的加大公益性广告促销，赢取潜在客户对瑞风的好感。

此外，抓住机会利用新形式广告。比如，报刊广告赠券就是颇为流行的一种，即在报刊的一角设有回条，读者剪下来后就可凭此条到指定的瑞风4S店享受折扣、赠送车内装饰等服务。馈赠广告既可以为产品做广告宣传，吸引潜在消费者，还可以较准确地检验广告的阅读率。

3. 媒体策略，大众媒体地毯式轰炸，行业媒体精确打击。江淮瑞风在为瑞风2.0作广告宣传时，充分考虑了各媒体的特点，采用了媒体组合策略，有效地提高了广告投入利用率。

广告媒体主要选择了读者覆盖面较广的大众媒体，尤其是各大城市的强势都市类媒体投放实施"地毯式轰炸"，在行业类媒体上投放则是"精确打击"。

（资料来源：营销市场，2009年第12期，第69期，李德明，熊南南）

点评：推出针对性产品建立相对市场性价比领先优势，进而树立品牌知名度。

瑞风在没有品牌优势的前提下，集中开发低端商用这一MPV的细分市场，借助大空间或低价位的针对性产品多变组合策略投放市场；在价格接近的情况下，相对于普利马、毕加索等家用MPV，瑞风的大空间更加突出了商用MPV的功能特性；而对于车型大小接近的产品，相对高端商务定位的GL8、奥德塞，瑞风则以低价位取得较好市场成绩。同时，企业创新渠道模式，稳步推进渠道建设，做到渠道相关利益者的利益最大化，从而建立了稳定而高效的销售渠道。此外，瑞风根据自身品牌现状决定品牌建设策略，把握公关和展会的推广策略，扩大品牌影响力，同时也注重通过与消费者的互动扩大产品的知名度，最终确立了这一细分市场的稳定优势。

3.1 汽车产品及品牌策略

3.1.1 汽车产品的概念

1. 汽车产品的概念

产品的概念有狭义和广义之分，狭义的产品概念是指营销者提供给市场的，为人们所留意、追求、使用或消费的某种东西，在汽车营销里，就是我们平时看到的由汽车厂家提供给市场的各式各样、各种类型的汽车；广义的产品概念指能满足人们某种需要和欲望的东西，这个东西包括物理形体、服务、事件、任务、地点、组织、创意或这些实体的组合，所以我们广泛地使用产品这个词来囊括这些实体中的任何一个或任何组合。在汽车市场里，顾客有代步的需要，则可以说产品是满足用户代步需要的东西，而具有代步功能的产品很多，如自行车、汽车、火车或飞机等，其中汽车只是广义产品的具体体现之一。而从广义产品的概念看，产品具有满足顾客需要和欲望的功能，因此具有使用价值；另外，产品可以是有形的，也可以是无形的，如学校提供的教学服务属于产品，汽车市场里企业售后服务部门和服务商提供的汽车维修、保养等工作也属于产品。

2. 汽车产品的整体概念

根据广义的产品概念可知产品实际包含了三个层次：核心产品、有形产品和附加产品，它们组成了产品的整体概念。汽车产品的整体概念也分三个层次。只有掌握产品的整体概念营销者才能有效地开展营销活动并进行产品决策。

(1) 核心产品层。核心产品层主要解决顾客主要购买的是什么的问题，产品策划者必须要定义这个核心，比如轿车的核心产品层，就是解决消费者代步问题，商用车则是解决赚钱的问题。

(2) 实际产品层。产品策划者将核心产品层中体现的核心利益转化成实际的产品。比如，奇瑞汽车制造商为了满足年轻消费者对时尚的追逐和代步的需要，生产出了各种颜色、各种排量、各种价格的微型轿车，命名为奇瑞 QQ，并进行包装等，通过一种组合来传递核心利益来体现年轻人时尚自我的代步工具。

(3) 附加产品层。产品策划者必须为顾客提供附加服务和利益，围绕核心产品和实际产品建立一个附加产品。比如当用户购买奇瑞 QQ 轿车时，奇瑞厂家和经销商还必须提供维修和保养服务、产品使用说明和汽车急救服务等为用户使用该轿车提供方便和支持。

产品策划者必须在识别产品能满足顾客的核心利益要求后再设计实际的产品，并找到消费者利益最大化的附加产品，从而为消费者提供一个复杂的、令人满意的利益组合。

3.1.2 策划汽车产品

策划一个汽车产品或提供一项汽车服务需要先定义它给消费者带来的利益，或者定义它给消费者带来的利益组合，这个利益组合由汽车产品和汽车服务属性、品牌、售后服务、差异化汽车产品、不同细分市场汽车产品等来定义，而策划产品就是策划这个利益组合。

1. 策划汽车产品和汽车服务属性

策划汽车产品质量和服务的属性主要包括：汽车产品质量、汽车产品特征和汽车产品造型设计等内容。

(1) 策划汽车产品质量。产品属性包括产品质量、特征、产品风格和具体的产品设计。汽车产品的质量对顾客的影响最直接，是树立汽车品牌的最基本保证。很多汽车制造企业非常重视汽车产品质量建设，他们不仅重视汽车产品质量本身，而且将汽车产品质量提高了到全面质量管理的高度。为了保证汽车产品的质量，除了使用更好的材料，应用更好的工艺之外，还要求企业所有员工在所有的工作岗位上都要做好标准的质量工作，并尽力确保在每道工序流程中没有任何缺陷；同时，还要求企业所有员工都参与到质量监督工作中，并提出“人人确保质量，事事监督质量”的口号。但是，如果企业注重全面质量管理，只考虑到产品本身的质量可靠性，而忽略了消费者的需要和满意，将失去其意义。因此汽车企业在策划汽车产品质量属性时应开始于顾客需要，结束于顾客满意。

汽车产品质量由两个因素决定：汽车产品的质量水平和质量一致性。汽车质量水平的好坏是由汽车性能质量——汽车实现其功能的能力所决定的。例如，一辆宝马汽车和奇瑞

QQ相比，宝马车更具操控性、舒适性、安全性、动力性，因此宝马车比奇瑞QQ质量高。另外，质量还需要有一致性，即相同的产品具有相同的质量，或是质量差异很小可忽略不计，否则就存在质量瑕疵和质量不稳定性，就不能确保产品质量。

(2) 策划汽车产品特征。产品特征是在同一竞争市场企业产品与竞争对手的差别，一个汽车产品可以带着不同的特征入市，比如，甲壳虫的特征是个头小、宝马的特征是操控性好、奇瑞QQ的特征是时尚乖巧。产品策划者应该不断分析和挖掘目标顾客的动态需求，发现可以叠加在产品身上的新的特性，放弃那些没有更高价值和成本优势的特性。

(3) 策划汽车产品造型。汽车产品造型的设计是产品策划的核心部分，它是汽车产品风格的外在体现，也是汽车产品功能性和艺术性的高度统一；它能够体现产品的适用性和美观度，同时还能够提高其产品的附加价值。一款汽车产品造型可能让顾客很愉悦，增加顾客的购买欲望，也可能让顾客毫无兴趣，哪怕有再完美的内在质量也不能够吸引客户购买。因此，在设计产品造型时最好能抓住目标消费者的审美需求，尽量让汽车造型与目标消费者的审美需求相一致，从而增加汽车的附加价值。

各汽车企业都很注重汽车特别是轿车的造型设计工作，他们在产品研发阶段就不断对目标消费者进行调查研究，不断修正造型直至最终定稿。

2. 策划汽车品牌

品牌是一个名称、术语、标记、符号或设计，或者是他们的组合。作为企业的产品策划者应该具有创造、维持、保护和加强汽车产品和服务的品牌的能力。能够通过品牌的打造，树立产品差异化，可以通过品牌的培养，获得超越产品功能之外的附加价值，甚至能够使品牌的价值超越企业实体资产的价值。

另外，品牌可以帮助顾客选购产品。在顾客的心里，品牌是质量、服务、信誉、价值的综合体现，品牌可以使他们对汽车产品产生信赖感，并对汽车企业产生忠诚度。即顾客把品牌视作产品的一部分，只要对品牌有足够的信任感，就会简化其购买决策，并愿意为他们所信赖汽车品牌的产品支付更高的价格。例如，在一些顾客心里，合资品牌海南普力马就比自主品牌长安杰勋价值高，那么对于同样一款功能、属性及造型相同的MPV产品，他们就会更愿意选择海南马自达品牌的产品，并能够接受比长安品牌相同产品高出5万元的价格。

在高度竞争的市场中，产品、技术、服务标准都可复制和高度同质化，唯有品牌是联系消费者和企业的核心纽带，这种纽带掺杂企业和顾客之间的信赖和忠诚关系。因此，在未来的市场竞争中，超越产品、服务的品牌竞争将会变成汽车制造企业之间竞争的焦点。

3. 策划售后服务

产品策划除了要定义核心产品层和转化成实际产品，还需要增加附加产品。作为以满足代步这一基本功能（或者商用功能）的汽车产品，为了在竞争中获得优势，必须不断地增加附加产品，而维修、保养等服务则是附加产品中最重要的一环，而这也是汽车作为高价值、高技术产品，必须要解决的问题。

售后服务设计的内容很多，除了设计基本的维修、保养等相关内容以外，还涉及为顾客长期使用汽车产品而提供各种服务保障支持，为提高顾客忠诚度而提供的企业和客户之间互动沟通等项目的设计。例如，除了设计各种部件免费维修的时间和里程数、汽车保养的规范和规定、提供汽车金融、保险、上牌服务的项目以外，还会涉及24小时在外急救服务、上门维修服务、汽车俱乐部以及企业保持与客户长期互动等项目的设计。

4. 策划差异化汽车产品

差异化汽车产品是指在同一汽车细分市场上，企业为强调自己的汽车产品与竞争对手的汽车产品之间具有不同的功能和特性，在产品设计时采用不同的技术和各种先进的配置，从而达到避免价格战以确保企业自身的竞争优势的目的。

随着市场竞争的加剧，各细分市场也变得硝烟弥漫，各汽车企业为了增强竞争性或者顺利进入新的细分市场往往采取这种策略，以微型轿车市场为例，早期的微型轿车市场主要以长安奥拓、天津夏利等为代表的式样老化、中规中矩、功能和特性简单的产品为主，而奇瑞企业则看准了市场机会，推出造型乖巧时尚、颜色鲜艳夺目、功能突出的QQ轿车，使自己的产品与竞争对手的产品明显差异化，从而一举站稳了微型轿车市场的脚跟。

5. 策划不同细分市场汽车产品

策划不同细分市场的产品是指在市场细分的基础上对不同的细分市场策划汽车产品，因为在通常的汽车市场内仍然存在需求差异，因此可进一步细分市场，所以，可针对子细分市场策划针对性更强的汽车，比如，基本型乘用车市场竞争加剧后企业细分出了越野车市场（SUV市场），随着越野车市场竞争的加剧，企业又细分出城市越野车市场（CUV市场），如北京现代的途胜越野车。

3.1.3 汽车产品组合策略

1. 汽车产品组合的相关概念

汽车产品线是指一组紧密关联的汽车产品，它们在给定价格范围内，通过相同的分销渠道以相似的方式面对同样的目标顾客群体，比如，奇瑞、吉利、上海大众、上海通用等许多汽车制造企业都有多条汽车生产线，而其中同一生产线上生产的不同汽车产品就组成了一个汽车产品线。

汽车产品项目是指同一产品线下的最小产品单元，比如，长安奔奔产品线下有1.3L下的奔奔标准版就是一个长安奔奔产品项目。

汽车产品组合是由同一汽车制造企业提供或出售的所有产品线和产品项目的组合。例如，奇瑞的产品组合由奇瑞汽车、奇瑞—瑞麒、奇瑞—开瑞和奇瑞—威麟四个产品线组成，在微客产品线奇瑞—开瑞下面有开瑞优雅、优优、优派、优翼和优胜等产品；奇瑞—瑞麒产品线下有瑞麒X1、瑞麒M1、瑞麒M2、瑞麒M3、瑞麒M5、瑞麒Z5、瑞麒G2、瑞麒G3、瑞麒G5、瑞麒G6等产品，所有的产品线的组合，构成了奇瑞企业的产品组合。

汽车产品组合主要对产品组合宽度、深度、长度和黏度几个维度进行测量，它们的概念是：

汽车产品组合深度：指每一个汽车产品线下产品项目的个数。

汽车产品组合宽度：指汽车产品组合中不同产品线的个数。

汽车产品组合长度：指产品组合中所有产品项目下产品类型的总个数。

汽车产品组合黏度：不同产品线在最终用途、生产条件、分销渠道或者其他方面相互关联的程度，例如，长安微客产品线与长安微轿奔奔产品线的黏度就比长安微客产品线与长安 MPV 轿车杰勋产品线的黏度要高。

汽车产品组合的黏度与企业开展多角化经营有关，黏度大的产品组合更有利于企业的经营管理，更具成本、人才等优势，容易取得好的经济效益，相反，这对企业要求高，经营风险更大。

2. 组合汽车产品的方法

根据汽车产品组合的测量维度，产品策划者有四种方法策划产品组合：

（1）增加或减少汽车产品线，改变产品组合宽度。重庆长安在 2004 年及以前都只生产微型车（长安微型面包车和长安微型货车），到 2005 年该企业增加了 MPV 车生产线，长安 MPV 轿车杰勋问世，拓宽了重庆长安的汽车产品组合。

（2）增加或减少产品项目，改变产品组合深度。2001 年，长安微车产品线下有产品项目长安之星、长安欧亚等，由于当时的行业政策要求为增加微型车的安全性，企业必须销售“凸头”微车，重庆长安取消了长安欧亚的生产，这是减少产品项目、减少产品组合深度的策略。

（3）增加或减少产品类型，改变产品组合长度。同在 2005 年，重庆长安对其微型车产品线下的所有产品类型进行清理，发现产品类型共有 37 个，而对销售贡献较大的产品类型较少，而大多数产品类型对销售贡献度都较低，因此将产品类型进行大幅度减少，最后只保留了为数较少的对销售贡献大的产品类型。

（4）加强或减弱产品组合黏度，改变产品组合黏度。长安公司于 2002 年曾试图进入白酒生产行业，并与某企业联合推出了长安星酒，提供三星和五星两个产品类型，从产品组合黏度看，长安微车和长安星酒的黏度太低，最后长安星酒失败退场，这也证明黏度弱的领域对企业要求高、经营难度大的问题。

3.1.4 汽车产品生命周期及其策略

汽车产品的生命周期有自然生命周期和经济生命周期之分，自然生命周期是指汽车从开始使用到报废的时间段，而经济生命周期是指汽车产品从投放市场到退出市场的时间段，广义的生命周期还包括产品研发阶段，就像初生婴儿，有虚岁和实岁之分。典型的汽车产品生命周期可以划分为 5 个阶段，如图 3－1 所示，每阶段都有各自的特点和营销策略。

1. 汽车产品研发期

特点：此阶段开始于企业寻找和发展汽车新品的创意时，此阶段由于产品还没有正式投入生产，因此销量为零，但是却投入大量的研发费用和购置生产线等费用，企业投资成本攀升。

此时目标顾客对产品的研发已经产生了直接的影响，因为此阶段汽车制造企业在进行消费者研究，调查消费者的需求并根据目标消费者的需求再进行新产品的策划，包括产品概念的形成等都源自于消费者的需要。

此阶段的营销策略：充分做好市场研究和消费者调查分析，准确界定目标消费群体，并做好产品定位，把握好产品的功能、质量、造型和设计等工作。

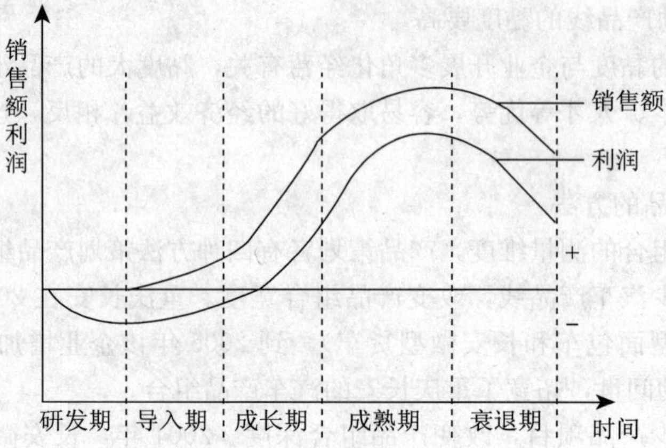

图 3-1　产品生命周期

2. 汽车产品导入期

特点：此阶段产品投放市场，大多数消费者不了解产品的性能及特点，不愿首先承担购买风险，但有进一步了解产品的心理需求，因此采取观望态度；有相当一部分顾客忠诚于同类的其他品牌的产品，不愿改变消费倾向，对本产品采取观望甚至拒绝态度；只有极少数求新求异的消费者愿意率先成为新产品的尝试者，所以产品销量缓慢上升，但由于开发市场需要投入大量的促销费用和开发分销渠道的费用，因此成本仍然很高，没有利润。

营销策略：应尽量缩短导入期的时间，快速进入产品成长通道。在此阶段可根据产品的价格和促销两个维度组合出四种营销策略。

（1）快速掠取策略。采用高价格和搞促销组合，此策略的目的在于先声夺人、抢占市场并希望在竞争对手还没有大量出现之前回收成本。运用此策略需要满足一些条件：①潜在市场足够大；②产品有质量性能等优势或自身特制很高，其他汽车产品很难在短时间之内赶上，而且消费者愿意为该产品的质量性能和高特质支付更高价格；③企业面临潜在竞争对手，想快速建立自己良好的汽车产品形象。现阶段国内汽车市场主要分为合资品牌和自主品牌两大阵营，其中合资品牌在市场上具有一定的竞争优势，所以，他们在推出新产品时往往采用这种策略。

（2）缓慢掠取策略。采用高价格低促销组合，高价可以快速收回成本，低促销可以降低营销成本。这种组合的适用条件是：①汽车目标市场固定、明确；②大部分潜在消费者熟悉产品，愿意出高价购买；③生产和经营该产品有相当难度，一般企业很难模仿和超越。豪华轿车市场主要采取这种策略。

（3）快速渗透策略。采用低价高促销组合，目的在于迅速进入市场，有效限制竞争对手，快速提高市场占有率。其适用条件是：①市场容量够大，企业能在大量销售的同时，降低费用，容易产生规模效益；②消费者对此类汽车产品了解程度不高，但对价格较为敏感；③潜在竞争比较激烈。在自主品牌轿车和低端车市场主要采取这种策略，比如，奇瑞当年推出 QQ 轿车时就采用了这种策略。

（4）缓慢渗透策略。采用低价低促销组合，目的在于低价使市场快速接受产品而低促销可以节约营销费用，其适用条件是：①市场容量足够大；②消费者了解产品对价格敏感；③存在某种程度的潜在竞争。对于以低端车为切入点刚进入汽车市场的企业一般采用此策略，如华鑫企业在2008年推出面包金杯海星时就是采取这种策略。

3. 汽车产品成长期

特点：此阶段有相当部分消费者产生购买意愿，购买人数增加，以前的部分观望者也已经开始相信先使用者的评价，加入购买行列，但还有大量的观望者心存疑虑，缺乏信心，寄希望于产品降价和质量性能的完善，所以此时产品在市场上初步站稳脚跟并开始逐步扩展市场，销量增加，利润开始大幅度上升。

营销策略：处于成长期的企业，需要进一步完善商品性能、提高商品质量；同时，采取更有效的市场推广手段，将产品的市场占有率迅速提高，达到降低成本、提升利润的目的。此外，产品的价格也需随着销量的不断增长而逐步的下调，以吸引更多的消费者。

4. 汽车产品成熟期

特点：此阶段大部分潜在消费者已经接受产品、消除疑虑、放心购买，观望者也在从众心理的驱动下加入购买行列，不过此时有些消费者对产品的质量和服务提出了更高的要求，另外，竞争空前激烈，消费者选择更多，同时还有些消费者开始期待更好的产品出现，因此看似繁华热闹的市场其实出现了危机。所以，此时产品的销售绝对量在持续增加，但销售增长率开始放缓，现金流最大，是企业现金流的主要来源，同时因为抵制竞争的营销费用在不断增加，利润也趋于持平甚至可能降低。

营销策略可以做以下调整：

(1) 市场修正策略。努力开发新市场来维持和扩大产品的市场份额。①努力寻找新的目标市场；②增加顾客忠诚度，由顾客推荐购买或重复购买，从而达到延长产品生命周期的目的；③赢得竞争者顾客，使竞争对手的顾客发生品牌转移。

(2) 产品改良策略。企业通过改良产品的某些特征来延长成熟期，如提高汽车的质量性能，增加汽车的装备、配置，改变汽车的造型等。这是现今汽车公司为了增强竞争力，延长产品成熟期的惯用手段，比如，长安福特蒙迪欧就有2006款、2007款、2008款、2009款等，实际上后一款都是在前一款上改良而来的。

(3) 调整营销组合。企业调整营销组合因素中的一个因素或几个因素是增加销售、延长产品成熟期的一种手段，比如通过：①降低售价来提高价格竞争力；②改变广告方式和营业推广手段等刺激消费者；③扩展销售渠道、改变服务方式或结算方式等激发消费者购买。

5. 汽车产品衰退期

特点：此时多数消费者已经不满足现有产品的功能或特性，期望更好的产品出现，并在搜寻相关的信息，有些顾客还在期待价格战而继续处于观望状态，还有少部分追求时尚的消费者已经开始转移目标，掀起新的消费浪潮，所以，此时产品销量下滑、利润下降。衰退过程可以是缓慢的，也可能是迅速的。

营销策略主要有以下几种：

(1) 维持策略。企业在目标市场、价格、渠道、促销等各个环节维持现状，但可通过一些途径延长产品生命周期，如通过价值分析降低汽车的成本，或者开展研究研发产品新的功能，还可以进行产品的升级换代等，比如，前几年国家要求微型面包车必须要“前凸”以提高其安全性，当时的松花江、昌河、柳州五菱等企业就通过产品改良——将大梁向前延伸一截而达到要求，从而使他们的产品又延长了一段销售时间。

（2）缩减策略。企业在原来的目标市场继续经营，但根据行业水平和退出壁垒等在产品规模上适当缩减，在营销方面将重心集中到一个或少数几个细分市场，从而降低成本增加利润。

（3）撤退策略。企业放弃经营该产品而撤出该汽车细分市场，此时企业应考虑此产品的品牌和生产线等残余资源的处理，还应考虑现有用户的售后服务和配件供应等问题。

汽车新产品类型。汽车新产品是指与老产品相比，在技术、性能、材质和结构等方面有明显的改进、提高或具独创性的汽车，新产品可以分为三种类型：

（1）新发明汽车。通过企业研发部门自主研发的汽车，该汽车采用了新技术、新材料和新工艺，它对消费者的消费习惯、消费心理等都可能产生重大的影响，比如 MPV 车相对于传统乘用车而言就是一个新汽车品类，新汽车开发的主要流程如图 3－2 所示。

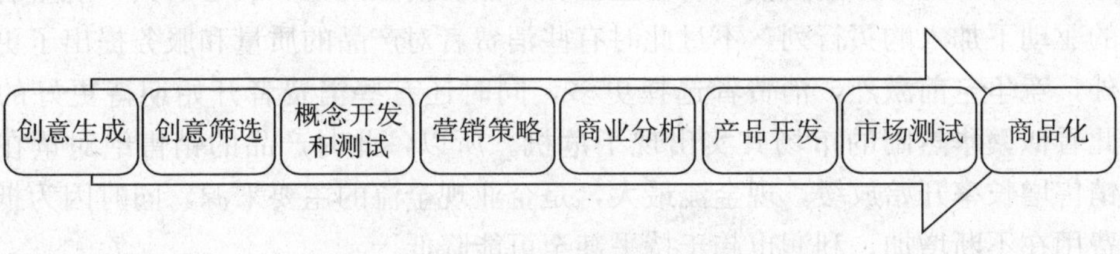

图 3－2　新汽车开发的主要流程

（2）升级换代汽车。升级换代汽车是指采用新工艺、新技术和新材料等开发出的更具优势的产品，如柴油车升级为汽油车。

（3）改进型汽车。为了满足消费者求新求变心理，对造型、配置、性能、用途等进行一种革新和改进的汽车，企业改进汽车的投入不大，价格变化不大，深受消费者青睐，这种汽车类型也是现阶段汽车市场普遍采用的推出汽车新产品的方式。

现在许多汽车制造企业已经把汽车改进的工作内容作为一项制度固定下来，使汽车产品改进制度化和流程化。一些制造企业的产品改进工作流程设立了单独的项目组，产品改进的环节减少，效率增加。如图 3－3 所示，市场部门从市场获得客户的特殊需求信息，转入质保部门作市场信息的分析和汇总，然后转入产品经理负责的产品改进项目组，产品改进项目组开展可以在最短时期内完成技术方案的评审和审批工作，并将产品改进方案交制造系统的计划部门组织安排生产，并通过敏捷、柔性的制造系统快速地生产出市场所需要的改进产品。

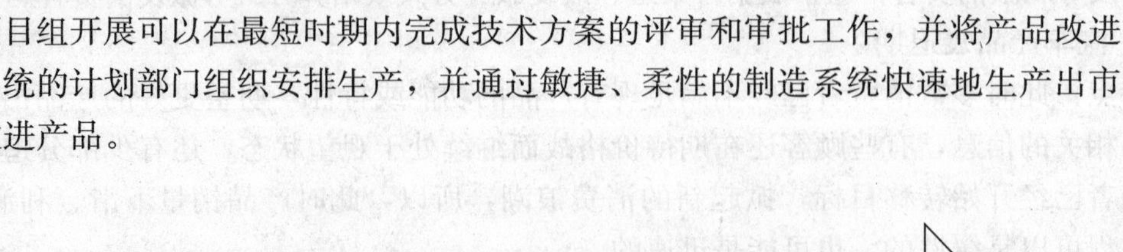

图 3－3　产品改进工作流程

3.1.5 策划汽车品牌策略

1. 汽车品牌的概念和意义

汽车品牌是用来标志和识别某一或某些车型的名称、术语、标记、符号和设计的组合系统。品牌有企业品牌和产品品牌之分，企业品牌是组织品牌，现在很多企业开展多种业务并创造相应的品牌，因此，从品牌架构的角度可将品牌分为企业品牌（母品牌）、业务品牌（子品牌）、产品线品牌、产品品牌，比如，重庆长安汽车企业的母品牌为重庆长安，业务品牌有长安地产、长安汽车；产品线品牌有长安微车、长安轿车；长安轿车产品线下面有具体的产品品牌如长安奔奔、长安悦翔、长安志翔、长安杰勋等；产品品牌下面是具体的产品型号，比如，长安奔奔下面有1.0L和1.3L，在1.3L下又分标准版、豪华版等。如今，汽车品牌已不只是识别产品的标志，其意义还在于：

(1) 汽车品牌是企业的无形资产。汽车品牌是无形资产，它能给企业带来超越汽车功能的附加利益和价值，甚至是品牌的价值可能超过企业有形资产的价值。它能让企业在兼并、收购等事件中以高出企业实物资产数倍的价格成交。同时，汽车品牌也是企业的核心竞争力，因为汽车品牌所有者可以借助汽车品牌保持自身产品的个性化特色，有效地向消费者提供满足其需要的汽车和服务，消费者也可因成功的汽车品牌唤起对产品的联想和看法，对产品质量的感知就会转化成更高的产品价格意愿，这种积极效应的长期积累可以达到简化消费者的购买决策过程，进而成为日常购买行为的效果。消费者通过对品牌的好感进而对品牌拥有者（企业）产生好感，使企业最终树立自己良好的企业形象，增强了企业独有的核心竞争力。

(2) 汽车品牌能给消费者降低风险。品牌是消费者的购买线索。汽车消费者认为汽车品牌意味着更好的产品质量、工艺、性能、材质和服务等，因此，他们在购买过程中会基于对品牌信任，缩短考虑、比较、购买汽车品牌的过程和成本，降低财务风险（产品不值那么多钱）、功能风险（功能不如预期的好）、社会风险（招致他人奚落）、心理风险（影响消费者心理）和时间风险（丧失找到其他合适产品的时间），使消费者利益最大化。所以，消费者信赖品牌。同时，品牌是市场更是消费者选择的结果，没有消费者认可的品牌不称其为品牌。

(3) 汽车品牌能给其他利益相关者带来更多价值。品牌也能给其他利益相关者（分销商、供应商、金融信贷企业、广告媒介、企业员工等）带来好处。如果员工做好本职工作就会把产品的质量做得更完美，消费者就会因为享受到更好的质量而愿意支付更高的价格，员工就可获得更高的收入；分销渠道因为在产品配送、销售、售后服务等过程中做得更好，诚信经营，则消费者会因为享受到超值服务而愿意支付更高的价格，则分销渠道也会获得相应的利润回报。所以，汽车品牌最终是所有利益相关者的价值整合，是他们之间协同产生的1+1≥2的效应。

2. 策划汽车品牌

作为汽车制造商，为了使自己的产品与别的汽车产品差异化，必须树立自己的品牌，主要从以下几方面进行：

(1) 做好品牌定位工作。汽车企业必须首先将他们的汽车品牌清晰地定位在目标消费者心目中。品牌定位有三种方式，体现三个层次：①根据汽车属性定位汽车品牌，但是，属性是品牌定位的最低层次，很容易被竞争者复制。②根据汽车品牌名称与期望的利益来定位，比如，沃尔沃刻意强调它的产品配置了哪些安全装置，而是强调它能给消费者带来安全这种利益，这种品牌定位比属性定位层次要高。③以目标消费者强烈的信念和价值来定位汽车品牌，这种定位方法可以触及消费者广泛的情感，满足消费者彰显身份、地位的需求。比如，奔驰彰显“王者、尊贵、显赫”，而劳斯莱斯体现“皇家贵族的坐骑”。

（2）做好品牌名称选择。一个好的名称能大大提高产品成功的概率，而最优品牌名称的形成却是一项艰巨而系统的工作，此项工作必须以汽车属性及其利益、目标消费者和被提议的营销战略为考虑起点，比如当时长安公司给长安奔奔命名的时候就是在开始时征集了数十个名称，然后通过企业内部调查，外部目标消费者数轮调查，最后终于确定了用“奔奔”这个名称，而其盾牌符号也是通过专业公司根据目标消费者特征及长安轿车品牌使命等经过数轮设计和修改而成。好的品牌名称应该具备以下性质：①使消费者能联想到产品的某些功能和属性，比如，长丰汽车的“猎豹”品牌可以使人联想到旗下的产品都应该像猎豹飞奔时一样，具有良好的通过性、操控性和足够的动力；②易读易记和易识别；③应该具有独特性，比如，福特、凌志；④品牌名称应该有视觉冲击力，比如，标致是一只站立的狮子；⑤可以注册并获得法律保护，品牌名称一旦确定，就得马上注册商标申请保护。

（3）做好品牌发展工作。当一个汽车品牌具有一定的知名度和影响力以后，可对该品牌进行发展。发展品牌有四种方式：①产品线延伸：将现有品牌沿用到现有产品类别的新产品项目上，比如，奔奔品牌又使用到MINI奔奔上；②品牌延伸：在新的汽车品类中使用成功的品牌名称推出新产品或改进过的产品，比如以前的奇瑞汽车（轿车品牌）推出奇瑞开瑞微车（微客品牌）；③多品牌：在同类产品中引入不同的多个品牌，其好处是每个品牌独立发展，即使发展不好也不会影响别的品牌；比如上海通用有凯迪拉克、萨博、别克、雪佛兰四个品牌；④新品牌：企业进入一个新的汽车品类而现有品牌又不适合时采用，比如长安从微车业务进入轿车业务后就单独开发了长安轿车品牌，老旧品牌在文字上一样，但符号却发生了改变。

（4）管理好品牌。品牌发展起来后，企业需要做大量的工作来维护好品牌，一方面不断通过广告等推广手段不断向消费者传达品牌定位，另一方面必须做好产品质量、产品改进、服务、业务流程重组、业务流程再造等工作进行产品价值的再创造，不断提高品牌价值。此外，企业还应该管理好销售人员、售后服务人员、电话呼叫平台和企业网页等与消费者有接触点的工作人员，因为这些接触点是消费者了解品牌、形成品牌印象的主要来源。

（5）汽车品牌使用类型。企业在使用汽车品牌时有四种方式：①推出产品时使用企业自身品牌，这是大多数汽车制造企业通常的做法。比如丰田公司推出丰田系列汽车产品；②许可品牌，企业花费巨资创立起自己的品牌以后特许分销渠道和服务商使用，现在各品牌的4S店都属于这种情况；③分销渠道品牌，分销商创立自己的品牌比如中汽西南，就是汽车流通领域品牌，不过当它经营上海大众等品牌时上海大众也会要求它建立独立的4S店；④共有品牌，两个品牌企业合资推出的汽车品类一般使用共有品牌，我国的合资品牌汽车基本上都是用这种模式，比如上海通用、东风本田、长安铃木等。

3.2 汽车定价策略

汽车企业为本企业所生产的汽车产品确定价格的一系列工作过程，即为汽车定价。在营销组合中只有价格是最容易调整的要素，而产品和渠道的调整耗时较长，推广、促销的调整则也非易事。另外，在营销组合四要素中只有价格，是能够使企业产生收入的要素，其他要素都表现为企业需要投入的成本。并且，价格和价格战是当前汽车企业营销管理所面临的重大挑战之一。因此，对于开发一款汽车产品而言，汽车的定价至关重要，作为企业的市场营销人员应更加重视汽车定价策略。

3.2.1 影响汽车价格的因素

影响汽车定价的因素分为企业内部因素和外部因素两大类。内部因素有营销目标、营销组合策略、产品的成本和企业组织等相关因素；外部因素则包括市场竞争状况、消费者需求特征、环境因素等。以下分别从内、外部因素进行分析。

（1）影响汽车定价的内部因素。

①营销目标。汽车企业在定价前已经做了市场细分并慎重地选择了目标市场，并根据目标市场的具体情况做了产品定位工作，由此，包括产品在内的营销组合策略其实已经非常清楚，比如丰田公司开发的凌志品牌定位为豪华车系，并参与欧洲豪华车系的竞争时定高价，相反，如果定位为给精打细算的工薪阶层提供经济型轿车时就定低价，因此，产品的市场定位基本上决定定价策略。

当然，除了市场定位以外，营销目标还可能包含生存目标、市场占有率目标、产品质量领先目标、利润最大化目标等。如果是竞争过度、产能过剩、消费者需求发生改变等困扰企业，那么生存目标就是当务之急，此时应定低价，但不是长久之计；如果是以利润最大化为主，则应测算不同价格条件下的预期销售状况及利润状况，并进行比较，选择能实现利润最大化的价格作为产品最终的定价；如果企业想实现产品质量领先的目标，则应定高价以弥补研发的巨额成本，同时树立产品高性能的市场形象；如果以市场占有率领先为目标，则应定低价。

②营销组合策略。四大营销要素的组合相辅相成、相互影响。定价策略必须与产品策略、分销策略和促销策略等相协调，共同形成协同效应。其他任何一个营销组合要素的决策都有可能会影响到定价的策略，比如想吸引高价值分销商就要在定价方面给予分销商更高的利润。

如果企业想通过定价来给产品定位，则应相应调整其他营销组合。这种方法是从顾客角度出发，给产品制定合适的价格，然后确定成本，通过制定这个合适的售价来实现对产品的定位。当然，有些企业不以价格要素为定位手段，而是实行非价格定位，采取产品或服务差异化的策略来获取市场竞争优势，从而为产品制定较高的价格。

因此，营销策划人员在定价的时候必须考虑组合策略，如果产品在市场竞争中以价格为关键的定位因素，则定价会影响产品设计、分销渠道和促销手段；若是以非价格因素定位，则产品设计、分销渠道和促销手段会对定价产生影响。

③产品的成本。成本是企业制定产品价格的底线，如果定价低于成本，则企业将因为没有利润而最终倒闭，因此，成本对定价至关重要。

成本分为固定成本、变动成本和总成本等几类，将各种成本除以产量就会分别得出单位固定成本、单位变动成本和单位总成本。

固定成本：不随产量或销量变动而变动的成本，比如生产线的购买布置费用、产品研发费用、管理人员的工资等。

变动成本：随产量变动而变动的成本，比如生产汽车用的橡胶、钢材、坐椅、车灯、生产工人工资等。

总成本：在一定产量情况下固定成本和变动成本之和。

企业必须谨慎控制成本，因为如果成本较高，则定价就提高。如果竞争对手的成本较低，采取低价策略竞争，则企业将会处于要么定高价，失去竞争优势；要么少利润，阻碍企业发展的被动状态。

此外，成本还受到生产规模的影响。在一定生产条件下，企业可以通过扩大生产规模效应从而降低单个汽车的总成本。例如，重庆长安公司在推出长安杰勋 MPV 车型时，采用的是以消费者为导向的产品定价方法，但由于消费者可接受的价格低于单位产品的总成本，长安公司就是通过调整生产规模的策略来降低单位产品成本，才最终实现了消费者可接受的产品价格。

④企业组织因素。在汽车制造企业内部，管理层必须确定参与定价的部门，参与定价的部门不同，则会产生不同的价值导向和定价方法。如在大型的汽车制造企业，定价时往往既要考虑成本、竞争者，也要考虑消费者需求，因此定价参与部门就会有生产部门、市场部门、财务部门和销售部门；而在小型的汽车制造企业，可能定价参与者就是企业高层领导。

⑤其他因素。汽车产品的车型和配置。不同的车型或不同的配置之间的多种组合，不仅带来差异化的产品，增加了市场竞争优势，同时也使产品的价格不断变化，通过改变车型和配置来改变产品的价格已经成为各汽车制造企业制定价格的一项基本手段。

品牌和产品的市场价值。产品的质量和品牌价值是产品价格的重要组成部分，分级定价、优质定价、品牌定价，也已经成为汽车制造企业的一个重要的定价原则。相同的车型和配置，不同企业不同的质量、不同的品牌价值，最终汽车产品价格的不同往往取决于品牌和产品的市场价值。

产品的寿命周期。汽车产品处在不同的寿命周期阶段，汽车制造企业会有与之相对应的不同的价格策略安排。

（2）影响汽车定价的外部因素。

①市场竞争状况。西方经济学把市场竞争按其程度分为完全竞争、垄断竞争、寡头垄断和完全垄断四种结构，不同的市场结构，企业的定价策略也有所不同。

完全竞争市场：在完全市场竞争市场中，无差异化的产品由大量的企业提供，每个企业提供的产品只占整个市场交易的极少部分，并且每个企业都没有能力影响产品的价格，其价格是经过买卖双方多次交易后自然形成的。此时，每个企业作为产品的提供者，只能被动地接受市场定价，而没有定价的权力，如定价高于市场价格，其产品则无法销售，如果低于市场价格，则导致利润不必要流失。

垄断竞争市场：多个营销者以相同的方式向市场提供相似的产品，但在造型、配置、颜色、功能、服务等方面存在一定的差异。所以即使竞争比较激烈，也有少部分企业的产品仍然具有一定优势，对消费者具有一定的价格谈判能力，可以影响产品的市场定价，属于产品市场价格影响者，而其余企业则同样只能被动的接受市场价格。

寡头垄断市场：市场上绝大多数的产品都是由少数几家大型的企业提供，每个企业所占的市场份额都比较高，都对市场及价格有相当的影响力。此时产品的价格不是由市场自由交换形成，而是这几家大企业操纵或者相互竞争而形成的。如2000—2008年的微型客车的大部分市场都是被柳州五菱和重庆长安两家企业所垄断，而定价权也是掌握在这两家企业手里。

完全垄断市场：市场上的相同产品基本上由一家或极少数企业提供，并且缺少替代品，此时市场定价权完全掌握在企业手中，企业可在法律法规范围内任意定价，消费者是绝对的价格接受者。

在进行汽车定价时，必须分析市场的竞争状况，同时，还应了解市场的总量大小和供求关系影响产品价格的程度；根据竞争状况确定自身定价的主动权，根据市场总量的大小和供求关系来确定价格与销量的关系，才能够更准确地制订相应的价格策略。

②消费者需求特征。消费者需求特征体现了消费者心目中的价格和消费者对这款产品价格的敏感程度两个方面的内容。

一款汽车产品生产出来后，企业如果只根据相应的成本定一个自认为合理的销售价格，消费者有可能是不接受企业所定的价格的。消费者会根据当时市场上同类产品的竞争状况、产品特性、产品功能、该产品的口碑以及主观的经验判断等形成对该产品的价格感知，即消费者能够接受该产品的心理价位。如果产品的最终定价高出这个心理价位，消费者会认为购买这个产品不划算而放弃购买。

消费者对产品价格的敏感程度主要取决于产品的需求价格弹性，它是需求对价格变化的敏感程度，其公式为：

$$\text{需求价格弹性}\ (E)=\frac{\text{需求变化量}}{\text{价格变化量}}$$

$E=1$，表示单位弹性，此时价格变化与需求变化程度相同，因此需求的变化量是以牺牲相应利润为代价。

$E<1$，表示缺乏弹性，此时价格变化程度比引起的需求变化程度要大，此时贸然地进行降价会达不到相应的效果。

$E>1$，表示富有弹性，此时价格的变动程度小于需求的变动程度，所以如果要增加产品销售可以用降价手段而且效果明显。

$E=\infty$，表示无限弹性，此时价格的一点点变化可以引起需求的剧烈变动，生活中基本上不见此种产品。

$E=0$，表示产品无弹性，即需求固定并且不受价格变动影响。

富有弹性的产品，企业可以考虑降价，由降价会带来的销量增加，从而弥补降价的损失，并带来更多的利润，而缺乏弹性的产品则恰好相反。

需求弹性受产品特性、替代品、消费者收入、社会文化背景、需求紧迫性等因素的影响。

③环境因素。企业定价时要考虑的竞争环境主要是竞争者的成本价格及产品因素、经济环境因素等，还要考虑定价对其他利益相关者的影响。

了解本企业与竞争企业之间的成本差异、竞争对手的价格、竞争对手对价格变动的反应，可以提高企业自身的价格应对措施。例如，若对手的成本高于本企业的成本，则可以采取低价策略将竞争对手淘汰出局，如果自己的产品在质量上具有优势，则定价可以竞争对手的价格为参考。

经济环境对定价的影响主要是通过利率水平、经济繁荣程度、通货膨胀等方面，这些经济因素可以影响产品成本、消费者购买能力、消费者价格感知等，进而影响销量和利润。

除此之外，定价还应考虑供应商、分销商、服务商等利益相关者，只有达到了多赢局面的定价才能够更好地实施企业长期的经营战略。

3.2.2 汽车定价的导向及目标

要做好汽车定价，首先必须确定定价导向和定价目标，而后选择具体的定价方法，最后才是确定采用哪种定价策略。因此，定价导向和目标非常重要，只有目标和导向确定了后面的工作才可正确展开。定价导向及目标主要有以下几类：

(1) 以利润为目标的定价。利润是汽车企业生产和发展的必要条件，也是营销所追求的基本目标。利润目标分短期利润目标、长期利润目标、获得固定利润率、追求预期投资收益率几种情况。通常，企业的长期利润目标是追求利润最大化，而这种目标往往可能促使一些企业采用高价策略，无形中增加了产品进入市场的难度；对于以获得固定利润率、追求预期投资收益率的企业来说，对产品的定价相对更加理性，所制定的产品价格则更容易被市场所接受。

(2) 以销售额为目标的定价。以销售额为目标的定价，通常是企业为了通过销售额的不断增加，促使企业的生产经营规模不断扩大，固定成本不断地降低，以经营规模效应来实现企业的利润目标的一种定价方式。销售额目标分为实现预期销售额、争取最大销售额、达到一定的销售额增长速度三种情况，销售额体现为销量、销售货币量或者销售量和销售货币量的最佳组合。

(3) 以竞争为目标的定价。竞争目标分为保持市场占有率、扩大市场占有率、保持价格稳定、阻止竞争者、击败竞争者、维护企业形象等情况。目前，在中低端轿车市场企业为了实现保持或扩大市场占有率，阻止或击败竞争对手经常采用以竞争为目标的低定价策略，但我们应清楚低价不是实现这种目标的唯一策略。在高端轿车和豪华车市场以竞争为目标的定价，企业往往就是采用的高定价的方法，来保持企业品牌和产品的市场形象，维持市场稳定的。

在给产品定价前，企业通常广泛地收集市场信息，把产品性能、成本、质量以及与品牌影响力相似的竞争产品与自身产品进行比较，以对市场价格有影响力的竞争对手或市场领导者的产品价格为标准，来制定自身产品的价格。

企业若是考虑以低价渗透的方式来增加市场占有率或阻止竞争者，往往并不能够给企业带来利润的大幅增加，一般来讲，只有在以下几种情况，才适合采用：一是该产品的价格需求弹性较大，低价能够促使其市场份额增加；二是产品的成本能够随销售量的增加而下降；三是低价可以阻止竞争者或潜在竞争者的市场份额增加；四是企业自身有雄厚的实力，能够承受低价可能会带来的经济损失。

(4) 以谋求生存为目标的定价。由于遇到生产能力过剩或企业实力弱，产品不及竞争对手，或者竞争太恶劣等原因，企业往往不能够全面考虑产品的利润和市场占有率目标，此时，企业采用的定价目标应以谋求生存为主。此时，企业往往制定的价格以能够弥补变动成本和一部分固定成本为目标，采取大幅度的价格折扣或低价来保持企业的活力和生命力。

实质上，企业的定价目标往往不止一个，当存在多目标定价时，企业应按目标重要性给予排序，建立多目标追逐的运筹学优化模型，并求出最优定价方案并根据内外部实际约束情况和企业自身的资源以及产品的优势等因素，制定适合企业和品牌长期良性发展的产品定价。

3.2.3　各种汽车定价的基本方法

企业如果给汽车定价过低会影响企业盈利能力，定价过高又会降低消费者的有效需求，因此在给产品定价时，应该确定合适的价格区间，这个区间是以产品成本作为底线，消费者需求作为最高限。同时，还应该考虑市场竞争态势及其他环境、经济因素，而后在最高与最低价格之间制定最合理的汽车价格。根据这些因素，可以确定三种基本定价方法：成本导向定价法、需求导向定价法和竞争导向定价法，以下分别介绍。

1. 成本导向定价法

成本导向定价法是以汽车制造企业的主观意图来定价的一种方法，是以确定汽车产品的成本为基础，加上一定的利润和税金来确定汽车品价格的一种方法。成本导向定价有成本加成法、盈亏平衡定价法或目标收益定价法两种，其中成本加成定价法是最简单的方法。

(1) 成本加成法。在汽车成本上加上标准的加成价格，而汽车成本由材料费、人工工时费、设备折旧费、燃料动力费构成，加成价格则由利润要求而定。

为了说明成本加成法，假设一汽车的成本和预计销量如下：

可变成本　　5 万元

固定成本　　10000 万元

预计销量　　4 万台

那么该企业每生产一辆汽车的单位固定成本为：

$$\text{单车成本}=\text{可变成本}+\frac{\text{固定成本}}{\text{销量}}=50000+\frac{100000000}{40000}=52500\text{（元）}$$

如果本企业要赚取 40% 的利润，那么该汽车的加成价格为：

$$加成价格=\frac{单位成本}{1-预期回收率}=\frac{52500}{1-0.4}=87500（元）$$

一般而言，成本加成法由于忽视消费者需求和竞争者的影响而没有实际意义，因为在标准成本加成法中预计销量是不变的，所以固定成本摊销固定，但事实上如果销量超过预计销量，则汽车的单位成本就要下降，所以其加成价格也会随之而降，所以此方法必须要保证预计销量能够实现才可执行，否则，销量如果达不到要求则企业可能存在亏损。

尽管如此，成本加成法依然得到一些汽车企业的使用，原因在于此种方法运用简单，便于获取相关数据。

（2）盈亏平衡定价法或目标收益定价法。盈亏平衡定价法也叫保本定价法或收支平衡定价法。它是指在销量既定的条件下，企业产品的价格必须达到一定的水平才能做到盈亏平衡、收支相抵。既定的销量就称为盈亏平衡点，这种制定价格的方法就称为盈亏平衡定价法。

如图 3－4 中，在盈亏平衡图中，不管销量如何变化，其固定成本不变，但是变动成本和预计收入在变化，变动成本加上固定成本为总成本，总成本随着产量上升而上升，总收入曲线从零开始上升，该直线的斜率表示汽车的售价。

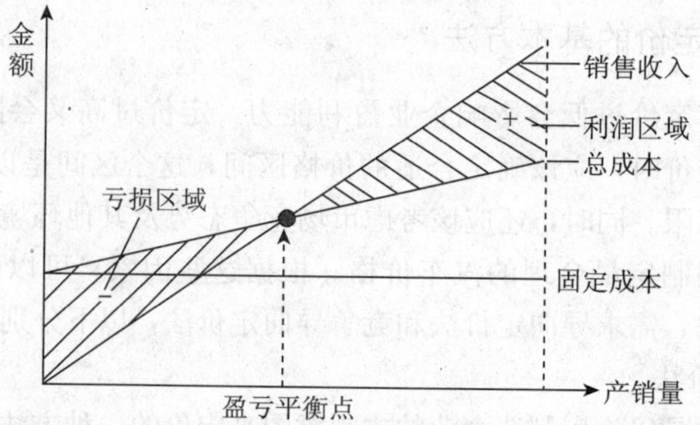

图 3－4　盈亏平衡

这里所指的盈亏平衡点是指全部销售收入等于全部成本时（销售收入线与总成本线的交点）的销售量。以盈亏平衡点为界限，当销售收入高于盈亏平衡点时企业盈利，反之，企业就亏损。盈亏平衡点可以用销售量来表示，即盈亏平衡点的销售量；也可以用销售额来表示，即盈亏平衡点的销售额。盈亏平衡点的计算公式为：

按实物单位计算：

盈亏平衡点＝固定成本/（单位产品销售收入－单位产品变动成本）

按金额计算：

盈亏平衡点＝固定成本/（1－变动成本/销售收入）＝固定成本/贡献毛利率

采用盈亏平衡定价法或目标收益定价时，先分析在不同销量下总成本的变化，再假定利润为零，测算出利润为零时产品保本销售价格，最后按既定的目标收益确定产品的价格。

2. 需求导向定价法

汽车制造企业在为汽车定价时，需要先考虑目标消费者对定价汽车的价值感知，特别是目标消费群体对本汽车产品的价值感知。基于消费者需求导向（即目标消费者对该产品的价值感知）的定价方法就是以需求为中心，按照消费者对产品价值（价格）需求而非产品成本为关键来制定汽车产品的价格。即在对汽车产品定价时，测量出营销组合中的非价格因素在消费者心中建立的对该产品的认知价值——研究消费者对该产品的价格接受程度，最佳心理价位及最高心理价位。

目前，基于消费者需求的定价一般是通过市场调查的手段实现的，其方法是：

通过目标消费群对该产品与竞争品牌的产品相比较、对产品的价值认知、非价格因素及经验的主观判断，来确定产品在目标市场上的定价区间和最优价格（如图 3－5 所示）。

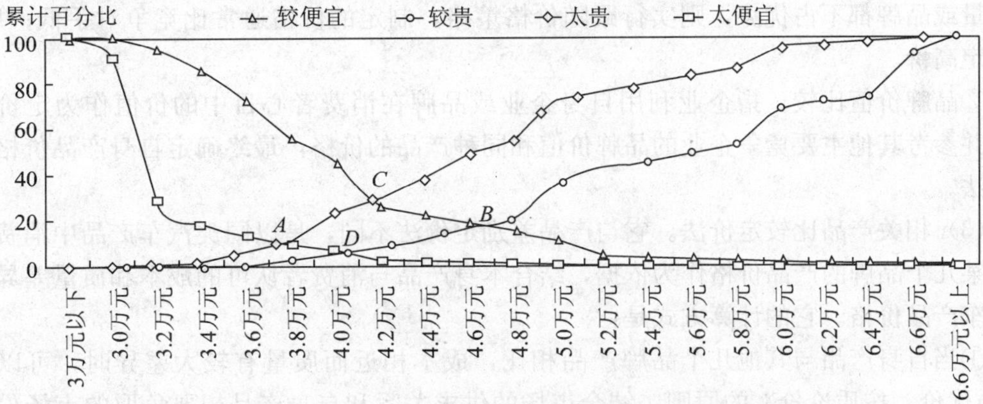

图 3－5　需求导向定价的市场调研数据分析

√最优价格 C 点：4.17 万元

√合理定价范围 A～B：3.8 万（最低价格点）～4.68 万元（最高价格点）

调查时，给出详细的价格点，并让消费者针对每个价格点确定“价格过高，放弃购买；价格较高，愿意购买；价格偏低，愿意购买；价格过低，放弃购买”四个选项。

然后预计此价格下的销售量，并以此推算出产量及成本和利润。

最后计算产品是否能够达到预期的利润，来确定该价格是否合理，并可以进一步确认该产品的销售趋势。

3. 竞争导向定价法

由于消费者在购买汽车时一般都会与竞争产品比较价格，因此，基于竞争的定价方法越来越受到重视。竞争导向定价法是基于汽车市场竞争的需要，企业通过研究市场上竞争者的类似产品的产品定位、产品各生命周期阶段的价格和市场表现、生产条件、服务状况、品牌价值等因素，依据自身的竞争实力、参考成本和供求状况来确定商品价格。此种方法的特点在于制定价格时，不过多的考虑汽车成本或需求对产品价格的影响。

竞争导向定价主要包括随行就市定价法、同质产品差别定价法和相关产品比较定价法。

（1）随行就市定价法。在垄断竞争和完全竞争的市场结构条件下，所有企业都无法通过自己产品的实力在市场上取得绝对的优势，为了避免价格竞争带来的损失，采取的一种随市场变化来确定产品价格的一种方法。它不是要采取与竞争对手完全相同的汽车产品定价策略，而是区别于其他竞争对手，将本企业产品价格制定在市场平均价格水平上，从而使产品获得市场的平均利润。它的特点是能够更为准确地体现汽车产品的价值和供求关系，且不必全面了解消费者对不同价差的反应，同时，也不会引起价格波动。

（2）同质产品差别定价法。产品差别定价法是一种进攻性的定价方法。指企业通过不同营销手段，使同种同质的产品在消费者心目中树立起不同的产品形象，进而根据企业自身和品牌的特点，选取低于或高于竞争者的价格作为本企业产品的价格。

①竞争地位比较。在同一细分市场，如果产品同质且企业处于属于寡头垄断的竞争地位，则制定与其他处于该地位的企业相近的产品价格，如果属于新进入者或者小企业，产品质量或品牌都不占优势，则实行跟随价格策略，制定的价格通常比竞争对手低；反之，则制定高价。

②品牌价值比较。指企业利用自身企业或品牌在消费者心目中的价值作为定价的原则，并参考其他主要竞争企业的品牌价值和同种产品的价格，最终确定自身产品价格的一种方法。

（3）相关产品比较定价法。它与产品差别定价法不同，是以同类汽车产品中消费者认可的某几个品牌的产品价格作为依据，结合本身产品与消费者认可的成本和质量差异来制定汽车产品价格。它的计算方式是：

①当自身产品与其他几个品牌产品相比，成本相近而质量有较大差异时，可以按照“优质优价、按质论价”的原则，结合市场的供求关系和自身产品想要争取的市场份额等因素制定合理的价格。其价格应该等于消费者认可的价格乘以几种产品比较后的质量差异系数。

②当自身产品与其他几个品牌产品相比，质量都大体相近，而成本有一定差异时，可以按照成本的变化，实行“按值论价”来确定产品价格。即：汽车产品价格＝消费者认可的汽车价格×（1＋成本差异率）。

企业要想制订一个合理的汽车售价，仅仅基于成本导向定价、或基于需求导向定价、或基于竞争导向定价，可能都是不全面的。定价的目标不止一个，往往既要考虑成本，又要考虑消费者需求，还要考虑竞争者价格，因此，理想的定价方法是按每一种定价方法都定出一个价格，再根据企业自身的实际情况，对三种方法定出的价格进行比较和调整，最后确定合理的价格，使得最终定出的价格能兼顾各个目标。

所以，汽车的定价过程是：首先确定定价目标，然后确定定价方法，再综合考虑其他因素确定定价策略，进行价格调整。

3.2.4 各种汽车定价策略

不同的定价目标决定了不同的定价方法，而不同的定价方法确定不同的定价策略，本小节主要针对汽车生命周期中的导入期定价策略、汽车组合定价策略和企业在日常经营中的价格调整策略和价格反应策略进行阐述。

(1) 汽车上市定价策略。定价策略通常会随着汽车的生命周期演进而变化，处于生命周期成长、成熟、衰退阶段的产品定价都涵盖于汽车组合定价、汽车价格调整和汽车价格反应策略之中，但最重要意义和具挑战性的定价，则是在处于生命周期市场导入期的新产品定价。处于导入期的汽车上市定价有两种方法：

①高价撇脂定价。很多汽车企业推出新汽车时首先制定较高的价格，随着生命周期其他阶段的到来而逐步降价，以便从市场中层层地撇取利润。这种定价策略的使用需具有条件，首先，新推出的汽车在质量和产品形象方面足以支撑高价位；其次，此款汽车产品应有较大的市场需求，高价的条件下还能有足够多的消费者愿意支付此价格购买该汽车；另外，竞争者不能够轻易进入市场或赶超此产品，无法对该高价格产生较大的威胁。

这种汽车定价策略的优势有：一是新产品投放市场的初期，没有其他的相似的竞争者，需求弹性小；因此，只要产品的性能和质量能够得到消费者的认可，就可以采用此定价方式，既能够满足消费者的求新求异的消费心理，也能够使企业获得更高的利润回报。二是由于汽车定价较高，因此可以使汽车制造企业在较短时期内取得较大的利润，尽快收回成本；并能够在产品处于其他生命周期的阶段时，更好地利用价格杠杆来获取更多的市场份额。

这种定价策略的缺点有：一是在新产品尚未建立一定知名度时，高价策略不利于快速打开市场，若在短期内销售不利，产品就有夭折的风险。二是如果高价投放市场的效果较好，销量不断提升时，很容易使竞争对手跟随，从而使产品的销售受到影响。

因此在采用这种汽车定价策略时，要注意市场状况和价格高低的准确定位和其他适应条件。

②低价渗透定价。有些企业在新汽车上市时并不制定高价，而是设定一个较低的价格，以便迅速吸引大批消费者购买，从而迅速提升新产品的销量，并逐步获得较高市场份额。高销量会降低汽车成本，并能为企业迎来进一步降价的空间，同时，可以阻止竞争者进入，有利于控制市场。重庆长安在推出“奔奔”和“悦翔”车型时都采用了这种方法，并且取得了较好的市场效果。

渗透定价也需要满足一定的条件：首先，市场需求对价格比较敏感，低价可以吸引更多的销售者购买；其次，制造企业拥有较大的生产能力，且该产品的规模效益较为显著，成本会随着销量增加而减少；最后，低价能抵制竞争并且能保持长久低价，否则低价只能取得暂时优势。

③平均利润定价策略。顾名思义，平均利润定价策略就是以获得行业平均利润为目标，所定的价格比撇脂价格低，而比渗透价格高，是一种中间价格。由于这种价格介于高价和低价之间，而其风险又比前两种定价策略小，因而获得成功的可能性比前两种策略大。

比较以上三种汽车新品上市的定价策略汽车产品价格和汽车的销量趋势的关系如图 3－6所示。

(2) 汽车组合定价策略。在汽车市场中产品基本上都是以组合形式存在，只销售一款汽车单品的情况比较少见，因此汽车组合定价基本上是一种定价常态。企业为了满足目标消费群中的细微消费需求差别，往往根据汽车的配置、发动机排量和不同方式的配置，将汽车分为很多型号并最终形成产品组合，对汽车组合中的不同型号汽车给予不同价格并形成一个跨度较大的价格区间，一方面可吸引更多的不同需求的消费者，同时还能让企业利润最大化。这种定价策略主要有以下两种情况：

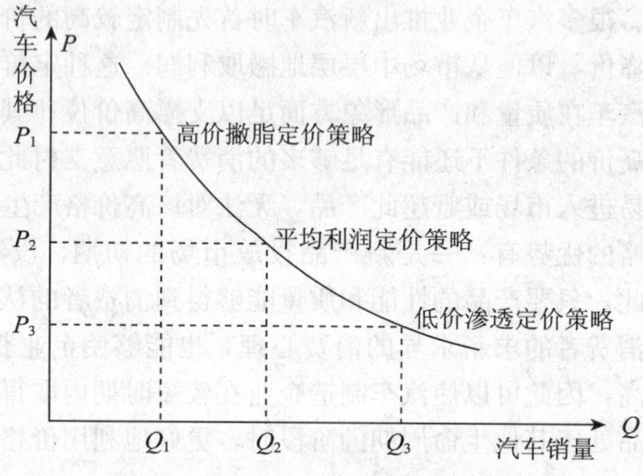

图 3－6　汽车价格和汽车销量的关系

①同系列汽车产品组合定价。这种定价策略主要是将同一企业生产的同一系列的汽车产品作为一个产品组合来定价。在其中确定一款车型采取低价格策略，使这种低价车可以在该系列汽车产品中充当低价明星，来吸引消费者眼球；同时再确定一款高价车型来充当品牌价格，提高该系列汽车产品的品牌价值。

②附带选装配置的汽车产品组合定价。这种定价策略是将一个企业生产的汽车产品与可以附带的所有可供选装的配置产品看做一个产品组合来定价。例如，消费者可以选装倒车雷达、驾驶室和副驾驶室的安全气囊等配置。企业首先确定产品组合中应该包括的可选装的配置产品，再对汽车的选装配置产品进行统一、合理的定价。这种策略可以通过选装配置来弥补基础产品所定的低价造成的利润损失或增加产品的额外利润。

(3) 汽车价格调整策略。企业经常要修订正在售卖的汽车的基本价格，以适应消费者需求和环境的变化，而主要的价格调整方法有价格折扣和折让、区域定价、消费者心理定价、促销定价和国际化定价。

①价格折扣和折让。汽车企业修订产品的基本价格以回报消费者或分销渠道，这种价格修订调整行为属于价格折扣和补贴，根据调整方式或调整目的又可体现为以下几种类型：

现金折扣：对客户及时付清货款的一种价格优惠，比如经销商规定如果客户购车当天付款优惠 5‰，两天后付款优惠 2‰，三天后付款优惠 1‰，四天后付款不优惠就属于现金折扣。这种折扣形式在很多行业广泛应用，可帮助销售商改善资金状况、减少坏账和信用收账的成本。

数量折扣：对大批量采购顾客的一种价格优惠。现在网上流行的买房团购和买车团购活动就是消费者自发组织起来与经销商谈判以期获得较大数量折扣的一种行为。现在汽车企业基本上都有一个大客户室，其职责主要是开发大客户，而且其产品销售价格因售卖数量大小而改变。数量折扣鼓励消费者在一个卖家处多买同种产品而非到多个卖家处买同种产品。

功能折扣（贸易折扣）：汽车企业向履行了销售、储存、广告宣传等职责的贸易渠道成员提供的一种价格优惠，比如很多汽车企业将自己的分销渠道实行分级，并根据经销商级别不同而给予不同的进价，或者对不同经销商给予不同单车的广宣支持等就属于功能折扣。

季节折扣：对那些购买非当季汽车的用户的一种价格优惠，比如微型面包车企业在冬天卖空调车时就比夏天便宜。季节折扣可以使企业在一年中保持生产的稳定。

旧车补贴：对交换旧车购买新汽车的用户的一种价格优惠，比如现在汽车行业兴起的汽车置换业务，其中就有对购买新车的一种价格补贴。旧货补贴在其他耐用品行业也被广泛使用。

②区域定价。现在的汽车至少全国销售，很多汽车已经实现全球销售，在不同地区购买力不同，消费者需求不同，汽车运费不同，针对此情景企业该如何定价？是否需要弥补运费而定高价？如果这样怎样降低丢失用户的风险？现在很多企业在不同区域以运费为主，辅以当地的经济发展水平和消费者的消费观念等进行不同定价，即实行区域定价。

区域定价是企业把市场分成多个区域，在相同市场区域内消费者购买同种产品的价格相同，而不同区域的消费者购买该种产品的价格则不同。在我国，各个企业划分区域的方式不一样，有的企业划分市场区域与中国行政区域相同，划分为三十几个市场区域，在各区域执行不同的销售价格。有的企业则把市场划分为华东、华北、华中、华南、西南、西北等片区，在不同片区执行不同的销售价格。汽车区域定价在我国基本上呈现沿海区域价格比内地高，平原地区比山区高，发达地区比欠发达地区高的态势。

③消费者心理定价。心理定价是考虑购买者的价格心理影响，主要是基于消费者心理学视觉考虑价格对消费者的心理影响，再根据这种影响来对价格进行调整。当消费者缺乏对一辆汽车的了解时他会通过价格来判断这辆汽车的质量，并且会认为高价意味着高质。当然，如果消费者以前使用过或者听其他消费者评论过该汽车的质量则他们现在判断该汽车的质量时就会较少依赖价格。另外，通过极少的价格差异也能暗示消费者产品的差别，比如 79800 元的汽车定价和 80000 元的汽车定价，虽然价格之差只有 200 元，但给消费者带来的心理差异可能会非常大，比如消费者可能会认为这两个价格之间的价格差异属于万元级的，因为前者属于 7 万元级的价格，后者属于 8 万元级的价格。

在高档汽车市场，根据消费者认为高价意味高质的心理，企业在定价时往往使用整数而不带尾数，这样可以提高产品的质量形象和品牌形象，给消费者带来高档车的感觉，满足消费者的某些心理需求。

而在中低端轿车市场，根据消费者求廉心理，企业却往往使用尾数定价法，比如前面所说定价 79800 元而非 80000 元就是为了让消费者觉得这个产品价格便宜，性价比高。

当然，根据消费者求奇心理，企业可在分销渠道处执行天天特价车，以此吸引消费者聚集人气，促进降价产品的销售，有时还可带动其他高利润产品的销售。

④促销定价。随着竞争的加剧或其他目的，企业有时候会暂时性把汽车的销售价格降到正常价格甚至成本之下，从而创造用户购买的热情和紧迫感，这种以促进销售为目的的调

低价格的行为称为降价促销。

根据情况不同促销定价不同，有的企业将极少数型号汽车产品定极低的价格，招徕顾客主要是为了售卖其他正常利润的汽车。比如重庆长安推出“长安悦翔”汽车时有53900元、55900元、58900元、60900元等不同价位型号的汽车，给消费者造成的印象是长安悦翔车有53900元的产品，价格非常便宜，但实际上53900元的产品很少生产，很多奔着53900元去买车的用户最后都成功地购买了53900元以上的悦翔，这就是招揽定价。在特定情况下为了刺激需求，有些汽车企业为消费者提供低息甚至无息贷款、较长时间和里程范围的免费维修保养等措施降低消费者的“购买价格”也属于促销定价。还有企业在销售淡季专门推出降价促销活动，直接以现金回扣的方式进行促销。

促销定价不能经常使用，否则会带来负面影响。因为促销定价策略极容易被竞争者模仿，这样会促成“交易倾向型”顾客的产生，造成顾客与汽车企业之间的博弈，即降价就买，不降价就不买，同时也会造成竞争者之间的价格战，不利于维护品牌形象和企业形象，最终可能出现促销没有应有的效果，而不促销一定没有效果的两难境地。当然，如果企业是汽车行业某细分市场的主要领导者，可以考虑使用促销定价、运用自身优势和营销策略控制市场，避免引发价格战。

⑤国际化定价。进入国际市场的汽车，在不同国家销售必须实行不同的价格，这是由于不同国家的经济发展水平不一致，消费者的文化背景、消费习俗、政策法律法规、分销渠道及零售商等都不一样，从而导致汽车在不同国家的消费环境、消费水平、消费认知等都不一样，所以应根据这些差异实行价格差异化策略。如果我国汽车要到美国、日本等高度成熟的市场，则应使用低价快速渗透定价策略，如果是进入南非等落后地区，且针对的是缺少价格敏感的少数细分人群，则适合高价撇脂定价策略。当然，国际化定价必须考虑运费及产品成本，这是国际化定价的底线。

(4) 汽车价格反应策略。

企业建立起各种汽车的价格体系后，根据环境还应主动改变价格或应对竞争者的价格变动采取价格应对措施。

主动变价的情况有两类：主动降价、主动提价，它们的使用条件各不相同。

①主动降价。企业如果面临强大竞争对手出现的时候，为了维持市场份额或阻止市场份额的快速下滑，则可能采取主动降价；另外，如果企业产能过剩，则企业需要通过主动降价提高市场份额从而增加产能利用率，使降价失去的利润通过成本的降低而得到弥补，甚至可能获得更高的利润。

②主动提价。如果汽车在市场上供不应求，生产能力在短期内又无法解决这个问题，则企业可考虑主动适度提价，这样可抑制部分需求，达到供需平衡局面，一旦生产能力跟上就应立即把价格降下来。另外，优势企业根据价格敏感弹性测算出如果提价多少获取的利润会超过失去市场份额所带来的亏损，则企业为了追求利润最大化会采取主动提价。但通常消费者对主动提价行为都比较敏感和反感，因此，企业应慎重选择使用提价行为。

对于主动变价行为，企业一方面应考虑给消费者带来的影响，另一方面还应考虑到竞争者的反应。曾经有企业在微型面包车市场做了一次降价8000元，降幅超过10%的主动降价行为，结果引来刚买过产品的消费者的极度愤慨，他们纷纷跑到经销商处要求享受

8000元的优惠或者退货，引起极度恶劣的影响，这是当时营销管理层始料未及的事情。对于主动提价行为也是一样，如果主动提价，势必影响消费者对企业的看法和态度进而影响其是否购买产品。另外，在主动变价前还应充分考虑竞争者可能的反应，分析其原因，并做好应对策略。否则，企业主动变价可能会因为竞争者的反应而冲抵了预设的目标，也可能因为竞争者的强烈反应而变得被动。

针对竞争者主动引起的价格变动，企业应思考其行为的目的及对本企业的威胁程度，并采取相应的应对措施，比如采取跟进措施，则需要考虑具体的措施应该怎样制定，市场变化的反应速度和反应程度等。为了做到应对对手的价格变动，汽车企业通常都会设置独立的情报部门，随时监控竞品的市场动态，其中价格就是最重要的一环，竞争对手一旦价格变动，则企业会根据反应机制做出相应的应对措施。

3.3 汽车渠道策略

促销策略、价格策略可以灵活易变，产品策略也可以随市场的变化而有所改变，如果市场需要，企业甚至可以放弃旧产品推出新产品。汽车渠道策略则不同，汽车制造企业一旦与经销商通过合同建立渠道关系，就不可能轻易改变。因此，企业应精心设计和科学管控自身的渠道。

3.3.1 汽车销售渠道概述

（1）汽车销售渠道的含义。广义的汽车销售渠道是指汽车产品由制造企业向用户转移过程中所有取得汽车所有权（或协助所有权转移）的商业组织或个人连接起来形成的通路。该通路的起点是汽车企业，终点为消费者，其余为中间商或者分销商。狭义汽车销售渠道主要指汽车分销渠道或汽车中间商渠道，本文主要指狭义的汽车销售渠道。

在汽车销售渠道中，除汽车实物在流动以外，还伴随有其他运动形式：

①汽车所有权流动：汽车实物流动并不总是与所有权流动相一致，比如物流企业参与产品实物转移但并不参与所有权转移。

②企业与市场的信息双向流动：企业通过分销渠道将产品信息、价格信息等传递给消费者，而消费者通过对产品的评价和满意度等将信息通过分销渠道向企业反馈，实现双方信息交流。

③资金流动：资金流动与所有权流动的方向正好相反，所有权流动的起点是企业终点是消费者，而资金流动的起点是消费者终点是企业，但流通路径完全重叠。

④促销流动：企业开展促销是从企业出发，经过分销渠道，最后到达消费者。

⑤服务流动：汽车在汽车销售渠道中流动时伴随渠道上级成员与下级成员之间的合作，因此存在双向服务流动。

⑥谈判流动：从起点到终点的所有渠道成员都是合作关系，他们之间存在企业与分销渠道谈判、分销渠道之间的谈判和分销渠道与消费者之间的谈判，并实现谈判在渠道中的流动。

（2）汽车销售渠道的作用：①结算与融资功能；②服务功能；③谈判功能；④销售和

促销功能；⑤铺货功能；⑥市场预测与开发功能；⑦风险分担功能；⑧储运功能；⑨信息传递功能；⑩调节企业与顾客之间关系的功能。

3.3.2 汽车销售渠道模式

汽车销售渠道模式涉及两方面内容：汽车销售渠道层级类型和每层渠道中具体渠道成员的类型。

1. 渠道层级类型

汽车销售渠道的层次是指在汽车产品从制造企业转移到消费者的过程中，对汽车拥有所有权或销售权机构的层次数量。

按汽车销售渠道层级中，中间商的层数分为零层渠道、一层渠道、二层渠道和三层渠道，其中零层渠道为直销模式，其余为分销模式（如图 3－7 所示）。

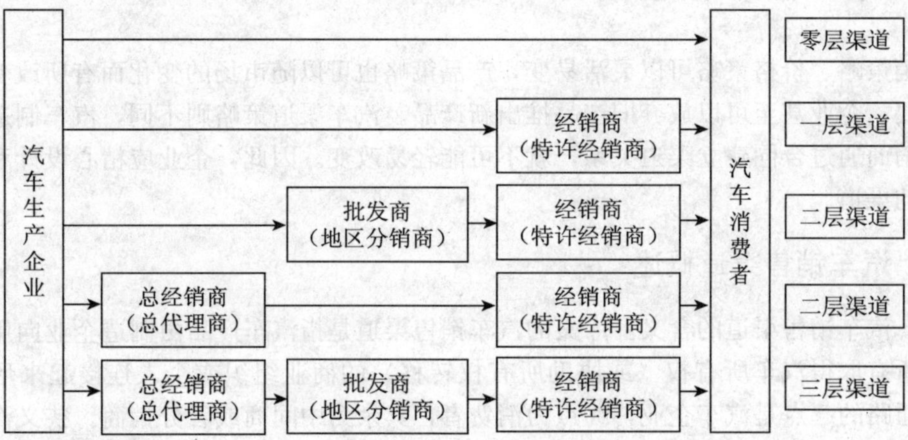

图 3－7 分销渠道层级

渠道长度：渠道层级的数量称为渠道长度。渠道长度要适中，如果渠道过短，比如零层渠道，可能面向消费者服务时有更高效、执行企业指令时更快捷和准确的优势，但存在诸如营销费用较高、社会融资困难、经营风险较大、有效开拓区域市场能力较弱等方面的劣势；如果渠道过长，虽然在开拓市场、融资等方面存在优势，却可能存在渠道冲突不断、可控性差、信息传递过慢等问题，导致用户得不到很好的服务，损害企业品牌形象。

渠道宽度：在同一层中间商中，相同类型的渠道成员数量多少称为宽度。数量越多渠道越宽，反之，渠道越窄。具体是采取宽渠道模式还是实行窄渠道模式，要通过对企业的营销战略、社会经销商资源可利用情况、汽车产品特性等因素综合分析后才能确定。

2. 渠道类型及成员

（1）汽车制造企业类型。根据汽车制造企业中生产与销售之间的关系可以分为产销结合模式和产销分离模式两类：

①产销结合模式。产销结合模式是指企业的生产和销售是由企业的不同职能部门（制造部和销售部）完成，双方就如同一家庭中的不同成员关系，不独立核算，相互配合业务

开展，对同一法人负责。产销结合具有：销售能快速为生产提供资金支持，生产和销售两个部门之间的工作更容易协调，机构简单、沟通迅速和节约成本等优点。

②产销分离模式。产销分离指生产部门与销售部门独立核算，各自归属不同的法人或经营管理层，他们之间属于两个企业之间的业务合作关系。产销分离具有：分工更明确，各司其职，更利于各自集中精力，可严格执行市场需求导向等市场营销战略，更好融资和开发分销渠道等优点。

由于产销分离与产销结合两种模式各有优劣，因此，当企业处于企业生命周期的不同阶段，应采用不同的模式。当企业处于刚起步、规模小、发展快的导入期阶段时，适合产销结合模式，而随着企业的不断发展，产能的迅速提升和市场需求的快速激发，此时可能产销分离更实用。

（2）中间商类型及成员。

①中间商类型。根据中间商在汽车流通和交易业务过程中的作用可以将分销商分为：总经销商（或总代理商）、批发商（或地区分销商）和经销商（或特许经销商）。其中，总经销商是从事汽车总经销业务的中间商；批发商是使汽车实现批量转移的中间商；经销商是直接将汽车销售给最终消费者的中间商。

中间商的基本功能如图 3－8 所示。

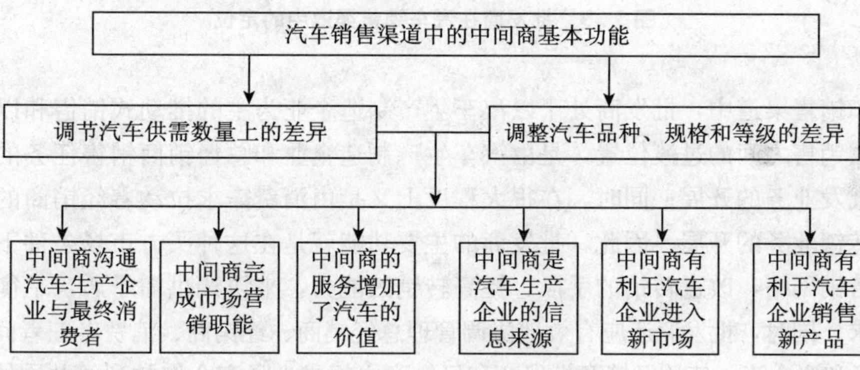

图 3－8　中间商的基本功能

②中间商成员。其包括总经销、批发商和经销商。

A. 总经销（或总代理商）：总经销商是指受汽车制造企业的委托，从事汽车总经销业务，并且拥有汽车所有权的中间商。而总代理商则从事汽车总代理销售业务，但不拥有汽车所有权的中间商。

B. 批发商：汽车批发商按其实现汽车批量转销的特征可以分为：独立批发商、委托代理商、地区分销商。独立批发商是指以获取批发利润为目的，独立、批量购进汽车产品，再将其批发出售的商业企业，它对其经营的汽车拥有所有权。它按业务范围和服务内容又可以分为多品牌批发商和单一品牌批发商。委托代理商与独立批发商的区别在于委托代理商对于其经营的汽车产品没有所有权，只是替汽车制造企业或总经销商组织销售汽车，以取得佣金为目的，促进买卖的实现。委托代理商按代理职能和代理内容分为总代理和分代理、制造企业的代理商和总经销商的代理商、多品牌产品代理商和单一品牌汽车代理商。地区分销商是由汽车制造企业或总经销商为了减少层层批发和跨区域销售等问题而设立的，在某个地区为其批发、转销汽车产品的机构。

a. 批发商的定位：汽车销售渠道是由汽车制造企业、总经销商、批发商、经销商、运输商和消费者组成，如图 3-9 所示。

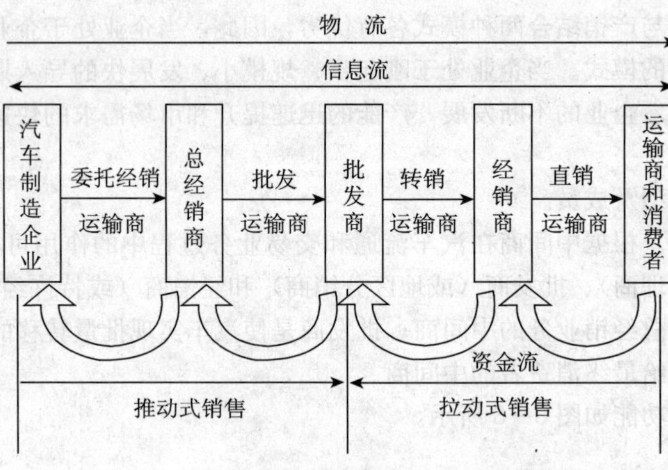

图 3-9　批发商在汽车销售渠道中的定位

在汽车销售渠道中，批发商处于以汽车生产制造企业为主的推动式销售和以市场为导向的拉动式销售之间的过渡位置，是由汽车生产制造企业和总经销商销售任务的要求推动着批发商批发业务的开展；同时，在很大程度上又是由消费需求拉动着经销商的销售活动和批发商转销业务的开展。因此，批发商的主要功能就是在这种买方市场条件下，通过不断地扩展营销网络，改进转销的手段，提高转销的能力，来协调供需矛盾，平衡销售目标和市场需求。同时，批发商还应有效地协调管理总经销商、经销商、消费者三者间连续的信息流、物流和资金流，使总经销商批发商和经销商之间成为紧密合作的利益共同体，并与消费者建立长期、有效的互动关系，从而提高产品在汽车市场上的竞争能力，如图3-10所示。

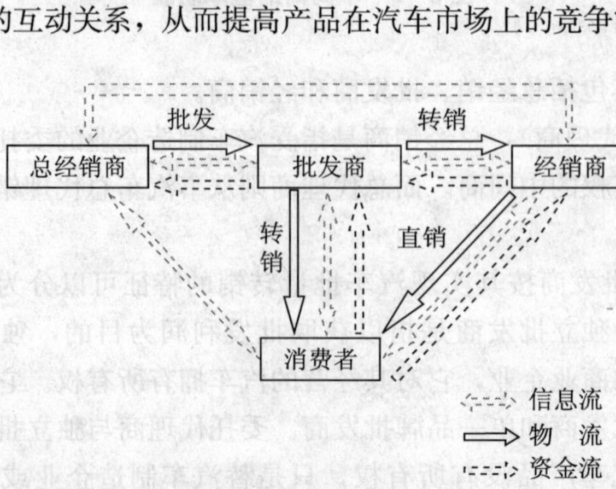

图 3-10　批发商在销售网络系统中的地位及作用

b. 批发商的功能包括如下几点。

市场营销和销售管理功能：批发商在建立和发展经销商销售网络系统的同时，统一和规范其网络系统的市场行为，制订和执行销售计划，有效地组织和指导市场调研、产品定位、推广促销等营销活动的开展，并充当总经销与经销商之间的桥梁，协调和处理渠道间的冲突、稳定市场价格体系，使整个销售网络持续、健康地发展和壮大。此外，还应对经销商的业务进行全面地评估，通过对硬件与非硬件指标体系的评估和考核，发现经销商的优缺点，并通过一系列的奖惩和淘汰手段，达到经销商网络质量和效率最优化。

经销商的培训、售后支持功能：批发商应对经销商进行业务素质和能力、产品知识、维修技术等方面进行培训，使经销商的整体业务水平不断提高。同时，在售后零部件的供应以及专业技术上给予支持，使整个售后服务系统工作得以更好地开展，更好地维护产品和品牌的形象，不断提升客户满意度。

物流、信息流功能：批发商应该具有物流和信息流的功能。它通过建立完善的信息系统网络，缩短物流的周期，提高物流的准确性，合理降低经销商的库存和周转成本，并能够使整个销售体系（从汽车制造企业到经销商）共享营销资源、客户和市场信息以及销售网络的经营状况等，促进整个销售体系的效率不断提高。

资金结算与管理功能：批发商还在销售体系中充当资金结算、管理和资金风险承担者的角色。

C. 经销商：经销商是向最终消费者直接销售汽车产品和提供各项服务的系列营销活动的机构。在汽车的销售渠道中，经销商通常按经营特征划分为特许经销商和普通经销商两大类，分类标准各不相同，现将某合资品牌汽车渠道中的经销商分类标准列于表3－1中。

表3－1　合资品牌汽车渠道中的经销商分类标准

经销商类别	经营特征	业务范围	硬件设备	资金能力（万元）	年销售量（辆）	服务质量	公共关系	人力资源
特许经销商	品牌专营	整车销售、配件供应 维修服务、信息反馈	有统一标志的展示厅 有设施完备的营销场所	＞1500	＞1000	高	强	优
准特许经销商	品牌专营	整车销售、配件供应、信息反馈	有优良的展示厅 有完好的营销场所	＞1200	＞800	较高	较强	良
普通经销商	非品牌专营	整车销售、信息反馈	有一般的展示厅 有一般的营销场所	＞800	＞600	一般	一般	一般
准普通经销商	非品牌专营	整车销售	无展示厅 有营销场所	＞500	＞400	一般	较弱	差

从以上表格的内容中不难看出，经销商的分类标准体现了对经销商资金、硬件设备和销售能力的要求，实质上通过对经销商经营特征的分类，明确了经销商的业务范围，适应

了不同区域的渠道发展需要，有利于在广泛的市场上建立适合的销售服务体系，确保在有限的资源下企业的销售目标得以顺利地实现。

（3）渠道终端类型。渠道终端类型主要有：汽车交易市场、4S品牌专卖店、汽车销售连锁店、汽车超市、汽车工业园、仓储中心、网上专卖店等。具体每种类型将在模块四中详细介绍，这里不再详细叙述。

3.3.3 汽车销售渠道设计

1. 汽车销售渠道设计的影响因素

销售渠道设计应建立在企业经营目标基础上，在充分判断和分析各种影响因素的基础上作出最优化的设计。通常，影响渠道设计的因素主要有以下几个方面。

（1）制造企业影响力。不同的汽车制造企业在品牌、资金实力、规模、产品特性等方面存在差异，而这些正是可以直接影响企业对中间商的凝聚力和吸引力的因素；因此，制造企业在设计销售渠道时，应该结合本企业对外的影响力这一重要因素，在选择中间商的类型和数量时，寻找到与企业“志同道合和优劣势互补”的中间商，并根据企业的可利用资源，来确定不同发展阶段应组建或维持的渠道数量。

（2）产品的差异化。由于不同企业的汽车产品的功能、价值、消费群体、区域性特征、技术服务要求等各不相同，因此对中间商的设施条件、技术服务能力和管理水平要求各不相同，各企业在组建销售渠道系统时应充分考虑本企业产品的差异化特征，并结合自身产品在不同的生命周期阶段特点，设计适宜的渠道层次和数量，对不同的渠道成员的利益分配进行适当地调整，在兼顾各渠道成员利益的同时，使企业产品的销量和利润最大化。

（3）市场竞争的特点。不同企业的不同汽车产品，其渠道要求的覆盖面不同，其竞争对手的渠道状况也有差异。因此，企业设计销售渠道时，应充分研究分析本企业的销售渠道的覆盖面是否能够达到预期的目标，是否比竞争者更具活力；否则，就应对渠道规划作适当调整。

2. 销售渠道设计的内容及相应的策略

销售渠道设计要围绕企业的营销目标、发展目标来设计，要有利于提高企业产品的竞争力和市场占有率，要达到有效覆盖市场、抵御市场风险，在满足用户需求的同时，获取最大利益的目的；并在此基础上形成能够充分履行渠道的所有功能，长期稳固而又能适应市场变化的销售渠道。

汽车销售渠道设计属于技术性和操作性都比较强的工作，也是一个漫长的过程。具体分为两大内容：新建渠道设计（渠道新建）和改建渠道设计（渠道再造），如果新产品的渠道设计已经确定和实施，则需要在以后的渠道管理过程中进行渠道再造。

（1）渠道新建。

渠道新建包括确定渠道长度、宽度，确定选择渠道成员的策略以及规定渠道成员彼此的权力、责任和义务等方面的内容。

①确定渠道长度。企业销售渠道设计首先要确定采取何种类型的销售渠道，即采取直销模式还是通过中间商分销的模式。如果决定采用中间商分销，还需要进一步确定中间商

的类型和规模。

②确定中间商数目，即渠道宽度。对于采用中间商分销模式方式的企业，需要对中间商的全国总量、区域渠道数量和区域渠道进入顺序等内容分别进行确定。

A. 全国总量规划：全国总量规划解决全国总体渠道数量问题，这是由企业的汽车产量规划、企业给予分销渠道的投资回报率等进行计算和确定，也可以根据营销管理层的经验进行判断确定全国总量规划，而解决总量规划问题最好通过运筹学模型、加以各种约束条件求得最优解，最后辅以营销人员经验和市场状况进行修正得出。

B. 区域渠道数量规划。全国总体渠道数量确定后，需要将渠道数量分解到各个区域，各区域渠道数量确定与当地的经济发展水平、消费者的购买能力、消费心理等众多因素有关，企业可根据相关分析等数理分析方法寻找区域渠道的主要影响因素及影响权重，最后根据这些数据对各个区域进行排序，最终确定每个区域的数量总数。当然，还有很多其他方法可以解决区域渠道数量问题，企业可以根据自身实际情况，制定多套选择方案，进行综合评估后加以确定。

C. 区域渠道进入顺序。全国渠道总数和区域渠道总数都已经确定，但是就如何解决建设渠道的先后问题也是至关重要的。因为渠道建设是一个循序渐进、配合产品的产能协同开展的工作过程，企业不可能在同一时间同时建立所有的渠道，所以，企业需要确定每个区域每个渠道成员进入整个渠道体系的先后顺序，保证工作有序展开，既不浪费渠道资源也能保证完成销售目标。

③通常，企业对渠道成员进行选择选择所采用的策略有以下几种：

策略一：全面开放策略。

全面开放型策略是指企业不过多考虑中间商的类型，也不严格限制其数量，相对开放地将经营权开放给所有符合条件的中间商。这种策略适合于自身实力较弱的汽车制造企业，它的优势在于渠道开发费用较少，且渠道建设速度较快；但其劣势是由于对中间商准入和限制条件较少，渠道建设容易出现过多而混乱的局面，企业对整体渠道控制难度较大，并难以与较有实力的中间商形成长期合作关系。

策略二：排他性策略。

排他性策略也可称为独家经销策略，是指汽车制造企业和中间商以协议方式或共同组建营销全资、控股子公司等方式确定合作关系，并限定中间商只能在既定的区域内销售本企业的产品，而不能销售其他企业的产品，尤其是不能销售竞争对手的产品。

排他性策略给汽车制造企业带来的利益是：首先，中间商只能经销本企业的产品，必然关心企业的产品状况，及时地反馈市场信息、做好各项服务来不断提升客户满意度，维护产品和品牌的形象，这有利于企业的与中间商形成战略合作伙伴关系，促进销售目标的实现。其次，有利于在降低企业营销费用的同时，提高中间商的规模经济效益，得到双赢的局面。同时，还便于企业集中资源和精力发展和管理销售渠道，使其全面贯彻营销策略，并限制渠道的不规范行为。

排他性策略对制造企业的不利因素包括：一是由于制造企业对中间商依赖性较大，如果中间商的市场经营能力较弱，企业容易失去部分市场。反之，当中间商市场经营状况较好时，企业对经销商的控制能力会被削弱。二是不利于更宽地扩大市场覆盖面和进一步市场的渗透，容易出现市场盲点。

除此之外，排他性策略还要求企业必须要有足够的产品和生产能力，才能够支撑中间商正常经营，满足市场的需求，避免中间商因业务量过少，能力闲置而积极性不高。

封密性策略能给中间商带来的利益是：制造企业的参与性较高，经销商能够得到其更全面的支持（如资金投入的直接支持和推广促销等间接的支持）；同时，还可以提高中间商在当地市场的地位和影响力。

排他性策略对中间商的不利因素主要体现在：中间商失去了独立发展的空间和其他市场机会，若制造企业出现渠道策略的变化或调整而选择其他中间商，则原中间商的利益可能会受到损失。

策略三：选择性分销策略。

选择性分销策略指汽车制造企业有计划地在各区域选择一定数量的，让具备一定条件的批发商或经销商销售本企业的产品。并允许这些中间商不仅可以经营本企业的产品，还可以自由地经营其他企业的产品。这种策略的优势在于：汽车制造企业可以选择一些经营规模大、资金雄厚、经营效率和管理水平高、协作能力强的中间商作为渠道成员，也便于汽车制造企业对渠道成员进行全面指导、控制和管理。

④明确渠道成员的权利和义务。包括根据企业的资源优势和营销策略对不同类型的中间商给予不同的政策支持，明确合作过程中的义务和工作职责以及交货和结算条件。

（2）渠道再造。

汽车制造企业的经营环境、消费者、竞争者、中间商的市场是不断变化的，市场复杂性和风险性也在不断加大，所建立的销售渠道结构逐渐不能适应企业发展的要求；为了应对市场挑战，提高产品的竞争力，企业需要再造销售渠道。销售渠道再造首先需要渠道审计，然后才是渠道调整（渠道再造）。

①渠道审计。所谓营销渠道审计，实质上就是指企业对自身现有的销售网络进行考察、评估和分析，以便及时发现存在的问题，及时地进行调整。营销渠道审计，更多地表现为对渠道结构进行测评，对所有中间商进行考核、奖惩；此外，也包括企业对自己的销售部门进行考核、总结。

A. 汽车营销渠道存在的问题。

a. 在渠道选择和渠道建设上与企业的长期的总体发展战略不匹配，造成资源上的浪费，并加剧了渠道之间的冲突。

b. 对消费者的购买行为的变化不够关注，现有渠道没有随之而改变，不能更好地利用现有渠道。

c. 在渠道建设方面过分注重渠道数量和覆盖率，而忽视了对渠道质量的控制，渠道内部重叠，渠道之间价格冲突严重，管理和监控的成本不断增加。

d. 缺乏有针对性的渠道成员的关系管理系统，原有的系统已不能有效管理和调动网络中核心成员的积极性。

e. 在具体实施渠道建设时，没有将各区域市场潜力、渠道成本和产品特征等关键因素纳入考虑范围，致使渠道建设背离渠道涉及初衷，缺乏科学性和合理性。

f. 没有真正实现“以销定产”的供应链管理，制造商的产品生产不能及时满足经销商及市场的需求，从而导致渠道成员和消费者的忠诚度降低。

B. 渠道审计涉及的内容。

要系统地解决目前国内汽车营销渠道存在的六大问题，迅速提升渠道质量，应从分析企业的总体营销目标和战略入手，通过对渠道策略、渠道效率、渠道成本和渠道成员贡献度这四个方面进行全面审计，针对发现的主要问题提出切实可行的解决方案。

a. 渠道模式审计。主要包括渠道类型、渠道层次、渠道职能设计三个方面。汽车行业一般存在四种渠道模式：以区域分销商为主的专营代理分销模式、以经销商为主的专营代理直销模式、以厂家直销为主的零售模式、厂家分销和社会分销并存的混合分销模式；企业应根据自身的特点和资源优势选择适当的渠道模式。

b. 渠道效率审计。渠道效率是指整个行业网络销售能力总和中有多少被用来经销某个特定汽车制造商的产品，具体可用两个指标来衡量：一个是渠道销售能力覆盖率，即所有经销某汽车制造商产品的经销商其销售同一类型产品（包括竞争对手）的销售能力总和占整个行业销售能力的百分比，这一指标用来衡量我们所进入的经销网络实力大小；另一个是渠道销售能力利用率，即在所有经销某汽车制造商产品的网络销售能力总和中有多少是用来经销该汽车制造商产品的。

运用这一指标可衡量我们所进入的这些销售网络中，其销售能力有多少为我所用。覆盖率和利用率的乘积就是我们通常所说的市场占有率。比如全国有1000家汽车经销商，2001年销售总数达200万辆，其中销售某厂产品A的经销商有200家，年销售总数40万辆，A产品占40%，达16万辆，则产品A的渠道覆盖率为40/200=20%，渠道利用率为16/40=40%，市场占有率为20%×40%=8%。所以，当某一产品的市场占有率下降，从渠道方面可立即得出两个判断，要么是在我们现有渠道体系中的客户质量（销售能力）开始下降，即较低的渠道覆盖率；要么是我们目前的客户开始将销售重心转向竞争对手，造成渠道利用率下降，两者必居其一。

c. 渠道成本审计。不同的渠道模式决定不同的成本，从渠道方式来看，有自销和依靠社会商家销售两种；从渠道结构分析，在层次上可分成总代理、区域代理、大经销商（含连锁经营）和一般经销商，不同层次上网络的数量又有很大差异，从而直接影响到渠道的管理、经营和投资成本。渠道成本高低本身并没有绝对好坏之分，关键是看这样一种渠道模式是否符合企业总体战略的需要，是否有利于企业实现其既定的目标。我们在分析某汽车制造商的渠道成本过程中发现，仅2000年一年中，现有渠道的运营成本就比上一年上升了95%，但进一步的调查揭示，快速的渠道运营成本上升源自企业大规模网络扩张的战略目标，如果这种战略目标被证明是正确的，那么短时期内渠道成本上升应该是正常的，假如这种趋势长期持续下去就是问题了。

d. 渠道成员贡献度审计。渠道中每个成员对汽车制造商的销量和利润的贡献度肯定是不一样的，80∶20的定律在这里同样适用。当我们进行渠道客户审计时，一个重要的方法就是抓住少部分最重要的客户，分析一下我们对其的资源投入比例是否与他们对企业的贡献相一致，如果差距很大，就说明我们并没有把宝贵的资源用在那些对企业来说最有价值的客户身上，渠道的销售潜力还有待挖掘。曾经有一个比较典型的例子，一个企业将全年营销费用按照省区进行平均分配，结果出现5个销量占全国总数15%的省，其营销费用却仅占费用总额的20%的现象，造成宝贵的资源白白浪费了。因此，渠道成员贡献度审计的最大作用就是引导企业科学、合理地利用其有限的资源，提高销售效率。

②渠道模式优化的四种方向。

通过对企业内部渠道审计，可以找出其渠道方面存在的主要问题，下一步就是如何进行渠道模式优化。

渠道模式的优化可以采取四种方式：第一种是内部集约化，重点是对非核心管理职能实行集中化处理，压缩区域管理结构，并借助于企业内部业务流程优化和电子信息系统的应用提高运作效率；第二种是外部差异化，按目标客户和销售渠道设计销售组织、系统化地优化区域销售组织，创建以渠道为导向的销售政策和销售方案，强化核心客户管理；这两种都是目前汽车制造商在研究的课题；第三种是合作伙伴关系优化，主要是制定针对核心客户的个性化合作方案，引入以业绩为导向的合作体系，明确在价值链管理上与客户的分工和合作内容；最后一种是销售模式创新，包括开发新的销售渠道如电子商务、网上直销等或者进入其他的销售渠道。后面两种是企业创新和努力的方向。

3.3.4 汽车销售渠道的基本管理

汽车销售渠道的基本管理是指汽车制造企业为了加速汽车产品的流通和资金周转，提高自身和渠道中间商的利益，对销售渠道中的物流、资金流和信息流实施的管理。

1. 汽车销售渠道的物流管理

汽车产品是通过汽车制造企业到中间商，最后到达消费者手中的，它不仅使汽车所有权的多次转移，还涉及订货、整车和配件的运输、仓储、存货等管理活动，同时也与汽车产品的销售渠道相辅相成，构成了汽车销售渠道的物流系统。制定和实施与企业相适应的汽车销售渠道物流策略，有利于降低渠道成本、增强市场竞争力，提供及时、优质的服务，提高整个渠道的中间商和企业自身的效益。

(1) 汽车销售渠道物流的定义。

物流是指为了满足客户的需要，以最低的成本，通过运输、保管、配送等方式，实现原材料、半成品、成品及相关信息由商品的产地到商品的消费地所进行的计划、实施和管理的全过程。对汽车产品而言，它是汽车市场营销的一部分，贯穿于汽车生产所需的原材料供给到最终的汽车产品从制造企业的仓库到消费点的整个环节。物流构成：商品的运输、配送、仓储、包装、搬运装卸、流通加工以及相关的物流信息等环节。

汽车销售渠道的物流则是将汽车产品由其生产地转移到消费者手中的全过程，它包括汽车产品的运输、仓储、包装、配送，同时也包括在实施这些活动过程中所有的资金流通和信息传播。

(2) 汽车销售渠道物流的管理。

汽车销售渠道物流的管理内容主要是指制订和实施汽车产品的运输、储存和物流成本策略的全过程。在制订和实施汽车产品运输策略中主要考虑运输方式、运输路线和消费者的需要等因素。

①汽车产品的运输。汽车产品的运输是指借助各种运输工具实现汽车产品由制造地运送到消费点的空间位置的转移。汽车产品的运输方式主要有：铁路运输、水路运输、公路

运输。首先，在选定运输路线时，要力求做到产品的运输周期最短，以确保交货时间准确，提高服务质量。其次，还应尽量减少总的运输里程，来降低企业的运输成本。此外，在制定策略时，还应对各种运输方式之间的利害关系及风险加以权衡，并考虑注入存货和仓储水平等其他要素的潜在影响。

②汽车产品的储存。汽车产品的储存是指为了保障满足渠道销售和消费者的需要，在汽车销售渠道流通过程中必须保持一定数量的产品储存。汽车产品储存的策略包括汽车仓库的选择、存货数量的控制和订货时间的确定。

汽车产品仓库是组织汽车产品渠道流通的必要设施。而汽车仓库的选址是一个较为重要的环节。它需要考虑：一是向渠道中间商或消费者发货的运输费用；二是渠道中间商或消费者对送达和服务的要求。其目标是加速汽车产品的运输和配送，在满足渠道所有成员和消费者需求的同时，降低汽车储存费用，提高服务速度和质量。

汽车库存容量的大小与渠道的消化能力（终端销售量）有关，库存的容量过大，会增加存货的挤压成本和储存、保管等费用，降低经济效益；库存容量太小，可能会造成渠道缺货，影响终端销售。所以在对汽车库存容量进行控制时，应根据渠道销售量的历史规律，结合近期内渠道变化和终端需求量，采取有效的调控方式，使库存容量在满足渠道和消费者的同时，总成本最低。

订货时间的确定。为了满足消费者的需求，中间商需要随时监控其产品库存，通过各种信息系统和手段，及时准确地掌握自身及制造企业的库存车辆的款式、型号、颜色及数量等信息，科学、合理地确定订货时间，减少库存成本；制造企业应根据渠道中间商库存规律、市场需求和准确的订货时间，及时调整产量及产品库存，保证渠道供应，从而达到保证销售，提高消费者满意度，库存成本最低的目的。

③物流成本管理。通常，汽车物流系统都是由周转库数目、库址、规模、运输策略和存货的策略构成，因此，在除了制定运输策略外还应考虑仓储成本以及机会成本等因素。其数学的公式表示为：

物流系统总成本＝总运输成本＋总仓储固定成本＋总仓储变动成本＋因物流延迟所造成的销售损失的总机会成本

在设计和选择汽车物流系统时，需要考虑各种因素的总成本，从各自系统中选择总成本最低的物流系统。

2. 汽车销售渠道的资金流管理

①资金结算的管理。中间商承担着汽车购进和汽车销售任务，随着汽车产品所有权的转移，随之也产生了汽车制造企业与中间商和经销商之间的资金结算。渠道所有成员都应根据相互间约定的方式进行资金结算。例如，批发商与经销商之间具体的资金结算流程如图3-11所示。

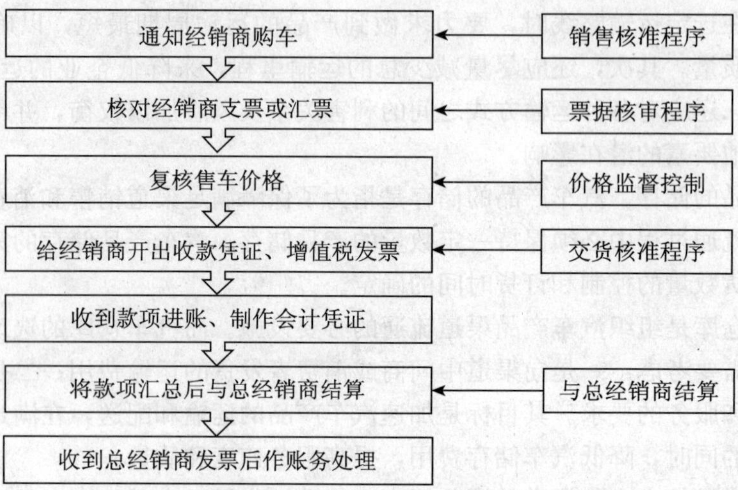

图 3－11　批发商与经销商之间的资金结算工作流程

②财务系统的管理。财务系统管理的主要内容包括：制定相应的会计和财务制度；编制销售收入、费用、利润、税金的计划和工作内容及程序；对固定资产、流动资金和库存产品进行统一管理；核算经营成本、费用，监督各项资金的使用；进行账务管理和财务分析，定期提交会计报表和财务分析报告等。同时，对中间商的经营业绩、资信状况和财务系列指标进行评定和分析，为企业对渠道的评估、考核和调整提供决策依据。

③渠道融资和金融服务管理。帮助中间商进行信贷融资活动，协助银行做好信贷融资有关的信用审核、收入划转、资金清算等工作；协助汽车金融部门或银行做好汽车信贷消费服务工作。

3. 汽车销售渠道的信息流管理

及时掌握、利用好销售渠道的有关信息，有利于提高制造系统的质量和技术水平、制订合理的销售计划，加强中间商自身的管理水平和竞争能力，并提高整个渠道的运作效率，提升消费者的满意度。具体有关的信息管理系统我们将在后面重点介绍。

3.3.5　销售渠道策略的转变

1. 渠道层级的转变

传统销售渠道网络呈金字塔结构，如图 3－12 所示，在市场扩展和渠道辐射上发挥了巨大的作用。但随着市场竞争的加剧，传统的销售渠道显现出各种弊端：一是汽车产品是经过多层中间商才到达销售终端，这种多层次、多环节的销售渠道网络使得制造企业对渠道各层次中间商，特别是对销售终端的协调和及时互动的能力削弱，信息也不能够得到及时、有效地反馈，以至于各种营销策略不能够得到高效执行，降低了渠道的市场竞争力。二是制造企业为实现渠道的广覆盖，不断发展渠道数量，导致了杀价、串货等渠道冲突不断出现，与制造企业的初衷背道而驰。三是传统的多层次渠道不但导致企业资源的浪费，使得销售费用和成本的剧增，而且导致中间商不得不通过逐级加终端零售的价格来维持应有的利润，最终转嫁到消费者身上，使产品价格失去竞争优势。

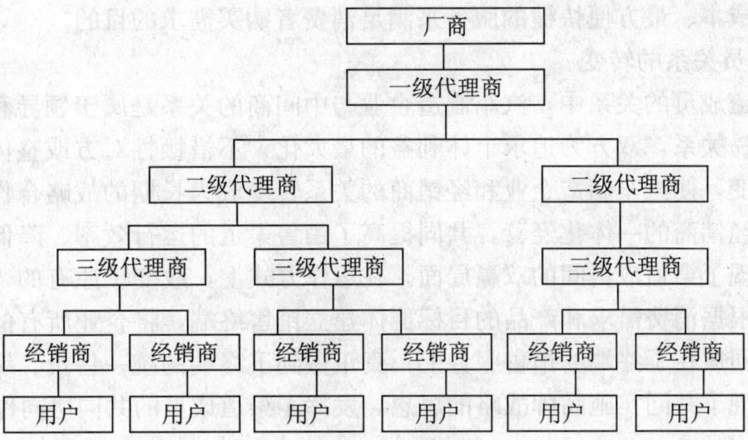

图 3－12 传统销售渠道

为适应市场竞争，许多汽车制造企业已经逐渐开始将销售渠道改造成为扁平化结构，如图 3－13 所示，减少了中间环节，使汽车制造企业与消费者之间的距离拉近，不但降低了销售费用和成本，提高了产品价格的市场竞争力，而且也增强了对销售终端的协调和及时互动的能力，使得各种营销策略得到高效执行，更进一步缓解了各种渠道冲突，有利于市场持续、健康的发展。

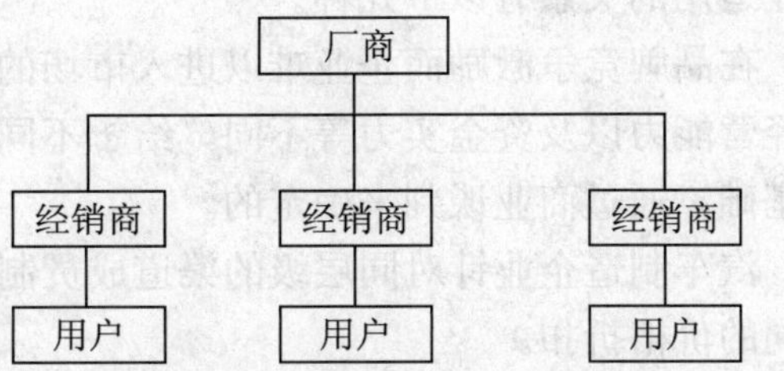

图 3－13 扁平化结构销售渠道

2. 渠道理念的转变

随着市场的不断变化，汽车制造企业在销售渠道的定位、功能和设计上的理念发生了重大的改变。

在销售渠道的定位理念上，从原有的一项管理职能转理念，转变为必须建立和发展企业核心竞争力为导向的销售网络的理念。在战略上将销售网络作为企业的核心资产来进行管理。

在塑造渠道功能的理念上，企业将原有简单的物流、配送、展示和促进销售功能的理念已经逐步向提供增值服务的理念转变；同时还扩展到提供优质服务、提升产品和品牌形象以及实现与消费者双向沟通互动等功能上。

在销售渠道的设计上，由原有的从企业利益和产品为导向的设计理念，转变成为了以满足客户购买需求为导向，以整车销售、售后服务、零配件供应和信息反馈为一体的特许经营模式为主，其他渠道相结合的设计理念，力求通过对渠道及其成员活动的整合，达到以最低的渠道成本、最方便快捷的服务来满足消费者购买需求的目的。

3. 渠道成员关系的转变

在传统渠道成员的关系中，汽车制造企业与中间商的关系是属于领导和被领导、控制与被控制的交易关系，双方为追求个体利益的最大化，不惜牺牲对方或整体的利益。渠道成员的关系转变，使汽车制造企业和经销商的关系转变成为长期的战略合作伙伴关系，汽车制造企业与经销商的一体化经营，共同提高了销售渠道的运行效率、降低了所有渠道成员的费用，实现了渠道成员间的双赢局面。在运作方式上，改变了原有的“金字塔”渠道结构，提出了根据消费需求和产品的目标群体建立销售终端，将企业所有的资源和经销商的经营重心共同放在了终端的销售服务上，真正做到了终端的统一售价、统一形象、统一政策支持，体现了共同实施品牌战略的思想，发挥了渠道成员的共同协同作用。

3.3.6 汽车销售渠道的管理策略

现代汽车销售渠道管理策略已经转变成为通过对渠道提供优质的服务和各种利益的平衡和制约的手段。

1. 渠道的价格策略

价格是影响企业和经销商利益的因素，也是影响消费者购买和品牌发展的重要因素之一。所以制定有效的渠道价格体系和政策市维护渠道成员利益是调动其积极性、吸引消费者购买、提高市场竞争力的关键策略。

通常，汽车制造企业运用的关系有以下几种。

(1) 变动价格策略。在品牌竞争激励而企业难以进入市场的情况下，价格的制定是根据经销商的市场地位和经营能力以及资金实力等不同，给予不同的价格政策，通常是根据双方想要达到的利益为基础，通过商业谈判来确定的。

(2) 固定价格策略。汽车制造企业针对同层级的渠道成员制定相同的价格政策，对于批发商、经销商给予不同的价格折扣。

(3) 商业折扣价格策略。商业折扣价格策略是指汽车制造企业针对履行不同职能的经销商给予不同的折扣。如特许经营的4S店与渠道中的2S店以及经营汽车卖场而不能提供服务的经销商所享受的价格政策各不相同。

实质上，在制定汽车销售渠道的价格管理策略时，许多企业都会考虑多种因素，结合以上三种价格政策上，制定不同的价格组合策略，以适应不同市场的实际情况。

①考虑累计数量折扣。一些企业会根据经销商一年内累计销售数量年终给予折扣奖励。

②考虑一次性数量折扣。对一次性大批量购买的经销商企业通常会给予一定的折扣优惠。

③区域价格折扣。给予不同区域的给予不同的价格折扣，其中包含了不同区域的购买能力的不同、运输费用不同以及区域内市场基础销量不同。

2. 渠道成员的激励策略

汽车制造企业和渠道成员是汽车价值链上的利益共同体，维系这种关系的纽带是双方对利益的一致追求。因此，制定营销渠道成员的利益激励策略，是渠道管理的关键手段，对渠道成员进行利益激励的效果如何，直接关系到渠道管理的目标是否能够实现。一般来讲，汽车制造企业可以采取的渠道激励策略有以下几种。

(1) 渠道和终端促销政策激励。对于不同阶段的营销目标和不同区域的市场状况，汽车制造企业可以制定不同的渠道促销政策和终端促销政策来激励渠道成员。

渠道促销激励：是汽车制造企业针对阶段性的营销目标和市场状况，针对渠道成员开展的阶段性的利益优惠政策。如在一个时间段内，给予完成一定进货量、推广或服务目标的渠道成员一定的奖励或进货折扣或折让；也可根据渠道成员完成的终端销售任务给予奖励。

终端促销激励：是指汽车制造企业针对消费者开展促销活动，从而使渠道成员得到各种支持，扩大了销量，得到了更多的销售利益回报。汽车制造企业在终端促销活动中，通常都会给予经销商一定的广告宣传费用支持，协助安排产品培训和展示和技术支持，车辆展示和使用的费用支持等，使经销商节约推广费用，扩大了品牌在当地市场影响力，为当地终端销售提供了有力的支持。

(2) 资金支持。渠道成员在经营汽车产品销售的过程中，需要占用大量的资金，而部分经营能力较强的中间商资金不足，从而无法更好地提升市场覆盖率。汽车制造企业对其进行资金支持，可以提高这些中间商的销售积极性。如提供一定信用额度内的周转车辆；允许承兑付款等多种付款形式，提供消费信贷业务，为经销商提供金融担保、允许一定限期内更换车型等手段，解决中间资金不足的困难。

(3) 协助渠道成员提高经营能力。中间商经营的能力和水平各不相同，站在汽车制造企业的角度应该协助中间商提高其经营能力。包括：

协助和指导中间商进行渠道开拓。

通过培训提高中间商的人员的综合能力。

提供相关系统管理软件提高中间商的管理水平。

共同研究市场动向，提供准确的市场信息。

长期互动沟通，解决其经营中遇到的实际问题。

3. 渠道成员的调控策略

(1) 注重品牌形象建设。通过发展以 4S 店为主的特许专营模式为主的品牌经销商，实现重点市场的品牌形象建设；兼顾发展多种经销和服务一体的销售渠道来提升二级市场销售服务网点的品牌形象，来达到提升整个市场的品牌形象的目的；它有利于提升消费者对品牌的认知度和满意度，也有利于直接对渠道成员的及时把控，实现与渠道成员共同维护和提升品牌价值的目标。

(2) 及时评价和调整渠道成员。汽车制造企业应及时对渠道成员的综合能力进行及时的评价，以便针对销售业绩提升较快、品牌形象和综合服务能力做得较好的中间商实施奖励政策，起到渠道示范作用；对潜力较强，存在一定问题的中间商进行挤压，在提高其积极性的同时，保持警惕；对存在严重问题的要及时予以清除和调换，避免对其他渠道成员造成影响，保证渠道健康、持续的发展。

(3) 掌握和控制终端市场。前面我们提到汽车行业的销售渠道发展呈现扁平化的趋势，作为汽车制造企业只有掌握和控制终端市场，才有可能获得市场的及时信息，制定有效的营销策略，实现企业的营销目标。其具体策略主要包括：

①建立渠道网络管理系统，及时有效地了解渠道成员的销售状况和市场信息。

②参与和协助渠道成员和终端的销售管理，保证行为与汽车制造企业的经营目标一致。

③掌握渠道成员的产品库存以及资金状况，以便及时了解整个渠道的产品库存、渠道成员的经营情况等信息，调整生产和营销策略。

3.4 汽车促销策略

促销（Promotion）是促进产品销售的简称。从市场营销的角度看，促销是企业通过各种有效的方法和手段，与消费者进行信息沟通，使消费者了解企业和产品的信息，刺激消费者的购买欲望，并最终促使消费者产生购买产品行为的活动。

汽车促销就是指汽车企业通过各种有效的方式，向消费者传递汽车企业和汽车产品相关的信息，使消费者能够有兴趣地了解其企业和所销售的产品，并产生购买欲望，最终促使消费者产生购买汽车产品的市场营销活动。

3.4.1 汽车促销的原则和方式

1. 汽车促销的原则

汽车促销的方式多种多样，许多市场营销人员也将促销视为展示自己营销策划和创新能力的手段。但实际上，很多策划的促销手段失去了促进销售的本质意义，而将促销变成了以让利打折手段为主的冲量游戏，致使企业和品牌的利益受到影响。因此，在进行汽车促销时，我们应把握以下原则，才能有效开展汽车促销活动。

（1）促销的核心目的是提升企业和品牌的价值。

汽车促销的目的是要促进销售，同时也要提升品牌价值。其核心就是要通过恰当的促销手段树立良好的企业和产品形象，使消费者对企业和产品产生好感，进而产生购买欲望，形成购买行为；同时使消费者对企业和产品逐渐产生忠诚度，形成企业稳定的消费群体，并借此巩固和扩大市场占有率，最终达到提升企业和品牌价值，达到巩固市场地位的目的。

（2）促销的针对群体是目标消费者。所有的促销行为，都应该找准汽车产品所涉及的目标消费群。准确地将信息沟通对准这一群体；同时，还需要了解这一群体的消费心理、消费习惯、消费形态以及消费需求，才能够使汽车促销活动达到预期的效果。

（3）促销的手段是信息沟通。汽车促销手段可以通过创新的活动来吸引目标消费群体，刺激购买欲望。但究其根源，还是为了达到与目标消费群体的沟通。沟通企业和品牌的诉求，产品独特的卖点，与目标消费者的情感交流等，这些都是将信息传递给他们，同时，企业也能通过完成销售后的信息反馈上找到有效的信息，进一步完善产品和服务，就此形成完整而又有价值的信息沟通循环。

（4）促销的行为是市场营销的系统工程。

汽车促销是一个连续性和相关性的系统行为，它涉及品牌和产品的生命周期阶段的不同使命，一定时期内的品牌和产品的生产经营目标，渠道的营销策略执行能力等一系列的问题。在制定和实施汽车促销活动时，需要将所有的问题和阶段性的目标结合起来，才能使汽车促销活动发挥出应有的效果。

2. 汽车促销的主要方式

汽车促销的主要方式有两大类：人员促销和非人员促销。而非人员促销又有广告、销售促进和公共关系等方式。汽车相关企业通过人员促销，与消费者进行面对面地沟通介绍，使消费者了解企业和信赖其品牌和产品；通过广告，传播企业产品的信息；通过销售促进，加深汽车消费者对品牌和产品的了解，通过建立各种公共关系，树立企业与产品良好的公众形象。不同的方式其特点和效果都有所不同，企业需要根据市场和产品的具体情况，结合自身资源进行不同的促销方式组合。下面针对不同的方式进行讲解。

3.4.2 人员促销

人员促销是指通过销售企业的销售人员与消费者的直接沟通，面对面地传达汽车信息，并运用各种推销技巧和服务的手段，促成消费者购买企业的产品。这种方式灵活，针对性较强，容易在促销过程中与消费者建立一种长期的情感关系，也可以迅速得到消费者反馈的信息。在实际工作中，方式多种多样，常见的有展厅内和展会上的人员促销，还有巡展活动过程中的人员促销以及与潜在消费者跟踪和拜访过程中的人员促销。运用这种方式的核心是人员，因此，对销售人员的综合素质和销售技巧在的要求要高于一般行业的销售人员。具体的要求和人员促销的全过程，在后面的内容中详述，这里不再展开。

对汽车销售企业来说人员促销是一种最常见，也是最有效的手段。但如果在实际工作中，未能合理确定促销人员的结构和规模就盲目增加人员和安排其工作，最终就会导致人力资源的浪费和销售费用的增加，难以实现人员促销实现销售利益最大化的目标。

（1）销售人员的结构确定。

①区域结构。汽车销售企业按照所销售市场的区域范围大小进行划分，将销售人员安排到制定的区域进行销售工作，这种方式较为简单，有利于销售人员在了解当地市场信息，与消费者建立长期的联系，提高销售成功率；也利于减少管理费用。

②消费市场结构。汽车销售企业可以按照目标消费群细分市场，如分为团购群体、事业单位群体、商业用户群体、一般消费群体，来确定销售人员结构。

③产品结构。汽车销售企业可以按所销售的汽车产品种类，来安排销售人员。如按整车和配件销售的需要、按对轿车和微车产品的熟悉程度，来安排不同能力的销售人员。这种方式有利于更好地发挥销售人员的专长，提供更专业化的销售服务。

当然，在实际的工作中，汽车销售企业可以根据不同的市场和产品以及销售人员的专业水平，结合以上三种结构加以综合运用，并充分发挥不同结构和销售人员的优势，来确定销售人员的结构。

（2）销售人员的规模确定。销售人员的规模一般可以采取工作量法和费用百分比法。

①工作量法的方法及步骤。

a. 按市场容量和销售任务，确定预计销量。

b. 根据产品的销售表现和行业经验，确定完成预计销量所需访问或接待的总人数，并转化为次数。

c. 确定一位销售人员可完成的工作量，即确定人员通常可完成的访问或接待的次数。

d. 计算所需销售人员的数量，将完成预计销量所需访问或接待的总人数和总次数除以一位销售人员的工作量。

如某汽车销售企业每年的预计销量为400台，需要访问或接待的消费者的总人数按经验判断，约2000人；每个消费者需要访问或接待的次数通常为3次；那么，要完成预计销量需访问和接待的次数为6000次。若一位销售人员一年内所能够完成的访问或接待的次数为2000次，那么

该企业需要销售人员的数量＝一年需访问和接待的次数÷一位销售人员可完成的工作量＝6000÷2000＝3（人）

②费用百分比法的方法及步骤。

a. 确定需要完成的销售量或销售额。

b. 根据行业经验和区域内的人力资源成本行情，确定销售人员费用需占销售量或销售额的百分比。

c. 确定销售人员数量＝需要完成的销售量或销售额÷销售人员费用所占的百分比。

(3) 销售人员的管理。人员促销的成功主要在于汽车销售企业要有稳定、高效率的销售团队。因此，对销售人员的管理在人员促销中显得尤为重要。其管理的内容应包括：

①招聘和选拔。汽车销售企业招聘和选拔销售人员应该具备良好的职业道德、过硬的心理素质、良好的沟通能力和全面的知识体系。

②培训。招聘到合格的销售人员后，应该对他们进行必要的培训，培训的主要内容有：

a. 品牌和企业的历史、经营理念和目标、组织机构现状、规模状况等。

b. 所销售的汽车品牌、产品型号、性能特点、制造过程、技术工艺、产品配置及卖点。

c. 市场所有的竞争品牌和产品的战略、政策、优劣势和区域市场的表现。

d. 各种消费群体的购买习惯、动机及目标消费者的特性。

e. 销售技巧、礼仪、沟通能力的综合素质培训。

f. 岗位职责和工作流程。

③激励。分为报酬激励和非报酬激励。报酬激励是通过薪金和佣金以及其他可转化为销售人员收入的激励手段来刺激销售人员的工作积极性，激发其工作潜力；非报酬激励是通过各种福利和名誉等奖励方式，更多的是给予销售人员情感和精神上的奖励，使销售人员更加忠诚和勤奋地工作，达到稳定人员和培养未来领导者的目的。

④评价和考核。对销售人员进行评价和考核可以通过以下方式进行：

阶段性的销售额比较。将销售人员一定时期内的销售业绩进行比较，从而确定该人员的工作成绩指标。

消费者满意度评价。通过各种调查方式收集消费者对销售人员的服务满意程度，作为销售人员绩效考核的重要指标。

综合能力评价。定期对销售人员的综合能力、产品及专业知识进行测评，通过测评成

绩来判断该人员的综合能力状况和变化。

通常，企业会将以上几种方式组合，对销售人员进行评价，并与其绩效报酬挂钩进行考核。对评价较好的人员进行奖励，对较差的人员给予一定的处罚，甚至将其辞退。

3.4.3 汽车广告

1. 汽车广告概述

汽车广告是指汽车企业通过各种形式的媒体，公开而广泛地向目标消费群体传递各种与汽车品牌或产品有关信息的一种宣传手段。其作用就是在于通过有效的传播途径和方式，引起消费者的注意，促使消费者形成对品牌或产品的印象，并吸引、刺激、诱导消费者，形成购买欲望。最终实现塑造品牌形象，提升市场知名度和产品销量。

2. 汽车广告分类

汽车企业在制定广告策略时，首先考虑不是创意或表现手法，而是要确定在一个特定阶段内，对目标市场和消费群体所要完成的特定信息的传播任务。这个传播的任务必须要与企业制定的汽车目标市场的定位和汽车营销组合等决策一致。按传播任务的不同，汽车广告可以分为通知性、说服性、提醒性广告。

（1）通知性广告。通知性广告主要适用于汽车新产品上市阶段，主要是为汽车产品建立市场需求。在这个阶段通常是通过较高频率的广告，来完成消费者告知的传播任务。例如，甲壳虫汽车“该车外型一直维持不变，所以外形上很丑陋，但其性能一直在改进”的广告语就是通过其诙谐幽默的语言来告知消费者，并引起关注，从而使该产品达到快速的传播，建立市场需求的目的。

（2）说服性广告。说服性广告主要用于市场竞争阶段，主要是为了建立对某一款汽车品牌的选择性需求。在传播这类广告时，应该确定自身产品与其他竞争产品不同的突出优势，并在传播策略上制造与竞争产品不同的诉求点，来吸引消费者。如梅赛德斯—奔驰的广告语：领导时代，驾驭未来打出的这句充满自信的广告语，突出其产品拥有非凡的技术实力、上乘的质量标准和领先的创新能力。

（3）提醒性广告。提醒性广告通常用于汽车产品的成熟期，其主要目的是通过维持一定频率的广告，来加深产品在消费者心里的印象。

3. 制定汽车广告策略

通常制定汽车广告策略的主要内容包括以下方面：

（1）进行汽车行业的宏观和微观环境分析以及企业内外部环境的分析。

（2）细分市场的现状分析。

（3）产品分析。

①有关广告对象——产品的基本信息，包括品牌名称、广告主名称、产品线、销售网络等。

②产品的竞争环境分析，包括直接竞争品牌、代用品与补充品牌名称等。

③与竞争产品的比较，包括两大内容：原材料、附属品、功效、性能；包装的特征包括外表、容器、捆包、品牌名称及标准字体等。

④与竞争产品的价格特性比较，包括从质量、产品包装、价格等各个角度展开。

⑤法律限制、同业习惯。

(4) 价格和渠道的分析。

(5) 消费者购买分析。

①对产品的使用形态分类，可将消费者分为主要使用者、使用者、非使用者等。

②分析上述各阶层的特征，包括目标消费者的性别、年龄、收入、职业和喜好等。

③购买习惯和使用习惯分析。

④传播特性分析，主要分析品牌知名度、消费者理想中的产品、购买意愿以及信息获取方式等。

(6) 广告现状分析及优劣势比较。

①现行广告计划执行情况分析。

②将现状分析与优劣势比较，并依其先后顺序提示，有利于显示出两者之间的关系。

③将企业现有资源与产品或品牌的发展现状结合，有助于更准确的进行广告目标的定位。

(7) 市场规模及需求动向分析。

①市场规模的变化、市场占有率，包括品牌占有率、地区占有率、细分市场占有率等。

②动态的需求变化以及品牌或产品的忠诚度和美誉度的现状。

(8) 确定广告方案。

①广告策略包括广告诉求的阶层对象、传播重点、诉求重点等。

②企业在不同的发展阶段，广告投放的力度、频次以及重点等。

(9) 年度广告目标描述。

①广告对整个营销组合策略的影响和作用。

②如果广告效果可以计量，可将广告目标予以数字化。例如，将××品牌知名度从____%提高到____%；将未使用者的试用率提高到____%。

③如果广告效果无法计量，可运用以往的经验数据进行预测，也可将广告目标予以数字化。例如，目标与市场的认知率提高到____%。

④在无法以计量方法预测广告效果时，则可利用文字将广告目的加以叙述。例如，彻底让消费者知晓企业的市场活动；建立品牌形象。

(10) 拟订广告创意计划。创意计划一般是在设计广告基本战略和确定广告目标的过程中逐渐成形的，在拟订广告创意计划时，需要注意的事项有以下几个方面：

①如果广告计划与促销计划、公关计划同时提出，则应先列出各计划的共同要点。

②对于广告或促销等方面的单一性计划，可先提出结果，再说明其理由。

③应利用各种方法使相关合作单位彻底理解本企业的广告提案。

④强调本广告中含有其他竞争产品所没有的优点。

⑤强调所提供的创意是从众多创意中精选的最佳创意。

⑥除了广告提案及问题验证的有关资料外，其他资料概不列入广告计划书。

⑦广告计划的有关统计资料，以附录的方式编入广告计划书内。

⑧对于广告定位要使用的有关图表，也以附录方式编入广告计划书内。

⑨供拟订广告计划参考的市场调查报告，应和广告计划书分别编制。

此外，汽车广告的标题、文稿的选择也是尤为重要的内容。它能够对汽车广告的效果产生不同的影响。除了强调突出产品的优势以外，使消费者产生兴趣，描述产品的特点、树立产品与众不同的形象和加深消费者的印象等因素都应该考虑到创意中去，才能够真正提高广告的有效性。

（11）广告作品试制作。

①试制广告作品时，要明确地提出广告创意的重点。

提出产品概念及其概念的依据。

强调由产品概念所引导出的广告标题或标语。

强调广告演员与产品概念的关系。

强调对诉求对象的说服点。

强调广告创意表现的方法。

强调与竞争厂牌广告的差异点。

②根据销售重点说明选用广告重点的理由。

（12）编制媒介计划。

①媒介计划及其编制。

媒介计划，是指在特定的营销环境中，根据广告基本战略中的诉求对象、诉求产品特性、重点传播过程等因素，从媒介投资的角度拟订媒介选用及传播计划。

编制媒介计划时，一般按照确定媒介目标、选择广告媒体和编制媒介执行方案三个步骤进行。

确定媒介目标。即设定媒介的角色及所要达成的目标。

选择广告媒体。广告媒体的种类及主要的优劣势如表3-2所示。

表3-2　广告媒体的种类及优劣势

媒体类型	优　势	劣　势
电视广告	色彩、声音、图像均有，效果最直观，且有较强的吸引力；同时，其传播范围较广	时间较短，信息容量小，成本较高；竞争激烈；观众重视程度较低
广播广告	成本较低，区域和特定人群的接收率高	效果不直观、信息传播时间短、接收人群有限、对音效要求较高
报纸广告	灵活、及时、区域市场覆盖面广、信息容量大，能够提供完整的信息	时效性差、传阅者少、保存性差
杂志广告	易确定传播的目标群体；视觉冲击力强，保存时间较长；传阅者较多，可信度高	及时性差、提前周期长；覆盖人群局限性大
网络广告	及时、灵活；传播范围较广，不受时间和空间的限制；信息完整性高	竞争激烈，关注度不够、传播人群有一定局限性

续 表

媒体类型	优 势	劣 势
户外广告	传播的持续性强、费用较低、竞争少、视觉冲击力较强	信息单一、传播人群数量有限；更新的及时性差
店面广告	针对性强、现场气氛较好，有效刺激购买欲望	覆盖面小，对人员配合的依赖程度较高

编制媒介执行方案。即根据媒介策略选定媒介载体，并对各种媒介执行方案加以评比、提出建议。

②编制媒介计划及其注意事项。

编制媒介计划时，其主要工作是选出要利用的媒介种类及媒介载体。在选择媒介种类时，要特别考虑到下列条件。

目标消费群体的接受习惯。

汽车产品的特性。

需要传播的信息量、持续性、及时性、范围大小。

传播的直观程度和需要达到的效果。

各种媒介的费用和配合效果。

习惯、法规限制。

(13) 编制广告预算。汽车广告有一定的延期效应，其效应的大小主要通过广告效果的好坏来体现。而在汽车广告预算时，往往都是计入当期的开支。但事实上，广告是一种建立汽车品牌与产品知名度的一种无形价值的长期投资。因此，制定广告预算时要根据企业实际的市场需要来确定。同时，还应该考虑其他几个因素：

产品所处的不同的生命周期。不同的生命周期阶段应该有不同的预算金额和处理方式。

例如，在新产品上市阶段一般需要花费的广告费用要高于其他阶段的广告费用，其预算也会相应加大。

市场份额和消费者的基础。通常想从竞争产品手中抢夺更多的市场份额，需要的费用较大，其预算也会相应增加。

竞争程度。产品属于竞争激烈的细分市场和在竞争产品众多的区域，所付出的广告费用通常较大。

传播的频率。即广告投放的频率决定了广告费用的多少。

产品的替代性。由于需要传播不同的产品形象和差异性较大的产品特性，广告的投入费用同样也会相应的增加。

①广告预算主要包括两个部分：一个为媒介费用预算，另一个为制作费用预算。

②编列媒介费用预算前，先要编列出明确的媒介执行计划，媒介执行计划需按月度编出，具体如表 3 - 3 所示。

表 3-3　　年度媒介执行计划

时间 / 媒介类型	第一季度			第二季度			第三季度			第四季度		
	1月	2月	3月	4月	5月	6月	7月	8月	9月	10月	11月	12月
电视												
广播												
报纸												
杂志												
其他												

③根据上述媒介执行计划和各个媒介的单位价格，计算出媒介费用。广告预算中，媒介费用占全部广告预算的绝大部分，年度广告预算计划可按表 3-4 所示编列。

表 3-4　　年度广告预算计划

编号：　　　　　　　　　　　　　　　　　　单位：元

媒介 / 类型	第一季度			第二季度			第三季度			第四季度			占预算比重（%）
	1月	2月	3月	4月	5月	6月	7月	8月	9月	10月	11月	12月	
媒介费用													
电视													
广播													
报纸													
杂志													
网络													
其他													
制作费用													
电视													
报纸													
杂志													
直邮													
其他													
合计													100

（14）预测广告效果。

①若以数字设定广告效果目标，则应于广告计划书中附上可证实的依据。

②若不以数字设定广告效果目标，则应在广告计划书中列明广告到达率的预计值。

③在预测广告效果时，不要罗列不同媒介载体之间的收视（阅读）差异。

4. 评价汽车广告的效果

除了在制定广告策略时，需要对广告效果进行预测以外，还需要企业在广告信息传递给受众后，及时地对广告效果进行评价，以便及时调整其目标和预算。

广告效果的评价通常有两种方法：传播效果评价和销售效果评价。

（1）传播效果评价。通过广告消费者对广告的知晓程度、认知度和对偏好的影响等因素来评价广告效果。

①直接评价法。直接评价法是指通过邀请消费者对广告进行评分的形式来测评广告的效果。例如表 3－5 所示。

表 3－5　　广告等级及对应分值

广告等级	AAA 级	AA 级	A 级	B 级	C 级
分值	100～80	80～60	60～40	40～20	20～0

评分通常考虑的因素有以下几条：

对消费者的吸引程度。

广告诉求的有效性。

消费者想进一步了解意愿的大小。

消费者对信息内容的完整性和理解程度的评价。

对刺激购买欲望的效果评价。

②组合测试法。邀请消费者现场观看广告后，提出与广告有关的问题，依据回答问题的情况来测评广告对消费者的影响。主要用于上市阶段的新产品广告传播前的测评。问题所要达到的测评目标主要包括：

消费者能够留下深刻印象的片段。

消费者对广告内容的理解程度。

消费者观看广告后对产品的认识程度。

消费者的购买欲望的变化程度。

③仪器测试法。利用各种仪器来测量消费者对广告的心理反映情况。如对心跳、血压、瞳孔、肾上腺素等的变化进行测量，以此来测量广告的吸引力和心理影响力。此种方法无法测量消费群体对广告的信任程度、态度和意图。

（2）销售效果评价。汽车产品的销售除了受到广告的传播效果影响外，还要受到产品性能、价格、服务、竞争对手、品牌知名度等诸多因素影响。因此，通过销售来对广告效果进行评估，其难度较大。通常企业会使用历史分析法和实验分析法来衡量广告的销售效果。

①历史分析法。历史分析法是运用统计方法将过去的广告支出和过去的销售与当前的

广告支出对应的销售结合起来分析，以此来评价广告效果。

②实验分析法。通过对市场特征相同的不同区域给予不同的广告费用支持，并持续性地调整和比较两个区域的广告支出和销量，观察调整广告支出水平后的之后销量变化，从而推断出广告的销售效果。

3.4.4 汽车销售促进策略

1. 汽车销售促进的概念和目标

(1) 汽车销售促进的概念。汽车销售促进，又称为营业推广。它是一种刺激销售增长，特别是短期销售增长的有效手段。用于汽车制造企业刺激汽车消费者和经销商迅速和大批量购买其产品。它包括对消费者、经销商和销售人员制定和实施的各种策略。

(2) 汽车销售促进的目标。汽车销售促进的具体目标针对不同的销售对象，有着不同的策略。

①针对消费者。针对消费者的销售促进目标包括促使未使用的消费者购买，使用过的消费者重复购买，以及争取竞争品牌使用者购买。

②针对经销商。对经销商来说，汽车销售促进的目标包括吸引经销商全面经营旗下的所有汽车产品；建立经销商的品牌忠诚度，提高其经营积极性，促使经销商扩大其产品的市场覆盖率，提升产品销量，并参与汽车制造企业的各种促销活动。

③针对销售人员。针对销售人员的销售促进目标是鼓励其支持所销售的品牌和产品，激励他们寻找更多的潜在消费者，提升产品销量和服务质量，维护好客户关系。

2. 汽车销售促进的策略

(1) 对消费者市场的促进策略。

①汽车信贷消费和分期付款。通过信贷消费和分期付款的方式，将消费者应一次性付出的购买成本转化为分阶段进行支付，减小了消费者的支付压力，实现了较低消费层次的现实购买力，有意识地扩大了产品的购买群体，并解决了消费者和汽车企业双方的资金和资源双重闲置。但对汽车制造企业来说，分期付款方式占用资金大，周转回收慢，承担的风险也较高；而汽车信贷消费方式则使提供汽车金融服务的企业获得了较好的投资回报，但承担了较高的资金风险。

②汽车置换。汽车置换包括汽车以旧换新、二手车更新服务、二手车在销售等项目。

③赠品与折扣。赠品和折扣使消费者享受到了汽车企业的让利和优惠，可以直接促进消费者购买。

④免费体验。通过邀请消费者亲身体验和驾驶汽车产品，来刺激消费者的购买欲望，最终达成销售。

⑤产品展示和陈列。通过一系列的店内产品和形象展示，能够对消费者传播积极的品牌和产品形象，感受到企业和品牌所带来的精神享受，争取到消费者的认同和好感。

⑥使用奖励。对使用企业汽车产品的优秀用户给予一定的精神和物质上的奖励。从而使所有消费者感受到企业和品牌的真诚与信誉保障，增加消费者的品牌的忠诚度。

(2) 对经销商的促进策略。

在汽车销售渠道的管理策略中，我们也提到过此方面的内容。具体的包括以下内容：

①价格折扣。对经营商的购车给予低于定价的直接折扣。如鼓励其购买不愿经销的车型；增加一次性的进货数量；奖励经销商提前付款等行为所作出的现金折扣，来刺激其积极性。

②折让。对经销商为推广和宣传其产品所付出的代价给予一定的补偿。如广告折让，陈列折让、建店折让等。补偿的方式多种多样，一般是根据汽车制造企业制定的销售政策来确定。

③免费商品。是指汽车制造企业对销售特定车型或销售达到其规定的数来能够的经销商，额外赠送一定数量的汽车产品或补偿一定的费用等，已达到刺激经销商的销售积极性的目的。

(3) 对销售人员的促进策略。

①利用汽车会展会的机会，通过销售人员的配合，达到展示产品、促进成交的目的。

②通过组织或赞助及经销商和销售人员的年度竞赛的方式，对完成销售业绩较好的经销商和人员给予一定的奖励，刺激其增加销量。

③通过直接给予销售人员利益的方式来提高销售人员的积极性，刺激其更好的完成其销售目标。

3. 汽车销售促进策略的制定、实施及评价

(1) 销售促进策略的制定。制定汽车销售促进的策略可以按图 3-14 所示的过程来进行。

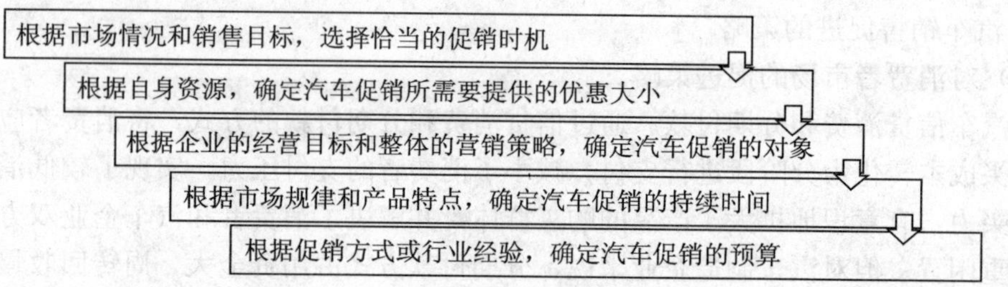

图 3-14　汽车销售促进策略的制定过程

(2) 销售促进策略的实施。

①测评阶段。在汽车促销策略制定后，需要通过测评来验证其有效性，再投放市场，才能达到最好的效果。其方法主要是通过对促销对象访谈、邀请其打分或分开评价、试用等方式来对策略进行测评，以此明确促销时机、刺激效果等是否最佳。

②准备阶段。准备阶段的内容包括：计划、设计工作；部门和人员的具体分工和配合准备；策略中的物料准备；广告配合的准备等。

③延续阶段。实施延续期间的人员和时间安排、物料的持续配送、相关工作的进展情况监督和管理等。

(3) 销售促进策略的评价。通常，企业对销售促进策略进行评价，会使用销售数据和消费者调查两种方式进行。

①销售数据评价。通过实施前后的销售数据以及产品的市场份额变化，可以对比出消

费者在促销前后的购买行为差异，分析出目标消费群体对促销的态度以及购买后的满意度等，从而评价出销售促进策略是否达到预期效果。

②消费者评价。通过消费者调查，可以了解到消费者对促销的印象、看法以及本次促销对他们随后选择汽车产品行为的影响程度。

此外，在评价促销结果时，还需要注意促销策略实施后对其品牌和产品的影响程度。它包括消费者以及渠道及成员对品牌和产品的忠诚度的影响，促销活动对品牌和产品的价格体系的影响等。

3.4.5 汽车公共关系策略

1. 汽车公共关系的概念

汽车公共关系是指汽车企业为改善与社会公众之间的关系，促进公众对汽车企业、品牌和产品的认识、理解和支持，达到树立良好形象，促进汽车产品销售的目的所进行的一系列的活动。其主要的目标包括：

(1) 建立良好的企业或产品品牌形象。

(2) 维持与渠道成员和社会公众的良好关系。

(3) 对突然遭遇的各种危机进行缓冲和处理。

(4) 用较低的成本为产品和服务进行有效的推广。

2. 汽车公共关系的策略

公共关系活动可以采用的策略有：

(1) 公开的出版物。指企业通过公开的出版物，来建立和提升企业或产品品牌的公众形象。公开的出版物包括：企业公开的各种年度报告和商业文件、权威人士撰写的相关文章和视听材料、行业期刊和杂志的评论以及重要新闻等。

(2) 公众事件。指汽车企业通过一些特殊的公众事件来吸引人们的注意力，使其对企业或产品品牌生产良好的印象。这些事件包括记者招待会、讨论会，展览会，公共竞赛、各种周年庆祝会以及赞助活动等。

(3) 新闻。是指企业通过新闻报道、人物专访、企业发展或创造专题等形式对企业或产品品牌进行有效传播。这种方式能够起到比广告更好的宣传效果，且费用极少。

(4) 公益服务活动。企业可以通过向社会特殊人群和公益事业单位捐赠一定的款项和实物来提高企业的公众形象以及美誉度。

(5) 公众人物的交往。企业需要与重要的公众人物保持一定的联系和交往，并通过这一群体对社会公众进行企业形象和信誉的传播，能够达到较好的宣传效果。同时，在遭遇突发性的公共危机时，也可以通过这一群体的公开活动，帮助企业协调和处理危机，挽救其公众形象。

3. 汽车公共关系的内容

根据汽车企业公共关系的对象和汽车企业的影响的社会群体，汽车公共关系的主要内容包括：

(1) 汽车相关企业与消费者的关系。

(2) 汽车制造企业与相关企业的关系。包括与零配件和原材料供应商、销售渠道的中间商以及同行业及竞争企业发生的各种各样的关系。

(3) 汽车相关企业与政府及行政单位的关系。

(4) 汽车相关企业与新闻媒体间的关系。

(5) 汽车相关企业与重要社会公众人物的关系。

(6) 汽车相关企业内部的公共关系。

本章小结

本章主要讲述了营销组合策略：产品、价格、渠道和促销的相关内容，学生通过本章学习能完善营销理论的主要框架，并能在未来的工作过程中运用相关知识指导工作，同时也能通过相关知识观察和分析当今汽车市场的各种纷繁复杂的现象，并将其归纳入营销组合的具体策略之中。

知识训练

一、填空题

1. 汽车定价方法有：________、________和________三种。

2. 汽车促销策略包括：________、________、________和________四种。

3. 产品生命周期包括：________、________、________、________和________五个阶段。

4. 整体产品概念包括：________、________和________三个层次。

5. 汽车新产品类型有________、________和________三种。

二、选择题

1. 影响汽车定价的外部因素有（ ）。

A. 市场竞争状况　B. 消费者需求特征　C. 环境因素　D. 企业利润目标

2. 根据分销商在渠道中的分工可以将分销商分为（ ）三类。

A. 批发渠道　B. 零售渠道　C. 批零兼售渠道　D. 直销渠道

3. 新建汽车渠道包含的工作有（ ）。

A. 渠道成员选择　B. 区域渠道数量规划

C. 区域渠道进入顺序　D. 渠道成员选择

4. 策划产品组合的方法有（ ）。

A. 改变产品组合长度　B. 改变产品组合宽度

C. 改变产品组合的黏度　D. 改变产品组合深度

5. 影响汽车定价的内部因素有（ ）。

A. 营销目标　B. 营销组合策略　C. 产品的成本　D. 组织因素

三、思考题

1. 产品处于不同生命周期阶段的特点是什么？对应的营销策略是什么？

2. 汽车定价策略有哪些？

3. 广告的目的是什么？

实训项目

实训项目名称

制定××品牌新款车型的上市策略

实训目的

1. 掌握汽车新品上市策略的理论框架。

2. 掌握汽车新品上市策略研究中产品、价格、渠道和促销策略的具体内容。

3. 了解新品上市前市场调查的有关内容。

实训要求

在现有汽车市场上确定某款汽车产品，假定其即将上市，完成对该产品的上市策略建议：

任务1：开展此产品的产品竞争力、消费者价格测试、渠道和促销的调查和研究。

任务2：修正产品的竞争定位、消费者定位、价格定位和品牌定位等。

任务3：给出新品上市的产品策略、价格策略、渠道策略和推广策略。

实训时间

两周实训课程。

4 汽车终端销售及实务

【参考学时】 24 课时

【任务目标、要点及权重】

任务目标	任务要点	权重
了解汽车终端销售模式	各种终端销售模式的优劣势	10%
熟悉 4S 店的组织结构、岗位职能、工作内容	店内组织结构和核心岗位职能	10%
掌握汽车终端销售的方法和技巧	客户心理分析和沟通技巧	40%
了解汽车销售和服务相关实务	销售流程及服务要点	40%

引导案例

重复了十年的“简单”工作

这是美国中部一个普通城市里一个普通地区的一家比较知名的车行。这个车行展厅内有六辆各种类型的越野车。这天下午，阳光明媚，微风吹拂，让展厅看起来格外明亮，店中的 7 个销售人员都各自忙着自己的事情。

这是一个普通的工作日，一对夫妻带着两个孩子走进了车行。凭着做了 10 年汽车销售的直觉，乔治认为这对夫妻是真实的买家。

乔治热情地上前打招呼——汽车销售的第一个步骤——并用目光与包括两个孩子在内的所有的人交流，目光交流的同时，他作了自我介绍，并与夫妻分别握手。之后，他看来是不经意地抱怨天空逐渐积累起来的云层，以及周末可能来的雨雪天气，似乎是自言自语地说，也许周末的郊游计划要泡汤了。这显然是很自然地转向了他需要引导到的话题：他诚恳地问，“两位需要什么帮助?”——消除陌生感，拉近陌生人之间距离的能力。

这对夫妇说他们现在开的是福特金牛，考虑再买一辆新车，他们对越野车非常感兴趣。乔治开始了汽车销售流程中的第二个步骤——收集客户需求的信息。他开始耐心、友好地询问：什么时候要用车？谁开这辆新车？主要用它来解决什么困难？在彼此沟通之后，乔治开始了汽车销售的第三个步骤——满足客户需求，从而确保客户将来再回到自己车行的可能性得到提高。他们开始解释说，周末要去外省看望一个亲戚，他们非常希望能有一个宽敞的四轮驱动的汽车，可以安全以及更稳妥地到达目的地。

在交谈中，乔治发现了这对夫妻的业余爱好，他们喜欢钓鱼。这样的信息对于销售人员来说是非常重要的。这种客户信息为销售人员留下了绝佳的下一次致电的由头。销售不是一个容易学习和掌握的流程性的工作，它不像体育运动，只要按照事先规定地动作执行，执行到位就可以取得比一般人好的成绩，而在销售工作中既有流程性质的内容，也有非常灵活地依靠某种非规则性质的内容。比如，掌握及了解客户业余爱好的能力，就是被大多数销售人员所忽视的，甚至根本就不会去考虑。在优秀的销售人员中，他们一直认为自然界中“变色龙”的技能对销售过程最为有用。客户由此感知到的将是一种来自销售人员的绝对真诚、个性化的投入和关切，在这种感知下，客户会非常放心地与销售人员交往。由此，在上述的案例中，乔治展现出自己也对钓鱼感兴趣，至少可以获得一个与客户有共同兴趣的话题，从而建立起与客户在汽车采购以外的谈资。

乔治非常认真地倾听来自客户的所有信息，以确认自己能够完全理解客户对越野车的准确需求，之后他慎重而缓慢地说，“车行现在的确有几款车可以推荐给他们，因为这几款车比较符合他们的期望。”——销售流程中的第四个步骤：产品展示。他随口一问，计划月付多少车款。此时，客户表达出先别急着讨论付款方式，他们先要知道所推荐的都是些什么车，到底有那些地方可以满足他们的需要，之后再谈论价格的问题。

乔治首先推荐了“探险者”，并尝试着谈论配件选取的不同作用。他邀请了两个孩子到车的座位上去感觉一下，因为两个孩子好像没有什么事情干，开始调皮，这样一来，父母对乔治的安排表示赞赏。

这对夫妻看来对汽车非常内行。他推荐的许多新的技术、新的操控，客户都非常熟悉，由此可见，这对夫妻在来之前一定收集了各种汽车的资讯。目前，这种客户在来采购之前尽量多的收集信息的现象是越来越普遍了。有40%的汽车消费者在采购汽车之前都会通过互联网搜索了足够的有关信息来了解汽车。这些客户多数都是高收入、高学历，而且多数倾向购买较高档次的汽车（如越野车），从而也将为车行带来更高的利润。其实，客户对汽车越是了解，对汽车的销售人员就越有帮助，但是，现在有许多销售人员都认为这样的客户不好对付，太内行了，也就没有任何销售利润了。乔治却认为，越是了解汽车的客户，越是没有那些一窍不通的客户所持的小心、谨慎、怀疑的态度。

这对夫妻看来对“探险者”非常感兴趣，但是，乔治也展示了“远征者”，一个较大型的越野车，因为，后者的利润会多一些。这对夫妻看了一眼展厅内的标有价格的招牌，叹了口气说，超过他们的预算了。这时，乔治开了一个玩笑：“这样吧，我先把这个车留下来，等你们预算够了的时候再来。”客户哈哈大笑。

乔治此刻建议这对夫妇到他的办公室来详细谈谈。这也就是汽车销售流程中的第五个步骤——协商。协商通常都是价格协商。在通往办公室的路上，他顺手从促销广告上摘了两个气球下来，给看起来无所事事的两个孩子玩，为自己与客户能够专心协商创造了更好的条件。

汽车行销售人员的办公桌一般都是两个倒班的销售人员共同使用的，但是，尽管如此，乔治还是在桌上放了自己以及家人的相片，这其实是另外一个与客户有可能谈到的共同话题。他首先写下夫妻两的名字，联系方式，通常采购汽车的潜在客户都不会是第一次来就决定购买，留下联系方式，以便将来有机会在客户到其他的车行都调查过以后，再联系客户成功性会高许多。他再一次尝试着先问了客户的预算是多少，但客户真的非常老练，反问道，“你的报价是多少？”乔治断定他们一定已经通过多种渠道了解了该车的价格情况，因此，乔治给了一个比市场上通常的报价要低一点的价格，但是，客户似乎更加精明，面对他们的开价，乔治实际只能挣到 65 美元，因为这个价格仅比车行的进价高 1%。乔治表示出无法接受，于是，乔治说，如果按照他们的开价，恐怕一些配置就没有了。而后，乔治又给了一个比进价高 6%的报价。经过再次协商，乔治最终达成了比进价高 4%的价格。对于乔治来说，这个价格利润很薄，不过还算可以了，毕竟，客户第一次来就能够到达这个步骤已经不错了，而这个价格则意味着车行可以挣到 1000 美元，乔治的提成是 250 美元。

乔治非常有效率地做好了相关的文件，因为需要经理签字，只好让客户稍等片刻。通常，对于车行的销售经理来说，最后检查销售人员的合同予以确定是一个非常好地辅导缺乏经验的销售人员的机会。乔治带回经理签了字的合同，但在这时，客户却说他们还需要再考虑一下。此时，乔治完全可以使用另外一个销售中的技巧，那就是压力签约，他可以运用压力迫使客户现在就签约，但是他没有这样做，他宁愿让他们自由地离开。这其实也是这个车行的自我约束规则，这个规则表示，如果期望客户再回来，那么不应使用压力，应该让客户在放松的气氛下自由地选择（受过较高教育的客户绝对不喜欢压力销售的方式）。乔治非常自信这个客户肯定回来，他给了他们名片，欢迎他们随时与他联系。

两天以后，客户终于打来电话，表示他们去看了其他的车行，但是不喜欢他们，准备向乔治购买他们喜欢的车，虽然价格还是高了一点，但是可以接受。他们询问何时可以提车？令人高兴的是，车行里有现车，所以乔治邀请他们下午来。

下午客户来了，接受了乔治推荐的延长保修期的建议，并且安排了下一次维护的时间，并且介绍了售后服务的专门人员——汽车销售流程的最后一个步骤，售后服务的安排。并由专门的维护人员确定了 90 天的日期回来更换发动机滤清器。这个介绍实际上是要确定该客户这个车以后的维护，保养都会回到车行，而不是去路边廉价的小维修店。

（资料来源：百度文库）

点评：这是一个非常典型的、有代表性的真实案例。通过这个例子，我们可以看到一个汽车销售人员不仅需要有专业的流程性的销售技能表现，还需要许多销售人员个人素质方面的技能，如沟通的细节问题，引起客户兴趣、拉近距离的方法，分析客户心理方面的能力，以及协商谈判的博弈技巧。尽管，我们现有的汽车销售知识会给汽车销售人员一个明确的流程可以遵守和借鉴，但是，具体的软性的沟通能力还需要靠灵活的、机智的、聪颖的个人综合素质来实现。虽然沟通能力不容易得到量化，但是我们可以通过熟悉专业知识、分析客户利益、塑造顾问形象、维护客户关系、磨炼沟通技巧等方面的不断实践，来促使我们掌握终端销售人员所必须具备的技能和方法。

4.1 我国汽车终端销售模式

所谓汽车终端销售模式就是指汽车通过各种方式直接面对消费者进行销售，实现其产品的价值。汽车终端销售模式对汽车企业开拓汽车市场，建立有效的营运网络，实现产品的价值交换和企业的利润有着举足轻重的作用。随着汽车市场的不断发展和势不可当的经济全球化的大趋势，与国际接轨的现代终端营销模式被引入中国，使汽车的终端销售模式也发生了巨大的变化，汽车交易市场、4S品牌专卖店、汽车销售连锁店、汽车超市、汽车工业园、仓储中心、网上专卖店等具有多元化特征的终端销售模式正在逐渐适应我国不同区域的消费者的差异需求。

4.1.1 品牌专营店

品牌专营店主要指“4S”店，是汽车制造企业通过品牌专卖店与消费者建立信息交流和实现产品价值交换的一种终端销售模式。4S店是一种以“四位一体”为核心的汽车特许经营模式，包括整车销售（Sale）、零配件（Spare Part）、售后服务（Service）、信息反馈（Survey）等。它拥有统一的外观形象、统一的标志、统一的管理标准，只经营单一的品牌的特点。

这种经营模式，使客户从购车、用车到保养、维修的全过程都能够得到良好的服务保障，能够为客户提供人性化的多功能、全方位的一体化服务。另外，除了能够提供及时的市场信息，在提升汽车汽车制造企业的品牌形象和培养客户忠诚度上4S店模式也具有很大优势，所以很多汽车制造企业也将此模式作为渠道建设的重点。

1. 4S店的优势

(1) 服务方面

①服务的环境舒适。在4S店让客户真正享受到舒适服务的环境，休息室、饮料、杂志、书刊、上网、儿童游乐区等诸多免费提供的人性化服务，如果急着用车还有备用车供客户使用，无论是购车或是售后服务每个流程都有专业的服务人员参与，整个过程能够让客户真正感受到人性化服务所带来的享受，这是和其他终端销售模式相比的一个突出的优势。

②服务的一体化。4S店有装备精良、整洁干净的维修区，现代化的设备和服务管理，高度职业化的气氛，保养良好的服务设施，充足的零配件供应，迅速及时地跟踪服务体系以及一系列的客户投诉、意见、索赔的管理流程，加之有汽车制造企业的支持，所以在服务方面可以得到及时有效的一体化服务，若出现问题也能够得到快速的解决。

③服务的专业性强。由于4S店只针对一个品牌的系列产品，能够获得来自制造企业的系列培训和技术支持，对车的性能、技术参数、使用和维修方面都能够做到了如指掌，无论是咨询、保养、维修或者是改装服务都有很较为专业的技术优势。

(2) 制造企业方面

①有利于汽车制造企业产品开发和与消费者需求的衔接和配合。4S店这方面的优势集中体现在汽车制造企业可以通过对4S店收集和反馈的客户需求信息进行数据整理，总结其频次较高的需求内容以及排序，结合其他的市场和产品信息有效的分析出现在和未来消费者对产品需求的变化和趋势，获得新品开发所需的信息资料，供研发部门在新品设计过程中进行参考。通过这种方式，企业不仅避免了制造出来的汽车产品与消费者需求脱节，更能够使新的产品具有独特的市场竞争优势。

②有利于汽车制造企业与渠道销售企业和消费者共同建立利益联盟。除了反馈信息这一功能以外，4S店还在挖掘潜在用户、加强与终端消费者之间的互动、培育忠诚用户等

环节的工作中，扮演执行者的角色。不仅如此，4S店还能够在服务的向纵深发展创新，通过服务项目的细化和延伸、多功能一体化的整合方式来创造新的价值和利益，同时也大大提高了品牌的核心竞争力。

③有利于汽车制造企业调整和实施的营销策略。通过4S店的销售信息和意见的反馈，能够及时、准确地反映出市场环境和竞争环境的变化，制造企业可以根据这种变化，结合企业自身的资源对营销渠道、市场价格、推广策略等方面进行及时的调整，出台一系列具有竞争性的营销政策来应对这些变化。使企业和终端在市场竞争中形成一体化的营销团队，更有利于提高品牌的竞争力和执行力。

④有利于汽车制造企业塑造品牌形象和执行统一、有效的品牌推广。统一的品牌形象、有效的集客手段、独特的营销创意以及品牌的知名度提升往往都是来自一线终端销售实战经验的总结、对客户喜好的揣摩和对市场信息的准确分析。在4S店的营销活动中，往往可以更准确的把握在营销策略执行中的细节和重点，即使制造企业的品牌营销策略得到统一的执行，又能够在实施中达到更好的效果。

2.4S店的劣势

(1) 整体投入资金较大，营运费用高，回收期长

为了获得一个地区的经销权，除了大笔的公关费用以外，还需投入上千万元的资金建设4S店，其中场地、店面设计、形象标志均须按汽车制造企业的规定统一布置，甚至从建筑材料到卫生洁具都必须按指定的品牌采购。据了解，在中等城市建立一个4S店的固定投资在1000万～1500万元，这种投资规模使得实力较小的渠道经销商望而却步。不仅如此，4S店的目标市场由于这种品牌单一的独家销售模式而变得狭窄而单一，而营运费用、维修和配件成本居高不下，毛利水平较低和盈利能力相对较低，导致大部分的4S店投资回收期较长，有的4S店甚至要耗费8～10年的时间才能够收回投资。

(2) 4S店的这种独家品牌专营模式对汽车制造企业依赖性高

由于4S店这种单一品牌的销售模式，其盈利的好坏在很大程度上取决于制造企业的知名度和品牌的影响力和营销策划能力以及广告的投入等因素的影响。因此在规避经营风险、市场扩展、策略的灵活性和经营管理的支持力度方面，对汽车制造企业的依赖程度较大。

(3) 庞大的经营体系，需要优秀的营销管理手段和团队支撑

4S店的经营范围包括整车销售到维修、保养、改装、汽车美容、金融服务、保险等相关领域，这都需要完善的服务体系、先进的管理手段、专业的营销队伍来支撑。在这种软竞争实力的培养上给4S店的经营管理带来很大的难度。在服务流程中的瑕疵会直接影响到企业和品牌的形象，顾客对产品的信心，经营利润等方面，而培养和维持这种软竞争实力的优势，是大部分4S店目前所未具备的，故容易造成客户流失、销量下降、信息反馈和客户沟通功能失效等现象。

4.1.2 汽车交易市场

汽车交易市场是指不同的汽车产品和众多的经销商和各种终端模式（包括汽车超市、连锁店、4S店等）集中在一个固定的场地开展经营活动，能够提供相应配套服务的交易

场所。

它的特点是汽车产品繁多，消费者的选择余地较大；有相应的配套服务，如工商、金融、保险、咨询、维修、保养、休闲娱乐等。如今我国的汽车交易市场，不再是缺乏服务功能、无法满足消费者对质量和服务的要求的单一销售市场，而是集众多服务功能为一体的“大 4S”概念的终端模式。而且它的趋势是越来越注重规模大小的扩张和各种配套资源优势整合效应，新的北京亚运村汽车交易市场就是这一趋势的代表。

应用案例 4－1

新亚运村汽车交易市场简介

(1) 新市场继续保持原有亚市（亚运村汽车交易市场）的巨大优势、地位和作用。新市场是一个不同于一般传统有形市场的大型汽车市场，从规划、设计之初就充分考虑了如何最大限度地满足消费者的需求，各个品牌 4S 专卖店与亚市服务体系构成整体的大 4S 概念（销售 Sales、服务 Service、零配件供应 Spare parts、信息反馈 Survey）。

(2) 新市场功能设计突出整车销售的布局，合理设置售后服务功能，如汽车检测、二手车市场、汽车装饰、维修、配件、金融保险服务、汽车储运等。

新市场与传统市场不同，在开发建设的同时一定要实现与国际汽车市场接轨，符合中国加入 WTO 后的规则。

①新市场是一个国内外汽车品牌的专卖店集群，突出知名汽车品牌形象，设置一批汽车展示大厅及汽车广场，活跃整个市场。

众多品牌汽车汇集新市场（100 多个品牌）；众多车型汇集新市场（500 多个车型）。众多汽车销售商汇集新市场（新车销售商、二手车销售商、零配件销售商）。

②新市场是国内外汽车品牌更多、更全面、更广泛的与中国广大消费者交流的场所。将成为中国汽车展示、销售、服务的重要基地，对全国的汽车销售、展示、服务起到示范作用。

③更加人性化的发挥一站式办公服务的优势，不出大厅即可办理全部车务手续，令消费者购车更加轻松快捷。

(3) 新市场基本功能与配套服务。

①新车销售：4S 品牌专卖店集群、大型专业展销厅。

②配件超市、旧车超市、特种车超市、维修装饰中心，汽车检测场。

③综合厅：新车投放仪式、大型促销活动、新闻发布。

④管理服务中心：政府部门现场办公，金融保险中心、计算机信息中心、市场网络管理、售后服务中心。

⑤商业配套设施：汽车文化、餐饮、住宿、商业、会议及休闲应有尽有。

⑥汽车主题广场：新车投放、促销、汽车展等大型活动及休闲场所。

⑦试乘试驾：零距离体验新车，聚敛人气，活跃市场，促进交易。

⑧购车一站式办公服务。

⑨加油站：新车不用出市场，加油更方便。

(4) 优势与特色。

①继续保持中国车市“晴雨表”的地位和作用。

②综合配套概念（二手车交易、汽车零配件、快修市场、信息反馈、消费学校、试乘试驾、跟踪服务）。

③形成京城的消费信息、交易动态信息中心。

④利用市场的条件开展全方位的售后服务。

⑤组建大型的现代化信息网络中心，所有入市经销商全部网络化管理，并与全国大型汽车交易市场形成信息联网。

⑥一站式购车综合服务。

⑦继续保持和发挥亚市两个俱乐部的特色和作用。

⑧千方百计创造条件开展与国际汽车行业的交流和合作。

⑨提供充足的社会车辆停车位。

(5) 突出两头的经营思想。

①售前服务。利用各种途径（网络、通信、广播等）提供咨询服务、建立亚市汽车消费学校、开辟常年试乘试驾专场。

②售后服务。

建立亚市消费者会员俱乐部，形成售后服务网络；

建立亚市售后服务信息中心；

在全市各大社区建立亚市售后服务站。

（资料来源：梧桐网汽车类信息 http://z.wutoo.cn/zx/201039151114.html）

点评：汽车市场的“一站式、多元化”特点是核心优势，品牌产品的集中度也是考量一个汽车市场是否完善和具有吸引力的关键，对于新亚运村汽车交易市场的成功之处来说，还通过了多元化经营方式，更好的留住了潜在和现有的消费者，特别是建立消费者会员俱乐部和试乘试驾专场的这一物有手段，使其的核心优势得以延续。

1. 汽车交易市场的优势

正如以上的应用案例所见到的一样，汽车交易市场融合了汽车多种终端模式的优点，形成集中的市场规模，适应了消费者的多样化的需求。它不但提供了众多的汽车品牌产品使消费者拥有了较大的产品选择空间，而且由于销售品牌齐全、市场内部竞争较为激烈，消费者往往能够在购买价格上得到更多的优惠。同时，由于它所提供的“一站式、多元化”的服务以及汽车咨询、车迷论坛、汽车俱乐部、汽车博物馆等特色服务，能够为经销商和消费者提供最大的便利，不但吸引了大量消费者，还能够通过交易市场的规模优势，形成综合的社会效益，并有利于保护消费者的合法权益。

2. 汽车交易市场的劣势：

上述这种大型的汽车交易市场的建设需要较高的资金投入和社会资源以及政府的配合，否则就会在服务和功能上有所缺失。而这种投资巨大、投资回收期长的经营模式，使得经营者存在较大的风险。同时，由于其功能较多且复杂，管理难度也随规模的增大而增加。而脱离这些配套的服务和功能，仅仅作为小型的汽车交易市场，虽降低了经营风险，降低了管理的难度，但只能提供多品牌的产品销售，简单的提供产品售后服务，而无法实现全方位的多元化服务和资源整合的规模效应。如进场的汽车品牌不够齐全、没有相应的手续办理的服务、缺乏相应的工商、税务、车检、交通、银行、保险等职能部门服务等。而这些服务和功能上的缺失都会使得其市场的影响力、客户的吸引力降低。

汽车交易市场的模式根据实际的规模大小和组织的方式不同分为以下几种：

(1) 以提供管理服务为主的大型市场模式：也有人称为这种模式为“汽车城”。这种模式的主要特点是管理者一般都不参与汽车产品的经营销售，由渠道经销商进场经营售车和提供相应的配套服务，管理者做好硬件建设、引进配套的职能部门，提供相应的管理服务。如应用案例 4-1 所提及的北京亚运村汽车交易市场，就是这种模式的代表。

(2) 以松散组织形式存在的汽车大道商业模式：即在城市交通便利的快速路两侧建立由多个品牌的四位一体的专卖店组成的以独立、自主经营为基础的专卖店集群。它与以提供管理服务为主的大型汽车交易市场一样，拥有连片成市的汽车店面、汽配商店、汽车旅馆、餐饮娱乐、汽车俱乐部等以及相关的职能部门。所不同的是它的存在不是由一个投资或经营者来建立硬件设施和引进配套的服务项目，而是自由而松散的聚集在一起形成的综合市场。当数量相当、品牌齐全的终端销售店面聚集到一定规模时，就能够产生显著的规模经济效应，形成完整的产业链；加上服务、信息、文化、餐饮、娱乐等多功能的配套设施及项目，就会形成范围经济优势，促进整个汽车大道的发展。

(3) 以自营业为主的卖场经营模式：市场管理者同时也是主要的汽车产品提供和销售者。若有其他的入市的经销商经营的产品也仅仅是作为完善汽车产品结构的一种补充。通常也有人把它称为“汽车卖场”或是“汽车超市”，虽然这种模式没有像北京亚运村汽车交易市场那样能够提供多元化的全方位服务，但这种小规模的经营模式却是对特许经营模式的一种挑战。在国外这种小型的汽车交易市场或称为汽车超市随处可见，高速路边、机场以及郊区的加油站附近都会有这种小型的汽车交易市场出现。它最大的优势在于增加了各品牌产品在消费者面前的曝光率，更重要的是拉近了与消费者的心理距离。在未来，这种小型的汽车交易市场也将会成为我国终端销售模式中的主流。

4.1.3 汽车连锁经营

目前，在我国的汽车连锁经营的实质也是特许经营制的模式之一。它与 4S 店的区别在于它避免了建设投入大、运行成本高的经营风险。虽然它也需经过汽车制造企业的品牌授权，但它同时也注重连锁经营企业自身品牌的打造，更注重推行一种完善的汽车售后服务体系和发挥经济规模所形成的品牌竞争优势。

它可利用所拥有的实惠的销售价格或服务争取到更多的潜在客户；利用健全的硬件设施、充足的配件供应、快捷的维修效率、可靠的质量保证来提升客户的满意度；利用完善的网络资源、信息化的规范流程将网络所能够覆盖到的区域市场有机地结合起来，形成巨大而又稳定的汽车用户市场，体现出规模经济效应。

在实际的经营模式中按照经营品牌的多少分为：单品牌连锁经营和多品牌连锁经营两种模式；按投资的主体分为：自营连锁经营和加盟连锁经营两种。

1. 汽车连锁经营的优势

(1) 利用网络优势，降低采购及配送成本，实现规模效应。连锁经营主要的优势体现在集中采购与物流配送上。由于有众多分散的连锁零售店形成了较大的终端规模，这就增加了总部统一采购的数量，使得连锁总部在采购汽车产品与汽车制造企业谈判过程中有更多的主动权，使采购成本和库存风险降低成为可能。

(2) 双重资源的共享，降低经营成本。独立经营的汽车超市或者是汽车卖场由于受到自身资金、管理、经验等诸多因素的限制，很难从汽车制造企业那里获得最优惠的资源，也很难在短期内创出自己的品牌。而在汽车连锁经营体系中，每个连锁店能够不仅共享汽车制造企业的优惠资源，同时还能够享受到连锁企业品牌的资源，使自己的知名度和信誉度得到快速提升。同时，连锁经营企业统一的品牌形象、统一的服务理念、统一的设备配套、统一的宣传推广、统一的价格体系、统一的经营管理、统一的备件配送、统一的技术培训，无论是销售还是服务，都降低了每个单店的经营和管理成本，使所有连锁店从中受益。

2. 汽车连锁经营的劣势

在实际的应用中汽车连锁经营存在以下的劣势：

(1) 汽车连锁经营店从汽车制造企业争取更多利益的难度较大。汽车连锁经营模式实际上意味着在有限的汽车销售利润分配中多出了连锁母公司这一个分食者，在没有强大的资金实力和足够销售量支撑的情况下，汽车连锁经营企业很难从汽车制造企业争取更多利益，从而不具备采购成本的优势。而若在这种成本优势缺乏的情况下，连锁经营的其他优势就很难发挥出来。

(2) 品牌宣传和推广的双重性，容易造成资源利用的不均衡。连锁经营既要注重对汽车制造企业品牌的宣传，更要加强对连锁企业自身品牌的宣传；车主的认可既要认可整车的品牌，也要认可汽车连锁店的品牌，在推广和宣传上具有双重性。而汽车连锁企业的资源是有限的，在这种情况下，对有限资源利用的配比和推广的侧重点是汽车连锁企业很难调节和控制的。但若控制不当，会造成客户对汽车连锁店的这种双重品牌的理解出现偏差，最终不能够达到品牌共建的效果，成为不伦不类的杂货店。

(3) 网络体系的管理与监控运作难度较大。特别是加盟连锁经营店，连锁总部对连锁机制和加盟企业的规范管理和监控，直接关系到整个连锁体系的稳定和健康运行。汽车连锁经营店网络建设不规范，连锁总部自身的管理、控制、支持、服务能力较弱，都会导致各加盟企业的连而不锁，发挥不出连锁经营的规模效应。

目前，我国现有的连锁店，多少显得尴尬。连锁的主要优势是统一采购的价格优势。但大多的连锁企业都不具备强大的自有资金实力买断汽车制造企业的产品资源，然后再输送给各连锁终端。连锁经营企业只能同汽车制造企业的特约经营店一样享受汽车制造企业制定的“统一价格”，在采购价格上也就不具备优势。同时，随着汽车制造企业对特约经销店规格的升级，汽车制造企业直接掌控下的4S店逐渐形成品牌，从销售环境和服务质量上都胜过连锁店，造成连锁经营企业在汽车制造企业心目中的地位被置于特约授权经销店之后，所以在销售政策和产品资源上就难以得到汽车制造企业的支持。

但一些汽车制造企业管理的品牌专卖店网络（如上海汽车销售有限公司连锁企业）却能够发挥出其优势。上汽大众向上海大众买断产品，组建覆盖全国各地的物流输送网络和建立各地的物流中转仓库，以遍布各地的"上海大众汽车"招牌为统一品牌，以同一设计风格的专卖店作为终端销售，连锁销售的业绩和营运情况都非常令人赞叹。

所以，汽车连锁经营模式，需要的是连锁经营企业强大的资金实力和成熟的终端销售网络以及丰富的管理经验，缺一不可。目前我国除了这种汽车制造企业直接参与管理的连锁经营模式，还有以下两种经营模式：

(1) 以服务为重心，整车销售为辅助的销售服务连锁经营。这种以服务为中心的汽车连锁经营，不再单一的依靠整车销售的利润来支撑，而是以汽车销售、汽车租赁服务、汽车消费信贷、二手车交易、汽车金融等多元化发展为经营模式，极大提高了连锁经营网络的市场竞争能力和持续发展能力，适应了市场不同层次的消费需求。北京亚飞汽车连锁店就是其中的代表之一。

(2) 以多品牌代理企业组建的多功能为一体的自营网络为主的连锁经营。多品牌代理企业，拥有多个品牌的特许经营资格，同时也拥有强大的资金实力。他们除了拥有每个品牌的特许经营专营店（4S店），还拥有多年积累起来的二级分销网络。虽然在每个品牌的采购价格上不一定具有特别的优势，但这种拥有众多品牌专营权的优势足以使部分汽车制造企业在销售政策上给予一定的支持。同时，正是拥有了这些品牌产品的专营权，就能够以多产品销售的优势来支撑每个连锁经营店。加上有了汽车制造企业支持的多功能服务项目，使每个门店都能够具备4S店的服务水平，就能够使连锁经营网络迅速得到发展。

广东物资集团汽车贸易公司就是其中最具有代表性的企业之一，如图4-1所示。

图4-1 广东物资集团汽车贸易公司

广东物资集团汽车贸易公司是广东省政府公布确定的"省现代流通龙头企业"。从1999年起，公司引入先进的连锁经营业态，以"广物汽贸·广东汽车市场"为总部，先后在广州市各区、广东省各地以及重庆、江苏、贵州、江西、陕西、安徽等省区设立了150多家连锁店，经营面积共60多万平方米。2009年实现营业收入118亿元，销售汽车13.3万辆，它所销售的品牌如图4-2所示。

图 4-2　广东物资集团汽车贸易公司销售品牌

4.1.4　网络销售模式

网络营销是利用网络资源，直接面对消费者展开销售活动的一种销售方式。它的主要业务集中在整车的零部件以及各类装饰品、电子设备和装置的订货和付款以及售后服务上。网络销售是电子商务的基础和初级阶段，它与电子商务的区别在于电子商务是利用网络进行各种商务活动的总和；而网络销售只是企业整体营销战略的一个组成部分，是促进汽车产品销售的一种手段。

汽车网络销售模式实现了对大众直接提供产品、服务以及付款方式的电子化。企业通过网络为汽车消费群体提供了一个新型的购物方式，使消费者不受时间和空间的限制，并节省了消费者的购物精力和时间成本，同时也使企业自己能够节省销售渠道建设和维护成本以及不必要的开支，获得更好的利益回报。

1. 汽车网络销售模式的优势

(1) 营销成本较低。所有的车型信息及功能特点都一一展示在企业事先建设好的销售网站上，既可以实现主动散发，又可以随时接受来访者的查询，无须承担额外的推广费用。同时还可以更好的实现零库存管理，节约存货成本。而且没有店面租金和销售费用，节省了交易成本。

(2) 经营规模和区域不受限制。网络销售为企业提供了一个虚拟的全球化的销售环境，提高了销售活动的效率和质量，企业也可以跨越空间的界限，把产品和服务推向更广阔的市场，实现跨地区、跨国界销售。

(3) 支付手段电子化。随着 SET 标准的推出，银行和金融机构等提供了信用卡、电子现金、储蓄卡等电子化的支付方式，极大的方便了消费者的网上购物活动。

(4) 方便企业收集和管理客户信息。收到客户的信息、留言或订单后，服务器可以自动地汇总和分析客户信息到数据库中，指导企业的采购、生产和配送；也能够及时得到市场的反馈，改进生产和管理工作，增加了与客户之间的互动沟通的途径，提高了产品和服务的质量。

2. 汽车网络销售模式的劣势

汽车产品作为技术含量高的耐用消费品，客户的购买决定往往是通过多方面选择，多次的沟通，全面的体验才能够来确定的。而网络销售模式只是在网络上展示和介绍了产品，无法让客户实现面对面的沟通，使消费者对产品的真实性、质量的可靠性等方面产生质疑；同时，由于消费者对产品缺乏真实的感受和体验，也不易激起客户的购买欲望。此外，传统的支付习惯和对支付安全的担忧，以及网络销售中与客户互动沟通力不强等因素也阻碍了汽车网络销售的发展。因此，到目前为止，众多的生产企业都没有将汽车的网络销售模式作为自己的主要销售渠道。

应用案例 4-2

秒杀成功又如何，汽车网络销售的可能性

汽车到底能不能通过网络来销售？这在国外已经是肯定的答案，但在国内，观望却远比实践者多。不是中国网络条件未达要求，而是中国消费者，被业内分析认为——好似不太喜欢通过网络购买如此昂贵的物品。当然，也有反证。当奔驰 SMART 在淘宝上三个多小时就团购出 205 辆的战绩仍被人津津乐道之余，吉利开始谋划网上销售。在此之前，宝马、长城都将产品放在网上搞过“秒杀”抢购活动，活动伊始，三辆新骊威以 3 元的“秒杀”价格吸引了 1 万多人抢购。

一系列案例能够说明，汽车当然也可以在网上销售。只不过，这与厂家所期望的老老实实开个网上销售店——价格与市场保持一致的网上销售模式差距尚远。以上网购汽车成功的背后，只不过是一场营销活动，厂家为了提高影响力而为。而这种成功的背后，也采用了极为“取巧”的网购方式。如奔驰 SMART 网上团购成功，首先是价格的诱惑，最终的团购价格比原价低了近 4 万多元；其次这款时尚个性的车型一直颇有知名度，当 SMART 面对以 80、90 后为主力的网购人群时，两者自然不谋而合。再看新骊威的网上“秒杀”，一辆十多万元的新车只卖 3 元，80、90 后喜欢小车的消费者怎能不抢？但是，如果换成一辆售价 20 万元的中高级车，也许未必能够成功。

几次成功的新车网上“秒杀”、团购行动，不能够说明新车的网上销售条件成熟。对于厂家来说，秒杀和团购，充其量只是一种“玩票”和营销手段。

网购市场很大，但主要购买群是 80、90 后，还有部分 70 年代后期的家庭主妇、成熟男士，能在网上买车的销售群体大多是这些“年轻人”，这就意味着新车价格不能太贵，而且品牌自然也要响亮。

网购吸引人，便利、选择多、价格低是关键。如果汽车网上销售模式要成功，也应满足这三个条件才算站稳脚跟。真正的汽车网上销售结构，应该是能够老老实实与 4S 实体店保持一致价格的销售模式，如果这样的网店能立足，那才算是汽车网购时代成熟。

（资料来源：广州日报）

点评：4S 店火热的销售模式来说，网上销售这条路未必一定要走，也未必能够给厂家带来新的财路。电子商务、虚拟现实等网络技术已经为企业创造了巨大的商业价值，汽车网络销售也即将会成为汽车企业销售多元化发展提供一个值得拓展的广阔空间。只要能

够将网络销售的优势与传统渠道中客户认同的互动沟通、真实体验结合起来，并建立客户认同的质量承诺和保障体系，提高客户对网络销售的积极性，使客户在网上真正体验到实惠、方便、安全可靠的购车乐趣，相信在我国汽车市场上，网络技术与体验式营销相结合的网络销售模式会很快得到消费者的认可和推崇。

4.2 销售管理汽车4S店

在以上所介绍过的所有终端销售模式中，4S店作为“四位一体”的汽车特许经营模式，是目前我国最有代表性的终端模式，它所具有的整车销售、零配件、售后服务、信息反馈的功能，也是目前汽车销售模式中最能够体现汽车销售中“以消费者为中心”的服务理念的一种终端销售模式。所以在介绍终端汽车销售和服务管理知识过程中，我们通常都会以4S店的销售模式为范例，来阐述汽车销售管理的全过程。

4.2.1 4S店的汽车销售管理的内容

1. 汽车销售的经营目标的确定与计划的编制

任何企业都有自己的经营目标，而对于汽车销售企业来讲，经营目标则是在满足目标消费群体的需求的同时，使企业的利润最大化。具体到某个汽车销售店来讲，汽车销售的经营目标需要理解的是两个含义：首先，我们所指的满足目标消费群体的需求，它的含义是满足销售的汽车产品所定位的细分市场中的目标消费群体。其次，满足消费群体的需求，它包括了对汽车产品的信息咨询需求、购买汽车产品的需求和购买后对其进行维修、保养等服务的需求。

汽车销售的计划是为了完成上述的经营目标而事前对措施和步骤以及策略作出的部署，通常由销售店的策划部门负责编写，管理层或领导层决策后制订的。

销售计划工作就是解决实现的经营目标所要明确的卖什么、卖给谁和怎么卖的问题，它包括对店内的人力、财力、物力资源的平衡和控制，在时间上合理的安排，使店内各种资源的运作和推广和销售行为能够满足市场和客户的需求，同时也能够保证经营目标的实现。

编制销售计划前应当对所经营的品牌和产品的优劣势以及市场定位有充分的认识和了解，对店内的组织构架的现状、员工队伍的能力以及市场机会和风险进行客观的评估。根据对以上情况的了解和评估，结合所制定的销售目标制订一套完整的销售计划，它的内容包括以下几个方面：

(1) 市场环境分析。对区域市场特点和竞争状况、产品及目标消费人群的特点、市场机会和风险进行分析。

(2) 销售目标预测。根据以往销售业绩，所占市场份额以及现有的资源情况，结合长远的经营目标，来确定本阶段的销售目标。确定销售目标要考虑销售目标的可行性、持续性和经济性。

(3) 销售目标分解。根据各业务部门的职能定位将销售目标分解为整车销售、配件销售、精品销售、维修保养等项目；同时根据时间段的分解，进一步的将各项目的销售目标分解为年、季、月、周的销售任务，落实到每个人员的身上，并做好各种市场和人员变化的后备方案。

(4) 费用、利润计划。计划中应包括计划期内为达成经营目标所产生的各项经营费用。费用包括人力资源成本、产品成本、物流成本、经营费用、市场推广费用等。除费用的计划外，还应包括经营目标所需达成的利润指标以及分解。它包括业绩指标、利润水平及控制等与利润相关的财务指标以及具体分解计划。

(5) 经营策略。经营策略是整个销售管理计划的核心，包括了所有为实现经营目标而拟订的具体的执行方案和控制手段。如产品组合及价格策略、销售渠道策略、市场组合推广策略、促销策略、服务策略、客户关系管理策略、各种效率及指标的控制策略等。

2. 汽车销售计划的控制与执行

除了制订经营计划、分解销售和利润目标外，还需要对销售计划的执行过程和日常工作内容及行为进行有效的规范和管理，来保证计划的实施和目标的实现。对于销售和售后服务工作的具体内容我们将在后面的章节详细介绍。在此着重指出的是展厅的工作和效率的控制内容。具体如下。

(1) 展厅的工作简介（展厅布置）

汽车4S店展厅不仅为了塑造汽车品牌的风格，展示品牌的特色，同时也为了给用户营造一个良好的购车、服务环境，所以通常展厅化为以下功能区域：

展厅外部（店面和周围）接待准备区、停车区、展厅入口区、接待台、车辆展示区、精品展示区、信息展示区（包括品牌信息、产品信息、促销信息、市场反馈信息）、洽谈区、洗手间、客户休息区，如图4-3所示。

图4-3 上海大众吴江德宝新标准展厅效果图

图片来源：苏州车市网

①展厅外部的布置及管理要点：展厅外部布置目的在于从视觉效果和整洁的环境上吸引客户，增加集客量。

a. 保持展厅外围四周环境的整洁和美观。

b. 外墙面、玻璃墙面、展厅四周、停车场等区域保持干净整齐。

c. 保持展厅外店面的门头标牌、整洁、夜光效果明显。

d. 展厅外的引导和宣传的物料应考虑从空中单立柱广告、墙体广告、护栏广告、拱门、地面立牌、拉网式展架、X展架、条幅、易拉宝、地贴、地面指引标志灯等方式中选择多种组合方案，形成立体空间的引导和宣传方式。

e. 展厅四周布置的展示车辆、促销宣传和广告的物料视觉效果明显，保持整洁，随时更新。

f. 接待准备区迎宾物料配置合理；保安人员着装标准、仪态和服务流程由专人培训和管理。

②展厅入口处的布置及管理要点：

a. 雨伞及雨伞架随时保持整洁、可用；

b. 入口处迎宾地毯、欢迎客户光临的标语及其他提示牌布置完整；

c. 店外绿色植物、鲜花以及装饰性植物应该随时保持干净，并保证定时浇灌。

③停车区的布置及管理要点。

a. 入口处应方便车辆进出，宽度在6米以上。

b. 停车区标牌明显，并保持干净，无破损。

c. 停车区规划易于出入，并设置专属的试乘、试驾车辆的停放区。

d. 员工车辆不允许停放在客户停车区域。

④车辆展示区的布置及管理要点。

展示车辆在进入展厅前必须经过全面细致的检查，保证车辆的外观和功能无异常。同时，应为客户营造具有吸引力和易于接近的车辆全方位展示的空间。具体如下。

a. 展示车的组合兼顾车型和车色，车辆最好以不落地的方式展示（车下铺设地毯或设计别致的车台）。

b. 展示车辆有专人负责清洁，随时保持整洁，表面无手印，车内不得放置任何私人物品。

c. 前座车窗放下、天窗打开、车内座椅调至标准位置。

d. 车内的塑料套应全部撤除，并放置清洁的脚踏垫。

e. 展示车胎上油，车轮上的品牌标识摆正，并与地面保持垂直。

⑤信息展示区的布置及管理要点。

为了便于顾客了解购车、用车的信息，展厅的信息展示区应放涉及专业知识简明、内容具体易于阅读的小册子；在有客户了解信息时，应由销售人员对其进行详细讲解。

a. 品牌、产品信息及主要卖点：挂旗、品牌形象展示架介绍汽车品牌；产品卖点看板集中产品的所有卖点；易拉宝、大型窗贴及海报宣传独特卖点或优势以及促销活动信息。

b. 客户反映信息：客户意见箱收集客户反馈信息；公布栏提供俱乐部会员活动信息、照片以及用车保养的专业知识。

c. 以上信息管理需市场部门专人负责，及时调整和更新。

⑥精品展示区的布置及管理要点。

a. 分精品类、礼品类、加装类摆放，并区分车型。

b. 去除包装，整齐展示样品，并定期擦拭，保持整洁。

c. 准确标示价格、产地、功能、适用车型以及安装所需时间等。

⑦洽谈区（室）的布置及管理要点。

a. 布置风格与品牌和展厅整体形象协调统一。

b. 若是洽谈室需封闭性好、室内布置温馨、保持通风良好。

c. 保持干净、舒适，相互不受干扰（各洽谈桌保持 2 米以上的间距）。

d. 谈判桌椅整洁舒适，桌上烟灰缸及时清理，烟头不得超过 2 个。

e. 供应饮料车随时保持干净，准备足够的茶水及各种饮料，保证随时供应。

f. 顾客离开后，立即清理顾客用过的水杯和杂物，桌椅及时归位。

⑧客户休息区（室）的布置及管理要点。

a. 客户休息区（室）墙上悬挂有关品牌的产品信息或照片。

b. 随时保持休息区（室）和设施整洁，垃圾箱定时清洁，并有专人管理服务。

c. 休息室提供饮水机、电视机、影碟机、杂志和报纸并提供免费上网服务。

d. 提供当地当日报纸和当月杂志，电视播放相关汽车品牌的宣传片或汽车相关知识。

⑨洗手间的布置及管理要点。

a. 打扫和清洁由专人负责，并随时保持地面干净、空气清新。

b. 有明确、标准的标识牌指引，男女标识易于明确区分。

c. 光线充足，门口有擦脚地毯，地砖为防滑砖，墙面需贴墙砖。

d. 梳洗台上方有整妆镜、镜前灯。

e. 有充足的洁具（纸巾、洗手液、干手机）。

f. 洗手间门上须安装自动复位器，间隔内附挂钩。

⑩展厅的规范管理。

a. 展厅人员规范；展厅人员在上岗前，需由人力资源部对其工作职责和工作内容以及绩效考核内容进行系统的培训。上岗后严格按照日常工作行为规范和工作职责进行考核，力求人员的能力水平得到完全发挥。

b. 展厅制度规范：展厅内除建立以上提及的各区域的管理制度和日常行为规范外，还应根据各品牌的具体要求结合店内的实际情况，制定一套完善的工作流程制度及考核标准，以便对其工作进行规范和检查。

（2）效率的控制

①销售工作效率。店内的销售效率控制指标包括：每名销售人员每天平均的销售访问次数、访问的时间和收益（到店数）等；访问或来店客户的成交率和订购数量；销售访问成本、招待成本以及其他费用占销售额的百分比；未成交客户记录。通过以上指标的监控可以对销售人员的工作效率、销售能力以及为店内销售的贡献率有更为准确和客观的评价；同时，也为进一步对销售人员培训和效率提升方向提供准确的依据。

②推广策略效率。推广效率主要针对的是广告推广的效果评估指标。它包括：一定时期内单位购买者所花费的广告推广成本（一定时期内的总媒体费用与总销售量的百分比）；受每种媒体广告冲击的来电和进店数量比较；每种媒体的有效受众人数比较（一定时期内的通过某种媒体成交的数量与总销售量的比值）；顾客对每种媒体的注意力、关注度、吸引力及其排序。通过对推广效率的评估能够明确了解有效的媒体投放方式，选择最佳的媒体投放组合，使其在同样的推广费用下达到效果最大化。

③促销策略效率。一定时期内促销优惠所产生的来店人数的增加量；促销期间，产生的促销费用与销售增量的比值；顾客对每种促销方式的关注度、吸引力及其排序；不同的

促销方式和促销增量带来的品牌影响力的评估（包括正面和负面影响力）；通过对以上指标的监控，我们能够清晰的比较出制定各种促销策略对整个 4S 店的经营效果和对品牌未来发展所造成的影响力。

3. 汽车销售的工作简介

汽车销售是指销售人员通过对消费者的需求和心理的把握，直接、准确地传递双方信息，使汽车产品实现交换和创造价值的过程，也是汽车流通领域的关键环节。它具有以下几方面的特点：

（1）汽车销售的实质是对消费者服务的过程

在整个销售汽车的过程中强调以客户服务为中心的销售，更注重的是消费过程中的信任度和满意度。它包括三个含义：一是通过销售人员的信息沟通，消费者对汽车产品的特性和价值形成的认知度和满意度，它是促使消费者形成购买意愿的首要前提；二是在购买过程中对服务的评价形成的信任度和满意度，它是促进购买行为达成的重要因素，三是服务的专业化的程度，直接影响消费者对产品售前、售中和售后的服务认识，同时也关系到品牌在消费者心目中的印象。

汽车与其他商品不同，它是一种科技含量高、价格昂贵的耐用消费品，而且消费者一旦选择了某款汽车产品，就需要不间断地提供服务。所以在整个消费过程中消费者的参与度非常高，他们更想得到的是全程的、专业的服务体验，除了能够全面、准确地了解所需要的信息，也能够在整个过程中享受到购买产品所带来的一系列的服务价值。这样才能够建立长期的信任度和品牌价值，进而又促进销售，形成良性循环。

（2）汽车销售是一项专业化程度较高的工作

由于汽车是一种技术含量较高，更新速度较快的产品，销售人员经常性的需要了解大量的与汽车相关的产品和技术信息和专业技术知识，才能够全面而又准确的通过通俗易懂的语言向消费者传递汽车方面的有关信息。

而非专业化的人员很难对汽车有全面的认识和了解，容易造成对产品性能和特点的理解困难和歧义，也很难做到不同产品之间的技术比较，在对消费者传递信息时难以客观地对产品的性价比作出专业的分析和准确的解答，进而无法让消费者对汽车产品的质量和技术特点有更准确的认识和判断。

（3）汽车销售是一项系统的团队协作的工作

汽车的消费过程是一项持续的服务过程，它不仅需要单一的销售人员的参与，还需要整个服务链上各相关人员的配合，包括前台服务、车辆检查与检测、办理牌照和各种手续以及售后服务人员的协助，才能够达成对消费者提供持续的全面化的专业服务的目标。因此，需要整个参与人员都相互配合和协作，并形成完整、固定的流程制度，才能够实现和保障服务的连续性。

4. 汽车销售的主要内容

汽车产品的销售服务泛指汽车在售前、售中和售后服务的全过程，它包括 4S 店对消费者提供所有的产品销售过程的全面服务和技术性服务的前期沟通和信息反馈工作。

（1）售前服务

售前服务是指客户在决定购车前的前期所有的准备工作，其工作的主要内容主要包括以下几点：

①寻找、发现潜在的客户，并对其进行跟进，促使消费者到店咨询。

②有选择性地走访老客户，拜访新的潜在客户，对重点客户或集团客户要进行定期的回访。

③认真了解和分析客户的需求，及时反馈信息，并对销售策略和推销技巧进行有效的改进。

④为客户提供及时的产品和销售信息，通过有效沟通，建立与客户初步的信任度。

（2）售中服务

售中服务是指接待和销售人员在客户整个购买过程中提供的全方位的服务，其工作的主要内容主要包括以下几点：

①热情接待客户，甄别客户，有针对性地进行服务。

②对车辆的性能、技术特点、价格、服务项目、促销政策、有关车辆专业知识以及质量承诺等进行详尽的介绍，并对产品作细致的演示。

③根据客户要求协助客户顺利完成试乘、试驾服务。

④车辆的选购以及交车前的 PDI 检测。

⑤交车服务、介绍售后服务细节及联系方式。

（3）售后服务

售后服务是指客户购车行为完成后销售人员应做的服务工作，其工作的主要内容包括以下几点：

①为客户办理上牌、汽车保险等手续，为客户使用车辆提供方便。

②销售人员在购车后一周内对客户进行的售后跟踪服务，主要了解客户的车辆使用情况以及客户对已购车辆的评价。

③户在首次例行保养前的回访，提醒客户对车辆进行及时保养和维护。

4.2.2 4S 店内组织结构和部门职能

4S 店作为一个完善的终端销售企业，在设置其组织结构和部门时，应遵循全面化、系统化、标准化和效益最优这四大原则。具体包括以下几方面：

全面和系统的设置组织结构是指在设计组织结构和岗位时，全面考虑 4S 的服务工作所有内容和不同部门和岗位间的相互联系，在确保所有营销服务项目得以顺利、有效开展的同时，从不同的角度部署，避免交叉重叠、职责不清的现象出现。

标准化原则是指在考虑全面化、系统化原则的情况下，还需要在设计组织结构时，将 4S 店的所有经营管理活动的具体流程、方法和要点制定成标准化的技术文件，并加以全面的贯彻实施。效益优先原则是指在满足以上三个原则的基础上，尽量考虑优化组织机构，将设置岗位数量限制在能够有效开展经营活动所需岗位的最低用工数量。同时，在用人成本上考虑技能与岗位的匹配程度，聘用较低技能的人员能够满足需要的，就不考虑设计较高技能的人才需求，使其以最低的经营费用获得最大的经济效益。

一般来说，在 4S 店内岗位设置从高到低可以分为 4 个层次，分别为决策层、管理层、执行层和操作层的金字塔形结构分布，如图 4-4 所示。

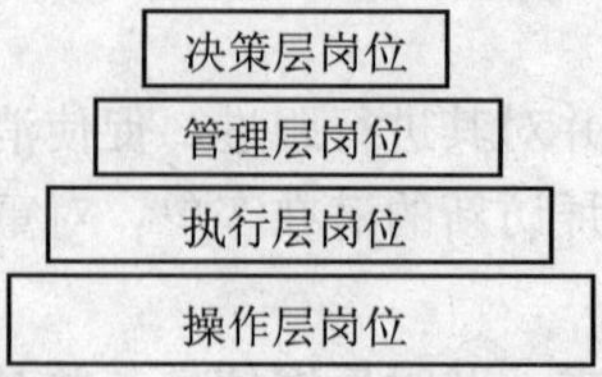

图 4-4　金字塔形岗位结构分布图

这种金字塔形组织结构，按具体职位一般可以分解为具体的组织结构图如 4-5 所示。

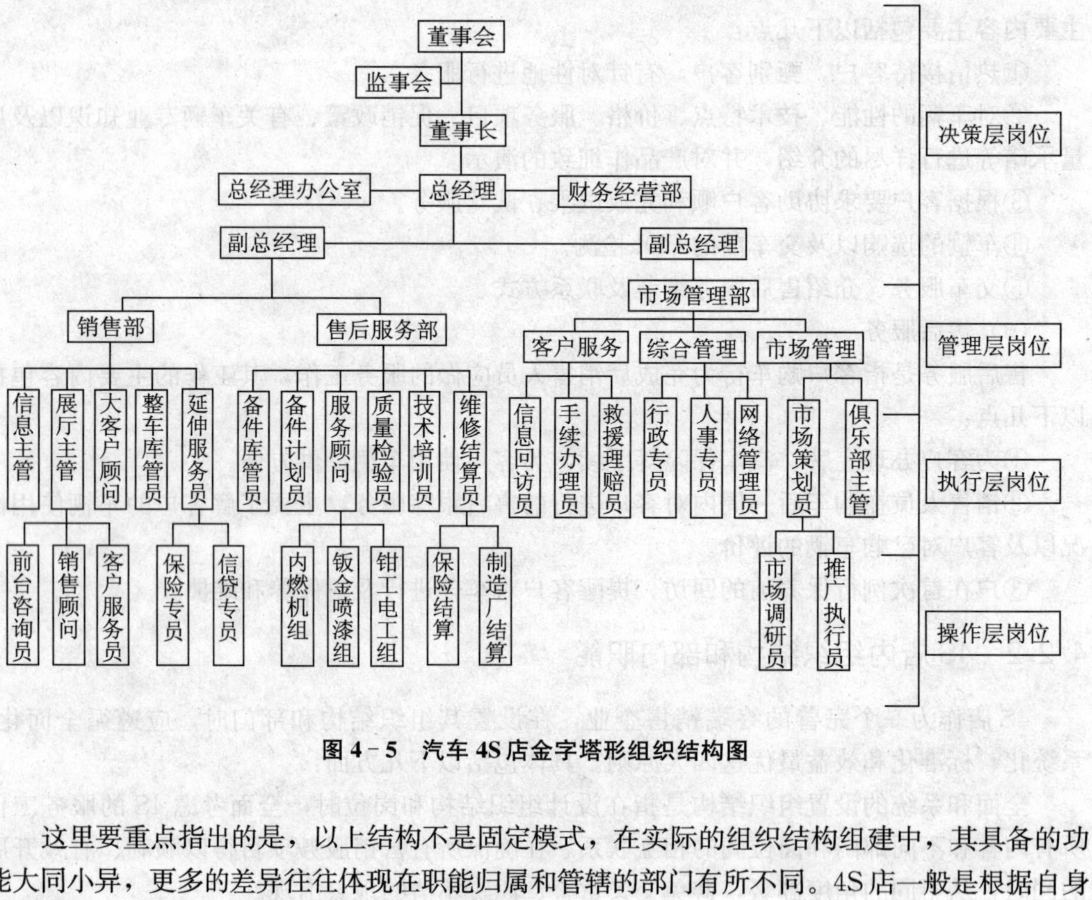

图 4-5　汽车 4S 店金字塔形组织结构图

这里要重点指出的是，以上结构不是固定模式，在实际的组织结构组建中，其具备的功能大同小异，更多的差异往往体现在职能归属和管辖的部门有所不同。4S 店一般是根据自身的规模大小、资金实力、企业的品牌和组织战略以及产品策略、服务策略加以调整的。

4.2.3　4S 店内决策者和各部门职责

1. 总经理职责

总经理的主要职责包括决策功能、管理功能、业务功能和执行功能。

（1）决策和执行功能

主持公司的经营管理工作，监督副总经理分管的销售部、售后服务部、市场管理部以及财务部的日常经营的所有事项，重大事项需向董事长作书面报告，由董事长提请董事会决议批准，并贯彻实施董事会各项重大的经营决策、年度经营和投资方案。

(2) 管理功能

指挥控制和指导各部门相关工作，并提出相应的指导性意见由管理层进行具体实施，并根据既定的绩效考核标准来考核相关管理人员的工作。同时，管理功能还包括协调相关各部门之间的工作配合程度，进一步使内部资源得到充分的利用，实现资源利用率最高。

(3) 业务功能

拟定基本管理制度，制定具体规章，审核和审批相关部门的费用预算和报销事项，签署各项与经营有关的重要文件，审阅和批准各部门具体的经营计划和方案，并对各部门方案的实施情况进行控制和监督，不断提高4S店的利润水平。

2. 销售部职责

(1) 销售部门负责人负责整个销售部门的管理工作、营销工作。它包括拟订相关执行人员的薪酬及绩效考核方案、组建部门及团队、对销售和服务人员进行专业培训、指导具体工作技能、市场开发、信息传播、提供销售支持等职责。

(2) 按照公司经营计划，利用公司的现有资源，积极与市场部门及其他相关部门配合，完成公司下达的各项产品销售任务指标，并保持公司正常的赢利水平。

(3) 负责车辆的进货、生产企业的销售部门和物流部门的业务对接、进口报关、产品采购以及产品和档案管理。

(4) 开展市场竞争情报调查、潜在客户信息收集、市场产品和价格分析、并将其掌握的市场信息反馈到市场部门，给出合理化建议。

(5) 负责车辆进货、交货的质量检查、售前检测、库存管理、车辆保养、车辆运输及配送。

(6) 负责跟进潜在客户、集团客户以及其他客户，根据公司制定的销售价格，尽力达成销售。

(7) 负责展厅维护管理、客户咨询与接待、客户信息沟通、根据市场部门制订的推广和促销方案，与相关部门配合，共同实施品牌推广和促销计划。

(8) 客户档案编制、售后服务质量跟踪、受理解决客户投诉，并将有关信息及时与售后服务部门交接及售后服务工作的协调。

(9) 根据客户需要，协助客户办理消费信贷、保险、办证等手续，使客户享受到方便、快捷的专业服务。

3. 售后服务部工作职责

(1) 售后服务部门负责人负责整个售后服务部门的管理工作、服务工作。它包括拟订相关技术人员的薪酬及绩效考核方案、组建专业技术团队、对相关人员进行专业技能培训和指导、维修设备、配件的保障和管理、质量体系的建立和更新、与制造企业技术和售后服务部门沟通、协调及结算的管理、达成公司下达的管理和利润指标等职责。

(2) 服务顾问：负责客户的售后服务接待和与内部售后服务的各个技术维修组的协调，包括对客户的服务态度、服务质量和服务时间和协调能力的考核。

(3) 备件计划和库管人员：配件资金的利用率，备件的价格标准和利润控制；库存的合理性和比例的计划；备件的采购计划、供应保障、质量检验、仓储保管及保养和账务登记工作；更换后的残旧配件保存、包装、发运以及账务的处理和与制造企业的对接工作。

此外，有的4S店将备件和精品销售与库管人员的职责结合，甚至有的还单独设置备件销售人员岗位，这就需要以上人员具备备件销售和客户沟通以及各部门协调的能力。

(4) 技术质量相关人员：包括具体的维修技术人员、技术培训人员、质量检验人员。他们的职责包括：维修服务态度、水平和质量、维修价格评估的相关控制标准、维修的时间和效率的保障、设备的维护和保养、整车产品的检测和评估、质量体系的检验和实验、相关技术的研究和提升以及相关人员的培训和绩效评估。

(5) 维修结算员：维修业务的管理、首保及保修业务的认定和索赔、现场的考察和保修范围的认定、维修结算的证据和票据处理、与制造企业、保险公司的结算和信息反馈。

4. 市场管理部门工作职责

市场管理部门实际上是具有客户服务、人力资源和行政管理、市场管理三大组织功能，其负责人主要就是对4S店的这三个职能部门进行综合管理和协调。

(1) 客户服务功能主要包括的具体内容有：客户的信息沟通和回访，将相关信息反馈到售后服务部门，及时满足客户需求，并将其所有信息与制造企业共享，形成制造企业、4S店与消费者三方的有效互动。除此之外，还包括为方便消费者而单独设置的上牌及各类机动车上路的手续办理，以及消费者使用车辆所发生的救援服务、理赔等功能均属于客户服务部的职责范围。有的4S店将客户服务的部分功能合并到售后服务部门的职责范围内，而有的则是设置了独立的客户关系管理部门或将其纳入到市场管理的职责范围内。

(2) 综合管理：包括各个层次岗位的人才招聘、培养、管理、解聘；薪酬和绩效制度的建立和考核；行政、内外公关事务的处理。有的4S店甚至将网络推广功能也纳入综合管理的职责范畴，也有的将此功能划入市场管理功能。

(3) 市场管理其功能主要有：根据4S店整体的发展战略，制定总体的市场销售及服务策略和长期的品牌规划，编制市场营销服务计划及费用预算，并组织实施。进行市场调研、市场策划、价格策略、方案的制定和执行、广告推广及促销活动的策划和实施等工作，如图4-6所示。

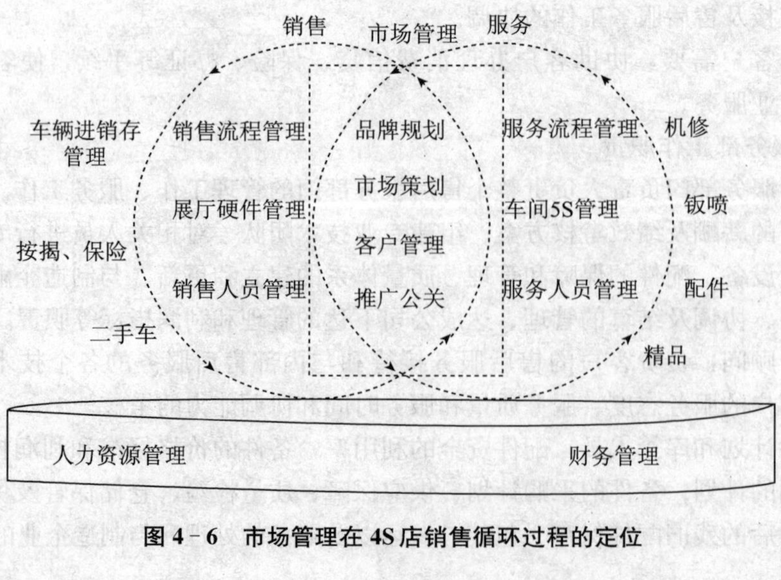

图4-6　市场管理在4S店销售循环过程的定位

也有的4S店将市场管理功能单设一个独立的市场部，将客户服务部的客户信息沟通、回访、客户俱乐部（客户联谊会）和对外公关、网络推广等功能归属到所辖的职责范围，如图4-7所示。

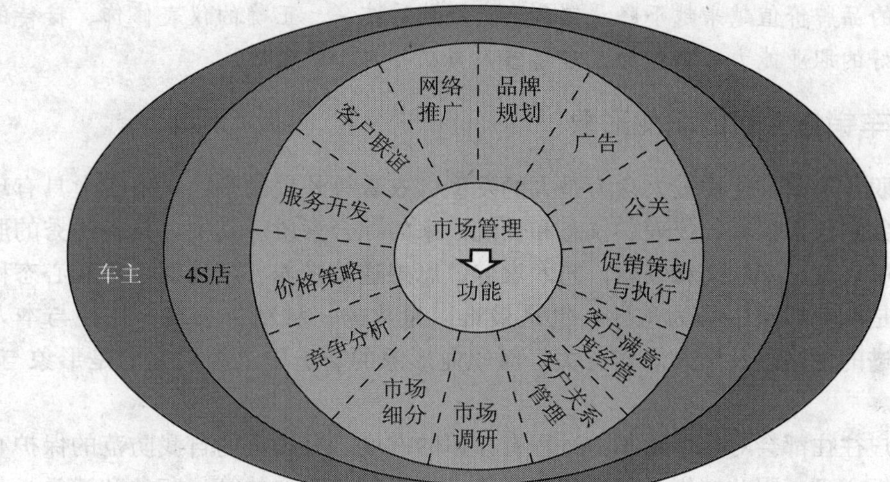

图4-7 市场管理功能

4.3 汽车销售人员

应用案例4-3

糟糕的服务

夏天的一个中午，一位穿着得体的男士走到某高档汽车专卖店，打算为自己换一辆高档的轿车。当他从烈日烘烤的室外走进这家4S店门口时，他发觉室内的冷气并没有他想象的那么凉爽，他正想询问4S店冷气为什么不足时，却看见工作人员正在休息和闲谈。他们虽然穿着职业装，但并不统一，不知道哪些是销售人员，哪些是服务人员。正在他犹豫不定的时候。一位梳着披肩长发，耳朵上带着一串耳环的女士接待了他，其余的人员在旁边有说有笑的谈论着晚上喝酒聚餐的事情。有一位在旁边擦拭门窗的大姐，起身给他递来一杯饮料。这位男士觉得很奇怪，听别人说这个品牌的车很不错，是知名的高档轿车，但来到这里，怎么感觉不到是卖高档车的地方？此时这位男士心里突然觉得自己前期所了解的这个品牌的信息可能有误，应该好好斟酌一下，或者再去看看自己心里备选的另外一个品牌的车，再做决定。在介绍的某款车型的特性时，这位女士突然接到一位已购车客户的电话，估计是客户催着交车和办理手续，她一边摆弄着排挡和可视雷达，一边很不耐烦的告诉客户她也没办法解决，见到这些，准备购车的这位男士坚定了自己的想法，便随意找了个理由，匆忙驾车离开了。这时，接待他的那位销售人员嘟囔了一句："有车开，还来看车，是来看着玩的吧，白忙活了半天……"。

点评：品牌的价值是能够吸引更多的客户的，但提高品牌的价值是一个注重细节而又非常漫长的过程。若是没有专业的顾问形象，良好的服务意识，不但不能提升品牌价值，反而让自己的品牌价值越来越下降。销售人员服装的统一、正确的仪表修饰、接待的商务礼仪以及良好的职业能力都是作为汽车销售人员必不可少的素质。

4.3.1 汽车销售人员的职业形象

良好的职业形象，往往被人认为是人的发型、衣着等外表的东西，事实上具有现代意义的职业形象它包括仪容、仪表、仪态和表现出来的综合素质。其中，具备优秀的职业能力、自信心所表现出来的高雅气质、艺术素养、思想道德修养、沉稳的性格和心态称为综合素质，它是职业形象中最为重要，也是最难以量化的一种精神表现，往往与本人的经历、乐观上进的性格以及个人修养有关。而职业形象的塑造中最为讲究的是形象与职业、地位的匹配。

由于客户往往都会对整个购车的过程有谨慎的态度、有一定的自我防范的保护心理和潜意识的抗拒心理，因此销售人员的职业形象直接影响着客户的第一印象和感觉，甚至会影响客户对产品和品牌的认知度和信任度，殷勤有礼的专业汽车销售人员的接待会让顾客的负面情绪和抗拒心理消除，为整个购车过程设定一种轻松、愉悦的氛围，增加客户对销售人员的尊重，赢得好感，得到客户的赞许和信任；这也是我们通常把汽车销售人员称为汽车销售顾问的一个重要的缘由。

1. 仪容、仪表

(1) 仪容

仪容通常是指人的外观和外貌，但并非我们通常所说的帅气和漂亮的含义。具体是指发式、面容以及手部、颈部等没有被服装掩饰的身体部分。仪容通常都会引起人们特别的关注，并会影响到客户对此人员的整体评价。

①仪容需要按照规范和个人条件，进行必要的修饰，扬其长，避其短，塑造良好的个人形象。在汽车销售人员直接与客户接触中，具有良好的个人形象不但能够让自己产生自信，更能够将这种自信传递给客户，使其留下较好的印象，能够促进交易成功。

②仪容需要通过努力学习，不断提高个人的文化素养、艺术修养、思想道德水准，沉稳、高雅的气质和心态，使自己秀外慧中、表里如一。

③仪容修饰的基本原则是美观、大方、整洁、典雅。

(2) 仪表

仪表通常指的是人的外表，它包括形体、容貌、姿态、举止、服饰、风度等方面内容，是人的行为举止的外在表现，也是使自身形象得以美化的重要方式。其中，风度是一种德才、学识以及修养的综合外在表现，是仪表中的核心要素。要求的是人的体型、仪态的协调和修饰打扮综合形成的外在美；同时还包括气质、修养形成的内在美。

①仪表强调适应性，要求仪表修饰和自身的性别、年龄、容貌、体型、气质以及性格特点和职业身份相适应和协调。

②仪表强调整体性。整体性包含两个含义：一是仪表先着眼于整体修饰，注重诸多元素的协调和统一性，营造人的整体效果。二是注重 TPO 原则。即整体考虑因时间(Time)、地点（Place）、场合（Occation）以及个体的不同而将仪表修饰相应变化，使其与时间、场地、环境、氛围以及自身特点整体适应和协调。

(3) 仪容、仪表规范

在汽车销售过程中，往往需要销售人员与顾客面对面的交往，在初次交往和沟通中客户会对销售人员留下比较主观的"第一印象"。这种第一印象包括仪表、仪态、礼节、态度、言谈举止、表情、语气语调、风度和气质等诸多因素。而客户的这种第一印象对于销售人员来说是至关重要的，它往往成为决定交易成败的最重要的因素。客户一旦对销售人员产生了好的印象，自我防范的保护心理和潜意识的抗拒心理自然就会减弱，也会对他推荐的汽车产品产生一定的信任度，成交的概率也会大大增加。所以仪容、仪表、言谈举止等的表现显得尤为重要。

①仪表规范

男士：如图 4－8 所示。

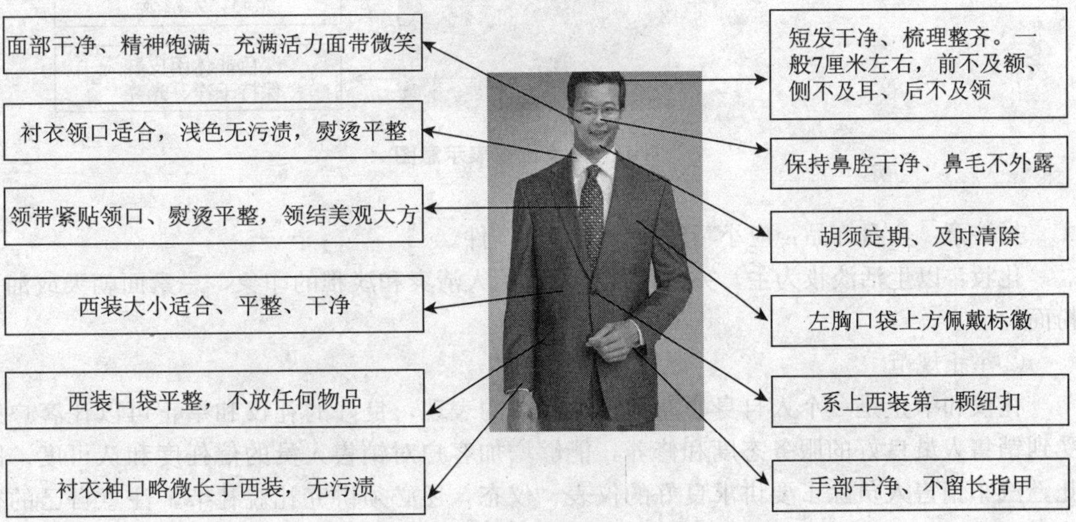

图 4－8 男士仪表示意图

另注意：

西裤：保持有裤线，干净、平整，不宜过长或过短，长度应保持在离后脚跟 2 毫米左右。

鞋袜：深色非休闲皮鞋，保持干净、光亮，鞋跟磨损不严重；深色袜子，干净，无异味。

女士：如图 4－9 所示。

图 4-9　女士仪表示意图

另注意：全身饰品：应小巧精致，不超过 3 件。

化妆：以生活淡妆为主，突出精神焕发、给人清爽和淡雅的印象，忌素面朝天或油头粉面。

②举止规范

礼仪和举止是一个人自身心态和行为习惯的表现，良好的礼仪和举止可以让客户感受到销售人员良好的服务态度和修养，能够增加客户对销售人员的信任度和认可度。因此，汽车销售人员除了要讲求良好的仪表、仪态，还必须讲究礼貌礼节，注意自己的行为举止，表现出彬彬有礼、落落大方的态度和行为。接待过程中部分举止规范内容如下。

礼宾次序：女士优先，以右为尊，以前为尊，以内为尊，并根据不同情况调整。

开车门时，如果接待两位贵宾，主人或接待人员应先拉开后排右边的车门，让尊者先上；再迅速地从车的尾部绕到车的另一侧打开后排左边的车门，让另一位客人从左边上车；只开一侧车门让一人先进去的做法是失礼的。

礼貌用语：宾客到来有问候声；遇到宾客有招呼声；得到协助有致谢声；麻烦宾客有致歉声；宾客离店有道别声。

开门时，门朝内开时，服务人员先进，把住门，等客人后进。门向外开时，客人先进，服务人员后进。

客户进店：客人迎面走来，服务人员应放慢步伐，离客人约 2 米处，目视客人，面带微笑，轻轻点头致意，并且说："您好"等礼貌用语；擦肩而过时，应注意礼让。如行鞠躬礼时，应停步，躬身15°～30°，眼往下看，并致问候，切忌边走边看边躬身。

行进中的次序：两人并行，右者为大；两人前后行，前者为尊；三人并行，中者为尊，右边次之，左边更次；三人前后行，前者为尊；三人并坐，中者为大，右边次之，左边更次；销售服务人员居于左上位置。

上电梯时，有人看守，服务者先进后出；无人看守，后进后出；滚动式电梯时，靠右站立。

就座时的顺序：遵守"右为上，左为下"的礼节，一般离门较远的座为上座。长沙发和单人沙发中，长沙发为上座。

坐车时，如由驾驶员开车，按汽车前进方向，后排右座为尊位，中座次之，左侧更次，前排司机旁最次。司机旁的位置一般是助手、接待或陪同人员坐的。当轿车有三排座时，最后一排是上座，中间一座次之，前排最次。当然，如果是主人亲自驾车，则主人旁边的位置是尊位。①

③谈吐规范

谈吐规范不仅仅指说话清楚流利，要想成为一名合格的销售人员，还必须要掌握基本的交谈原则和技巧，了解并学习谈吐的基本规范和语言艺术。把握称呼准确、语言规范、礼貌措辞和多听少说的习惯。具体内容如下：

a. 声音的原则：

所说的话明白易懂，且措辞准确。

拥有低而饱满的音调，让人觉得你信心十足。

口气坚定，可以增添说话的权威性。

注意避免口头禅，让客户觉得反感。

语言符合当地习俗且自然，让客户觉得亲切。

音调热诚、亲切和充满活力；语速适当，不疾不徐，具有强烈的感染力。

不带方言口音，尽量使用普通话，否则使对方不易听懂且不悦耳，造成负面心理印象。

b. 聆听的原则：

对客户说话表示尊重，并表现出兴趣。

仔细聆听，不要轻易地打断对方的谈话。

记得全部谈话的重点，尤其是有关客户重点想了解的话题。

在对方谈话结尾时，你提出了真知灼见。

c. 交流的原则：

交流时，双目注视对方，避免东张西望、左顾右盼。

交流时，配合一定手势，但注意动作幅度，可以增加对方的注意力。

交流对象是多人时，顾及在场所有人，不要冷落其他人。

注意对方的习惯禁忌，避免涉及不愉快的事情或刨根问底的追问，以免引起对方

---

① 以上文字及图片来源：http://www.liyi360.com.

反感。

d. 称呼原则：

常用称呼：称职务、职业或按照其身份特点进行称呼。

通用称呼：一般来说，在接待工作中，对于男士通常称“先生”，未婚女士称“小姐”、“女士”，对于知道其婚姻状况的女子也统称“小姐”（尤其是在涉外场合）。

小知识

敬语规范

一些中国式文明敬语我们至今还在使用，我们来看看在实际的沟通中有哪些还在运用？

初次见面应说：幸会　请人解答应用：请问　求人原谅应说：包涵

欢迎顾客应叫：光顾　老人年龄应叫：高寿　好久不见应说：久违

客人来到应用：光临　中途先走应说：失陪　与人分别应说：告辞

看望别人应说：拜访　等候别人应说：恭候　请人勿送应用：留步

麻烦别人应说：打扰　请人帮忙应说：烦请　托人办事应说：拜托

请人指教应说：请教　他人指点应称：赐教　赞人见解应用：高见

2. 肢体语言

肢体语言通常是指站姿、坐姿、走姿以及其他肢体语言。作为汽车销售人员熟练地运用肢体语言来表达自己的态度和意识，通常会给客户留下文明、有涵养的印象。因此，在销售工作中我们需要努力地学习，并长时间积累经验。

（1）站姿标准（如图 4－10 所示）。

（a）女士标准站姿　　（b）男士标准站姿

图 4－10　站姿标准

女士站立要求优雅；男士则需显示稳重的仪态。正确的站姿应该注意以下几点：

①头正、颈直、双眼目视前方、下颌略收、微笑。

②双肩放松并打开，挺胸、双臂自然下垂。

③收腹、立腰、提臀；双腿并拢，两膝间无缝隙。

④女士站姿如图 4－10 所示，可以自然变换站立的姿势，除了双脚并拢的 V 字形站立姿势，丁字形站姿也可以选择。这种站姿可以巧妙掩饰 O 形腿女士的缺点，并使腿和脚看起来更加纤细。

⑤男士站姿如图 4－10 所示，双脚可并拢，也可以分开，双脚与肩同宽，站立时，若空着手，双手自然下垂或右手在外，双手交叉。

（2）坐姿标准（如图 4－11 所示）。

正位坐姿　　侧位坐姿　　叠腿式坐姿

（a）女士标准坐姿

正位坐姿　　叠腿式坐姿　　西方国家男士叠腿方式

（b）男士标准坐姿

图 4－11　坐姿标准

坐姿讲求的是高雅、得体。无论哪一种坐姿都应端庄、自然、稳定，以展现自己从容、稳重的风度。往往从这些细节开始，客户在心里对你的风度加以判断，并影响他对你的印象。

①正确的坐姿是上身保持正直，身体坐在椅子的 1/2 处。

②胸部自然直挺，收腹直腰，肩平头正。女士两手合拢，双腿平放或斜放并拢，双手自然放在大腿上或放于膝盖上。

③交流时，保持上身挺直的姿势，保持平视对方的角度，不弯腰驼背。

（3）走姿标准（如图4－12所示）。

图4－12　走姿标准

①上身挺直，收腹立腰，重心稍前倾。两肩平稳，双臂前后自然摆动，前后摆幅在30°左右，两手自然弯曲，在摆动中离开双腿不超过一拳的距离。

②行走中两脚落地的距离大约为一个脚长，即前脚的脚跟距后脚的脚尖相距一个脚的长度为宜，行进的速度应当保持均匀、平稳，自然舒缓，显得成熟、自信。

③男子的走姿应当是抬头，两眼平视前方，面带笑容，挺胸收腹，直腰，上身不动，两肩不摇，双臂自然前后摆动，步态稳健。女子走路的姿态应是头端正，目视前方，上身自然挺直，收腹，两手小幅度地前后摆动，两腿并拢，平步行进，走成直线，步态要自如，匀称轻柔。

④走路时一般靠右侧。与客户同走时，客户在前，若急需超越前行的客户时，应取得客户同意，并表示歉意。遇通道狭窄，客户从对面来时，应主动停下来，靠在左边上，让客户通过，但不可背对客户。

（4）手势标准

手势是一种身体语言，也是常用的一种引导性的形体语言。对手势的要求是正规、得体和适度。下面简单介绍常用的手势：

①指引或“请”的姿态：在“请”客户的时候通常要求手掌顺需要引导的方向指引，手指并拢，手心向上，身体微微前倾，以示尊重。在指引客户时，将手臂伸直，手指指向目标；同时，眼睛转向目标，并注意客户是否已经明白所指的方向。如图4－13所示。

②握手姿势：行握手礼时，应除去帽子和手套，距离对方一步左右，上身略微前倾，

双脚成立正姿势，伸右手，四指自然并拢，拇指分开与对方握手，并轻微摇动 2～3 下，行礼即松开。如图 4－14 所示。

图 4－13 指引的正确姿态

图 4－14 “握手”的正确的姿态

③其他手势：给客户递物品时，身体应略微前倾，双手恭敬的奉上，并保持物品离对方约半步左右。交谈时，有一定的手势，但需掌握尺度，切忌以手指指向客户。

4.3.2 汽车销售人员的商务礼仪

1. 接待礼仪

(1) 亲切迎客的 4S 原则。

站起来（Stand Up）；注视对方（See）；微笑（Smile）；欢迎词（Speak）。

(2) 热情待客。

①在引领客人时，走在客人左前方，相隔一步到一步半距离为佳，以右为尊、为上的原则。

②要告诉客人所去之地，遇有门、拐弯、楼梯、障碍等时，要示意。

③递送茶饮：客人落座后，立即送上茶水或饮料，递杯子时切记手指不能碰到杯口。

2. 介绍礼节

介绍是汽车销售中的重要环节，销售人员在相互介绍时需要注意以下事项：

(1) 一般情况下，先将客户向主人介绍，随即将主人介绍给客户；先向女士介绍男士，把身份低者介绍给身份高者，先把未婚者介绍给已婚者。

(2) 向双方作介绍时，口齿清楚，语速放慢，并清楚地介绍对方的姓名、职位；同时，应身体略微前倾，并配合礼貌手势。

(3) 自我介绍时，一般包括姓名、职业以及职责等基本信息，若对方有兴趣的情况下，可以简单介绍自己的年龄、经历和特长。

3. 电话礼仪

(1) 接听电话的基本礼仪

①电话铃声响过两遍后接听，要面带微笑，保持姿态端正，习惯左手拿起电话听筒，右手持笔或操作计算机（如图 4-15 所示）。

图 4-15　接听电话的标准姿态

②接听后注意声音清晰柔和，先报店名或部门名称，随即确定来电者身份，之后了解来电目的，接听中避免做其他事情，处理问题需保持稳定情绪，并给出相应解决的时间段。

③电话接听完毕前，复诵一遍来电的重要内容，核实记录内容，以便随后及时处理和解决问题；接听完毕时向对方道谢和祝福后，等待对方先挂断电话后，再轻轻挂断电话。

(2) 打电话的基本礼仪

①打电话前应事先做好准备，将需要陈述的事情简单记录，以免遗漏重要内容。

②选择恰当的时间，若是工作交流，尽量选择在工作时间内联系。

③将主要内容简短陈述，通话时间尽量控制在 3 分钟之内，最后应向对方表示感谢。

4. 名片使用礼仪

(1) 名片保持平整、干净并整齐放在名片夹内，名片夹应放在西装内袋或衬衣口袋里，不应从裤袋里掏出。

(2) 初次见面的客户，首先打招呼，报上自己公司的名称后将名片递给对方。

(3) 递名片应站立走上前并使用双手，名片字体的正方向着对方；双手接受名片后要点头致谢，不立即收入口袋，认真阅读并记住对方信息，以示敬意，随后最好放在随身的提包或名片夹内，如图 4-16 所示。

(4) 有上司在场，应先等上司递上名片后，经上司介绍后才可递上自己名片。

图 4－16 递接名片的标准姿态

4.3.3 汽车销售人员的职业素质和能力

汽车作为一种技术含量较高的耐用商品，技术性和专业性强，要求销售人员具备专业知识和素质以及职业能力也较高。具体要求如下：

1. 良好的职业道德

职业道德关乎企业和品牌给客户心理造成的形象，也是客户对个人综合评价的重要标准。作为一名汽车销售人员，必须具有高尚的道德品质和情操，恪尽职守的工作态度，诚实严谨、公正廉洁的工作作风以及信任、团结的团队精神。拥有良好的职业道德才能够成为德才兼备的优秀人才，才能够得到客户的认同和信任，为促进销售打下良好的基础。

2. 过硬的心理素质

心理素质的培养是一个长期而又艰辛的过程。优秀的销售人员应该具有上进、开朗的个人性格，百折不挠的信念和韧劲，才能够在工作中养成不怕挫折和困难、乐于奉献的心态，做生活和事业上的强者。

同时，销售人员应该对企业产品以及个人充满信心，去克服在销售中的障碍和难题；只有相信自己的能力，相信企业的销售人员才能够将这种信心传递给客户，从而使其感染到这种信息，最终影响他的购买决定。

3. 良好的沟通能力

与客户沟通是汽车销售环节中最重要、最核心的工作，销售人员沟通能力的高低不但是销售人员的生存技能，同时也是影响销售最终结果的重要因素。同样的产品和品牌，同样的客户，最终是否能够达成销售，就取决于销售人员不同的沟通技能。较强的沟通技能不但使销售人员建立自己长期的人脉关系，为自己创造更多的销售机会，同时还能够不断地提高自身的随机应变的能力，更准确地把握消费者的购买欲望，通过有效的沟通与客户快速建立一定的信任度，准确地把握住客户的需求和购买欲望，并影响他们的购买决策。

4. 全面的知识体系

汽车产品所具有的技术特点，要求汽车销售人员通过独立学习，不断地自我总结和提升，掌握良好的专业知识，它不但包括机械制造、汽车构造、汽车配件及维修、市场营销、客户服务、行为心理学以及汽车信贷与保险等专业性较强的知识内容，还包括汽车文化、汽车产品发展现状及趋势以及音乐、艺术方面的知识甚至还需要销售人员了解更多的时事信息，具有广泛的兴趣和爱好。这样，才能够与客户有更多的共同话题，拉近彼此的心理距离，产生共鸣，争取更多的信任度，顺利促成交易。

4.4 研究汽车消费者购买行为

作为汽车销售人员，除了具有全面的知识体系，良好的沟通能力等专业技能外，还需要细致地研究客户的购买行为和动机，准确地把握解消费者在整个汽车消费过程中的心理需求，才能够更有效地将产品利益和客户的需求紧密地联系起来，达到赢得客户，促成销售的目标。其主要的内容除了关注各个汽车消费群体的特征外，还应该关注为满足客户的切实利益需求而产生的购买动机和行为，以及因为消费者心理因素所造成的购买动机和行为的变化。

通常我们采取的研究步骤包括：

(1) 了解汽车产品消费特点，让我们清晰地认识到消费群体关注的是产品的特性或是价格，是品牌知名度或是美誉度，是我们整个消费过程中的服务态度、质量或是效率。

(2) 将客户群体进行细分，准确地把握汽车消费群体的个性和特点，有的放矢地针对各自品牌的销售和沟通策略进行调整，更好地抓住潜在客户。

(3) 分析各个类型客户的购买动机，客户的心理状态和变化，清晰地认识到客户的内心需求；同时，了解客户的整个购买行为的过程，有助于我们完善沟通中的技巧，捕捉成交的机会。

4.4.1 汽车消费的需求分析

应用案例 4-4

调查报告：透析当前青年群体汽车消费心态

青年群体，作为中国最活跃的消费群体，始终走在消费市场的最前沿，他们的消费行为在一定程度上对车市走向产生着重要的影响，新华信市场研究咨询公司与新浪汽车频道共同推出“青年群体购车话题”热点调查，对15760位26～40岁的消费者进行了访问。

1. 青年群体买房与买车之间的选择

当私家车成为代步工具之后，更是成为时尚选择和个性标志的时候，“先买房还是先买车”，成为青年群体之间的热点讨论话题。新华信调查结果显示，倾向买房的青年消费者与倾向买车的青年消费者之间比例为7：3，如图4-17所示。

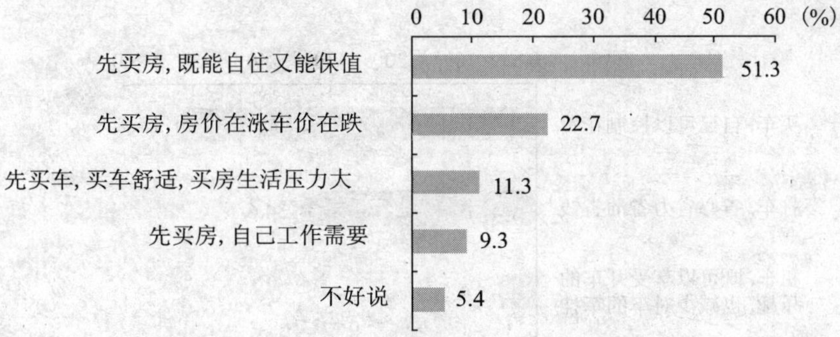

图 4-17　青年群体如何衡量买车与买房之间的关系

51.3%的青年消费者表示，首先购买住房，是因为考虑到住房既能自住又能保值，22.7%的青年消费者表示，首先购买住房，是因为考虑到房价不断在涨，车价近几年却呈现下跌的趋势。同时，11.3%的青年消费者表示，购买汽车是为了让自己生活更舒适，而购买住房则会给自己的生活带来压力，9.3%的青年消费者表示，首先考虑住房只是自己工作的需要。

虽然买房是七成青年群体的首要选择，但在不同的年龄群体和不同的家庭月收入群体中，也存在一定的购买倾向区别。新华信调查结果显示，首先考虑买房的群体主要集中在31～40岁年龄层次，家庭月收入在8000元以上的消费者中。而首先购买汽车的群体主要集中在25～30岁年龄层次，家庭月收入在2000元以下和2000～8000元的消费者中。

从新华信调查数据可以看出，倾向购房的青年消费者的经济能力相对较强，年龄相对成熟，在购买决策中更加注重长远规划，而倾向购买汽车的青年消费者考虑到经济能力以及个人的喜好，在购买决策中追求生活舒适和个性时尚，买房的月供压力并非他们所能适应的。

2. 青年群体如何衡量买车、租车和打车之间的关系

纵观目前车市，尽管车价大幅滑落，而油价等一系列费用却节节攀升，养车成本已经成为众多车主与准车主最关注的话题，青年群体如何衡量买车、租车和打车之间的关系呢?

新华信调查结果显示，五成以上的青年消费群体，在买车、租车和打车三者中，倾向于自己购买汽车，选择比例为52.4%。毕竟，拥有一辆自己的汽车，无论是工作还是休闲，都能带来极大的方便，需要紧急用车时，私家车更是显示了绝对优势。同时，一旦自己有车，作为车主，自己能有效地控制费用。

与此同时，由于考虑到用车成本的原因，34.6%的消费者表示在日常的工作、生活中选择打车这一方式。毕竟，眼下的“养车难”已是不争的事实，油价上涨、罚款增加、停车位少等诸多问题日益凸显。养车需要绝对的经济实力作为后盾，除了车价、购置税等购车成本，每年的养车费用是一笔更大的开支。选择“打车”这一方式绝对是省心省力又省钱。

仅有5.9%的青年消费者选择租车这一方式，虽然这部分消费者比例相对偏低，但这部分消费群体主要集中在一些收入不乐观但观念却又前卫的都市年轻人。通过“租车”这一方式来享受驾驶的乐趣确实是不错的选择，如图4-18所示。

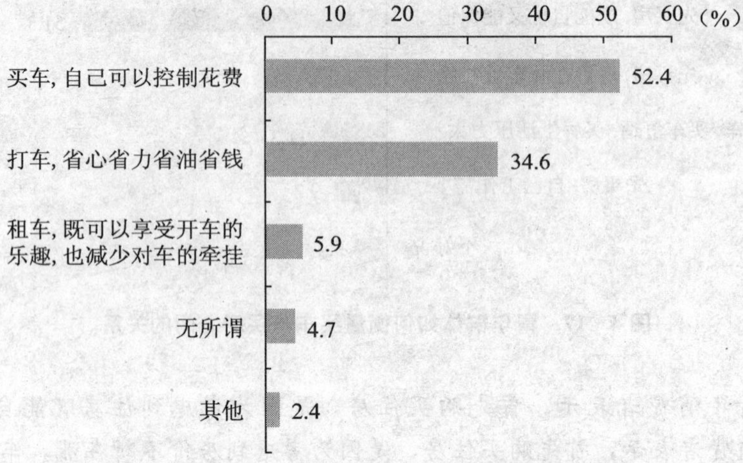

图 4-18　青年群体如何衡量买车、打车和租车的关系

3. 青年群体的购车计划

参与此次调查的 15760 位受访者中，有购车计划的受访者达到 8142 位，占总体受访者的 51.7%，不同的年龄，不同的家庭月收入，决定了其汽车消费观念的不同和不同的购车计划。

(1) 购车预算

5 万元以下：主要集中在 26～30 岁年龄层次，家庭月收入 2000 元以下和 2000～5000 元的消费群体中。

5 万～10 万元：在各个不同年龄层次的青年消费群体中选择比例相差不大，是所有年龄层次的消费群体购车的主要选择之一，主要集中在家庭月收入 2000～8000 元的消费群体中；

10 万～15 万元：在各个不同年龄层次的青年消费群体中选择比例相差不大，是所有年龄层次的消费群体购车的主要选择之一，主要集中在家庭月收入 8000～15000 元的消费群体中；

15 万～20 万元：集中在 36～40 岁年龄层次，家庭月收入 15000～30000 元的消费群体中；

20 万元以上的汽车，在各个不同年龄层次的青年群体中选择比例都相对偏低，主要集中在家庭月收入在 3 万元以上的消费者中。

从新华信调查数据中，我们可以看出，青年群体的购车计划中，高价位的汽车并不是主要的购车选择，经济型汽车成为他们的青睐对象，而且目前车市的经济型汽车不仅性价比高，更不乏时尚个性的元素，恰到好处地能满足青年群体的购买需求，如图 4-19 和图 4-20 所示。

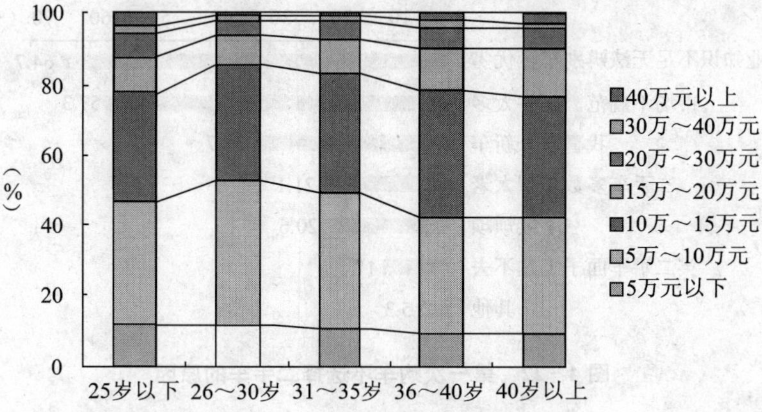

图4－19　不同年龄青年群体的购车预算

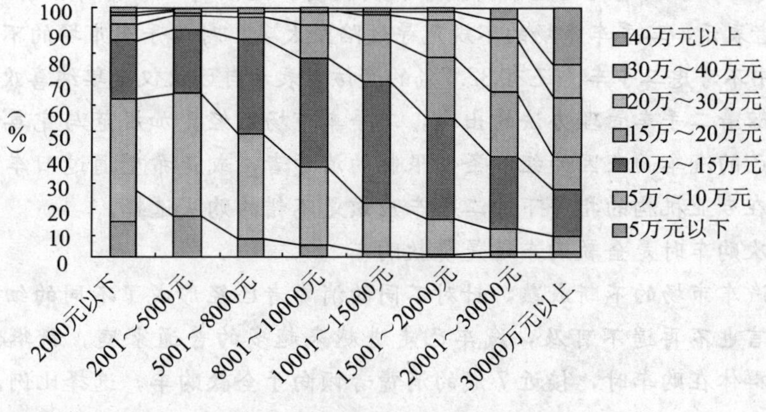

图4－20　不同家庭月收入青年群体的购车预算

(2) 购车首选新车还是二手车

新华信调查结果显示，八成以上的青年群体，在买第一辆车时，都倾向于购买新车，选择比例为83.5%，倾向于购买二手车的比例仅为9.4%。其实，对于青年消费群体而言，普遍追求舒适、时尚，购买第一辆汽车时，自然多偏重于新车。首次购车时选择二手车的消费者，主要集中在25岁以下，家庭月收入在2000元以下的青年群体中，如图4－21和图4－22所示。

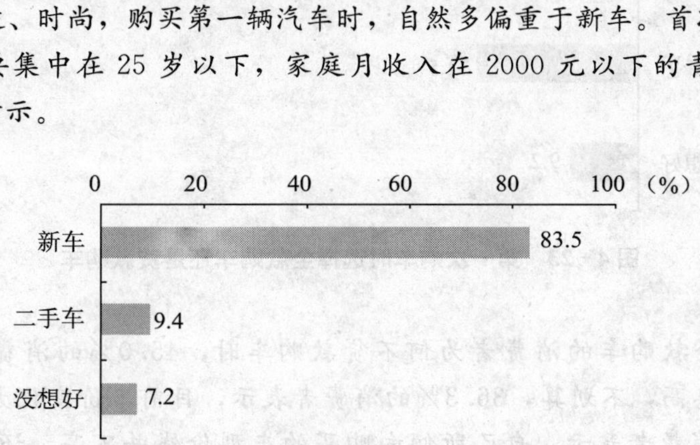

图4－21　买第一辆车时考虑新车还是二手车

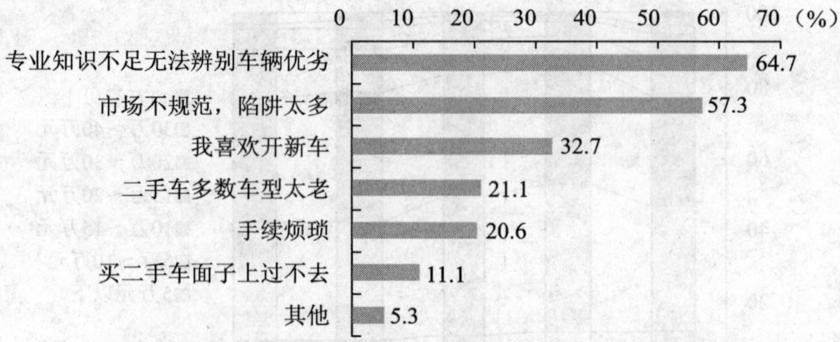

图 4-22 第一次购车不选择二手车的原因

而在问及被访者为何在第一次购车时不选择二手车的原因时，64.7%的青年消费者表示，由于自身专业知识的不足而无法辨别车辆的优劣，无法对二手车作出有效的价值判断，57.3%的被访者表示，二手车市场的不规范导致陷阱太多，对二手车市场的不信任使之在第一次购车计划中不考虑二手车。还有32.7%的受访者表示自己仅仅是单纯喜欢开新车。

事实上，随着二手车管理办法的出台，二手车市场已经更加规范与完善，对于那些希望拥有一辆自己的汽车而又因为经济条件限制的消费者，或是希望通过旧车来练习驾驶技术的消费者，在专业机构的指导下，二手车应该是不错的购买选择。

(3) 第一次购车时是全款购车还是贷款购车

随着中国汽车市场的不断成熟，针对不同的消费者已经形成了不同的细分市场，车价对于消费者而言也不再遥不可及，汽车已走进越来越多的普通家庭。新华信调查结果显示，青年消费群体在购车时，接近7成的消费者倾向于全款购车，选择比例为69.3%，而21.5%的消费者则倾向于贷款购车，倾向于贷款购车的青年消费者，随着年龄和收入的增加，选择比例逐渐减少，如图4-23所示。

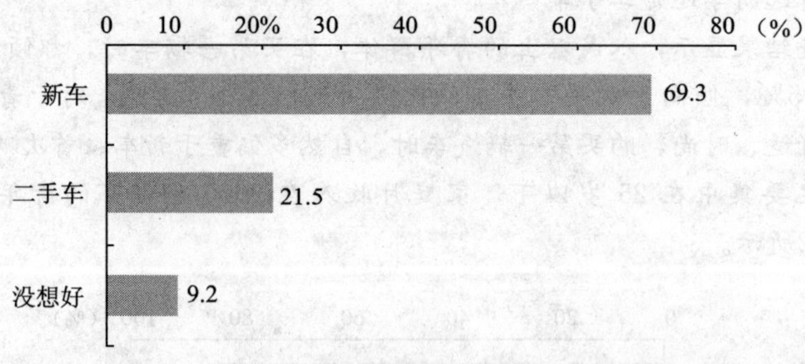

图 4-23 第一次购车时选择全款购车还是贷款购车

在问及选择全款购车的消费者为何不贷款购车时，45.0%的消费者表示，贷款购车，分期付款利息高，不划算，36.3%的消费者表示，目前车价变化太快，贷款购车不划算，32.4%的消费者表示，自己所倾向购买的车型价钱并不高。还有30.7%的消费者则还未把汽车列入购买计划中，认为汽车并非生活必需品而去贷款购车，如图4-24

所示。

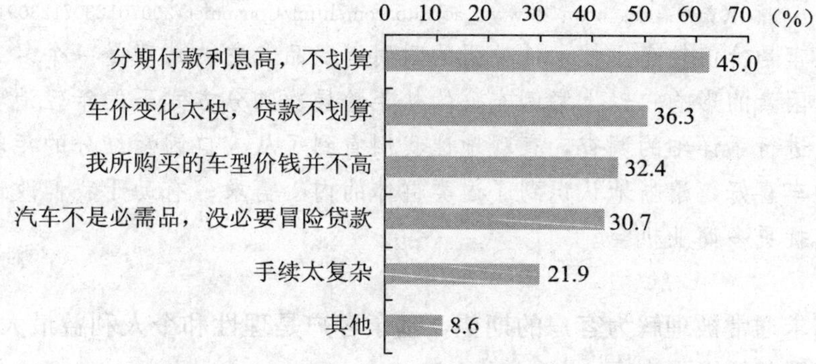

图 4-24 青年群体不考虑贷款购车的原因

结合上述青年群体的购车预算来看，这种现象的出现，是与青年群体在购车决策中以经济型轿车为主要购买对象密切相关的。车价既然在自己的接受范围之内，贷款购车多花费一笔利息费当然是没有必要的。

(4) 购车首选两厢车还是三厢车

尽管在中国消费者的传统观念中，三厢车一直占据着中国车市的主流地位，但近一两年，两厢车的概念已被广大消费者所接受，并成为车市新宠，成为与三厢车并驾齐驱的消费者新选择。新华信调查结果也显示，青年群体对两厢车和三厢车的选择比例相差不大，分别为 50.2%和 49.8%，如图 4-25 所示。

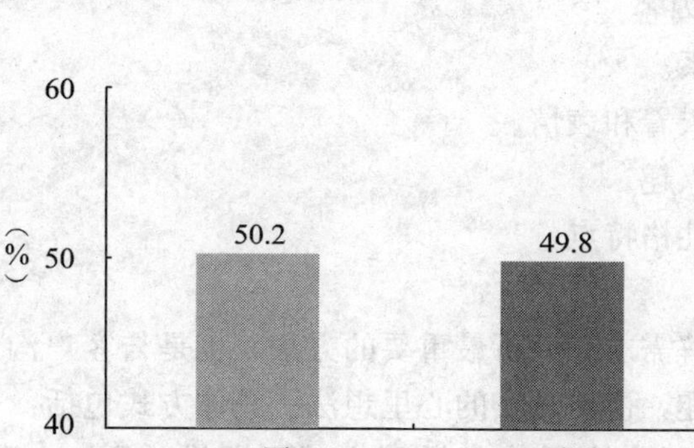

图 4-25 青年群体购车首选两厢车还是三厢车

随着消费观念的逐渐成熟，越来越多的消费者开始倾向于购买两厢车，新华信调查结果显示，在参与调查的受访者中，倾向购买两厢车的主要原因均是看中两厢车较之三厢车的优势。47.8%的消费者表示，选中两厢车是因为其较之三厢车耗油量小，40.6%的消费者表示，两厢车实用性高，35.3%的消费者表示，两厢车价格相对较低。在养车成本日益上涨的今天，我们不难看出趋势，两厢车风行的势头应该还会进一步加强。

作为中国市场最活跃的消费群体，"享受生活，追求时尚"是青年消费者在日常消费中的明显特点。从新华信调查结果可以看出，青年群体的购车需求并非是高价位的车型，而是个性时尚的新车型，要争取到更多的青年消费群体，汽车厂商开发更多具备个性时尚元素的新产品是至关重要的。

（资料来源：http：//www.aojauto.com/html/Consumer/20070123071230913039125l.shtml)

点评：汽车是价值较高、技术性较强的耐用消费品，它的消费是一个复杂的过程，受到一系列相关因素的影响。以上案例充分的从年龄层次细分方式下的年轻消费群体的购车心理的多角度进行了详细的调查，直观地让我们看到了从人口因素细分的年轻消费群体的购车观念和购车喜好，清晰地认识到了这类群体的内心需求；有助于我们改进产品和完善销售策略，捕捉更多商业机会。

客户的需求通常被理解为客户的期望，基于客户是理性和个人利益最大化的前提下，他们的期望一般包括以下内容：

①能够准确理解我的需求并提供给我所需要的信息。

②销售人员介绍的所有信息都是真实可信的。

③能够帮助我选择我所期望的汽车产品。

④选定的汽车产品及价值是我所期望的。

⑤能够以最优惠的价格购买到这款汽车产品。

⑥能够得到最好的服务，充分体现出产品的服务价值。

以上客户的期望中，对产品及价值的期望存在着千变万化的个性化差异，那么我们应该用什么方法准确了解出这些差异，达到迎合消费者需求的目的呢？通常我们会通过观察、询问、倾听和核查等方法对客户的期望进行分析。

1. 进店客户观察的内容

(1) 进店人数及关系。

(2) 客户的外表、衣着和表情。

(3) 对什么车型感兴趣。

(4) 客户的谈吐、性格特点。

2. 主动询问

主动询问方式是了解需求和分析最重要的方法，也是与客户沟通的最重要的环节，它能够引起客户谈话的兴趣，讲出真实的心里想法。具体方式包括：

(1) 采用“4W＋1H”的开放式提问方式。即谁（Who）哪里（Where）为什么（Why）怎么样（How）什么时候（When）。例如：

①我能够为您做些什么？

②平时您家里是谁在开车？

③您现在的顾虑是什么呢？

④您大约什么时候能够参加我们的试乘试驾活动？

⑤您认为我刚才给您介绍的这款车怎么样？

(2) 采用“是否？”和含“多个选项”的提问方式。例如：

①我是否可以给您一些个人建议？

②平时家里开车的是您还是您夫人？

③您先顾虑的是产品的质量还是价格呢？

④您明天是否可以参加我们的试乘试驾活动？

⑤您认为我刚才给您介绍的车型你是否满意？

(3) 主动询问的技巧：

①一般性问题可以直接询问，敏感性问题巧妙询问。

②利用客户的兴趣、担忧、好奇的心态来引导谈话的方向。

③利用封闭式的问题能够得到确切的答案，更容易主动地引导客户的话题。

④利用开放式的问题鼓励客户阐述其观点、评价以及经历，捕捉客户的需求信息。

⑤询问的同时，需要总结、分类客户所有信息，才能更好地与客户沟通。

3. 倾听

沟通是个双向交叉的信息交流活动，而并非部分销售人员所认为的“只有在讲话的时候才会有积极的沟通，倾听也是沟通中一个重要的组成部分。倾听不是“听到”，它是以听到为前提，“听懂”为目的的全过程；是对说话者想要传达的信息的完整和正确的理解。

(1) 倾听常见的误区。

通常销售人员会利用自己不说话的时间假装在听客户的讲话，眼睛会看着对方点头，甚至会发出一些随声附和的声音，以表示他们认同这些观点。但事实上大部分的销售人员此时都在考虑其他事情，比如考虑对方或者是自己接下来要说的话，刚才对方的话表示了什么问题，我应该怎么反驳之类的事情。但他们其实忽略了通常对方在倾诉的时候非常敏锐，容易发现由于对方没有注意力集中而产生的表情和眼神的变化。

还有些销售人员的表现欲望比较强烈，认为自己的信息才是最重要的，对方还未把话说完他们就会迫不及待地提出自己的想法或反驳客户的观点，他们通常认为只要自己不断地引导客户话题，就会使客户信任他们、肯定他们的能力，殊不知客户连自己的观点都没有来得及表达完整，又怎么会很愉悦而又信任地接受他们的建议呢？

另外部分销售人员还有一种不说话，就感觉不是在销售，仿佛一旦停止说话就会失去了对话语的控制权，向客户不断的提供尽可能多的信息。事实上客户或许从内心并不接受销售人员灌输的信息，结果是销售人员喧宾夺主地在滔滔不绝地讲诉自己认为重要的事情，没有了解到客户的信息，而且引起客户的反感。

(2) 倾听的技巧。

放下戒备和反驳的心态，不心存偏见，不讨论和争辩问题，站在客户的立场，以诚恳、专注的态度聆听对方所表达的所有内容。

积极引导客户谈话，让他说出真实的看法和需求，期间不急于打断客户，记录下重要的信息。

忘记自己的观点和想法，去真正理解和分析客户所表达的意愿。例如，客户说的话代表什么意思？他说的目的是什么？从他的谈话中，我能够了解他的需求是什么吗？

4. 核查

核查是根据对客户的细致的观察、询问和倾听后，求证自己所理解的客户需求和个性特点等信息是否正确，以便做出正确的应对方式。

小例子

某4S店的客户沟通信息总结报告

客户现在是否在驾驶其他品牌的车辆?

客户是如何了解我们汽车的品牌的?

客户对本公司的车了解程度?什么渠道了解的?

客户对其他竞争产品了解多少?

客户周围的朋友是否有驾驶本品牌车辆的?

客户最注重的是车辆哪方面的价值?

客户中谁在采购决策中具有影响力,是多少?

购车决策的人数是多少?

客户的个人职业、收入水平?

客户过去的经历哪些是他们最得意和自豪的?

是否认识到客户的稳定的价值观、商业观?

客户平时是否经常会做重要的决定?

客户的性格特征及个人爱好?

评价:由此可见,为了了解客户对产品及价值的期望以及客户的个性化差异,达到迎合消费者需求的目的,4S店在销售管理中非常注重通过观察、询问、倾听和核查等手段了解客户信息,并对其进行总结和分析。

4.4.2 汽车用户类型划分及应对方法

销售人员对于初次见面的客户,除了要详细了解他的需求,还需要充分地了解客户的个性特点和喜好,才能够有效地针对他的这些特点,确定自己的沟通策略,很快地与客户建立良好的友情关系,增加成交的机会。我们通常分为以下几种用户类型:

1. 按购车态度划分

按购买认知度分为理智型和盲目型。

按对推荐的接受程度分为创新型和保守型。

按推销说服的难易程度分为固执型和易变型。

按进行购买决策的速度可以分为果断型和犹豫型。

2. 按与销售人员的关系划分

按对销售人员的态度可分为热情型和冷漠型。

按与销售人员的关系分为融洽型和冲突型。

按关注对象不同分为商品关注型和关系关注型。

按谈判过程中的表现可以分为配合型和挑剔型。

3. 按客户心理中的表现欲和情感度划分

主动支配型。

强烈表现型。

亲切和蔼型。

理智分析型。

(1) 主动支配型

如图 4-26 所示。

①主动支配型客户的言行特征和沟通中的原则

言行特征	● 冷静，但部分想法较为固执 ● 以自我为中心，喜欢控制局面，发号施令 ● 目的明确，是独立的决策者 ● 语气强硬，不在乎他人的情绪和建议
沟通原则	● 充分展示，充满自信 ● 果断应对，直接回答 ● 信息新颖，独树一帜 ● 实事求是，慎重承诺
沟通禁忌	● 不尊重对方 ● 做事经常犯错误 ● 承诺后没有结果

图 4-26 主动支配型客户的言行特征、原则及禁忌

②对应策略

a. 了解信息全面、新颖，以便说服对方之前的固有想法和观念。

b. 准备充分，果断应对，以便沟通时能够充分展示，对做事的正确性提供更多的保障。

c. 说话语气平和，详细了解其想法和需求，切勿顶撞对方。

d. 要实事求是，直截了当地回答，语气刚劲有力，但需注意语气，要以尊重对方为原则。

e. 不要直接指出对方应该怎么做，但可以提出自己的建议，并简单说明其原因。

(2) 强烈表现型

如图 4-27 所示。

①强烈表现型客户的言行特征和沟通中的原则

言行特征	● 乐观、充满激情，重情感交流 ● 思想条理性差，想法通常较为理想化 ● 喜欢参与，追求乐趣，乐于让人开心
沟通原则	● 创造轻松、愉悦的环境 ● 让对方充分表达想法，并使其得到充分的认可 ● 帮助其梳理思路和决策
沟通禁忌	● 失去对方的认同和赞许 ● 不给予表现机会或不认真倾听其谈话

图 4-27 强烈表现型客户的言行特征、原则及禁忌

②应对策略

a. 表现自己阳光、活力、喜欢互动的性格特点。

b. 给予对方充分的表达机会，并认可其优点。

c. 明确目的，讲话直率，并喜欢提出新的观点和建议。

d. 提高对方对自己的信任度，时常给出实例和佐证。

e. 警惕对方反悔，注意凡事以书面形式确定。

(3) 亲切和蔼型

如图 4－28 所示。

①亲切和蔼型客户的言行特征和沟通中的原则

言行特征	● 善于人际交往和沟通，不喜欢与人发生矛盾 ● 忠诚、细致、热心、乐于助人 ● 不喜欢主动，属于迟缓决策者
沟通原则	● 诚信对待，使对方有安全感 ● 对方习惯正规方式和程序办事 ● 真诚的赞赏，使对方有一定的成就感
沟通禁忌	● 给对方造成不诚信的印象 ● 让对方牵强认同自己的观念

图 4－28　亲切和蔼型客户的言行特征、原则及禁忌

②应对策略

a. 谈话放慢语速，不强加自己的观点给对方。

b. 以友好方式相处，理解对方的想法和行为，建立信任关系。

c. 提供力所能及的帮助，给对方诚信、友善的印象。

d. 具有耐心、建立友情关系可以达到最好的沟通效果。

(4) 理智分析型

如图 4－29 所示。

①理智分析型客户的言行特征和沟通中的原则

言行特征	● 天生敏感，注重细节，思维缜密 ● 相信证据，喜欢准确，偏爱完美 ● 爱好分析，过于较真，决策谨慎
沟通原则	● 准备充分，证据完善，使对方有安全感 ● 形容准确，尽量细致描述，增加对方信任度 ● 真诚谨慎，一诺千金，使对方更加放心
沟通禁忌	● 不受重视，缺乏成就感 ● 没有清晰思路，语言所乏逻辑性 ● 反对或指责对方的观点，造成反感

图 4－29　理智分析型客户的言行特征、原则及禁忌

②应对策略

a. 做好准备，完善数据和准确信息，随时拿出例证，表现内容的真实性。

b. 言行举止循规蹈矩，不宜表现过于友好，注意尊重对方的看法和观点。

c. 交流时语速放慢，避免给人急躁的印象。

d. 实事求是，细致描述，注重思维和语言的逻辑性。

了解客户类型及特征后，再根据以前购买耐用或贵重的消费品的经历，回答以下问题来进行换位思考：

a. 有哪些因素能够促使你达成购买或放弃购买？

b. 是否拒绝销售人员的推荐，为什么会拒绝？

c. 当时自己是如何决策的，是基于什么原因产生的最后决策？

d. 如果现在让你重新决定，你还会买同一品牌的产品吗？为什么？

分析原因后，将最终能够促成交易的因素进行排序，并认真研究这些影响不同类型客户决策的共同点和差异；最后，针对不同的各户类型，分别制定详尽的沟通策略和推荐方案。

4.4.3 影响汽车购买的动机分析

客户的购买动机是指驱使客户实现购买活动的内心推动力，它反映了客户物质和精神的需求，这两种需求，通常又被称为显性需求和隐性需求，如图 4－30 所示。

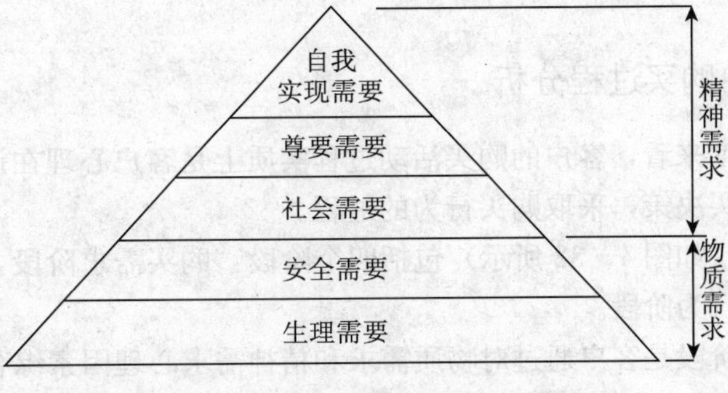

图 4－30 客户购买动机结构图

物质需要包括：生理需要，如衣食住行等；安全需要，如人身安全、职业安全、家庭安全等。

精神需要包括：社交需要，如交际、友谊、归属等；尊重需要，如名誉、地位、权威等。自我实现需要，如理想、追求、成就等。

其中，生理需要位于最低层次，其他需要层次上升，自我实现是最高层次的需要。低层次的需要得到满足后，较高层次的需要才会出现。

通常，客户在购车的时候都非常清楚他们的物质需要，即显性需求产生的购买动机，而精神需要有些客户是没有意识到的，或是意识到了也不愿意承认的动机，即隐性需求产生的购买动机。

汽车销售人员一般比较容易了解到客户的显性动机，而隐性动机则需要我们从客户的交流中分析客户的类型、性格特点、精神需求的各个方面，来判断客户作出购买决定的重要因素，即购买重点。这也是销售人员在通过第一阶段沟通之后的首要目标。

如一个客户的购买重点是价格，那么此款车型的领先技术对他来说就没有什么吸引力了；再如公司销售的是 30 万元以上的高档车，那么你的大部分客户在选择购买时，销售价格并不是他们的购买重点，或许此时他们更看重的是品牌是否能够显示自身的地位，是否能够享受到全方位周到的服务等，如图 4-31 所示。

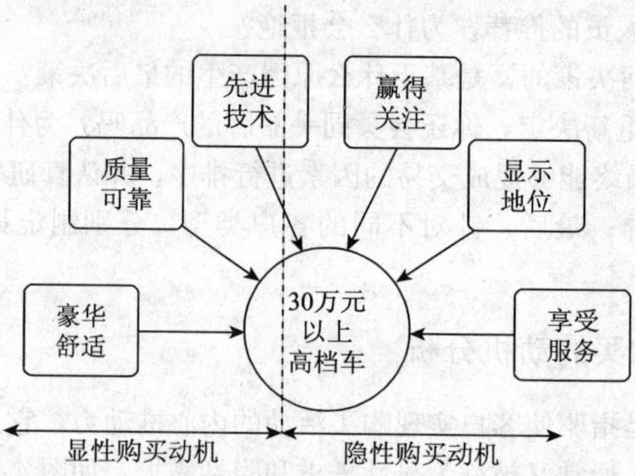

图 4-31　购买高档汽车的显性和隐性购买动机图例

4.4.4　汽车客户购买过程分析

从心理学的角度来看，客户的购买活动过程实质上是客户心理在认识过程、情感过程的基础上，作出购买决策，采取购买行为的过程。

它的整个过程（如图 4-32 所示）包括四个阶段：购买需求阶段，购买动机阶段，购买决策阶段和购买行为阶段。

（1）购买需求阶段是客户通过对物质需求和精神需求心理因素综合形成的，而后经过以往对汽车产品的认知或现有汽车产品的激发、媒介推广或促销信息的促动，形成了明确的购买动机。

（2）一旦购买动机形成后，客户就会主动地寻求和选择汽车产品，并在已选择的汽车产品范围内，通过观察和互动交流，对已知信息进行核实，对未知或疑虑的信息进行咨询，并判断其可信度，形成内心评价。

（3）与此同时，也对汽车产品的价格和服务内容进行考察，最终客户会整合所有已知信息，与心目中预先形成的满意标准进行比较或调整，进行评价，形成购买或不购买以及购买哪一款车型的决策。

（4）形成购买决策的客户，会通过一定的方式和渠道购买自己所需的车型，并努力使购买的汽车外观、质量以及能够接受到的服务与自己形成购买决策时确认的信息一致。

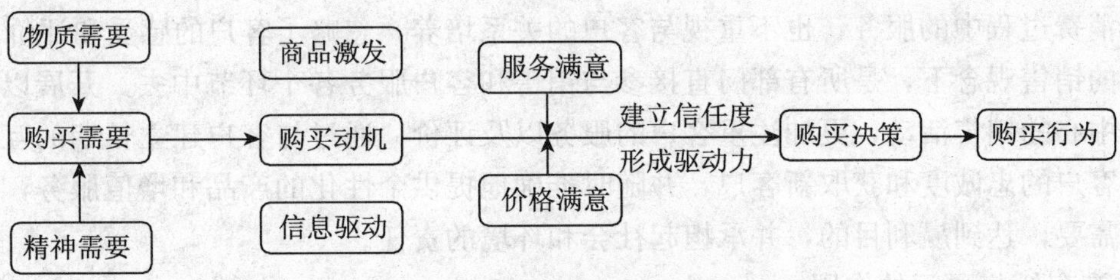

图 4－32　汽车客户购买流程图

根据客户购买过程的心理和行为过程，在汽车销售工作中我们须注意以下内容：

①通过观察、询问和聆听的方式了解客户真实的物质需要和精神需要。

②必须清晰认识客户对产品的了解程度和信息或利益的驱动引发的购买动机。

③通过对客户的类型和个性特征，采取不同的沟通方式，赢得客户的尊重和信任。

④根据客户需求，准确地提供给客户所需要的信息；提供满意的服务，充分体现产品带来的服务价值。

⑤根据需求帮助客户选择他所期望的汽车产品，并以较为实惠的价格提供产品和服务。

4.5　汽车销售实务

1. 汽车销售观念的变化

汽车销售顾问销售汽车的过程实质上是一个完整理解客户，与客户交流解决问题，满足客户需要的全过程，它不仅仅需要通过销售行为满足客户的需求，而且需要在销售观念上与传统的旧观念有所不同，以市场和客户为中心，更加注重服务和与客户的互动，培养客户长期的品牌忠诚度，如图 4－33 所示。

传统销售观念	新的销售观念
● 以销售产品为中心	● 以市场和客户为中心
● 局限于产品销售	● 除产品销售外，更注重服务
● 不过多在乎客户的评价	● 注重客户评价及品牌忠诚度的培养
● 讲求不断获取新客户	● 通过维系客户关系来获取新客户
● 通过大众的媒介与客户交流	● 直接与客户建立互动关系
● 销售标准化产品	● 提供个性化产品和增值服务
● 个人或部门单独为客户提供产品	● 所有部门以增加客户满意度为目标，直参与到销售和服务中
● 只承担赢利的责任	● 承担社会和环境责任

图 4－33　传统销售观念和新的销售观念的区别

传统的销售观念下，通常以销售部门为中心，以媒体广告为推广和促销手段，不断地吸引新客户，等着客户上门，以销售赢利为目的，销售标准化的汽车产品；不会注重客户在整个消费过程中的服务，也不重视与客户的关系培养，忽略了客户的感受和评价。

新的销售观念下，是所有部门直接参与销售和客户服务各个环节中去，开展以市场和客户为中心的销售活动，更加注重客户的服务以及评价，通过与客户建立长期的互动关系来培养客户的忠诚度和获取新客户，并随时准确地提供个性化的产品和增值服务，以满足客户的需要，达到赢利目的，并承担起社会和环境的责任。

2. 汽车销售顾问的作用

在新的销售观念的改变下，作为汽车销售顾问，除了具备基本的素质能力、知晓各种商务礼仪、客户类型和客户购买行为及心理过程以外，还必须建立以客户服务为指导思想的销售理念，具备较为扎实的汽车销售实际操作能力和较强的沟通技巧，并在销售过程中起到相应的作用，才能够更好地体现客户服务所带来的利益和价值。销售顾问的具体作用如下：

①寻找、开发潜在客户，通过初次交流，迅速了解客户的需求，判断出客户的类型和心理。

②接待客户，积极、主动与客户进行有效的交流，善于挖掘客户的兴趣和激起购买欲望。

③根据客户要求，对车辆进行环绕展示和介绍车辆主要性能、特点以及给客户带来的利益。

④正确认识客户的异议，并采取不同的策略妥善处理，促进客户对产品的认同感。

⑤全面了解客户的态度，把握时机试探客户对成交的反映，促成交易。

⑥认真、定期地做好维护客户关系工作，与客户建立长期良好的关系。

3. 4S店的人员销售与其他营销活动的关系

如图4-34所示，4S店的市场营销活动主要有广告宣传、车展、巡展、促销活动和人员销售等方式组成。广告宣传、车展、巡展以及促销活动属于市场拉动行为，通过媒体、展销或促销等方式，有目的地刺激客户的关注，激发客户的购买欲望和购买动机，从而达到拉动产品的知名度和销售量的目的。

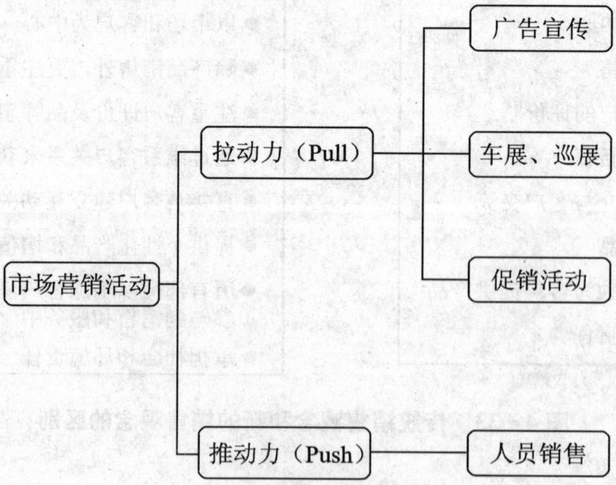

图4-34　4S店的人员销售与其他营销活动关系图

而人员销售则是对市场的推动力，是使客户直接通过汽车产品的体验和与销售顾问面对面的沟通和交流，最终达成销售的一种销售行为。他更加注重消费者与人员的互动，更能够体现消费者在现场对产品的认知程度，直接推动了产品和品牌在客户群中的影响力，同时也能够达成促进销量的目标。

从达成成交的作用力来看，如图 4－35 所示，客户在初次接触到广告、展销和促销方式的时候，通常对成交的影响力较大，所以能够引发客户的关注和购买欲望，但随着客户购买过程的不断推进，它们的作用力会逐渐减弱，而随着客户与产品的近距离接触、人员正面与客户沟通和推荐过程的深入，人员销售的推力不断地增加，最终使得产品成交。两种力量在整个营销活动中形成推和拉组合效用，交替、互补、缺一不可。

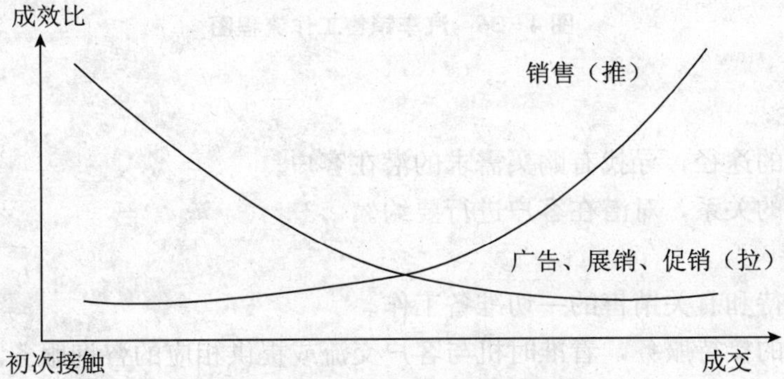

图 4－35　成交作用力图

沟通与体验、信任与互动是人员销售的重点和核心，客户的满意度是人员销售的长期目标；销售顾问的专业程度、销售服务中的各种行为直接影响着消费群体对品牌和产品的印象，形成长期的口碑效应，进一步影响到社会公众对品牌及产品的信任度。因此，我们在销售过程中良好的服务和行为表现不仅仅为了完成销售目标，更为重要的是为了建立和维护良好的品牌形象。

4.5.1　汽车销售流程概述

了解了汽车销售观念的变化和汽车销售顾问的作用、关系和重要性后，我们应该清晰地认识到销售顾问的工作并非单打独斗、凭个人的三寸不烂之舌说服客户购买产品那么简单的工作；它是全员化、流程化，讲求专业性和技巧性的工作。销售顾问要以客户需求为关注焦点，以顾问的身份，围绕客户的购买全过程，提供专业的服务，才能够实现销售。整个汽车的销售活动围绕客户的购买行为可以分为 9 个销售工作流程，如图 4－36所示。

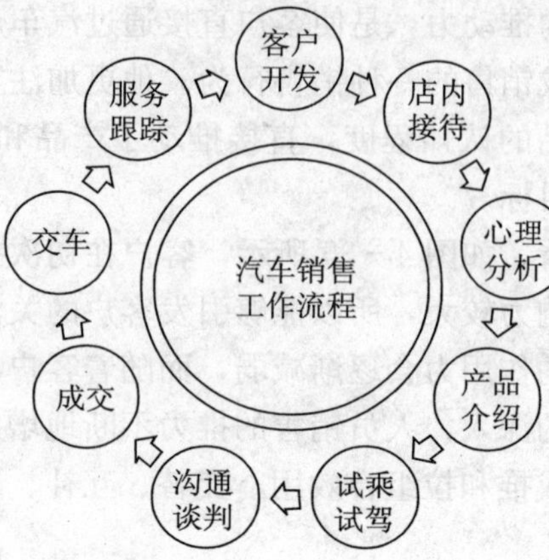

图 4-36　汽车销售工作流程图

1. 客户开发

①通过有效的途径，寻找有购买需求的潜在客户。

②建立良好的关系，对潜在客户进行要约。

2. 店内接待

①做好与接待和有关销售的一切准备工作。

②提供相应的接待服务，看准时机与客户交流或提供相应的咨询服务。

3. 心理分析

①营造轻松的交流氛围，观察、询问、倾听客户的需求，并了解其个性特点。

②准确了解客户的需求和愿望，通过有效的沟通和真诚的服务，给客户留下良好的个人印象。

4. 产品介绍

①结合客户的需求，推荐适合的车辆和配置，重点说明车辆与客户需求一致的重点特性。

②运用沟通技巧，让客户从心理上认同和接受产品以及销售顾问，增加客户对自己的信任度。

5. 试乘试驾

①主动邀约客户先乘后驾，让客户全方位地体验车辆的特性。

②在体验过程中，保证车辆及人员的安全，避免与客户过多的谈话，驾车后主动与客户分享整个驾车的经历，特别围绕重点特性作出详细的解说。

6. 沟通谈判

①运用各种沟通的技巧，详细交流购车的各种细节，并在适当的时候讨论价格问题，需让客户感到价格和优惠是公开透明的。

②并采取不同的方法妥善处理客户的异议，促进客户对产品和价格的认同感，并给予客户充分的时间考虑，避免给客户带来各种负面压力、促成销售后引起反悔。

7. 成交

①在签订协议前，再次确认产品及配置以及购买条件和价格事项，并增加客户的购买信心。

②充分地说明购买车辆的相关事宜，能够享受的服务等，并签订协议，促使成交。

8. 交车

①在交车前按规定进行车辆检查，合格后，按约定的时间和条件，在交车区域交车。

②确保交车时客户服务人员与客户能够对接，并与客户建立长久的关系。

9. 服务跟踪

①在交车的3天内，与客户进行联系，询问客户对车辆使用的状况，并了解其满意程度。

②解答客户所有关于使用车辆的问题，并以客户满意的方式确定与其保持长期联系的方式。

4.5.2 潜在客户开发

1. 潜在客户的寻找途径

4S店的客户并不都是广告播出后就会主动走进店内，销售顾问也并不是坐在店内等着客户上门。所以销售顾问在公司的配合下，不断努力地去发掘新的潜在客户，才能够使销售活动不断延续下去。寻找潜在客户通常有以下几种途径：

(1) 利用各种形式的广告（媒体、网络、户外等）吸引消费者来电或来访。

(2) 参加车展、汽车新闻发布会、俱乐部、汽车文化活动、车友会等，收集主动前来咨询的客户资料。

(3) 利用开展新车上市展示会、试乘试驾鉴赏会以及各类品牌推广活动来选择有购车需求的潜在客户。

(4) 从政府、企业的招标采购、运管处、保险公司、银行证券业等单位协作中，筛选出潜在客户。

(5) 利用既定的促销活动进行区域内的巡展及店内外宣传活动，收集主动参与的客户资料。

(6) 从公司客户资料中的老客户或服务站的外来客户的推荐中，寻找潜在客户。

(7) 利用销售顾问个人的社交圈，寻找有购车需求的潜在客户。

(8) 随机拜访中（报刊、黄页、名录类资料、网络论坛、市场调查问卷）寻找和筛选潜在客户。

此外，还有一些特有的渠道，如可以从驾校或其他行业的客户信息中筛选出潜在的客户。

2. 潜在客户的接触、判断和跟踪

在寻找潜在客户的同时，需建立《客户信息卡》，将潜在客户的所有信息登记，并根据收集客户的时间、客户的主动性以及透露的需求信息等因素确定优先等级，在通过电话拜访、发送信函、登门拜访等方式与这些潜在客户接触，来判断和跟踪潜在客户。

(1) 接触客户的技巧

通过电话拜访、发送信函、登门拜访等方式，必须在行动前做好相应的准备工作。在接触客户的过程中我们通常进行了公司、品牌以及自我介绍后，可以采用以下几种技巧进一步与客户交流：

①问题+好奇接近法。

好奇心理是人们普遍存在的一种行为动机，往往许多客户的购买动机都是受到好奇心理的驱使而引发的。而好奇心的引导，可以通过销售顾问直接面对客户，提出客户感兴趣的问题，引起客户的关注，激发客户的兴趣和好奇感，顺利地过渡到正式的洽谈和邀约过程中去。如：汪先生，你有兴趣来看看双涡轮增压的一款新商务车吗？

②求教＋赞美接近法。

一般情况下，人们不会拒绝向自己虚心讨教的人，我们可以利用前面我们了解的客户类型来分析一下，便可以知道。亲切和蔼型的客户善于人际交往和沟通，不喜欢与人发生矛盾，因此即使存在不太感兴趣的可能性，通常也不会拒绝这种方式；对于主动支配型、强烈表现型和理智分析型的客户都存在的好为人师的心理就更容易接受这种方式了，所以通常用这种方法来接触客户，客户是不会拒绝的。

希望得到赞美是每个人的天性，销售顾问在求教过程中给予客户真诚的赞美来接近客户，会变得更为顺利。但是，销售顾问在求教和赞美的时候要注意恰如其分，切勿故作姿态，反而使客户感到厌恶。

③礼品＋利益接近法。

大部分客户都是看重自己的利益的，销售顾问可以利用这种心理，利用投其所好的礼品来接近客户，也可以直接向客户介绍购买产品能够获得的额外利益来吸引客户，从而可以引发客户的来店咨询和购买兴趣，增强购买信心。值得注意的是，向客户赠送适当的礼品是为了吸引、慰问或感谢客户，并不是为了满足客户的欲望。

(2) 潜在客户判断、跟踪

未必所有收集来的资料中的客户都能够成为您的客户，销售顾问需要通过一定的方式来判别客户购买意向的程度，对症下药，才能够事半功倍。

①判断客户的购买欲望：

a. 客户与产品、品牌的个性特点是否吻合，是否符合产品定位中的消费人群特点。

b. 客户对汽车品牌、产品特性、外观、装饰以及产品的经济性等信息的关心程度。

c. 客户对价格、档次以及购买条件的关心程度。

d. 客户对自己个性化的要求了解和关心的程度。

②判断客户的购买能力：

a. 客户的职业、身份、地位、收入及来源的状况。

b. 客户的购车支付计划是一次性支付，还是期望分期付款，以及首付的金额多少。

③潜在客户的三大原则（MAN 原则）：

M：Money，代表着客户的购买能力。M 表示有；m 表示无。

A：Authority 代表着客户的购买决定权。A 表示有；a 表示无。

N：Need 代表着客户的购买欲望的大小 N 表示大；n 表示小。

通常我们会根据实际情况，将三个因素组合，把潜在客户划分为 8 类：

a. M＋A＋N：最理想的销售对象。

b. M＋A＋n：重点跟进，刺激购买欲望，加上熟练的销售技巧，有望达成销售。

c. M＋a＋N：可以跟进，需要寻找具有购买决定权的人，刺激其购买欲望。

d. m＋A＋N：可以跟进，但需调查收入水平、根据其信用条件给予融资。

e. m＋a＋N：可以接触，应长期观察、培养，使其具备另一条件。

f. m＋A＋n：可以接触，应长期观察、培养，使其具备另一条件。

g. M＋a＋n：可以接触，应长期观察、培养，使其具备另一条件。

h. m＋a＋n：排除在潜在客户之外，无接触的必要性。

（3）客户的跟踪

①跟踪的重要性。

据统计数据表明：

a. 2%的销售是在第一次接洽后完成；

b. 3%的销售是在第一次跟踪后完成；

c. 5%的销售是在第二次跟踪后完成；

d. 10%的销售是在第三次跟踪后完成；

e. 80%的销售是在第四次至第十一次的跟踪后完成。

但几乎形成鲜明对比的是，在日常工作中，我们发现80%的销售顾问在跟踪一次后，不再进行第二次、第三次跟踪，只有少于2%的销售顾问会坚持到第四次跟踪。所以跟踪工作决定了销售的成败，持之以恒的跟踪才能够使我们有机会获得销售上的成功。

②客户分类管理。

通常我们将客户分为三个等级。A类客户为“最有希望购买者”，若按照以上MAN原则分的8种类型来看，特指的就是“M＋A＋N”类型。B类客户为“可能购买者”，特指的就是以上2～4类客户；C类客户为“短期购买希望不大者”，特指5～7种类型的客户。在销售过程中对不同等级的客户，需要分批次，运用不同的策略进行沟通和交流。

③跟踪技巧。

跟踪工作需要注意系统连续性、正确的策略、采取较为特殊的跟踪方式，加深客户对你的印象。

a. 为每一次沟通做好充足的准备，并找到合理而又让对方感到愉悦的理由。

b. 每次跟踪切勿流露出你强烈的销售欲望。

c. 每次沟通必定评价递进的效果，并记录在案。

d. 注意两次跟踪的时间间隔，通常时间间隔为2～3周。

4.5.3 客户接待与产品介绍

1. 客户接待

客户接待是店内销售的首要环节，销售顾问通过接待过程，可以与客户拉近距离、消除客户的戒备心理，引起客户对产品的关注，快速建立彼此互信关系，塑造在客户心里完美的第一印象，为进一步商谈打下良好的基础。

（1）展厅接待的准备

接待前的准备通常也被称为售前准备，其目的是树立专业的销售顾问形象。要求销售顾问不断地提高个人的专业知识和服务技能、增加个人的知识信息量，并准备好所有的服务项目和销售工具，以良好的精神面貌来迎接客户。它包括4个自我准备内容和9个接待准备项目。

①4个自我准备内容，如表4-1所示。

表 4-1　**4 个自我准备内容**

产品知识	销售顾问应该掌握的最基本的专业知识。它主要包括： 掌握各种车型的名称、配置、性能和所有的技术参数，并达到随时详尽地介绍给客户的要求 了解所有能够对自己产品形成竞争的品牌和产品，能够向客户提供两种产品各种技术参数的准确分析，并作出公正的比较 参阅各种与汽车相关的书刊和杂志，了解行业前沿信息、技术运用和未来的发展趋势，并能够结合自己产品的特点介绍给客户
相关知识信息	销售顾问应该不断拓宽自己的知识信息面，提高自己的素质和修养，才能够更容易在与客户沟通中找到共同话题，顺利地与客户进行深入的交往。例如，可以不断丰富以下知识和信息： 社会、经济、工商业等方面的知识和新闻 娱乐、休闲、购物、旅游等相关资讯 金融、房产、投资、理财等相关信息 婚姻、家庭、子女教育等相关话题 文化、体育、人文风俗等相关知识
着装礼仪	标准如下： 统一穿着公司制服，保证合身，保持整洁；衬衣熨烫平整，领口和袖口保持干净 统一佩戴品牌标识或工作牌 保持发型长短合适、整齐干净，指甲修剪整齐，全身保持干净，避免出现体味、汗味、口臭等令人反感的气味 男士不佩戴饰品，女士饰物小巧精致，不超过 3 件 女士着生活淡妆，体现自然、淡雅的气质 袜子与服装和肤色协调，干净、无异味；皮鞋擦拭干净、明亮 随身携带名片、笔和文件夹，以备记录之用
精神面貌	生活应自我调节，睡眠充足、保持清晰的头脑和旺盛的精力 随时展现乐观、积极的风貌，保持亲切、和蔼、谦逊的工作态度

②9 个接待准备项目，如表 4-2 所示。

表 4-2　**9 个接待准备项目**

招待客户准备	展厅内提供茶水、饮料的推车保持完好、干净，并随时供应茶水、饮料、咖啡、香烟
名片	按统一规范制作，将数量准备充足，并随身携带
4S 店简介	店内简介资料是销售顾问最容易忽视的资料，应使用公司的标准文本，并重点熟悉公司的历史、发展、服务的独特性，以便随时向客户介绍
品牌及产品资料	推荐品牌和产品的全套资料以及各种信息单页，并注明其时效性，也可以与名片夹带在一起，方便客户联系

续 表

展车准备	展车保持外观干净，每日有专人负责清洁 保证展车功能正常，前座车窗放下，天窗打开 车胎下放置轮胎垫，展车内放置清洁脚踏垫 检查车内，不应放置任何宣传物及个人物品 检查座椅是否干净，并调整至标准位置 检查展车是否充分充电，以便展示用电设备 展车钥匙放置适当位置，便于保管和随时快速取用 产品介绍所需的图片、道具等
音乐、电视 DVD、CD	店内随时准备轻松愉悦的音乐，以便营造舒缓的交流氛围 检查店内所有的电视、DVD、CD设备，保证正常运行 车内、休息厅内与产品介绍有关的CD、VCD碟片应随时备取
各种表格、单据	报价单、调查表 签约合同、服务项目说明书 保险有关资料及费用清单 按揭贷款或分期付款相关资料和信息
试驾准备	试驾车的清洁、整理、维护保养 检查试驾车的保险（全险）是否过期 停放在固定的试驾车预留位置 保持适当的油量（20升左右） 试驾承诺书、试乘试驾评估表的准备
交车准备	协调好相关部门，落实对接人员及工作安排时间 交车前的所有项目检查；增配、装饰件的安装和清洁等工作 相关的资料、合法文件的准备

(2) 接待客户工作流程

接待客户是建立关系的第一步。接待过程中热情、周到和专业的服务会使客户感受到一种轻松、舒适的环境，感觉到销售顾问的专业和热情，消除客户的疑虑和紧张情绪，以便销售活动的进一步开展。

接待客户的行为标准：

①客户进入展厅前后：

a. 在接待准备区保安人员或前方值班的销售顾问观察到达的客户，及时礼貌的问候，了解来店客户人数和姓氏，并通知展厅大门内的销售顾问。

b. 客户进入展厅时，销售顾问称呼客户，热情迎接，及时递上名片，简单自我介绍。

c. 观察其目光，简单询问来访的目的，并与客户同行人员一一招呼。

d. 若正在接待其他客户而无法出迎，应委托同事说明缘由，代为迎接。并第一时间点头招呼，请客户稍等片刻，尽快接待。

小技巧

通常客户在初次到店后，在陌生的环境中，看到陌生的人，内心缺乏安全感，因此才会出现戒备心理。在这种状态下，一般销售顾问都会微笑地问道："有什么可以帮助您的吗?""我们这里正在做××优惠促销活动，您可以了解一下，看看您是否感兴趣?"，事实上，这类问题过于直接，有时候连我们自己也不愿回答。

我们可以试一试另外一种封闭式的选择问题询问客户。如："您好，来到我们这里，我们非常高兴。这是我的名片，您可以叫我××。您到我们展厅就是我们的客户，买不买车没关系，我们都应该努力让您满意。您看是自己先熟悉一下，随便看看呢，还是有重点地给您介绍一下，或者我们那边有休息区，您先喝杯饮料，我拿几份资料给您看看?"

让我们来分析一下刚才这个例句。第一个层次表明，"您是客户，买不买车没有关系"，通常能够使客户的防范削减一半；接着说"我们都应该努力让您满意"，让客户有种被服务的感觉，有了点主人的感觉，内心的想法转化成：毕竟我是客户，你会争取我的满意的；买不买车都一样，也就是说即使你给我服务，我没有选择购车，也不亏欠你们什么。想到这些，客户的戒备心理自然就会削减大部分。

然后提供三个选择问题，客户可以轻松地在三种选择中随意选一种。若他选择自己看看，说明客户的防范心理还没有彻底消除。如若选择让你重点介绍一下，说明防范心理已经完全消除，客户获得了较高的安全感。若客户先去休息区喝饮料、看资料，那么他的陌生感还未完全消除，介于上面两种情况之间。通过问题的回答，我们可以很轻松了解到客户的心理状态，并进一步准备好相应的沟通策略。

②客户自行看车时：

a. 请客户随意，并说明等候服务的意愿和所在位置。如："您先看看，要是有什么需要请随时叫我，我就在前台那边。"

b. 注意与客户保持一定的距离，避免客户有心理压力，在客户所及范围内，注意观察客户需要。

c. 主动上前交流的信号：客户拉车门时；回头寻找销售顾问时；看价格、配置表时。

③与客户交流时：

a. 从礼貌寒暄开始，主动回应客户的动作或解答问题。

b. 先尽量让客户主动交流自己的看法和需求，并主动迎合客户的话题。

c. 期间主动送上饮料或茶水，并伺机扩大谈话范围，可以有目的地引导客户的话题方向。

小技巧

①迎合客户话题

客户："我感觉有 ABS 装置的车比较安全"。

销售顾问："您一看就是驾龄较久的人才有这样的体会，没错，我就曾经遇到过下雪天开车的危险情况，有了 ABS 就可放心地操纵方向盘了，车辆和人的安全是我们考虑购车的第一要素"。

②主导话题方向

销售顾问："其实，您知道吗? 如今 ABS 技术都很普及了，三四万元的车也有这种装置。你说的类似 ABS 的配置是选择车型，是衡量性价比的四个重要方面中的一个（车辆安全配置这一个方面)”。

客户通常会对其他三个方面突然产生好奇和兴趣。当客户接着询问时，销售顾问继续：“其他三个分别是车辆外形和发动机排量、车辆的操控和舒适度的配置，还有一个就是制造商品牌和质量。”接着销售顾问引导客户的话题就介入到他想转换的其他三个车辆特性上去了。

迎合客户话题分析：

客户就某个问题点谈到自己的观点。这时，我们需要按照客户的观念进行逻辑性转换，并为对方所说的看法提供出一个客观事实依据，提炼出符合观点的结论和自己的看法，来顺应和认同客户提出的观点。案例中的第1部分，销售顾问通过逻辑性的转换，举出自己开车遇到过的例子，印证了客户的观念，得出了一个称赞对方的结论。这种方式通常能够让对方自然和愉悦，引导对方更多表达自己的需求。

主导话题方向分析：

当了解客户的语意后，对客户的观点进行提炼，转换成总结性的话题，而后从这类话题出发，转移话题方向。案例中的第2部分，销售顾问了解到实际上客户关心的是车辆的安全性，通过总结客户的语意，提出ABS是衡量性价比的四个重要方面之一。这一总结性的话题，成功地将客户从关注安全性能这一焦点，转向关心其他三个关键因素。

④客户坐进车内时：

a. 让客户先进入车内驾驶室；进入时，避免客户头部撞到车顶。

b. 帮助客户调整座椅位子，确认客户乘坐的舒适感。

c. 先帮客户关上门后，自己从车头绕到副驾驶位置。

d. 着重介绍客户感兴趣的配置以及车辆的独特买点。

e. 鼓励客户动手感受，实际体验。

⑤与客户坐着沟通时：

a. 让客户先行坐下，并询问客户选择可提供的饮料。

b. 关注客户的随同人员，关注他们对客户决策的影响力。

c. 保持眼神交流、营造轻松、自然的谈话氛围，注意聆听和询问的技巧。

d. 引导客户提出对车辆的看法和感受，并尽力了解客户更多的信息和需求。

⑥客户离去时：

a. 放下手中其他事物，陪同客户到展厅门外。

b. 确定客户的联系方式，并让对方理解留下信息的益处，并告知未取得对方同意，不会打扰，并会注意保密。

c. 征求对方意见，约定下次双方接洽的时间和地点。

d. 感谢客户的光临，目送客户直至其走出自己的视线范围。

2. 产品介绍

产品介绍是汽车销售过程中说服客户的关键一步，有数据表明，在产品介绍过程中作出购买决策的情况占最终购买的70%。但达到要完美地展现车辆特性的讲解，需要销售顾问不断地总结经验和独特的技巧才能够做到。

（1）车辆介绍方法——六方位绕车介绍

奔驰公司是最先运用六方位绕车介绍法向客户销售汽车的。目前我国绝大多数的汽车销售也是采用这种方法。它有助于销售顾问更有条理地记住其具体的内容，并更容易向客户全面地介绍车辆地特征，使客户全面地认识和了解产品的价值。

如图 4－37 所示，按编号顺序从六个方位介绍产品。

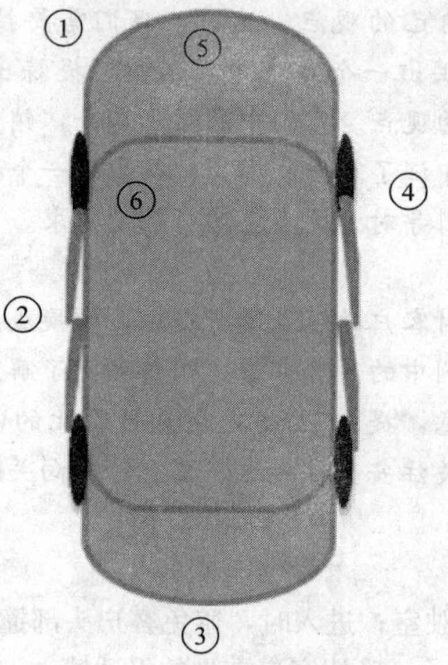

图 4－37　六方位绕车介绍标准示意图

①车辆左前方。

销售顾问站在车前方 45°角左右进行介绍。主要介绍的内容包括：车型的外观、风格、线条、车身高度、保险杠等，进行逐一说明。还可以从中介绍品牌特征和车型的设计理念以及拥有的技术优势等，使客户对品牌整个概况有个大致的了解。

②驾驶座侧。

驾驶座侧的介绍是客户直观体验车辆最细致的一段过程。销售顾问要有比较性地介绍车辆的独特性能。如车辆的安全性能、观察度视野、车内的各种体现通过性、操控性和舒适度等方面的技术及配置。它主要通过介绍如地盘、车胎、轮毂、车身各部位的尺寸、钢板厚度、安全气囊、ABS、EBD、ASR、ESP 等装置及作用、座椅及后视镜、倒车系统、音响系统以及排挡和变速箱等来体现车辆的独特人性化设计，达到刺激客户购买欲望的目的。

③汽车尾部。

介绍内容重点突出尾部外观的优雅、尺寸适宜、方便性以及一些体现细致关怀的附加功能。主要应该体现的内容有：背部的整体造型、制动灯、后窗雨刮及加热装置、尾翼、组合尾灯、尾气排放、燃油系统、行李箱尺寸及容积等。

④副驾驶侧。

销售顾问在这个介绍环节应重点突出乘客的舒适性、安全性及空间大小等一系列汽车的特点。介绍内容主要包括汽车的A、B、C柱，座椅舒适性能、副驾驶安全装置、乘坐空间大小以及体现方便、舒适、为乘客考虑周到的一些巧妙设计和设备等。

⑤发动机室。

站在车头前方偏右侧，打开发动机盖，固定机盖支撑装置，依次向客户介绍发动机的品牌及其先进的技术特点（功率、扭矩、百公里耗油、平稳性、声音、排放标准等）、悬挂、连接系统、转向系统的优越性、发动机舱的布置、可溃缩的吸能区及效果描述等有关信息。

⑥汽车内部

主动邀请客户进入车内，通常是驾驶室位置，并向客户补充介绍内饰装潢、倒车电子设备、内饰做工、车内隔音、车窗、后视镜控制等内容，并给客户演示DVD和音响效果以及各种电子设备。

通常，销售顾问用六方位绕车法向客户完整地介绍车辆的所有特性时，所花费的时间大约为40分钟，每个位置大约花费7分钟左右，有些步骤可以时间短些，有的则需要花费更长的时间。但这里需要提醒的是，并不是向每个客户介绍都需要这么多的时间，销售顾问必须结合客户的需求和兴趣来控制介绍的时间，这样会更容易让客户接受，并对车型以及他所感兴趣的特点产生深刻的印象。

（2）车辆介绍的注意事项和技巧

①销售顾问在汽车产品介绍过程中，需要注意以下事项：

a. 了解产品各个位置应该阐述的汽车产品的诉求点、竞争差异特征和使用知识，熟悉所有竞争对手的产品和特性，才能够在介绍过程中扬长避短，突出产品优势。

b. 介绍过程中，通常需要随时用同级车的一些特性作横向的比较，才能印证其优越性和真实性，但注意切勿贬低和诋毁其他品牌或车型。

c. 介绍内容应集中在客户所关心的汽车特性上，并将这些特性转化为产品的优点，详尽地阐述产品能够给客户带来的利益，还要有充足的证据证明上述性能的真实性和可靠性。

②车辆介绍的技巧：

a. 语言通俗易懂，运用沟通的技巧与客户形成互动。

b. 设法让客户全面参与、体验；即多听、多看、多问、多动手。

c. 在功能叙述时，尽量使用事先准备的图例来吸引客户的注意力，使客户更容易理解，同时也能够加深客户的印象。

d. 在客户无法体会产品特色和实际驾驶的感受时，应使用准备好的道具配合语言和手势动作，来唤起客户的想象力，使讲解更加逼真、生动。

e. 学会收集和使用汽车产品有关信息和故事，在适当的时候可以运用到说明举例中去，用简短、精练的语言表达出来，客户会感觉真实、可靠。

f. 当产品的某项性能不符合客户要求时，应当将这一“缺陷”如实地告诉客户，而后想法将客户的眼光引向客户所需要产品的独特优势上去。这种表明“金无足赤，人无完人”的诚信做法，更多时候是赢得了客户对你的尊敬和信任。

小技巧

制作扑克牌作为销售道具是一种非常实用的方法。这副扑克牌的核心目的就是让最初与客户的沟通集中在所销售的车型的独特技术上，而又不是生硬地、滔滔不绝地背诵技术性的数据。让我们来看看小张是怎么使用扑克牌（如图 4－38 所示）的吧。

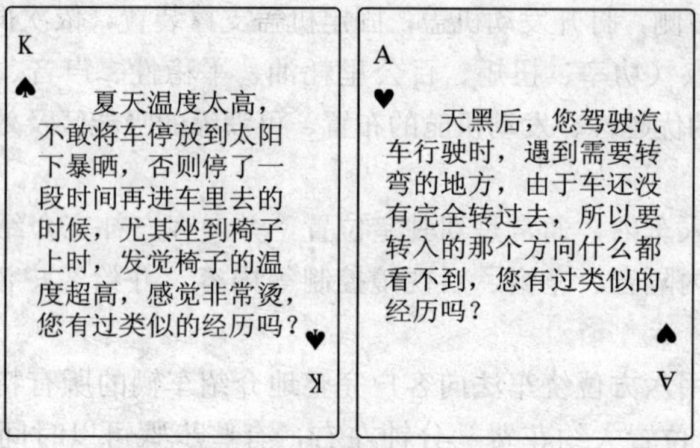

图 4－38　销售道具——扑克牌

小张（销售顾问）：“我应该从哪款车开始给您介绍呢？这样吧，我这里有副扑克牌，您随便抽一张，看一下。”

客户随意地抽取了一张，并习惯性地看了一下这张牌的内容，小张走上前去接过客户手中的牌，好奇地重复了一遍扑克牌上的内容。

“有过这样的情况吗？我过去就有。”小张微笑道。客户肯定地点了点头。

客户：“这挺有意思的，我还能再抽一张吗？”

客户又抽取了一张牌，边看边念出声来：“在行车途中，发现加油提示灯亮了，而您知道距离加油站还有很远的路程。这时候，您是否想知道从现在开始不加油的话，还可以开多少公里？您有过类似的经历吗？”

接着客户又饶有兴趣地抽出一张……

小张：“让我们现在来看看，您刚才抽了红桃 A、黑桃 K 和梅花 J，这三张牌的问题都是我们在对以往客户的调研中收集上来的。分别涉及我们车辆的三个人性化的技术性能，您请上前来看看……”

这种方法既调动了客户的兴趣，又能够自然地过渡到车辆技术、性能配置等方面的问题上去，使客户真实地感受到了产品给他带来的利益和你的专业性，能够获得客户的信任。

值得注意的是，不同的车型具备不同的独特技术功能，需要我们针对自己销售的车型的这些特点来设计。这就要求我们有丰富的驾驶经验，并且对产品的性能非常的熟悉。

4.5.4　试乘试驾

试乘试驾是向客户展示汽车产品的重要手段。通过试驾使客户能够真实地体验销售顾问所讲述的汽车性能，并产生拥有感，从而提高客户对产品的认可程度，增加客户对品牌的信任度。同时，试乘试驾的过程也是销售顾问与客户进一步接触和沟通的过程，销售顾问可以通过在试驾过程中服务态度和水平的展示，取得客户对自身的进一步认可。

1. 试驾前的准备

试乘试驾前除了对试驾车辆的准备外，还包括以下内容：

①根据客户需要体验的汽车性能详细规划试车路线。

②与客户确定具体时间、路程，提醒携带驾照。

③落实客户试驾人数，有何特殊要求。

④证实试驾者的驾驶能力。

⑤准备客户喜好的音乐和物品。

2. 客户到达时的准备

①向客户概述驾驶过程、介绍试乘试驾路线、时间。

②核实客户的驾照，签订试驾协议并提醒遵守交通法规。

③开启车辆，调试冷暖气到适当的温度，播放客户喜欢的音乐。

④介绍仪表及各种功能的使用方法，帮助试乘试驾人员系上安全带。

⑤确认客户对操作已经熟悉，在空旷区域，交由客户驾驶，并协助调整座椅。

3. 客户试乘试驾时的注意事项

①随时提醒客户注意行车安全，遵守交通法规。

②在进入不同试乘试驾路段前，简单描述体验的重点。

③进入体验路段后，简单解说车辆此时发挥出的各种功能和特性。

4. 试乘试驾后的促进要点

①通过与客户沟通试乘试驾的感受，引导客户回到展厅休息区。

②请客户填写试乘试驾评估表，并给予客户试乘试驾礼品。

③根据客户评估表上反映出的信息进行详细的解答，若客户对主要的性能不满意，最好的办法不是通过解释或强调其他特点来扭转客户的看法，而是考虑介绍其他车型。

④若客户对其主要的性能较为满意，可以伺机询问客户的想法来判断签约的意向。

4.5.5 问题和异议沟通、处理

应用案例 4-5

某天，一双夫妇在去了解千里马、羚羊、夏利和优利欧的产品后来到了某品牌汽车的4S店，在与销售顾问寒暄后，双方进入了销售的环节：销售顾问：（将这对夫妇带到车库，用手指着停在车库内的各款轿车向客户介绍）这是59800元的标准型，这是69800元的舒适型和实用型。

客户：59800元和69800元这二款车有什么不同？

销售顾问：59800元这款车没有方向助力、ABS、电动后视镜等。

客户：装一个方向助力要花多少钱？

销售顾问：××××元。

客户：如果我定下来，款怎么付？

销售顾问：可以分期付款，也可以银行按揭。

客户：按揭一个月要付多少？

销售顾问：如果按揭的话，先付40%，余下的分三年付清，每个月只要付××××元。如果你们的经济情况可以一次付款的话，适合买69800元的。如果采用分期付款的贷款方式，就没有必要买69800元，而应该买59800元。

分析与说明：

(1) 当客户问"如果我定下来，款怎么付"的时候，销售顾问应该问这样的问题："您是指59800元这款车呢，还是69800元这款车?"目的只有一个，让客户明确自己会选哪款车。因为客户离开时的理由就是我要考虑选哪款。同时，问清楚客户准备采取什么样的付款方式。

(2) 何种方式付款不是确定车型的条件，车型确定的条件只有一个：客户真实的投资目标。该销售顾问不知道应该先明确客户的购买目标后作产品展示的道理，他们不会主动询问客户将选哪一款车，这是现阶段汽车销售中存在的共性问题，尤其是销售顾问销售的汽车有多种款式时，更容易出现这样的情况。当客户已经明确要买某个品牌的车时，首要的任务就是将客户的需求明确化，即洽谈之前就要弄清楚客户倾向性最强的车是哪一款，然后围绕客户的需求目标，不断强化购买会给他们带来的好处，以及不买会给他们未来的生活和工作带来的不利，这样才有可能将整个销售引向成功。

(3) 当客户问"装一个助力要增加多少钱时"，销售顾问应该了解方向助力对客户是否重要，可以这样问："你要买的车是否要带方向助力"，并根据客户的回答进行下一步的销售。如果客户的投资不足以购买装备方向助力的车，就要向客户强调该车车身重量只有890千克，没有方向助力驾驶也相当轻巧。如果客户的投资足以支付增加方向助力的费用，此时应该强调装有方向助力的轿车更容易操控，特别是在狭小的空间调头时的便利性。

在这个案例中，这对夫妻16:30左右来到展厅，17:30以后他们的朋友赶到，这是一个典型的当天可以成交的销售案例。但到了19:30他们离开时，这对夫妇只留给销售顾问一句话："让我们考虑一下是买59800元的，还是买69800元的那款。"

这是一个10分钟就可以完成的销售，但该销售顾问却花了那么长时间也没有成交。经过分析，发现失败的原因除了没能把握成交时机外，就是这位销售顾问始终忽视了顾客来店的原因，花了大量时间在展示自己对汽车产品的熟悉和了解，特别是当顾客谈到竞争产品"千里马"时，该销售顾问非但没有做转化的工作，去弱化顾客对竞争产品的认同，反而进一步强调竞争产品优于自己产品的地方，即"千里马的外形与这款车的外形没得比"。客观来讲，销售顾问介绍的那款车的外形属于中庸的那一类，虽有部分客户不认同，但因为其优异的发动机性能和最低的油耗，赢得了客户的赞誉。此时，该销售顾问所说的那句话是汽车销售的大忌。其实，该客户为什么会在千里马、羚羊、夏利和优利欧中比较后选择这款车，最主要的原因是投资的问题。他们不是不知道千里马好，但78800元的车价与他们的投资目标有一定的差距。这一点这位销售顾问始终不明白，在销售中一直还在拼命介绍69800元这款车，如果改变一下销售的方式让客户确认售价59800元的标准型，那么当天的销售真不用10分钟就可以完成。

（资料来源：http://www.yourkey.com.cn/Html/xingyejujiao/xingyezixun/2009-4-22/7442629657823.html）

1. 客户产生问题和异议的原因

通常在每一次的销售过程中，销售顾问都会遇到客户提出的各种各样的问题和异议，有的是真实的，有的是隐含了客户其他的想法，我们首先要学会从产生问题和异议的根源入手，才能做到胸中有数，并以客户能够接受的方式来沟通和谈判。究其异议根源可以总结为客户心理和销售服务的原因，如表4-3所示。

表4-3　问题和异议产生的原因

客户心理	销售服务
品牌：客户对产品的品牌印象不佳，不愿意选择此品牌的产品	销售顾问的仪容或自身行为举止造成客户反感或厌恶，使客户不接受推荐
产品：产品的功能和特性与客户对产品的功能需求不一致	过多地使用专业术语，是客户无法完全理解或理解有误，致使客户无法决策
价格：汽车的最终售价与客户心理承受价位不符或想得到更优惠的折扣	操之过急，了解客户信息过少，未正确理解客户隐形需求，导致推介无效
财力：客户的预算不足或目前暂时缺乏支付能力	在报价或价格商讨中未能够说服客户，或使客户无法理解和接受其价格
权力：客户缺乏购买决策权或需要与家庭成员共同商讨后才能够决定	没有给予客户应有的尊敬或服务不周到，使客户对产品和服务产生负面印象
负面信息：客户接收到不正确的信息或受到过竞争对手的恶意诱导	与客户交流时故作姿态、发生争论、抬杠等行为，让客户难堪
疑虑：客户之前接收到的信息与现有信息相互矛盾或对销售顾问提供的信息理解有误	推介过程中未注重客户的参与，没有让客户更多地感受和体验产品，使客户对产品的功能和特性印象不够深刻
信任：出于防范心理或缺乏对销售顾问的信任，对所有信息持怀疑态度	沟通技巧不够，不能够使客户对销售顾问产生信任感，从而质疑产品推介的可靠性
全面：客户认为自己对所有选择范围内的产品未了解全面，无法作出更多比较，担心决策有误	事实调查不正确，应用的数据和实例以及资料不准确，使客户的判断产生偏差或引起客户的歧义、质疑，导致信任度降低

2. 正确认识客户的问题和异议

(1) 问题和异议是客户的必然反应。

汽车销售顾问与客户是两个不同的利益主体，当客户以自己的利益标准去衡量销售顾问的推荐时，自然会因为没有完全符合自己的利益而产生一些怀疑、抵触或否定的反应。因此，针对这种自然的反应，我们应该把它看成是客户在决策前反复思考和衡量的过程。

有调查显示，事实上提出过反对意见的客户中有60%以上的客户最终还是选择了销售顾问所推荐的产品。因此，汽车销售顾问不能以为客户提出反对的意见或问题，就是对自己所介绍的产品或服务不感兴趣，而害怕客户对自己提出异议或反对的看法。

(2) 异议和问题是成交的前奏。

提出异议和问题的客户其实往往是表明了他们真正关心这个产品的心态，对产品已开始有兴趣或是有比较强烈的购买意向，只是他们需要更进一步地了解他们不清楚或不确定的问题，又或者是需要销售顾问满足他们自身的一些要求。如若客户沉默不语，也许他们对产品根本就没有产生兴趣，只是随声附和而已。

客户一旦提出问题和异议，销售便进入了双向沟通的阶段，表明销售又向成功跨进了一步。因此销售顾问既要看到问题和异议为达成成交设立了一定的障碍，也应看到如若抓住这个机会，解决了客户的问题和异议就可以成交的前景。

3. 问题和异议的沟通

（1）问题和异议的沟通的原则。

沟通问题和异议事实上是答疑和解惑的过程，要求销售顾问除了要有良好的态度以外，还需要在沟通时注意以下四条原则：

①事前准备。

销售顾问在根据对客户信息以及个性特征的了解，将客户可能会提出的各种异议和问题列出来，然后考虑使用何种方式和方法进行沟通。在平时，习惯总结客户异议并制定出不同的应对策略，在实践中学会熟练运用。

制定应对策略具体程序是：首先将每天遇到的客户异议和问题记录，进行分类统计；然后依照异议出现的频次排序，出现频率最高的异议排在前面；再针对这些异议和问题以集体讨论方式商讨不同的应对策略，并进行选择、修改、整理成为固定的模版；而后进行反复练习，随时翻阅，达到运用自如、脱口而出的程度。

②换位思考。

站在客户的立场上考虑问题和异议，很容易体会客户的真正想法，找到使客户更容易接受的方法来沟通。同时，也容易使客户对销售顾问产生信任感，从而增进双方的理解和情感交流，缩小了与客户的心理距离，达成双方的共识。

③尊敬客户。

尊敬客户包含两个方面的含义：一是不与客户争论；二是真诚地善待客户。不与客户争论是指在没有足够事实说服客户时，不与客户进行过分的辩解，这样才不使客户感到尴尬和反感。同时，我们需要从内心表现出理解和虚心地接受，并面带微笑，耐心听取，不能认为客户在挑剔；在回答客户的问题和异议时，要讲求语言艺术，不可伤害客户的自尊心。

（2）问题和异议的沟通技巧：

①转折处理法。如表 4-4 所示。

表 4-4　　转折处理法的内容

适用范围	由于客户偏见及信息不正确而产生的异议，并有切实的证据和事实来证明客户的观念和看法有误
具体步骤	首先认同客户的看法有一定的道理，也就是不直接反驳客户的观点，承认其异议。然后再通过有关事实和证据来间接地让客户感受到自己观点有误，同时态度委婉地表达出自己的看法

续 表

优缺点	优点：通过这种“以柔克刚”、间接否定的方法，使客户感到销售顾问对自己的尊敬，客户容易接受和说服 缺点：花费时间较长，且削弱了销售顾问对问题的说服力，容易使客户误认为其可信度较低
案例	“您说的原则上是对的，证明您对我们的产品和汽车一些技术比较精通，其实我也是进入这行业后听到老师教我们才知道的。不过在很多顶级品牌的产品比如……运用这一技术的车型逐渐在减少，而是通过……这一新的技术来达到你所说的安全要求的……”

②反问举证法。如表 4－5 所示。

表 4－5　反问举证法的内容

适用范围	利用反对意见的本身来处理问题和异议的方法，针对客户不恰当的比较而出现的问题和异议，并了解自身产品具有可比优势
具体步骤	首先对客户提出的问题采取不直接回答的方式，就问题本身提出反问，间接强调比较出来的差异性。然后通过举证来证明自身产品的某些的优势，增强说服力
优缺点	优点：正确的比较，实证的说明更能够使客户信服 缺点：可能使客户产生抵触情绪，误认为不尊敬对方
案例	客户：“这些功能在××品牌的××车型上都有，人家比你的价格便宜一万多元。” 销售顾问：“买车是应该多比较一下价格，请问你说的那款车型它采用的那些配件是××品牌的吗？运用的技术都是一样的吗？” “我们的品牌和您提出的××品牌相差很大，例如我们是采用××技术和××品牌的配件，而您说的那款车型是……，我们之前也有客户提出了和您同样的看法，但后来试驾比较后，感觉是相差很远，而且还推荐了一些朋友来看车呢。咯，您看，在那边做保养的车就是我刚才说的那个客户的，您看需要我请他过来和您交流一下吗？”

③转移抵消法。如表 4－6 所示。

表 4－6　转移抵消法的内容

适用范围	针对客户提出的产品不足之处或无法满足客户对产品全面的需求时
具体步骤	首先，接受和认可客户的问题和异议，然后淡化或改变问题和异议的重要性，使客户关心的重点转向产品或性能的优势，而后用这种优势替代或抵消客户原有问题和异议的重要性，并强化其概念，使客户感到所有的优点远远大于那几个缺点，而那些缺点并非决策考虑中的重点

续 表

优缺点	优点：直接接受客户提出的问题和异议，有利于保持良好的人际关系和营造融洽的沟通氛围。利用这种将问题和异议的重要性转移的方法，有效地化解客户对问题和异议的纠缠 缺点：容易使客户误认为提出的问题不能够得到重视，从而使客户的态度发生改变
案例	"您提出的非独立悬挂问题实际上只是操控性的一个较为次要方面，例如"标志307"的后悬也是非独立的，但在同级别里没人否认他的操控性。其实，操控性涉及的方面主要由三个因素来决定：动力、悬挂和制动。而其中动力是操控性的根本和基础，而这款车的动力性是同排量车中最好的……"

④转化补偿法。如表 4－7 所示。

表 4－7　　转化补偿法的内容

适用范围	当客户的反对意见的确提出了产品或服务的缺点，而暂时无法改变时
具体步骤	主动承认有关的缺点，使客户达到一定程度的心里平衡。然后主动提出增加客户认同的相关利益，来给予一定的补偿
优缺点	优点：利用客户之前认同的利益给予补偿，能够使客户不再提及问题和缺点，也不会影响客户最终的购买决策 缺点：来源于客户购买动机和认识水平的异议，很难转化和补偿，还容易使客户认为销售顾问无法处理所提出的问题和异议，对产品失去信心
案例	"您所说的的确是我们忽略了的舒适性问题，虽然现在我们无法为您更换成 VCD，但我们可以考虑给您加装一套效果很好的立体声音响设备，等到厂家生产出配套的VCD，我们还可以按最优惠的价格提供给您，而且可以免收安装费"

⑤其他方法。

预防法：根据客户的需求与客户将要提出特定的问题和异议，先发制人，在客户未提出之前主动提出，并扭转其态度和观点，排除成交障碍。这种方法适合于客户的问题和异议是通过非权威途径获得的信息而产生的；或是其问题和异议是可以通过观念的转化而改变的。其优点是客户对销售顾问产生较高的信任度，再利用这种信任度打消客户的顾虑和疑问。

延期法：针对不了解或短时间内无法解说清楚的问题，采用延缓时间解答的方式来缓解沟通的阻碍，通过对此种问题的后续了解后再与客户解说，使客户感到销售顾问的真诚。如，"对于您所提出的这种专业问题，我可以请教一下我们售后维修的师傅，听听他的建议，对您选择车型来说是非常好的方法"。

忽视法：对于客户提出的一些不太影响成交的反对意见，或"只是想表现自己的看法高人一等"的客户意见，面带笑容地同意，使客户满足了表达的欲望，而后迅速地引开话题，不再深入地讨论。

了解处理问题和异议的处理方法后，销售顾问需要通过长期的经验总结，从中找到既适合自己又能有效沟通的独特方式来提高处理问题的技能，在实际的销售工作中因地制宜，灵活地运用，使问题和异议的沟通既能够完善地得到解决，又能够增进与客户间的感情，让客户感到满意，从而促进成交。

4.5.6 成交

前面在我们分析客户存在问题和异议的原因时提到过，客户通常都会认为自己对所有选择范围内的产品未了解全面，无法作出更多比较，担心决策有误。因此，很少有客户会第一次在展厅接触和沟通后就作出购买决定，而是找借口离开，而后对所有可选择的车型进行比较，权衡利弊，最后作出购买决策。而在客户比较和权衡的过程中，如若销售顾问不能够积极地抓住成交的机会，往往会在这个阶段流失客户，导致销售失败。所以，怎样识别和捕捉成交的机会、实现成交，成为整个汽车销售过程中最为关键的环节。

在以往的汽车销售过程中，我们发现销售顾问会因为较为担心失败，害怕被拒绝，造成心理上的障碍，使自己总是不能把握较好的时机，直接影响成交。有些销售顾问认为自己的技巧和经验不足，没有足够的自信心，期望客户主动提出成交要求；有的则是对成交的期望过高，在无形中给客户造成的心理压力过大，破坏了成交的气氛，引起客户的恐惧或反感，导致成交失败。

事实上，销售顾问只要了解了促成交易的必要条件，能够准确地识别和把握成交的信号，逐渐掌握一定的成交方法和技巧，就会发觉成交的过程其实是可以自己控制和把握的，并且可以随着自身销售经验的积累和技巧的不断成熟，使得自信心不断增加，成交的概率也会变得越来越高。

1. 促成交易的必要条件

从客户的问题和异议产生的原因中我们可以总结出，要促成交易需要具备以下条件：

(1) 客户对销售人员所推荐的产品有全面的认识和了解。

在客户对所推荐的产品完全了解的情况下，是不会接受销售顾问的成交建议的，这也是判断是否能够进入成交阶段的标准。因此，销售顾问应通过恰当的方式来检验客户是否了解了产品的特性，是否对功能或使用还存在任何疑问。

(2) 销售顾问推荐的产品的性能能够满足消费者的需求，且价格是客户能够接受的。

只有产品的性能和特点与客户的购买动机相吻合的时候，才能激发客户的购买欲望，才会受到销售顾问推荐的影响和引导，从而使客户产生成交意愿。

(3) 客户对销售顾问、品牌及产品有足够的信任度。

信任度来自品牌的形象、知名度以及产品的美誉度，也来自销售团队给客户留下的印象、销售顾问在言行举止中给客户造成的影响，还来自销售过程中表露出的诚信和服务，这些都是客户最终是否选择和接受产品的重要因素，只有在上述这些方面都能够达到客户的期望和满意程度，才能够使客户对其产生足够的信任度，最终形成购买意愿。

(4) 销售顾问需在适当的时机促进客户作出购买决定。

确认了以上三条必要条件后，销售顾问就必须对成交的时机有充分的准备，制定相应的对策。同时，准确地把握洽谈中的高潮和良好的沟通氛围，加以诱导，主动提出交易，帮助客户作出购买决定。

2. 成交信号的识别

成交信号是客户通过语言、行为举止和表情流露出来的购买意图的信息。它不是一定要经过介绍、试驾、问题和异议的处理后才表现出来的，而可能发生在销售过程中的任何阶段，而且有的是客户有意识表现出来的，有的则是无意识的流露。销售顾问必须及时、准确地识别这些成交信号，才能有效地把握提出交易的时机。客户成交信号可以分为语言、行为和表情三种信号。

(1) 语言信号。

当客户有购买意向时，通常会有以下几种语言表现：

①客户在了解产品价格后，提出异议，甚至提出要找主管和经理洽谈。

②询问配套的装饰、配件价格以及上牌照所需时间和费用。

③转变前面谨慎态度，表现出对销售顾问的赞扬和夸奖。

④询问相关的售后服务细则或车辆保养的问题。

⑤多次重复同样的问题或多次表示肯定、赞同。

⑥询问货款的支付方式以及提车时间。

⑦询问产品有关详细情况或使用方法。

⑧征求陪同人员对产品的看法或意见。

⑨要求查看商品车。

这些语言信号往往不是特别明显，而且表述方式因人而异，有些是通过质问、异议等方式表现出来的。因此，销售顾问要善于根据实际情况，理解和辨别客户语言。

(2) 行为信号。

行为信号是通过客户的行为举止表现出来的购买意愿，主要表现在以下几点：

①反复触摸、感受或观察车辆的某些细节部位。

②出现靠在椅背上舒展或其他放松身体的行为。

③多次来店咨询，后又带上亲属或朋友一同前来。

④不断徘徊、不断开关车门表现出烦躁不安。

⑤接连电话咨询朋友的看法。

在沟通过程中，销售顾问要学会密切注意和判断客户的各种行为和表现，切勿只顾宣讲自己的观点而忽略了对这些行为的观察，而失去对行为信号的把握。

(3) 表情信号。

客户的心理活动往往都是通过他的面部表情来反映的。对面部表情的观察，是判断成交时机的重要手段。在销售顾问将销售条件和有关细节提出后，有成交意愿的客户通常都会有以下的表情：

①眼睛转动加快，像是在考虑或决定某些事情。

②不眨眼睛，若有所思的目光和表情。

③双眉舒展分开并上扬。

④自然微笑，态度更加友好。

⑤神情活跃，仿佛思想放松。

只要细心地观察和耐心地体验，销售顾问都能够通过语言、行为和表情及时发现客户表露出来的成交信号，再通过一定的技巧和方法加以诱导，成交的可能性就会大大的增加。

3. 成交的方法和技巧

在销售洽谈的后期，销售人员做好了成交的准备，观察到了客户的成交信号后，要在适当的时机，根据当时所处的具体状态和客户的反应，运用不同的成交方法，启发和引导客户作出购买决定。具体方法有以下几种：

（1）请求成交法。

如果在整个介绍和洽谈的过程中，客户对销售顾问的介绍表示接受或提出异议后经过销售顾问的沟通表示满意，从成交信号中表现出对产品有极大的兴趣，但没有明确地提出购买的意愿时，可以适时主动请求客户成交。

请求成交法的核心就是为避免客户在有成交意愿的关键时刻拖延时间，销售顾问观察到客户有购买意愿时，主动说出客户心里的想法，帮助客户确定购买意愿，下决心答应成交。但这种方法如若运用不当，会让一些客户对交易条件产生怀疑或感觉销售顾问有求于他，从而使成交难度增加。

（2）压力成交法。

在客户有意购买、拖延时间或转移话题、左右思量、拿不定主意时，可以运用一些小技巧（如：告诉客户商品车数量有限、促销时间有限等），来向客户提示这是最好的成交机会或采用其他方式，适当地给予客户一定压力，主动提出成交请求，促成交易。

需要注意的是：销售顾问把握时机不准，盲目给客户施加心理压力，会使其产生抵触情绪，破坏了原本非常融洽的成交氛围，甚至导致失去客户。

（3）假定成交法。

当捕捉到成交信号、确定客户的购买意愿时，销售顾问可以假定客户已经确定购买，解答和说明购买后的利益以及涉及的手续等问题，跨越客户较为敏感的成交决定这一话题，自然过渡到实质成交后的使用环节，使客户的决策压力减轻，容易对购买后的满足感产生联想，最终让客户主动成交。

这种方法能够有效地引导客户在无意间形成购买决定，让客户自己不再过多地考虑成交的种种问题。但使用不当会使客户感觉自己的思想受到销售顾问牵制，怀疑销售顾问回避问题、诱惑和误导自己而反感。

（4）利益诱惑成交法。

在成交阶段，先向客户汇总产品的优点带来的利益，激发客户的购买欲望，再根据店内的推广或促销活动向客户提供各种优惠的条件，并强调优惠的有限性和时效性，进一步促使消费者主动提出成交。这种方法在利用产品利益吸引客户的同时，还通过销售让利，满足了客户购买产品的求利心理，双重作用，促使客户成交。

运用此方法要注意在汇总产品能够给客户带来利益时，要有针对性地阐述客户认同或感受到的优点，并使客户认同。在让客户感受到真实的优惠的同时，不要让客户感受到销售顾问语气的软弱，从而怀疑产品的质量和定价。

（5）先易后难，循序渐进法。

通常在客户眼中，汽车产品是花费较大的耐用消费品，决策时往往会产生较大的压力。在销售顾问了解到这种心理压力后，可以通过先解决客户决策中的压力较小的次要问题，排除客户部分心理压力，再解决客户心理压力较大的问题，循序渐进地让客户彻底从决策压力中摆脱出来，对购买产品充满信心，主动成交。（如：销售顾问可以通过赠送客户汽车配套礼包，来解决客户对购车后还需要花费椅套、脚垫、方向盘套、倒车雷达等费用的担忧，而后又通过介绍分期付款优惠项目的方式，来缓解客户因为整车费用花费较大而产生的决策压力。）

运用这种方法的前提是客户对销售顾问有足够的信任度。只有这样，才能使销售顾问在沟通中事先了解到客户所有的决策压力，同时也使客户不会把这种循序渐进的帮助视为陷阱。

（6）选择让步，以退为进成交法。

在运用此方法时，销售顾问需要提前根据了解到的客户的所有信息进行分析，作出几种逐渐退让的成交方案。在销售顾问提出第一种方案被客户否定后，再提供下一套成交方案供客户选择。这种方法能让客户感觉到为达成交易，对方作出了一定的让步，也使自己得到了更多的利益。它既避免了让客户作出是非否定的抉择，封堵了成交的机会，又让客户感觉自己具有对所有方案进行选择的主动权，且增加了成交的可能性。

这里值得注意的是：无论最后成交是否能够达成，都应该保持以客户满意评价为标准的服务理念，时刻注意自己的态度和言行，并对所有客户都表示真诚的感谢。

4.5.7　验车与交车

交车环节是客户最兴奋和喜悦的阶段，客户希望按时、按要求地提到一辆质量满意的车，同时更希望得到满意的服务。销售顾问此阶段必须保持高度集中的精神状态，按标准的流程和服务完成整个交车阶段的任务，努力得到客户满意评价，如图 4－39 所示。

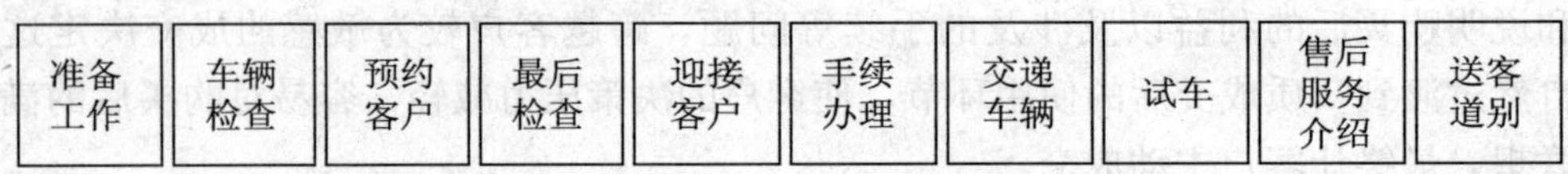

图 4－39　交车标准流程图

1. 交车前的准备工作

（1）交车前的准备工作流程如下：

①签订合同，并收取订金，向客户说明交车的大概时间。

②与售后服务部门具体人员共同约定车辆的检查时间。

③准备交车前的所有文件。

④按 PDI 检查单全面检查，防止漏检。

⑤与客户约定具体的交车时间。

（2）交车准备的文件主要包括：

①商业单据（合同、发票、税票、贷款协议等）。

②临时行车牌照。

③使用说明手册。

④保修手册。

⑤配件保证书（卡）。

⑥费用清单。

⑦完税证明。

⑧保险卡（含交强险和其他商业保险）。

⑨交车确认表、PDI 检查表。

（3）PDI 检查。

PDI（Pre Delivery Inspection）是指新车交送客户前的全面检查，目的是在新车还未交予客户正式使用前，及时检查，发现并按标准处理产品出现的问题。PDI 检查的大部分项目是交由服务部门来协助完成的。在我国汽车服务行业从 2002 年 7 月 23 日起实施的《汽车服务规范》中明确提出了 PDI 检查服务的基本要求，即销售方在将商品车交予客户前，必须保证汽车完好，并提供必要的咨询服务。其主要内容包括：

①汽车的外观，确保外观无划伤及外部装备齐全。

②汽车内饰及设备完好，确保内饰清洁，设备功能正常使用。

③对汽车各项性能指标进行测试，确保所有性能良好。

④保证汽车的配套和辅助设备齐全，且功能正常。

⑤需向客户详细介绍汽车使用常识、汽车产品所有装备的使用方法、保养常识、保修规定、保险常识、各项售后服务的处理程序和其他应注意的事项。

⑥提供 24 小时服务热线及道路救援电话，并随时解答客户在使用中遇到的问题。

PDI 检查的具体项目主要包括 VIN 码（车身识别码）、发动机舱、驾驶室内的设施和装饰、车身及周围、门窗、车身底部和驾驶操作等检查内容。各个品牌的检查项目大同小异，只是在对具体车型的功能性设备的检测项目上会有一定的差异。表 4－8 列出了××品牌主要的 PDI 检查项目。

表 4－8　　××品牌轿车 PDI 检查项目表

VIN 码：＿＿＿＿＿＿＿＿　发动机号：＿＿＿＿＿＿＿＿

发动机仓（冷机时）	检查结果	二次检查	右前门	检查结果	二次检查
冷却液（max）			安全带的操作状态		
发动机机油（L－H）			车门的开关、锁止功能		
清洗液（min－max）			座椅的功能		
制动液（min－max）			内装有无脏迹、损伤		
离合器液（min－max）			发动机舱（暖机后）		
冷却液、油脂类有无渗漏			怠速的状态		
蓄电池接线柱有无松动、腐蚀			有无异响		
线束的固定装置位置			变速箱油（min－max）		
发动机的开关、锁止功能			转向机油（min－max）		

续 表

驾驶室			车身周围	
各灯光（包括仪表、警告灯类）开关和喇叭			车身号、发动机号、品牌是否和合格证相符	
风挡刮雨器及冲洗开关			车门、行李箱、钥匙的功能	
玻璃升降器及中控门锁的功能			遥控装置的功能	
安全带的操作状态			在客户提车前24小时揭膜	
电动后视镜的功能			车身、油漆有无损伤	
各开启开关/拉手的功能			轮胎气压	
座椅的功能			车轮螺栓的紧固情况	
将钥匙插入点火锁使之分别处于0、1、2、3、4位			汽车底部	
内装有无脏迹、损伤			传动轴防尘套是否漏油和破裂	
左后门			球头橡胶是否破裂	
安全带的操作状态			制动系统、发动机、变速箱、转向系统、冷却系统是否有渗漏	
车门的开关、锁止功能			驾驶操作	
内装有无脏迹、损伤			制动踏板的自由行程及效果	
后部			手制动的拉量及效果	
行李箱、汽油盖开关、锁止的功能			有无跑偏（上侧滑仪）	
随车用品是否齐全			离合器踏板的自由行程及踏量	
备胎气压			换挡、油门、转向、车速表、空调器功能	
右后门			处理措施	
安全带的操作状态				
车门的开关、锁止的功能				
内装有无脏迹、损伤				
主管意见：　□同意入库　□不同意入库 主管签名： 服务店签章： 日期：			检查人签名： 日期：	

说明：

1. 检查项目正确打“√”；不正确打“×”，并将处理结果写入“处理措施”栏中，无此项目打“/”。

2. 对于检查不正常打“×”的项目，检查人员要检查是否进行处理。

3. 对于处理后的项目进行二次检查，正常的打“√”，不正常打“×”，无此项目打“/”。

在所有项目检查确认后，由主管签署“入库”意见；此表一式两份，销售部和服务部各保存一份，保存期两年。

2. 交车前预约

①提前给客户电话或信函，告知客户交车的流程和时间。

②征得客户同意后，确定客户到来的时间段及地点。

③询问客户陪同人数，是否需要接送。

④提醒客户带齐必要的文件、证件和尾款。

⑤若遇紧急情况造成延误，第一时间主动向客户道歉并提出解决方案。

另外，在交车前 24 小时内，需与服务部门一同进行最后一次检查，并填写质量合格书和服务热线号码。

3. 交车日接待客户

①在展厅门口电子屏或立牌上注明交车客户姓名及车型，并写上祝贺词。

②销售顾问及主管或经理一同到门口迎接、祝贺客户，并赠送小礼品以示感谢。

③引领客户至商谈区和休息区，并提供饮料。

④向客户简单介绍交车流程以及花费时间，并征得客户的认同。

⑤趁客户心情愉悦时，与客户结算各项费用。

⑥移交有关物品：用户手册、保修保养手册、保险手续、行驶证件、车辆钥匙等。

⑦及时联系其他部门人员协助，使客户在最短时间内完成各种手续。

⑧结合手册与展车，详细说明一些功能的使用，并让客户逐一了解与使用相关各种文件。

4. 车辆的交接

①将客户引领到事先布置好的交车区域，将车钥匙交予客户，并表示祝贺。

②结合《交车确认单》与新车，让客户逐一确认配件、工具、备胎、装潢件和其他物品。

③陪同客户绕车检查外观、内饰及装潢的完好和整洁，使客户感觉满意。

④准备好相关书面文件让客户签字确认后，装入准备好的资料袋，交给客户。

⑤提醒各种税费和保险的有效时间以及范围。

5. 试车

①陪同客户上车，在准备好的试车区域进行试车。

②帮助客户完成一些不熟悉的个性化设置。

③结合《客户使用手册》，向客户介绍各项功能如何使用和操作步骤。

④提醒客户一些注意事项，避免因使用不当对车辆造成损坏。

⑤试车后若客户仍不熟悉，应开车代客户行驶一段距离，以便演练给客户看，而后换由客户驾驶，让其熟悉操作方法。

6. 保修及售后服务说明

①在交车区域介绍对接的服务经理和维修人员，并给客户留下联系方式。

②由客户经理结合《售后服务手册》，详细介绍售后的相关流程和注意事项。

③由维修人员介绍服务和保养项目；保修范围、里程、期限时间等相关事项的说明。

7. 送别客户

①销售经理、主管以及服务部门经理等人员参与送别仪式，感谢客户的支持。

②奉上鲜花或礼品，并放鞭炮，表示热烈祝贺。

③现场全体人员及客户一起与新车合影留念。

④恭送客户开车离去，并挥手道别。

4.5.8 跟踪服务

小例子

摘录：

“报以交友的心态与你的客户保持联络，会让自己的社交网络不断地扩大；彬彬有礼的态度、温文尔雅的语言与客户交流，会使接触过你的客户感受到你“与人为善”的性格和“随叫随到，保证满意”的处事风格以及不断学习、总结过失、不怕挫折的做事方式；使更多的人受到你这种心态和行为的感动，愿意与你交往，愿意给予信任。而能够使客户对你有高度的信任感时，或许你得到的不只是成交的喜悦，更为重要的是你能够感受到对方对你价值的认同。而要想得到这样的评价和结果，需要不断地付出努力，随时保持谦虚谨慎的态度，养成检讨过失、总结经验的习惯，训练良好的行为举止，掌握娴熟的沟通技巧，不断地提高自己的素质修养。”

——一个销售人员的日记

评价：无论是成交或是未能成交的客户，在来店后都会对产品和服务有不同的满意评价，服务跟踪就是为了达到成交的目的或为了提高已成交客户的满意度和忠诚度，主动地对客户进行拜访、沟通、交流，了解客户的需求、意见以及问题，与各部门合作共同对客户的需求服务或对客户提出的问题进行处理，提高成交概率或确保客户满意。

1. 未成交客户的跟踪服务

与未成交客户建立长期的关系，能够了解到来店客户对产品和品牌的评价、总结推荐和洽谈中的过失、打消客户心理的顾虑，继续考虑购买的意愿等信息；也能够像销售人员日记中提到的那样，扩大个人的社交范围，为扩大销售提供更多的机会。

2. 成交客户的跟踪服务

对已购车的客户，需要定期与客户进行回访，了解客户对产品的满意度，发现客户使用中出现的问题；通过各种方式与客户建立长期稳定的关系，可以使双方受益。客户得到了满意的服务，而专营店得到了长期稳定的维修和保养利润。不仅这样，它还给销售人员带来新的交易机会，还能通过客户间的口碑传递，使品牌获得更多人的信赖，从而吸引更多的客户上门，形成一种良好的广告效应。

(1) 跟踪服务通常使用的方法：

①电话回访、电子邮件和手机短信提醒客户保养、天气预报、违章曝光提醒服务等。

②巡展时走访客户；车展时邀请客户参加，竭尽所能地让客户了解到你的关心和服务。

③通过客户档案了解客户的特殊日子，如生日或结婚纪念日等，给客户寄去贺卡或礼物。

④根据客户的爱好和职业特点，向客户提供所需的资料或下载信息，满足客户个性化需要。

⑤定期赠送给客户一份汽车杂志，向客户提供行业和产品的动态信息，并借此传播品牌。

（2）客户互动关系的建立和维护方式。

实质上，客户互动关系是建立在有效、长期、稳定的客户组织基础上的。通过把现有的客户组织起来，并不断地把它扩大，使这个组织能够持续地向客户准确传递产品信息和相关的保养、维修以及改装等方面的知识，解答消费者的疑问、提供及时的售后服务，甚至能够组织集体的娱乐活动，创造顾客需求等功能，让客户享受更多与众不同的利益。

它的目的就是要在企业和商家及客户之间构建一个平台，创造一个互动方式，使客户产生对该品牌长期的忠诚度和信赖感，使企业和商家能够长期拥有这些客户群体的资源，为企业和品牌文化的传播和持续地销售产品，提供一个永不枯竭的源泉。

目前将客户组织化的方式有：成立汽车俱乐部、汽车协会、客户联谊会、创办网上车友会或论坛等。其实，我们还可以抓住其核心，拓展思路，比如建立客户群体间的生活互动平台，让客户能够在互动中享受购物的优先折扣、共享独特的信息和资源等，将客户关系变得更加稳定和固化。

3. 新车跟踪服务的流程

①客户资料建档，保证信息完整。

②交车五天内发出感谢信并电话致谢。

③交车后一周内电话回访客户，询问新车使用情况。

④在适当的时候提前通知客户进行首次保养。

⑤待客户进行首次保养时，将包装后的交车典礼的照片交予客户。

⑥制订明确的回访计划，并实施；注意随时更新客户信息。

本章小结

本章是整本书的重点讲解项目，学生通过本章的学习，要全面地了解汽车销售的各种模式、4S店组织结构和相关的部门职责，重点掌握销售工作的客户开发、店内接待、心理分析、产品介绍、试乘试驾、沟通谈判、成交、交车和服务跟踪这九个环节的内容和所有流程，以及基本的方法及技巧。使学生对整个销售过程有清晰的认识和了解，对学生接触销售实践具有指导意义。同时，希望通过本章的学习，让学生树立良好的学习心态，根据对汽车销售人员的基本素质和能力以及职业形象的要求，来指导自己在平时学习和生活中应该学习的方向和内容。

知识训练

一、填空题

1. 汽车4S店包括：________、________、________、________四个功能。

2. 汽车销售服务包括：________、________和________三种服务。

3. 消费者购买需求包括：________、________和________两类。

4. 汽车用户购买过程有：________、________、________和________四个过程。

5. 汽车销售人员的职业素养和能力要求有________、________、________和________四个方面。

二、选择题

1. PDI 检查是指（　）对汽车的全面检查。

A. 交车前　B. 交车中　C. 交车后　D. 出厂前

2. 问题和异议的沟通原则有（　）三类。

A. 事前准备　B. 换位思考　C. 尊敬客户　D. 达成销售

3. 处理问题和异议的沟通技巧有（　）。

A. 转化补偿法　B. 反问举证法　C. 转移抵消法　D. 转折处理法

4. 以下（　）属于市场拉动行为。

A. 广告宣传　B. 车展、巡展　C. 促销　D. 人员推销

5. 以下（　）属于汽车销售流程内容。

A. 用户接待　B. 产品介绍　C. 交车　D. 汽车维护

三、思考题

1. 汽车销售终端有哪些存在形式？

2. 汽车销售流程包含哪些内容？是否每次接待用户都需要全部经历这些过程？

3. 汽车 4S 店有哪些市场功能？

实训项目

实训项目名称

汽车展厅服务实训

实训目的

1. 掌握汽车展厅服务流程的具体内容。
2. 掌握接待用户的技巧。
3. 掌握用户异议的处理方法。
4. 掌握捕捉消费者需求信息和捕捉达成交易的信息。

实训要求

在汽车营销实训中心完成展厅服务流程的演练（此过程可以由学生分别扮演消费者和汽车推销员完成），一周以后进入汽车销售实训基地，进行三周定岗实践，直接进入销售展厅服务流程的实践过程。

实训时间

一周实训课程，三周定岗实践。

5　汽车销售延伸服务和辅助支持系统

【参考学时】12课时

【任务目标、要点及权重】

任务目标	任务要点	权重
了解汽车销售延伸服务的项目和服务内容	信贷、保险、上牌等服务流程	30%
了解辅助支持系统的用途和功能	ERP、OA、CRM、DMS系统功能	40%
汽车物流系统的应用及现状	物流在汽车企业各环节的应用	30%

引导案例

发展潜力大：信贷消费成汽车销售重要推手

尽管受中国汽车起步晚及国人“能付不贷”、“宁借不贷”、“不花未来钱”等传统观念的影响，中国汽车信贷与欧美发达国家相比有较大的差距。但这几年，随着中国汽车市场的迅猛发展，国人消费观的转变及理财观的增强，中国汽车信贷逐渐升温。

15年后汽车金融有5250亿元市场容量

根据相关部门的统计数据，目前国内汽车信贷消费占整体汽车消费的比重仅为10%，而美国约有90%的汽车销售是通过信贷方式售出，欧洲80%的消费者通过汽车信贷购买汽车。

从中国人民银行1998年正式批准开展汽车消费信贷业务以来，我国的汽车信贷规模从无到有发展很快。2001年，全国汽车消费信贷余额为436亿元，到2002年年末，已上升到了945亿元。据央行公布的数据显示，截至2008年年底，全国各金融机构共发放汽车消费贷款余额1583亿元。其中，国有商业银行余额743亿元，股份制银行余额311亿元，汽车金融公司余额318亿元。2009年，各金融机构汽车信贷业务发展迅猛，如深圳发展银行全年新增汽车消费贷款近60亿元，增长率达180%以上。

央行2010年7月11日公布的数据显示，上半年人民币贷款增加4.63万亿元，与之相对应的数据是，来自购车的需求保持旺盛。据中汽协公布的产销数据显示，2010年上半年汽车产销分别为892.73万辆和901.61万辆。

上汽通用汽车金融有限公司副总经理张晓俊表示，对通用汽车金融而言，中国无疑是一个重要的市场，其今后的发展潜力不可限量。

深发展银行行长助理仇卫平坦言，汽车贷款已经成为深发展银行重点贷款业务之一

（汽车贷款总量已经占10%），目前深发展银行已经将汽车零售金融列入重要战略，信贷额度会得到充分保障。随着国内车市持续火暴，未来2～3年内，银行车贷业务将持续翻番增长。

根据中国汽车工业协会的预测数据，到2025年，中国汽车金融业将有5250亿元的市场容量。

信贷消费成汽车销售重要推手

目前，在国内汽车金融市场，主要有银行信用卡分期付款、汽车金融公司、银行汽车消费贷款三种贷款方式供购车人选择。随着汽车信贷的不断升温，汽车金融正被车企视作促进销售的救市法宝。上海通用、长安福特、丰田等有汽车金融业务的公司纷纷推出了零利率、零首付等汽车信贷业务。

2010年1月，捷豹路虎在全国范围内推出为期3个月的“零利率尊贷领享计划”，市场反应立竿见影，据捷豹路虎中国区财务总监汪东宁透露，2010年1至2月，路虎品牌汽车在北京市场的销量同比增加了200%。

BMW贷款金融服务部门与伙伴银行共同合作，率先推出BMW品牌的贷款金融产品。上汽通用汽车金融公司针对凯迪拉克客户推出的“平衡先享”和“0利率”计划，福特金融联手长安福特推出的蒙迪欧致胜“半付半贷”金融专案，雷克萨斯推出的零利率金融方案、一汽丰田针对旗下主力车型卡罗拉开展了“零负担”购车特惠活动等。据悉，东风日产预计在年内联合东风日产汽车金融有限公司为全车系购车客户提供零利息购车贷款。而宝马金融每年都会推出春季、夏季特惠方案，凡在规定时间内，在指定经销商处购置指定车型，即享受“零月供”及“零利率”等多重优惠。

此外，一些车企还联合银行推出各种优惠贷款业务。如东风雪铁龙开展的“0利率，0利息，1%手续费起银行信用卡贷款”活动；奔腾B70开展的“零利率、零月供”的金融服务；东风日产正在开展玛驰预订信用卡分期有礼活动；北京现代则联手深圳发展银行、中信银行提供“1元信贷”、“常规贷款”、“弹性贷款”等信贷服务。北京现代的车型中，雅绅特、伊兰特、悦动、途胜、领翔、i30、名驭都有信贷优惠活动。其中i30、悦动和途胜这三款车型，可以享受在招商银行、建设银行和中信银行办理一年期贷款零利息零手续费的优惠政策。

中信银行汽车金融中心总经理徐晓华表示，目前国内的汽车金融市场还处于起步阶段，市场潜力还远远没有被挖掘，市场有效供给很不够。也正因为如此，国内汽车贷款渗透率远远低于国际水平，这个市场需要所有的参与者共同努力，将整个蛋糕做大，如果将渗透率由现在的10%提高到国际平均水平的70%，即使每个参与者只分到一小块，规模也会非常可观。

（资料来源：网易汽车综合，2010-08-11）

点评：一直以来，商业银行作为国内金融市场发展的主体，是汽车消费信贷市场的主要参与者和先行者。然而，由于风险意识的缺失，曾造成大量汽车贷款无法收回，形成巨额损失，严重影响了国内汽车信贷业务的发展，由此各个汽车制造企业成立的专注于提供汽车金融服务的汽车金融公司应运而生。大众、丰田、上汽通用、东风日产、福特、奔驰、BMW、菲亚特、标致、雷克萨斯等汽车制造企业纷纷加入到中国的汽车金融行业。

由于这些汽车金融公司对汽车贷款风险监控能力比银行强，已经逐渐发展成为汽车消费信贷重要的参与者。据调查，目前的汽车消费信贷的67%由商业银行主导，剩余33%已由汽车金融公司占领，这足以表明，中国汽车消费信贷市场正由银行单一化发展向汽车金融公司主导的专业化方向发展。

5.1 汽车延伸服务

5.1.1 汽车消费信贷服务

1. 银行汽车消费信贷

通过银行贷款买车有两种方式，第一种是消费者自己到银行办理贷款审批手续，等待放款之后直接去4S店买车；第二种是消费者通过4S店的信贷部门，向银行递交相应的资料办理贷款手续。一般情况下，客户都会选择后者。客户通过银行贷款买车后的还款期内，银行通常将车辆挂靠到汽车经销商或指定的车贷中介公司下进行管理。

办理汽车消费信贷的银行具体规定各不相同，但大致的流程和所需要的资料大同小异。主要的流程如图5-1所示。

客户咨询	客户选车	签订合同	公证	贷款申请	银行初审	交付首付款	办理银行信用卡	办理车辆保险	终审	车辆上牌	交车

图5-1 汽车消费信贷流程

(1) 客户了解贷款政策、要求；选定拟购买的汽车，与经销商签订购车合同。

(2) 公证。在与经销商签订购车合同或协议前，经销商应与公证部门协商并认定统一文本，包括购车人签订的购车合同、同意书、与担保人签订的“担保书”。然后，经销商与客户办理购车合同公证，公证时必须在场的人员有：公证人员、购车人、担保人及销售商代表。办理公证所需材料包括：与原件核对过的购车人、共同购车人、担保人三者的户口本及复印件、身份证和关系证明。

(3) 贷款申请。由经销商协助客户办理贷款申请。通常，客户在提出申请时，应列出以下主要内容：

①贷款的动机和用途。

②贷款的数额与种类。

③申请人的资信状况：包括贷款人的家庭情况、职业、收入及财产情况。

④按要求提供其他有关信用状况的其他真实资料。

一般来说，个人申请需要提供的材料主要包括：

①借款人身份证件、户口本复印件、婚姻状况证明。

②贷款人认可的部门出具的借款人职业和经济收入证明。

③与贷款人指定经销商签订的购车协议或合同。

④不低于首期款的存款凭证或首期款收据。

⑤以财产抵押或质押的，应提供抵押物或质押物清单、权属证明及有权处分人（包括财产共有人）同意抵押或质押的证明，有权部门出具的抵押物估价证明。

⑥由第三方提供保证的，应出具保证人同意担保的书面文件，有关资信证明材料及一定比例的保证金。

⑦贷款人要求提供的其他资料。

⑧若是法人申请还需要提供证明企业及其资产或抵押物等相关的证明材料。

经销商应该准备的相关文件资料有以下内容：

①汽车消费信贷购车常识及注意事项。

②消费信贷购车价格明细表。

③汽车消费信贷费用和本息计算表。

④需客户填写的个人资料明细表、登记表。

⑤汽车消费信贷购车申请表。

⑥个人消费贷款保证合同。

⑦个人消费贷款审批表。

⑧购车合同书。

（4）经销商初审。经销商待客户填写各种申请表和提供相应资料后，应根据银行的规定对客户的资料进行初审，填写初审意见，并提交银行进行鉴定。

（5）银行审查。银行会对申请人的贷款资格、征信情况、担保物的价值以及贷款的风险等方面进行综合评估，作出初审确认，主管领导在消费信贷购车资格审查表、汽车消费信贷申请书、个人消费贷款保证合同等文件的审批栏中签署意见。

初审后，银行通知经销商为客户办理首付款、银行信用卡和车辆保险，而后向银行送交客户资料，银行进行终审。资料内容包括：

①车辆保险投保单。

②委托收款通知书。

③车辆验收交接单。

④公证后的购车合同。

⑤购车发票及各种缴费凭证。

⑥公证处接洽笔录及公证书。

⑦分期付款售车信用保险或保险问询表。

⑧机动车辆分期付款售车信用险或保险投保单。

（6）终审通过后，随同客户及担保人到银行办理以下事务：

①签署个人消费借款贷款合同、个人消费贷款保证合同和委托付款授权书。

②银行信贷部填写个人消费贷款审批表的客户情况及审查意见。

③银行信贷部负责人及行长审批签字。

在银行办理贷款手续后，客户的首付款和贷款都会转入经销商在银行的账户中。经销商在接到银行通知后，由经销商的销售人员协助客户到相关部门缴纳相关费用，办理领取牌照等手续，并办理车辆过户手续，向客户交车，将汽车发票、购车附加费、汽车合同证、行驶证复印件等交回银行。

(7) 经销商建档。经销商建立客户档案保存资料，需要客户在办理分期付款时一并提供的资料包括：

①购车合同原件（附有公证部门公证书）。

②车辆原始销售发票（复印件或扫描照片）。

③车辆购置附加费发票（原件）。

④汽车合格证（原件）。

⑤车辆验收交接单（原件）。

⑥车辆行驶证（复印件或扫描照片）。

⑦停车泊位证明复印件。

⑧本人近期 2 寸免冠照片 1 张。

⑨车辆保险单（原件）。

⑩客户月付款明细表。

2. 汽车金融公司汽车消费信贷

(1) 汽车金融公司消费信贷及特点

如果消费者所购买的车型，其制造企业自身成立有独立的汽车金融公司，那么消费者在经销商处买车可以直接通过汽车金融公司申请贷款。截止到 2010 年 7 月，我国的汽车金融公司有以下 11 家，如表 5－1 所示。

表 5－1　汽车金融公司一览表

成立时间	公司名称
2004 年	上汽通用汽车金融有限公司
	大众汽车金融（中国）有限公司
	丰田汽车金融（中国）有限公司
2005 年	福特汽车金融（中国）有限公司
	梅赛德斯—奔驰汽车金融有限公司
2006 年	东风标致雪铁龙汽车金融有限公司
	沃尔沃汽车金融（中国）有限公司
2007 年	东风日产汽车金融有限公司
	菲亚特汽车金融有限公司
2009 年	奇瑞徽银汽车金融有限公司
2010 年	比亚迪汽车金融有限公司

汽车金融公司的特点：

①汽车金融公司一般只会给购买自己品牌车型的客户提供贷款服务。

②贷款门槛比较低，还款方式要比银行更灵活，比如弹性尾款或零月供零利息等

方式。

③发放贷款的利率范围是：在中国人民银行公布的法定利率基础上最高上浮不得超过30%，最多下调不得超过10%。

④汽车金融公司申请贷款买车后的还款期内，车辆是挂靠到金融公司下进行管理的。

（2）汽车金融公司消费信贷流程

汽车金融公司消费信贷的主要流程包括：

①客户选定拟购车型。

②填写相关申请表和资料，包括：申请人身份证、申请人驾驶证或配偶驾驶证、房产证（如无房产，须担保公司提供担保）、个人收入证明或配偶收入证明。

③等待金融公司或银行的审批。

④金融公司放款。

⑤缴纳首付款并签订合同。

⑥办理新车等级和抵押手续。

3. 信用卡汽车消费信贷

信用卡分期购车计划是目前汽车贷款方式中手续最为简便的一种方式。目前包括建行、招行、民生银行在内的信用卡中心办理信用卡信贷所采用的做法是，对信用卡客户进行初步筛选，通过信用卡消费、信用记录等状况，筛选出一批优质客户，以短信的方式通知客户。如果不属于上述范围，客户可以自行向信用卡中心进行申请，由信用卡中心再进行资质审核后给予发放贷款。

审批快速、费用低是信用卡贷款购车相比一般商业贷款的最大优势。目前，有些银行的信用卡贷款购车当天可以审批完成，有的需要3天左右。通过信用卡购车免去了贷款本应产生的一些其他费用，综合成本也较低；但信用卡汽车消费信贷只针对少部分的品牌及车型，选择余地较为狭窄，且贷款年限较短。

信用卡汽车消费信贷办理流程如图5-2所示。

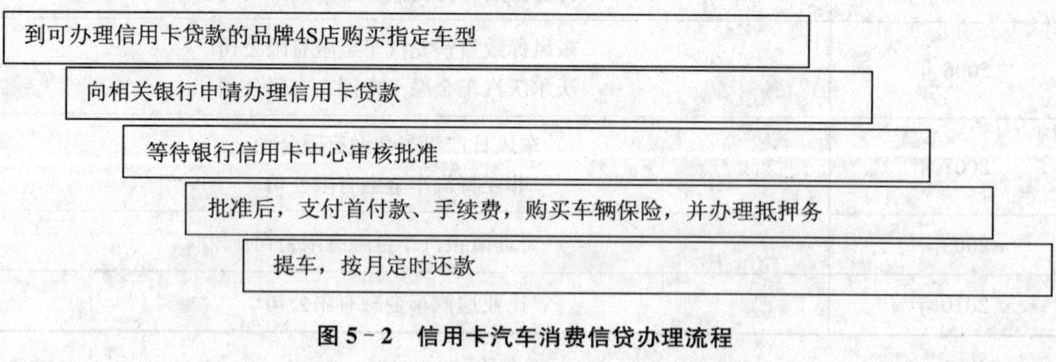

图5-2　信用卡汽车消费信贷办理流程

4. 三种汽车消费信贷方式比较（见表5-2）

表5-2 三种汽车消费信贷方式对比表

类别	贷款年限	费用	审批手续	优势	劣势
银行贷款	3年	通常在基准利率的1.1～1.2倍浮动，实际利率在5.9%～6.34%	一周左右	不限车型和车商，可选车型数量多	手续烦琐，需提供担保和质押物等，并支付较高的额外费用
汽车金融公司	5年	一般在4.99%～11.38%，但经常以经销商贴息方式或“零利率”等方式降低利率	最快当天即可提车	门槛低，审批流程简单，还款方式灵活，享受购车折扣	仅给自己品牌车型提供贷款服务。一般不能提前还款
信用卡	2年	无利息，但有手续费，利率根据分期时间长短利率在3%～7%浮动	3个工作日内	综合费率低，分期灵活	只和指定车商合作，贷款期限短

汽车销售服务人员应全面了解各种贷款方式的区别和准确的操作流程，仔细询问客户的自身情况，详尽地向客户介绍各种消费信贷的特点，并根据客户的需求和最满意的方式，严格按照相关规定办理。切勿按照自己的意愿为客户极力的推荐，使客户感到反感或厌恶甚至为达到成交的目的弄虚作假，帮助客户提供各种虚假证明。

5.1.2 汽车保险服务

汽车保险是承担机动车由于自然灾害或意外事故所造成的人身伤亡或财产损失的赔偿责任的一种商业保险。

1. 汽车保险的种类

汽车保险由强制汽车保险和非强制商业汽车保险两部分组成。其中，常见的险种见表5-3。

表5-3 汽车保险一览表

强制汽车保险	机动车交通事故责任强制保险（简称交强险）	
非强制商业汽车保险	基本险	车辆损失险、商业第三者责任险
	附加险	全车盗抢险、车上人员责任险、无过失责任险、车载货物掉落责任险、挡风玻璃单独破碎险、车辆停驶损失险、自燃损失险、车身划痕损失险、新增加设备损失险、不计免赔特约险、特约救助条款等

其中，全车盗抢险、车上人员责任险，既可以列入基本险也可以列入附加险。不同的保险公司对此规定不同。如太平洋保险公司制定的《机动车辆保险条款（C)》中，把全车盗抢险和车上人员责任险作为基本险，可以单独投保。

2. 车辆保险内容

（1）机动车交通事故责任强制保险。

机动车交通事故责任强制保险（以下简称“交强险”）是我国唯一由国家法律规定实行的强制保险制度，是由保险公司对被保险机动车发生道路交通事故造成受害人（不包括本车人员和被保险人）的人身伤亡、财产损失，在责任限额内予以赔偿的强制性责任保险。

（2）基本险。

基本险主要是指车辆损失险和第三者责任险。

车辆损失险是对被保险人或其允许的合格驾驶员在使用保险车辆过程中，因保险责任造成保险车辆的全部或部分损失及合理施救费用，保险人负责赔偿的险种。

第三者责任险是指被保险人或其允许的合格驾驶员在使用保险车辆过程中，发生意外事故，造成第三者的人、物损失，应由被保险人赔偿的，保险公司依照国家相关的法律、法规和保险合同的规定，予以赔偿。

交强险与第三者责任险的区别是：首先，两者承保方式不同。交强险是强制性保险，保险公司不能拒绝承保，也不得随意解除合同，而商业第三者责任险是在双方完全自愿的情况下签订的。其次，两者的赔偿方式也不同。交强险按照最高限额内进行无责任赔偿。即凡发生交通事故，造成人身伤亡、财产损失，保险公司就要先行赔付。而商业第三者责任险则是投保人负有责任时才给予赔付。另外，两者的保障范围不同。交强险的赔付范围较广，免责的情况较少。即使是在无照驾驶和酒后驾驶肇事，保险公司也要先行垫付抢救费用，只有被保险人是故意肇事或车辆是在被盗期间肇事时，保险公司才可拒赔。而商业第三者责任险规定有“除外责任”，如属于酒后驾车或无证驾驶引发的交通事故，保险公司可以拒赔。

（3）附加险。

附加险是在投保了基本险以后，为提高风险保障而增加投保的险种，常见的有：全车盗抢险、车上人员责任险、无过失责任险、车载货物掉落责任险、挡风玻璃单独破碎险、车辆停驶损失险、自燃损失险、车身划痕损失险、新增加设备损失险、不计免赔特约险、特约救助条款等。

①全车盗抢险是指保险车辆在全车被盗窃、被抢劫、被抢夺，及其过程中造成车辆的损失，保险人负责赔偿的险种。

②车上人员责任险是指被保险人及其允许的合格驾驶员在使用保险车辆过程中，发生意外事故，造成保险车辆上人员的人身伤亡，依法应由被保险人承担的经济赔偿责任，保险公司在保险责任范围内负责赔偿的保险。

③无过失责任险是指车辆在使用中，因与非机动车辆、行人发生交通事故，造成对方人员伤亡和财产直接损毁，保险车辆一方无过失，且被保险人拒绝赔偿未果，对被保险人已经支付给对方而无法追回的费用，保险公司负责给予赔偿的保险。

④车载货物掉落责任险是指车辆在使用过程中，所载货物从车上掉下来造成第三者遭受人身伤亡或财产的直接损毁，由保险公司负责赔偿的保险。

⑤玻璃单独破碎险是指保险车辆在使用过程中发生玻璃单独破碎，保险公司在保险责任范围内按实际损失赔偿的险种。

⑥车辆停驶损失险是指车辆发生车辆损失险范围内的保险事故，造成车身损毁，致使车辆停驶而产生的损失，保险公司按规定进行赔偿的保险。

⑦自燃损失险是指保险车辆在使用过程中，因本车电器、线路、供油系统发生故障及运载货物自身原因起火燃烧，造成保险车辆的损失，保险公司在保险责任范围内负责赔偿的险种。

⑧车身划痕损失险是指车辆因发生无明显碰撞痕迹的车身表面油漆单独划伤而带来的损失，保险公司根据规定按实际损失负责赔偿的保险。

⑨不计免赔特约条款是指保险车辆发生车辆损失险或第三者责任险的保险事故造成赔偿，对其在符合赔偿规定的金额内按其所投保基本险（或附加险）规定计算的按责免赔金额，保险公司负责赔偿的保险。

⑩新增加设备损失险是指当车辆发生碰撞等意外事故造成车上新增设备（是指除车辆原有设备以外，被保险人另外加装的设备及设施。如加装制冷设备、CD及电视录像设备、真皮或电动坐椅等）直接损毁时，保险公司按实际损失赔偿。

⑪特约救助条款是指车辆在行驶过程中发生事故或故障，保险公司给予规定范围内的赔偿或救助的保险。

3. 投保人、被保险人、保险人

投保人是与保险公司订立保险合同的人；负有支付保险费义务的人。在汽车保险中，投保人指汽车办理保险并支付保险费的团体或个人。通常是汽车的所有者或使用者，但投保人不一定是车主本人。

被保险人是指其财产或人身受保险合同保障，享有保险金请求权的人。在汽车保险中，被保险人通常是指汽车的所有者，即行驶证上登记的车主。

保险人也称为保险公司，是与投保人订立保险合同，并承担赔偿或给付保险金责任的保险公司。在汽车保险中，保险人就是有权经营汽车保险的保险公司。

4. 汽车保险单证

在汽车保险中主要有下列几种单证：

（1）投保单：是投保人申请投保保险的一种书面凭证。投保单通常由保险公司提供，有固定的格式，由投保人填写并签字或盖章后生效。保险公司根据投保人填写好的投保单的内容出具保险单正本。

（2）保险单：也叫保险单正本，是保险公司与投保人订立保险合同的书面证明。保险单由保险公司出具，主要注明保险公司与被保险人之间的权利、义务关系。它是被保险人向保险公司进行索赔的凭证。

（3）保险卡：由保险公司签发给投保人，记载保险单正本中的主要内容，便于保户随身携带的卡片式的简单凭证。

（4）批单：是为变更保险合同内容，保险公司出具给被保险人的补充性的书面证明。

（5）保险费发票：是保险费付讫的凭证。目前，除中国人民保险公司仍为收据外，其他各财产险公司均为税务局监制的正式发票。

5. 车辆保险流程

保险公司承保业务的流程大致相近，主要有以下流程：

（1）客户投保，包括客户填写投保单，交纳保费；

（2）保险公司承保、签订保险合同，包括核保、出具保单，出具保费的收据；

（3）保险车辆发生损失，客户直接向保险公司提出索赔；保险公司立即进行现场勘察和核实；若属于保险责任，保险公司支付赔偿；不属于保险责任，保险公司拒绝赔偿。

6. 客户购买汽车保险应注意的事项

（1）对保险重要单证的使用和保管。投保者在购买汽车保险时，应如实填写投保单上规定的各项内容，取得保险单后应核对其内容是否与投保单上的有关内容完全一致。对所有的保险单、保险卡、批单、保费发票等有关重要凭证应妥善保管，以便在出险时能及时提供理赔依据。

（2）如实告知义务。投保者在购买汽车保险时应履行如实告知义务，对与保险风险有直接关系的情况应当如实告知保险公司。

（3）购买汽车保险后，应及时交纳保险费，并按照条款规定，履行被保险人义务。

（4）合同纠纷的解决方式。对于保险合同产生的纠纷，消费者应当依据在购买汽车保险时与保险公司的约定，以仲裁或诉讼方式解决。

（5）投诉。消费者在购买汽车保险过程中，如发现保险公司或中介机构有误导或销售未经批准的汽车保险等行为，可向保险监督管理部门投诉。

7. 协助客户投保过程中的注意事项

由于各家保险公司推出的汽车保险条款种类繁多、价格不同，因此店内销售服务人员在协助客户购买汽车保险时应注意如下事项：

（1）建议合理选择保险公司。在协助客户办理汽车保险前，应对市场上的保险公司营业机构有所了解，并建议客户选择具有合法资格的保险公司营业机构购买汽车保险。汽车保险的售后服务与产品本身一样重要，因此在协助客户选择保险公司时，要了解各公司提供服务的内容及信誉度，以充分保障客户的利益，合理地降低保险购买成本。

（2）合理选择代理人。当客户通过代理人购买汽车保险，应及时提醒客户选择具有执业资格证书、展业证及与保险公司签有正式代理合同的代理人；应当了解汽车保险条款中涉及赔偿责任和权利义务的部分，提前给客户详细介绍，防止个别代理人片面夸大产品保障功能，回避责任免除条款内容，使客户蒙受不必要的损失。

（3）了解汽车保险内容。一般来说，保险责任比较全面、赔付金额较高的产品，保险费也比较高；保险责任少的产品，保险费较低。因此，在协助客户办理汽车保险时，应当提醒客户认真了解各种险种的条款内容，重点条款的保险责任、除外责任和特别约定，被保险人权利和义务，免赔额或免赔率的计算，申请赔偿的手续、退保和折旧等规定。此外还应当注意汽车保险的费率是否与保监会批准的费率一致，了解保险公司的费率优惠规定和无赔款优待以及退保手续等一系列的规定，并建议客户根据自身的风险和特征以及实际情况选择个人所需的风险保障。

5.1.3 费用缴纳与牌证办理

1. 购车检查

通常，在客户购车后，店内的销售服务人员需要协助客户办理新车检验，并缴纳验车费等手续。

(1) 在检验前做好的准备工作包括以下内容和步骤

①准备好车主身份证、购车发票、车辆合格证、使用说明书、发动机和底盘（大梁）编号的拓印件。

②清洁车辆表面灰尘；检查汽车有无漏油、漏水现象。若发现渗漏，须修复后再次检验。

③检查全车各种照明灯、指示灯是否齐全有效，若发现故障，应及时排除。

④以 30km/h 车速在平坦路面上行驶，踩踏制动踏板，检查汽车制动系统是否正常有效。

⑤附加装置齐全。附加装置包括灭火器、三角形警告标志牌；货车还需按规定在驾驶室至后轮间加装安全护网。

(2) 将车辆开到当地机动车辆管理所指定的车检部门，进行检验

①填写车辆检测表。

车辆检测表上须填写和粘贴的内容包括：

a. 车型。

b. 厂牌型号。

c. 编号。

d. 受检次数。

e. 检测日期和时间。

f. 牌照号码（新车为车辆移动证号码）。

g. 发动机号码。

h. 底盘号码。

i. 车辆购置税完税证明（副本）。

j. 机动车路桥通行费年费通知。

k. 机动车交通事故责任强制保险单（副本）。

l. 身份证及复印件。

m. 车辆合格证。

n. 购车发票。

②初检。将以上资料提交办理窗口，工作人员进行审核登记后，发给“机动车注册通知单”。持通知单进行汽车初检，初检内容包括车型、编号、颜色等项目，初检合格的车辆，领取上线检测工作通知单，缴纳汽车检测费用和办理检测登记。

③上线检测。将机动车开至检测线入口，将“机动车注册通知单”和“机动车安全检验记录单”送至计算机控制室录入，由引车员将车开上检测线进行检测。

④检验合格后，在检测出口处照相，领取签章后的“机动车注册通知单”和“机动车

安全检验记录单”。

2. 车辆购置税的缴纳

（1） 车辆购置税简述

车辆购置税是对在我国境内购置规定车辆的单位和个人征收的一种税。车辆购置税的纳税人为购置（包括购买、进口、自产、受赠、获奖或以其他方式取得并自用）应税车辆的单位和个人。购置税额是征收汽车售价（不含税价）的10%。

（2） 缴纳流程

①在缴纳车辆购置税前需提供的资料主要包括：

a. 车主身份证明。

b. 车辆合格证。

c. 购车发票；（进口自用车辆须提供《海关关税专用缴款书》、《海关代征消费税专用缴款书》或海关《征免税证明》。

②在购置税办理处，提交填写好的“车辆购置税纳税申报表”，准备好购车发票第一联和报税联、身份证复印件。

③工作人员受理后，录入并填写税额（税额按购车发票上不含税价的10%计）后，缴纳费用。

④领取车辆购置税完税证明（副本）、税收通用完税证和已签章的车辆购置税纳税申报表。

3. 车船使用税的缴纳

车船使用税是对行驶于车辆按照其种类（如机动车辆、载人汽车、载货汽车等）、吨位和规定的税额计算征收的一种使用行为税。

办理流程如下：

①向车船使用税机关或部门提交“机动车注册登记表”和购车发票复印件办理交税手续。

②凭交费单据缴纳车船使用税后，领取“税收通用缴款书”和“机动车注册登记表”。

4. 路桥通行费缴纳

车辆所在地区若需要缴纳路桥通行费的，办理流程如下：

①在办理处提交车船使用税缴税凭证。

②工作人员录入登记后，凭交费单据缴费。

③凭交费凭证，到办理窗口领路桥通行费年费交费通知单和收据。

5. 新车牌证办理

客户购车后，在经过行车检验、办理车辆保险和缴纳完车辆购置税等各种税费后，可在车辆管理部门办理登记注册，领取车牌证（包含机动车登记证书、号牌、行驶证、机动车检验合格标志）新车领取车牌证后，才能正式上路行驶。

另外，办理新车牌证后，并在车窗右前角粘贴相关标识。包括：

①强制保险标志。

②机动车检验合格标志。

③车船使用税税讫标志。

④机动车车辆路桥通行费年票。

5.2 信息化系统在汽车市场营销中的应用

汽车企业信息化工程在汽车企业生产层面和管理层面的运用，使大规模定制、个性化生产成为可能。大量新技术在生产领域的运用，可以在低成本的前提下实现差异化如CAD、CAM（计算机辅助设计与制造）、CAPP（计算机辅助工艺计划）、FMS（柔性制造系统）、AM（敏捷制造）、CIMS（计算机集成制造系统）等实现了企业开发、设计、制造的高度集成化，极大地增加了企业生产的柔性、敏捷性和适应性，更好地适应了消费者的不同需求，降低了新产品的设计和生产成本，减少了库存成本。在管理领域，TQM（全面质量管理）、MRP（制造资源计划）、ERP（企业资源计划）SCM（供应链管理）、CRM（客户关系管理）、电子商务的应用，降低了企业的运营成本、管理成本和交易成本。而在汽车市场营销应用中主要涉及的内容是管理应用系统，如表5-4所示。

表5-4　信息化系统在汽车市场营销中的作用

名称	技术和系统	说明
管理技术和系统	MRP/MRPⅡ/ERP	这里的MRP/MRPⅡ/ERP包含了生产计划、物流需求计划、能力计划、库存管理、设备和工具管理、车间作业计划与控制、供应管理、销售管理、质量管理、人力资源管理等内容。在实际运用中还涉及一些管理思想和方法，如JIT、BPR、敏捷虚拟企业、大规模定制定等
	电子商务（EC）	
	客户关系管理（CRM）	
	供应链管理（SCM）	
	办公自动化（OA）	
	情报管理（IM）	
	知识管理（KM）	
	决策支持系统（DSS）	

它涉及的支撑技术包括：计算机硬件和软件技术；网络、通信技术；网络安全技术；多媒体技术和数据库技术。

信息化系统的结构分为三个层面：一是支撑层，二是部门层，三是领导层，应用系统分别位于这三个层面，见表5-5。

表 5-5　　信息化系统的应用

<table>
<tr><td rowspan="4">领导层
部门层
支撑层</td><td colspan="12">决策支持系统（DSS）</td></tr>
<tr><td colspan="12">办公自动化系统（OA）情报管理系统（IM）知识管理系统（KM）</td></tr>
<tr><td colspan="3">生产制造管理系统
（MRP/MRPⅡ/ERP）</td><td colspan="3">电子商务系统
（EC）</td><td colspan="3">客户关系管理系统
（CRM）</td><td colspan="3">供应链管理系统
（SCM）</td></tr>
<tr><td colspan="4">计算机网络系统（NES）</td><td colspan="4">数据库系统（DBS)）</td><td colspan="4">信息安全管理与控制系统</td></tr>
</table>

其中，办公自动化（Office Automation，OA）、情报管理系统（Information Management，IM）和知识管理（Knowledge Management，KM）系统为领导和部门层共用，负责支持企业和企业价值链的办公信息化、情报查询和管理以及负责领导层管理等功能。

生产制造管理系统［物料需求计划（Material Planning，MRP）、制造资源计划（Manufacturing Resources Planning，MRPⅡ）、企业资源计划（Enterprise Resources Planning，ERP)］、电子商务系统（Electronic Commerce，EC）、客户关系管理系统（Customer Relationship Management，CRM）、供应链管理系统（Supply Chain Management，SCM）属于部门级的功能系统，主要是对企业以及企业价值链的业务员进行运作和管理。其中电子商务、客户关系管理、供应链管理负责企业供应商、配套商、分销商等相关利益者（合作企业、客户）之间的外部业务的运作和管理；而企业内部生产业务的运作和管理主要是通过生产制造管理系统来进行控制的。这里我们只针对在企业从事市场营销工作经常接触到的系统进行介绍。

5.2.1　ERP系统简介及运用

1. ERP系统的简介和发展历程

企业资源计划或称企业资源规划，简称ERP（Enterprise Resource Planning），由美国著名管理咨询公司Gartner Group Inc. 于1990年提出来的，最初被定义为应用软件，但迅速为全世界商业企业所接受，现已经发展成为现代企业管理理论之一。企业资源计划系统，是指建立在资讯技术基础上，以系统化的管理思想，为企业决策层及员工提供决策运行手段的管理平台。企业资源计划也是实施企业流程再造的重要工具之一，是大型制造业所使用的公司资源管理系统。

ERP是整合了企业管理理念、业务流程、基础数据、人力物力、计算机硬件和软件于一体的企业资源管理系统。ERP是先进的企业管理模式，是提高企业经济效益的解决方案。其主要宗旨是对企业所拥有的人、财、物、信息、时间和空间等综合资源进行综合平衡和优化管理，协调企业各管理部门，围绕市场导向开展业务活动，提高企业的核心竞争力，从而取得最好的经济效益。所以，ERP首先是一个软件，同时也是一个管理工具。它是IT技术与管理思想的融合体，也就是先进的管理思想借助电脑来达成企业的管理目标。

ERP系统发展经历了以下过程：

①订货点法。在20世纪40年代，计算机系统还没有出现，为了解决库存控制问题，

人们提出了订货点法。

②时段式 MRP。到 20 世纪 60 年代随着计算机系统的发展，使得短时间内对大量数据进行复杂运算成为可能。于是，人们提出了 MRP 理论，即 Material Requirement Planning。

③闭环 MRP。随着人们认识的加深及计算机系统的进一步普及，MRP 的理论范畴也得到了发展，在 20 世纪 70 年代为解决采购、库存、生产、销售的管理，发展了生产能力需求计划、车间作业计划以及采购作业计划理论。

④MRPII 理论。20 世纪 80 年代计算机网络技术发展，企业内部信息得到充分共享，MRP 的各子系统也得到了统一，形成了一个集采购、库存、生产、销售、财务、工程技术等为一体的子系统。于是发展了 MRP Ⅱ理论，即 Manufacturing Resource Planning。

⑤ERP 的产生。到了 90 年代，市场竞争进一步加剧，企业竞争的空间和范围进一步扩大，80 年代，主要面向企业内部资源全面管理的思想，随之逐步发展成为怎样有效利用和管理整体资源的管理思想。90 年代初（1991）美国加特纳公司（Gartner Group Inc.）首先提出了 ERP 的概念。

2. ERP 系统的功能模块

由于各个 ERP 厂商的产品侧重点和制造企业的需求不尽相同，因而其 ERP 产品的模块结构也相差较大。在这里，我们撇开实际的产品，从企业的角度来简单描述一下 ERP 系统的功能结构，即 ERP 能够为企业做什么，它的模块功能到底包含哪些内容。

ERP 是将企业所有资源进行整合集成管理，简单地说是将企业的三大流：物流、资金流、信息流进行全面一体化管理的管理信息系统。它的功能模块以不同于以往的 MRP 或 MRPII 的模块，它不仅可用于生产企业的管理，而且在许多其他类型的企业，如一些非生产、公益事业的企业也可导入 ERP 系统，进行资源计划和管理。这里我们仍然以典型的生产企业为例子来介绍 ERP 的功能模块。

在企业中，一般的管理主要包括三方面的内容：生产控制（计划、制造）、物流管理（分销、采购、库存管理）和财务管理（会计核算、财务管理）。这三大系统本身就是集成体，它们互相之间有相应的接口，能够很好地整合在一起来对企业进行管理。另外，要特别一提的是，随着企业对人力资源管理重视的加强，已经有越来越多的 ERP 厂商将人力资源管理纳入了 ERP 系统的一个重要组成部分。

（1）财务管理模块

在企业中，清晰分明的财务管理是极其重要的，所以，在 ERP 整个方案中财物管理模块是不可或缺的一部分。ERP 中的财务模块与一般的财务软件不同，作为 ERP 系统中的一部分，它和系统的其他模块有相应的接口，能够相互集成，比如，它可将生产活动、采购活动输入的信息自动计入财务模块生成总账、会计报表，取消了输入凭证烦琐的过程，几乎完全替代以往传统的手工操作。一般的 ERP 软件的财务部分分为会计核算与财务管理两大块。

①会计核算。

会计核算主要是记录、核算、反映和分析资金在企业经济活动中的变动过程及其结果。它由总账、应收账、应付账、现金、固定资产、多币制等部分构成。

a. 总账模块。

它的功能是处理记账凭证输入、登记，输出日记账、一般明细账及总分类账，编制主要会计报表。它是整个会计核算的核心，应收账、应付账、固定资产核算、现金管理、工资核算、多币制等各模块都以其为中心来互相传递信息。

b. 应收账模块。

应收账模块是指企业应收的由于商品赊欠而产生的正常客户欠款账。它包括发票管理、客户管理、付款管理、账龄分析等功能。它和客户订单、发票处理业务相联系，同时将各项事务自动生成记账凭证，导入总账。

c. 应付账模块。

会计里的应付账是企业应付购货款等账，它包括了发票管理、供应商管理、支票管理、账龄分析等。它能够和采购模块、库存模块完全集成，以替代过去烦琐的手工操作。

d. 现金管理模块。

它主要是对现金流入流出的控制，以及零用现金及银行存款的核算。它包括了对硬币、纸币、支票、汇票和银行存款的管理。在 ERP 中提供了票据维护、票据打印、付款维护、银行清单打印、付款查询、银行查询和支票查询等和现金有关的功能。此外，它还和应收账、应付账、总账等模块集成，自动产生凭证，导入总账。

e. 固定资产核算模块。

即完成对固定资产的增减变动以及折旧、有关基金计提和分配的核算工作。它能够帮助管理者对目前固定资产的现状有所了解，并能通过该模块提供的各种方法来管理资产，以及进行相应的会计处理。它的具体功能有：登录固定资产卡片和明细账，计算折旧，编制报表，以及自动编制转账凭证，并转入总账。它和应付账、成本、总账模块集成。

f. 多币制模块。

这是为了适应当今企业的国际化经营、对外币结算业务的要求增多而产生的。多币制将企业整个财务系统的各项功能以各种币制来表示和结算，且客户订单、库存管理及采购管理等也能使用多币制进行交易管理。多币制和应收账、应付账、总账、客户订单、采购等各模块都有接口，可自动生成所需数据。

g. 工资核算模块。

自动进行企业员工的工资结算、分配、核算以及各项相关经费的计提。它能够登录工资、打印工资清单及各类汇总报表，计算计提各项与工资有关的费用，自动做出凭证，导入总账。这一模块是和总账、成本模块集成的。

h. 成本模块。

它将依据产品结构、工作中心、工序、采购等信息进行产品的各种成本的计算，以便进行成本分析和规划。

②财务管理。

财务管理的功能主要是基于会计核算的数据，再加以分析，从而进行相应的预测、管理和控制活动。它侧重于财务计划、控制、分析和预测：

a. 财务计划：根据前期财务分析，做出下期的财务计划、预算等。

b. 财务分析：提供查询功能和通过用户定义的差异数据的图形显示，进行财务绩效评估，账户分析等。

c. 财务决策：是财务管理的核心部分，中心内容是作出有关资金的决策，包括资金筹集、投放及资金管理。

（2）生产管理模块

这一部分是ERP系统的核心所在，它将企业的整个生产过程有机地结合在一起，使得企业能够有效地降低库存，提高效率。同时，各个原本分散的生产流程的自动连接，也使得生产流程能够前后连贯地进行，而不会出现生产脱节、耽误生产交货时间。

生产控制管理是一个以计划为导向的先进的生产、管理方法。首先，企业确定它的一个总生产计划，再经过系统层层细分后，下达到各部门去执行。即生产部门以此生产，采购部门按此采购等。

①主生产计划。

它是根据生产计划、预测和客户订单的输入来安排将来的各周期中提供的产品种类和数量，它将生产计划转为产品计划，在平衡了物料和能力的需要后，精确到时间、数量的详细的进度计划。是企业在一段时期内的总活动的安排，是一个稳定的计划，是以生产计划、实际订单和对历史销售分析得来的预测产生的。

②物料需求计划。

在主生产计划决定生产多少最终产品后，再根据物料清单，把整个企业要生产的产品的数量转变为所需生产的零部件的数量，并对照现有的库存量，可得到还需加工多少、采购多少的最终数量。这才是整个部门真正依照的计划。

③能力需求计划。

它是在得出初步的物料需求计划之后，将所有工作中心的总工作负荷，在与工作中心的能力平衡后产生的详细工作计划，用以确定生成的物料需求计划是否是企业生产能力上可行的需求计划。能力需求计划是一种短期的、当前实际应用的计划。

④车间控制。

这是随时间变化的动态作业计划，是将作业分配到具体各个车间，再进行作业排序、作业管理、作业监控。

⑤制造标准。

在编制计划中需要许多生产基本信息，这些基本信息就是制造标准，包括零件、产品结构、工序和工作中心，都用唯一的代码在计算机中识别。

a. 零件代码。对物料资源的管理，对每种物料给予唯一的代码识别。

b. 物料清单。定义产品结构的技术文件，用来编制各种计划。

c. 工序。描述加工步骤及制造和装配产品的操作顺序。它包含加工顺序，指明各道工序的加工设备及所需要的额定工时和工资等级等。

d. 工作中心。使用相同或相似工序的设备和劳动力组成，从事生产进度安排、核算能力、计算成本的基本单位。

（3）物流管理

①分销管理。

销售的管理是从产品的销售计划开始，对其销售产品、销售地区、销售客户各种信息的管理和统计，并可对销售数量、金额、利润、绩效、客户服务做出全面的分析，这样在分销管理模块中大致有三方面的功能。

a. 对于客户信息的管理和服务。

它能建立一个客户信息档案，对其进行分类管理，进而对其进行针对性的客户服务，以达到最高效率地保留老客户、争取新客户。在这里，要特别提到的就是客户关系管理（CRM）软件，ERP 与它的结合必将大大增加企业的效益。

b. 对于销售订单的管理。

销售订单是 ERP 的入口，所有的生产计划都是根据它下达并进行生产的。而销售订单的管理是贯穿了产品生产的整个流程。它包括：

客户信用审核及查询（客户信用分级，审核订单交易）。

产品库存查询（决定是否要延期交货、分批发货或用代用品发货等）。

产品报价（为客户作不同产品的报价）。

订单输入、变更及跟踪（订单输入后，变更的修正及订单的跟踪分析）。

交货期的确认及交货处理（决定交货期和发货事务安排）。

c. 对于销售的统计与分析。

这时系统根据销售订单的完成情况，依据各种指标做出统计，比如客户分类统计，销售代理分类统计等，再就这些统计结果对企业实际销售效果进行评价：

销售统计（根据销售形式、产品、代理商、地区、销售人员、金额、数量分别进行统计）。

销售分析（包括对比目标、同期比较和订货发货分析，从数量、金额、利润及绩效等方面作相应的分析）。

客户服务（客户投诉记录，原因分析）。

②库存控制。

用来控制存储物料的数量，以保证稳定的物流，支持正常的生产，但又最小限度地占用资本。它是一种相关的、动态的及真实的库存控制系统。它能够结合相关部门的需求，随时间变化动态地调整库存，精确地反映库存现状。这一系统的功能又涉及：

a. 为所有的物料建立库存，决定何时订货采购，同时作为采购部门采购、生产部门作生产计划的依据。

b. 收到订购物料，经过质量检验入库，生产的产品也同样要经过检验入库。

c. 收发料的日常业务处理工作。

③采购管理。

确定合理的定货量、优秀的供应商和保持最佳的安全储备。能够随时提供定购、验收的信息，跟踪和催促对外购或委外加工的物料，保证货物及时到达。建立供应商的档案，用最新的成本信息来调整库存的成本。具体有：

a. 供应商信息查询（查询供应商的能力、信誉等）。

b. 催货（对外购或委外加工的物料进行跟催）。

c. 采购与委外加工统计（统计、建立档案，计算成本）。

d. 价格分析（对原料价格分析，调整库存成本）。

④批次跟踪管理。

许多行业都要求物资在流转的过程当中，进行产品批次的跟踪管理，一旦产品出现质量问题时，可以通过产品批次追溯。这样可以清楚地知道哪些原材料、零部件或是哪道工序的工艺出现问题，及时将同样有问题的产品进行隔离。

（4）人力资源管理模块

以往的 ERP 系统基本上都是以生产制造及销售过程（供应链）为中心的。因此，长期以来，一直把与制造资源有关的资源作为企业的核心资源，来进行管理。但近年来，企业内部的人力资源，开始越来越受到企业的关注，被视为企业的资源之本。在这种情况下，人力资源管理作为一个独立的模块，被加入到 ERP 的系统中来，和 ERP 中的财务、生产系统组成了一个高效的、具有高度集成性的企业资源系统。它与传统方式下的人事管理有着根本的不同：

①人力资源规划的辅助决策。

a. 对于企业人员、组织结构编制的多种方案，进行模拟比较和运行分析，并辅之以图形的直观评估，辅助管理者做出最终决策。

b. 制定职务模型，包括职位要求、升迁路径和培训计划，根据担任该职位员工的资格和条件，系统会提出针对本员工的一系列培训建议，一旦机构改组或职位变动，系统会提出一系列的职位变动或升迁建议。

c. 进行人员成本分析，可以对过去、现在、将来的人员成本作出分析及预测，并通过 ERP 集成环境，为企业成本分析提供依据。

②招聘管理。

人才是企业最重要的资源。优秀的人才是保证企业持久的竞争力的前提。招聘系统一般从以下几个方面提供支持：

a. 进行招聘过程的管理，优化招聘过程，减少业务工作量。

b. 对招聘的成本进行科学管理，从而降低招聘成本。

c. 为选择聘用人员的岗位提供辅助信息，并有效地帮助企业进行人才资源地挖掘。

③工资核算。

a. 能根据公司跨地区、跨部门、跨工种的不同薪资结构及处理流程制定与之相适应的薪资核算方法。

b. 与时间管理直接集成，能够及时更新，对员工的薪资核算动态化。

c. 回算功能。通过和其他模块的集成，自动根据要求调整薪资结构及数据。

④工时管理。

a. 根据本国或当地的日历，安排企业的运作时间以及劳动力的作息时间表。

b. 运用远端考勤系统，可以将员工的实际出勤状况记录到主系统中，并把与员工薪资、奖金有关的时间数据导入薪资系统和成本核算中。

⑤差旅核算。

系统能够自动控制从差旅申请，差旅批准到差旅报销整个流程。并且通过集成环境将核算数据导进财务成本核算模块中去。

5.2.2 办公自动化系统（OA）简介及运用

1. OA 系统

OA 系统（Office Automation）又称为办公自动化系统。它是一种将计算机技术、通信技术，系统科学、行为科学、管理科学和社会科学应用于办公事务信息处理的应用型软件。

2. OA 系统功能

通常，不同的企业对办公自动化的需求不同，因此其功能也会有所差别。但其主要的功能模块差异不大，主要的体现如图 5－3 所示。

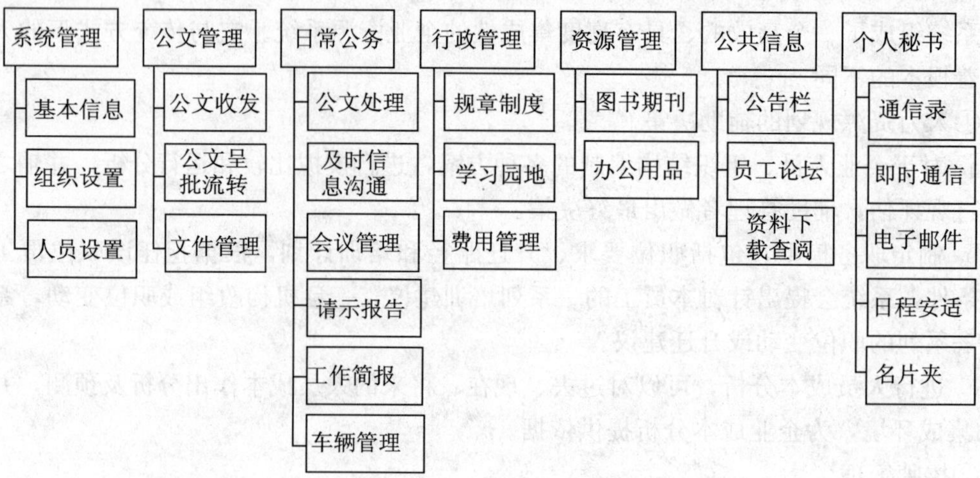

图 5－3 OA 系统的功能

一些企业的 OA 系统还将其他的一些人力资源行政和销售的辅助管理功能以及网络化信息传递功能也加入其中。

①增加人力资源管理功能；对内招聘、培训课件在线播放、企业员工资料管理、企业文化传播并入其中，体现人力资源管理的快速和便捷性。

②增加行政管理功能；增加外出登记、请假登记、出差登记、上下班登记、值班查询等，将工作时间及事由一一记录；还增加了工作日志、工作周报、工作月报的编辑和传报功能，方便与管理层对员工工作的监督。

③增加销售管理功能；把企业客户、供应商、财务信息、交往信息、联系人等信息集中到管理平台中，方便查找。有的还将合同类别、录入和管理功能也纳入其中。

④增加网络视频会议、手机短信分组群发、网络硬盘数据共享等功能，提高了公司内外部沟通协调的效率。

实质上，随着现代企业管理的要求不断增加，OA 在功能方面将逐渐成为企业除了制造系统之外的所有内部信息处理与管理的集合体。它面向不同层次的使用者，会有不同的功能表现：对于企业领导层而言，OA 可以是决策支持系统（DSS）。它可以运用科学的数学模型，结合情报管理系统（IM）所提供的企业内、外部的信息来分析和处理各种决策所需的资料和数据，为企业领导提供决策参考和依据；对于中层管理者而言。OA 可以是信息管理系统（IMS），可以收集和分析业务各环节提供的基础“数据”，提炼出有效的管理“信息”，来把握业务进程，降低经营风险，提高经营效率；对于普通员工而言：OA 可以是事务和业务的处理系统，为办公室人员提供高效的办公手段和工具，使之能够准确、高效地工作。

5.2.3 客户关系管理系统简介及运用

1. CRM 的定义

CRM（Customer Relationship Management）——客户关系管理，是一种以“客户为中心”以“销售团队管理”为核心，以流程与执行力为诉求的企业级“企业运营管理”平台。它是改善企业与客户之间关系的新型管理机制，作用于企业内部市场营销、销售、服务与技术支持等与客户有关的角色与环节，如图 5－4 所示。

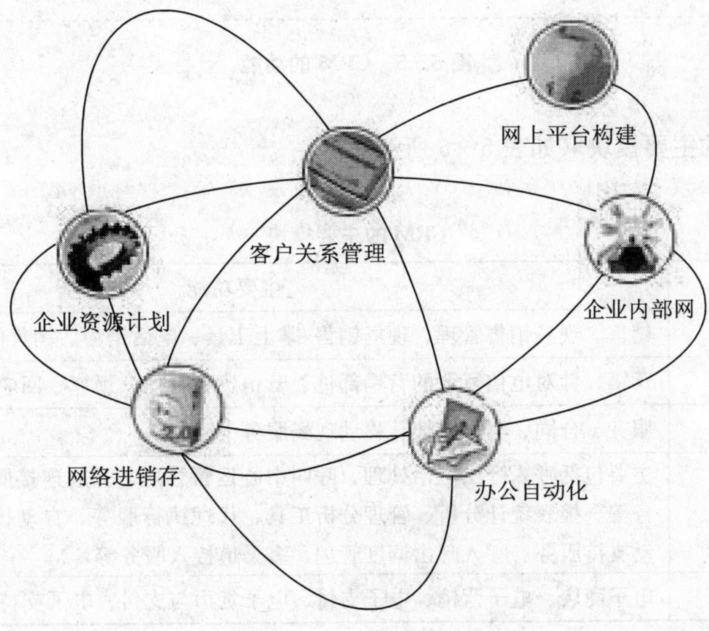

图 5－4 CRM 技术原理

客户关系管理是一套先进的管理模式，其实施要取得成功，必须有强大的技术和工具支持，CRM 软件是实施客户关系管理必不可少的一套技术和工具集成支持平台。它通过网络、通信、计算机等信息技术，来实现企业前台、后台不同职能部门的无缝连接，协助管理者更好地完成客户关系管理的两项基本任务：识别和保持有价值客户。

2. CRM 的功能和模块

（1）CRM 的功能可以归纳为三个方面（如图 5－5 所示）

①对销售、营销和客户服务三部分业务流程的信息化。

②与客户进行沟通所需要的手段（如电话、传真、网络、E-mail 等）的集成和自动化

处理。

③对上面两部分功能所积累下的信息进行的加工处理，产生客户智能，为企业的战略战术的决策作支持。

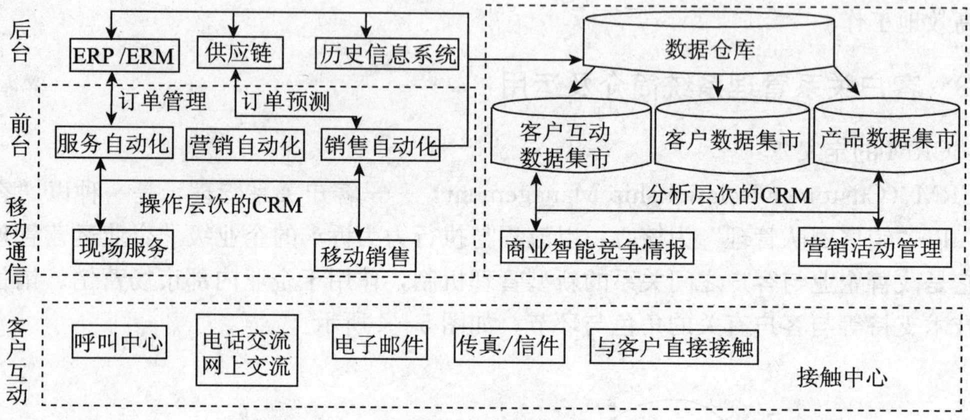

图 5-5　CRM 的功能

（2）CRM 的主要模块（如表 5-6 所示）

表 5-6　CRM 的主要模块

主要模块	主要功能
销售模块	销售、现场销售管理、现场销售/掌上工具、电话销售、销售佣金
营销模块	营销、针对电信行业的营销部件、营销资料管理、预算、回应管理等
客户服务模块	服务、合同、客户关怀、移动现场服务
呼叫中心模块	主要包括呼入呼出电话处理、呼叫中心运营管理、开放连接服务、语音集成服务等、报表统计分析、管理分析工具、代理执行服务、自动拨号服务、市场活动支持服务、呼入呼出调度管理、多渠道接入服务等
电子商务模块	电子商店、电子营销、电子支付、电子货币与支付、电子支持

①销售模块。

a. 销售是销售模块的基础，用来帮助决策者管理销售业务，它包括的主要功能是额度管理、销售力量管理和地域管理。

b. 现场销售管理。为现场销售人员设计，主要功能包括联系人和客户管理、机会管理、日程安排、佣金预测、报价、报告和分析。

c. 现场销售/掌上工具。这是销售模块的新成员。该组件包含许多与现场销售组件相同的特性，不同的是，该组件使用的是掌上型计算设备。

d. 电话销售。可以进行报价生成、订单创建、联系人和客户管理等工作。还有一些针对电话商务的功能，如电话路由、呼入电话屏幕提示、潜在客户管理以及回应管理。

e. 销售佣金。它允许销售经理创建和管理销售队伍的奖励和佣金计划，并帮助销售代表形象地了解各自的销售业绩。

②营销模块。

营销模块对直接市场营销活动加以计划、执行、监视和分析。

a. 营销。使得营销部门实时地跟踪活动的效果，执行和管理多样的、多渠道的营销活动。

b. 针对电信行业的营销部件。在上面的基本营销功能基础上，针对电信行业的 B2C 的实际增加了一些附加特色。

c. 其他功能。可帮助营销部门管理其营销资料、列表生成与管理、授权和许可、预算、回应管理。

③客户服务模块。

目标是提高那些与客户支持、现场服务和仓库修理相关的业务流程的自动化并加以优化服务。

a. 服务。可完成现场服务分配、现有客户管理、客户产品全生命周期管理、服务技术人员档案、地域管理等。通过与企业资源计划（ERP）的集成，可进行集中式的雇员定义、订单管理、后勤、部件管理、采购、质量管理、成本跟踪、发票、会计等。

b. 合同。此部件主要用来创建和管理客户服务合同，从而保证客户获得的服务的水平和质量与其所花的钱相当。它可以使得企业跟踪保修单和合同的续订日期，利用事件功能表安排预防性的维护活动。

c. 客户关怀。这个模块是客户与供应商联系的通路。此模块允许客户记录并自己解决问题，如联系人管理、客户动态档案、任务管理、基于规则解决重要问题等。

d. 移动现场服务。这个无线部件使得服务工程师能实时地获得关于服务、产品和客户的信息。同时，他们还可使用该组件与派遣总部进行联系。

④呼叫中心模块。

目标是利用电话来促进销售、营销和服务电话管理员。主要包括呼入呼出电话处理、互联网回呼、呼叫中心运营管理、图形用户界面软件电话、应用系统弹出屏幕、友好电话转移、路由选择等。

a. 开放连接服务。支持绝大多数的自动排队机。

b. 语音集成服务。支持大部分交互式语音应答系统。

c. 报表统计分析。提供了很多图形化分析报表，可进行呼叫时长分析、等候时长分析、呼入呼叫汇总分析、坐席负载率分析、呼叫接失率分析、呼叫传送率分析、坐席绩效对比分析等。

d. 管理分析工具。进行实时的性能指数和趋势分析，将呼叫中心和坐席的实际表现与设定的目标相比较，确定需要改进的区域。

e. 代理执行服务。支持传真、打印机、电话和电子邮件等，自动将客户所需的信息和资料发给客户。可选用不同配置，使发给客户的资料有针对性。

f. 自动拨号服务。管理所有的预拨电话，仅接通的电话才转到座席人员那里，节省了拨号时间。

g. 市场活动支持服务。管理电话营销、电话销售、电话服务等。

h. 呼入呼出调度管理。根据来电的数量和坐席的服务水平为坐席分配不同的呼入呼出电话，提高了客户服务水平和坐席人员的生产率。

i. 多渠道接入服务。提供与 Internet 和其他渠道的连接服务，充分利用话务员的工作间隙，收看 E mail、回信等。

⑤电子商务模块。

a. 电子商店。使得企业能建立和维护基于互联网的店面，从而在网络上销售产品和服务。

b. 电子营销。与电子商店相联合，电子营销允许企业能够创建个性化的促销和产品建议，并通过 Web 向客户发出。

c. 电子支付。这是电子商务的业务处理模块，可使企业配置适合自己的支付处理方法。

d. 电子货币与支付。利用这个模块后，客户可在网上浏览和支付账单。

e. 电子支持，允许顾客提出和浏览服务请求、查询常见问题、检查订单状态。电子支持部件与呼叫中心联系在一起，并具有电话回拨功能。

3. CRM 系统在汽车行业中的应用

汽车行业 CRM 系统的应用集成了在汽车制造、销售和服务体验上的每一个关键元素。随着汽车购买周期的缩短，汽车行业 CRM 系统帮助制造企业通过简化客户订单和信息服务体验来吸引客户；精简从销售到售后服务的流程；巩固与经销商之间的伙伴关系，培养更多的忠诚客户，促进重复购买率。因此，汽车行业 CRM 系统与其他行业相比，还应该完善特有的模块，如与 JIT（准时生产）的 ERP 系统及其他系统的集成、运费追踪、服务和销售提醒、数据的共享等特殊模块，使其更能够适应汽车行业的这种大规模的敏捷性和柔性化的工业制造和营销模式的发展。

我们简单看一下国内汽车行业的 CRM 应用情况：2000 年 9 月，随着通用全球 CRM 系统的部署，上海通用汽车 CRM 系统开始正式上线使用，其选择的是 Siebel 公司的产品；2001 年年初，上汽大众正式启用 CRM 系统；2003 年 1 月，随着新雅阁下线，广州本田 CRM 系统正式开始运行；2003 年 9 月 3 日，上海通用经销商的 CRM 第一阶段内容开始全面实施；2003 年 11 月，一汽大众经销商 CRM 的第一阶段全面开始实施，系统为润霖汽车的 DS－CRM。二汽集团、神龙集团、固特异等配套厂商、发动机厂商等都正在进行 CRM 培训和 CRM 系统选型。从以上事例可以看出，作为必要的营销服务工具，力推 CRM 系统应用必将成为国内汽车厂商发展的必然趋势。下面我们就用友软件开发的一款 U8 客户关系管理系统为例，简单介绍一下汽车企业适用的 CRM 系统应具有的主要功能。

（1）系统功能

客户关系管理系统功能流程，如图 5－6 所示。

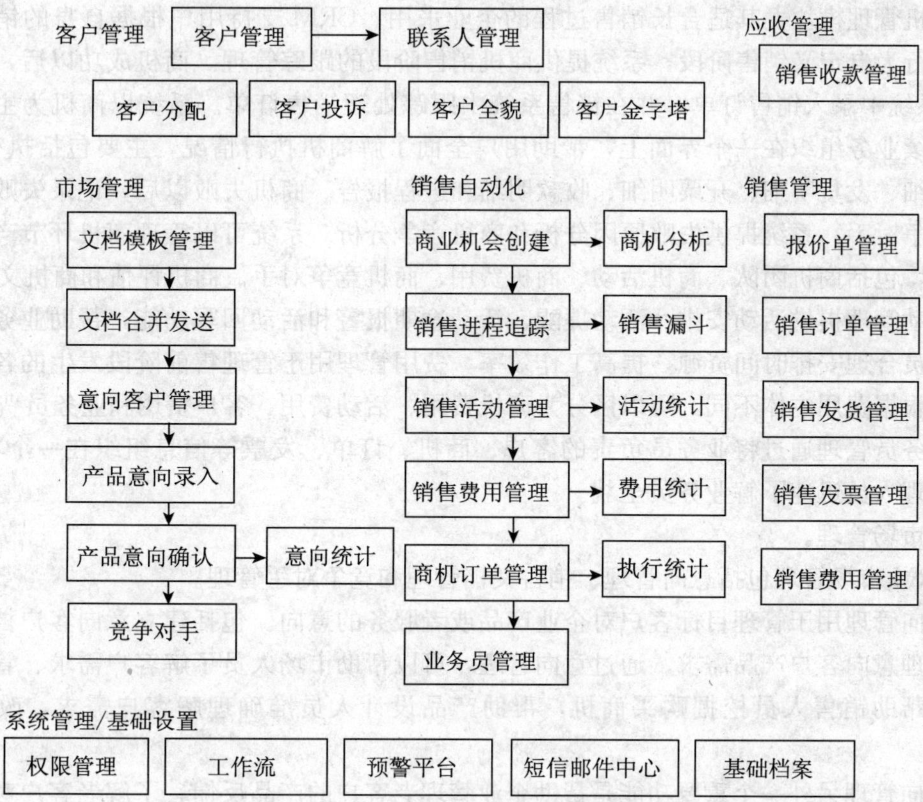

图 5－6 客户关系管理系统功能流程

①系统管理/基础设置。

系统管理/基础设置是系统正常运行的前提。系统管理主要包括权限管理、工作流管理、预警平台管理和短信邮件管理。基础档案主要包括企业门户基础信息和 CRM 业务设置。在 CRM 业务设置中，设置企业的销售模式和销售阶段、设置客户价值评估模型、设置企业常见活动类型，分别在商机管理、销售漏斗、客户金字塔和活动管理中使用。

②客户管理。

客户管理帮助企业建立客户档案，根据多种分类条件和客户状态对客户进行差异化管理，客户管理是 CRM 的基础核心功能。CRM 将客户看做一种重要的企业资源，帮助企业根据自己的组织架构和人员配置，将客户资源合理的分配给业务员。

CRM 将联系人看做另外一种重要的企业资源，帮助企业建立联系人档案，建立联系人之间的汇报关系，提供联系人全貌视图、提供联系人上报关系视图，同时提供向联系人发送电子邮件和短消息功能。

CRM 将客户的全部信息，组织在一个界面上，方便用户查看客户的全部交往历史。

CRM 还可以处理客户投诉业务，帮助企业管理客户的抱怨，包括投诉的录入、分配、处理和验证。

③销售自动化。

销售自动化模块包括商机管理、活动管理、费用管理和业务员管理四个子模块。

商机管理模块尤其适合长销售过程的企业采用。CRM 支持用户根据自身的销售模式和销售行为自定义销售阶段，系统提供商机销售阶段的跟踪管理。商机成功以后，可以在 CRM 系统中录入销售订单，并在销售系统中跟踪处理销售订单。系统以商机为主线，将商机后续业务组织在一个界面上，帮助用户全面了解商机执行情况，主要包括执行统计、订单明细、发货明细、开票明细、收款明细和进程报告。商机失败以后，记录失败原因和获胜竞争对手，系统提供失败原因分析和商机竞争分析。系统可以管理商机环节产生的各种信息，包括商机团队、商机活动、商机费用、商机竞争对手、商机评估和商机文档。

活动管理提供活动安排、活动提醒、活动逾期报警和活动回写功能，帮助业务人员和管理人员合理安排时间资源，提高工作效率。费用管理用于管理售前阶段发生的各种费用支出。根据费用主体不同，可以区分为商机费用、活动费用、客户费用和业务员费用。

业务员管理通过将业务员负责的客户、商机、订单、发票等信息组织在一个界面上，帮助管理人员迅速了解业务员全貌。

④市场管理。

CRM 市场管理包括意向管理、销售文档管理和竞争对手管理。

意向管理用于管理目标客户对企业产品或者服务的意向。包括建立意向客户档案，记录、管理意向客户产品需求。通过意向管理，可以帮助市场人员了解客户需求、管理目标客户，帮助销售人员挖掘购买商机，帮助产品设计人员准确理解客户需求，改进产品功能。

意向管理另外一个重要功能是帮助企业管理老客户的产品反馈，了解老客户对产品的需求或者建议。

销售文档是用友 CRM 的一个核心应用，主要为企业的销售业务人员提供一种销售工具，帮助他们向客户、联系人、意向客户或者意向客户联系人群发销售文档。系统支持通过邮件、E-mail 和短信三种方式发送销售文档。

市场管理提供竞争对手基本资料的管理，便于分析企业和竞争对手的商机竞争情况。

⑤统计分析。

CRM 统计分析模块包括销售分析、商机分析、客户分析、业务员分析、产品分析、投诉分析、意向分析和活动分析，下面主要说明销售漏斗和客户价值金字塔。

销售漏斗是一种重要的销售管理工具，它通过漏斗状的图形实时反映企业当前销售状况。销售漏斗的使用者主要是负责销售的销售管理人员，他们通过销售漏斗快速了解销售状况，从而制定销售策略和管理决策。

客户价值金字塔是一种评估客户价值的有效工具，它通过金字塔的图形，形象地反映不同价值等级的客户，以及客户的历史价值变化趋势。系统为用户提供按照收入、利润、累计商机金额、累计欠款金额、累计费用金额和客户忠诚度六种价值指标，分析客户金字塔。

（2）系统功能流程

着重介绍 CRM 系统关键模块的流程关系，说明客户管理、销售自动化和市场管理三个业务模块的典型流程。

①客户管理。

客户管理包括客户管理、联系人管理和客户投诉管理三个功能，流程参见图 5-7。

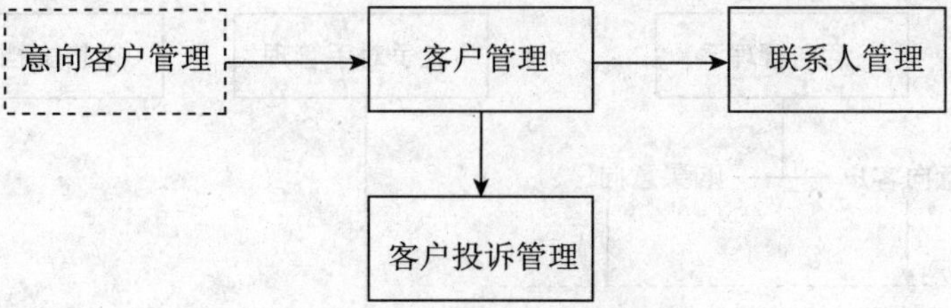

图 5-7　客户管理流程

意向客户管理属于市场管理功能，意向客户经确认后，可以转入客户档案。

②销售自动化。

销售自动化包括商机管理、活动管理、费用管理和业务员管理四个功能，流程参见图 5-8。

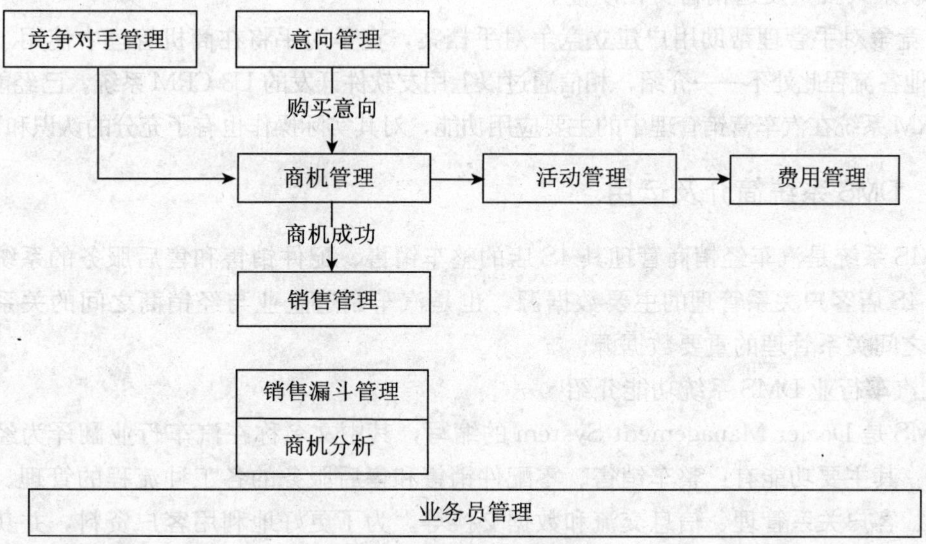

图 5-8　销售自动化流程

a. 意向管理属于市场管理功能。若是产品购买意向，可以升迁为商机，进入商机管理流程。

b. 商机管理中，提供商机竞争对手的管理。其中，竞争对手的维护在市场管理模块中完成。

c. 商机管理流程结束以后，若商机成功，录入商机订单，进入订单管理流程。订单管理流程在销售管理系统中完成。

d. 销售漏斗管理和商机分析是统计分析模块中功能，是商机管理的有机组成部分。

e. 业务员管理提供业务员工作状况的完整视图。

③市场管理。

市场管理包括意向管理、销售文档管理和竞争对手管理三个功能，流程参见图 5-9。

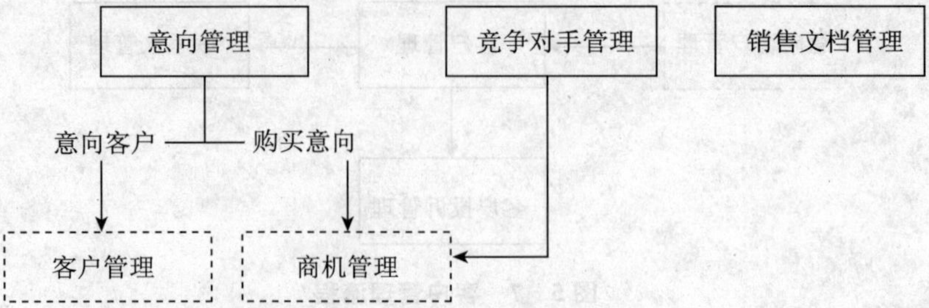

图 5-9　市场管理流程

a. 意向管理为用户提供管理意向客户和产品意向两个功能。其中，意向客户如果符合潜在客户特征，可以转入客户档案；产品意向如果是购买意向，可以升迁商机。

b. 销售文档管理是相对独立的一个功能，主要完成向客户、联系人、意向客户和意向客户联系人批量发送销售文档功能。

c. 竞争对手管理帮助用户建立竞争对手档案，竞争对手将在商机管理中使用。

其他各流程此处不一一介绍，相信通过以上用友软件开发的 U8 CRM 系统，已经能充分认识到 CRM 系统在汽车营销管理中的主要应用功能，对其实际操作也有了充分的认识和了解。

5.2.4　DMS 系统简介及运用

DMS 系统是汽车经销商管理其 4S 店的整车销售、配件销售和售后服务的系统。该系统既是 4S 店客户关系管理的主要数据源，也是汽车制造企业与经销商之间的关系管理和与客户之间关系管理的重要数据源。

1. 汽车行业 DMS 系统功能介绍

DMS 是 Dealer Management System 的缩写，其中文名称在汽车行业翻译为经销商管理系统。其主要功能有：整车销售、零配件销售和售后服务的各工种流程的管理、技术在线支持、客户关系管理、信息交流和数据交换等。为了更好地利用客户资料，并获得汽车制造企业的技术支持和汽车制造企业的库存和物流等相关信息的共享，DMS 系统往往与汽车制造企业的 ERP 系统的部分模块结合，使其发挥出更大的效果，如图 5-10 所示。

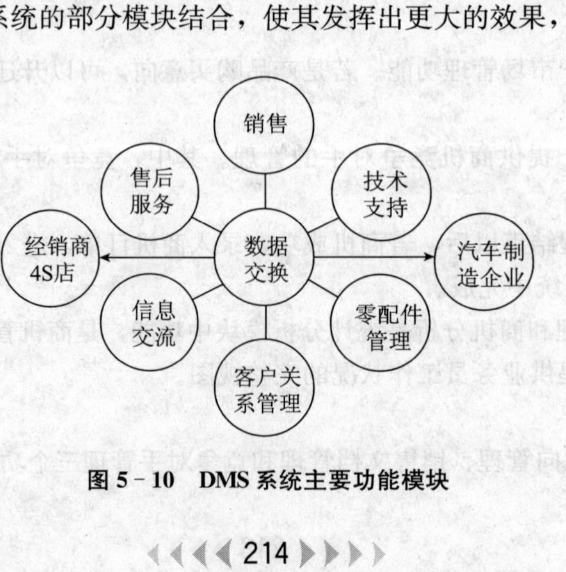

图 5-10　DMS 系统主要功能模块

图 5－9 中 DMS 表示主要模块是紧密地联系在一起的。例如，统一的客户资料和车辆资料是整车销售和售后服务共享的信息；零配件管理系统和售后服务系统也是使用统一的零部件资料；在售后系统需要配件时，会向零配件管理系统发出订单。信息交流包括整车、零配件、售后与技术等方面的数据和信息的共享和交换。客户关系管理和整车、售后、技术支持也具有密切的关系。其中，数据交换模块的主要功能是实现汽车制造企业和经销商之间的数据交换。各模块的主要功能如表 5－7 所示。

表 5－7　各模块的主要功能

序号	模块	涵盖的一级功能		
1	整车销售	订货管理	接车管理	销售管理
2	零配件	采购管理	存储管理	销售管理
3	售后服务	接待管理	维修管理	结算管理
4	客户关系管理	潜在客户管理	用户关系管理	
5	信息交流	制造企业整车、零部件库存信息	经销商整车、零部件库存信息	
6	数据交换	数据下载	数据上传	
7	技术支持	制造企业技术咨询		

2. DMS 系统和 ERP 系统的关系

通常，DMS 系统很少单独使用，其功能只有和汽车制造企业的 ERP 系统有机结合时才能够发挥出最大效果。汽车制造企业的 ERP 系统包含的模块中和 DMS 系统最紧密相关的就是销售模块。汽车制造企业通过增加 4S 店和顾客管理的模块 DCMS（Dealer and Customer Management System）实现 DMS 与 ERP 集成的。该模块既是处理和 4S 店的各种往来业务的重要工具，也是顾客关系管理系统和经销商关系管理系统的重要数据源。

从系统角度来看 DMS 系统、ERP 系统和 DCMS 系统，DCMS 系统起到了重要的反馈作用。它可以把汽车制造企业的信息及时准确地反馈给 4S 店，也可以达到 4S 店的各种信息及时准确地反馈到汽车制造企业。从这个意义上说，DCMS 系统起到了重要的桥梁作用。如果离开了 DCMS，DMS 系统的功能必然受到极大地限制。因此，一些制造企业也把 DCMS 看成是 ERP 系统的一部分。

3. DMS 系统的应用

这里我们引用卓越软件公司的 DMS 系统为例，对此系统的应用展开讲述，如图 5－11 所示。

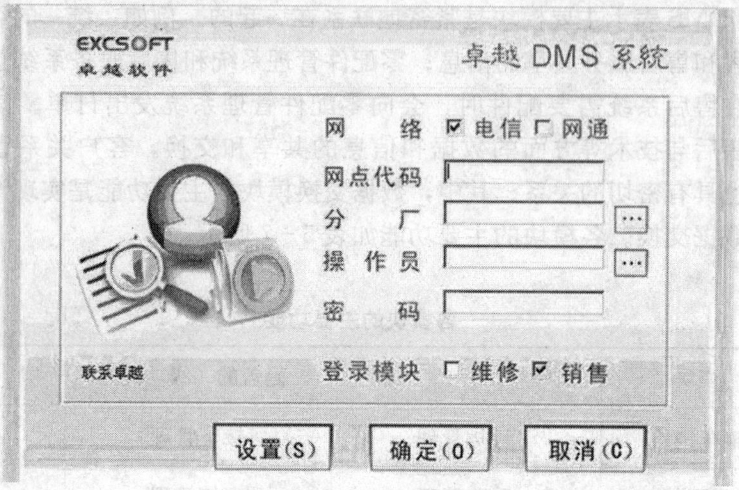

图 5-11　系统登录页面

此 DMS 系统基于互联网全新设计，包括销售管理、维修服务管理、汽车俱乐部、汽车销售服务信息平台、汽车备件门市管理、汽车售后服务管理、汽车备件电子图册管理等系统软件。还可采用一系列新技术、新工具，如 IC 卡、LED 电子显示屏、客户评分器、多媒体技术、触摸屏、条形码、电子图册、互联网短信、GPS 技术、电子签名、指纹技术、闭路电视监控技术，实现了二级网点连锁管理、多品牌模式、客户自动积分功能。

（1）系统优势

①提高经销商的销售成交率，并提高了客户接待、仓储管理、财务管理等操作中的速度。

②使经销商的管理规范化，完善内部监督控制机制和客户管理机制，提高经销商经营管理水平和提高客户满意度。

③实现异地办公，在外出差也可清楚了解经销商每天的经营情况。

④通过二级网点管理功能，掌握二级网点的业务情况，实现连锁管理。

⑤分布式数据库与集中式数据库相结合，数据不易丢失。

⑥基于互联网设计，使经销商与厂家、经销商与经销商之间的联系更加方便、快捷，便于统一规范化管理。

⑦特有的系统内部授权机制，使非法电脑无法进入系统，最大限度地保证系统安全。

⑧程序与服务器之间传输的数据都经过加密压缩处理，既大大提高网络速度，又可防止数据被泄密。

⑨防网络堵塞死机，保证系统正常运行。

（2）销售管理系统主要功能简介（见图 5-12）

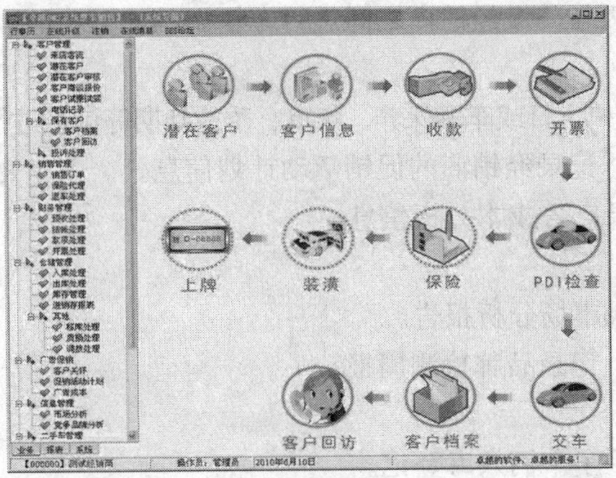

图 5-12 销售管理系统主页面

①客户管理模块。

a. 来店客流：监测、记录展厅客流情况。

b. 潜在客户：登记、跟进潜在客户。

c. 潜在客户审核：销售经理审核潜在客户信息、审核潜在客户跟进记录。

d. 客户商谈报价：登记销售顾问与客户商谈的具体情况。

e. 客户试乘试驾：登记客户试乘试驾的具体情况。

f. 电话记录：记录客户来电咨询、对客户电话回访的相关信息及通话内容录音。

g. 客户档案：维护已购车的客户信息。

h. 客户回访：对已购车客户进行回访。

i. 投诉处理：查看客户投诉内容，并对投诉内容进行处理。

②销售管理模块。

a. 销售订单：登记车辆销售合同信息。

b. 保险代理：登记客户在保险公司的投保记录。

c. 退车处理：登记、处理退车单。

③财务管理模块。

a. 预收处理：对预收费用进行收款处理。

b. 结账处理：对实际费用进行收款处理。

c. 款项处理：登记经销商的收入、支出信息。

d. 开票处理：对已预收的销售订单进行开票操作。

④仓储管理模块。

a. 入库处理：对车辆进行验收入库。

b. 出库处理：对车辆进行交车出库。

c. 库存管理：查看统计库存车辆信息、新建移库单。

d. 进销存报表：查看经销商进销存信息。

e. 移库处理：确认移库单。

f. 质损处理：记录车辆的质损信息、送修车辆。

g. 调拨处理：一级与一级经销商之间进行车辆调动。

⑤广告促销。

a. 客户关怀：对客户生日或车辆保养、年审、季检到期等信息进行提醒，送上温馨关怀。

b. 促销活动计划：记录经销商的促销活动计划信息。

c. 广告成本：记录广告成本分析信息。

⑥信息管理。

a. 市场分析：记录市场分析报告。

b. 竞争品牌分析：记录品牌检测周报。

⑦二手车管理。

a. 收购信息：二手车车辆入库登记。

b. 潜在客户：销售顾问登记、跟进二手车潜在客户。

c. 潜在客户审核：销售经理审核二手车潜在客户信息、二手车潜在客户跟进记录。

d. 销售信息：登记二手车销售合同。

e. 车辆库存：查看二手车车辆库存。

f. 车辆明细：查看二手车车辆明细。

⑧其他功能

a. 员工管理：对经销商内部人员进行统一管理。

b. 操作员：设置、管理操作员。

c. 发送短信：提供便捷的短信发送回复模式。

d. 系统设置：对系统进行设置。

e. 配置价格：设置车辆的配置价格信息。

f. 二级网点管理：一级管控二级网点。

g. 系统审核流程：设置“订单确认”、“预收处理”、“结账处理”、“开票处理”4个操作的审核顺序及审核角色。

(3) 维修服务管理系统主要功能简介（见图5-13）

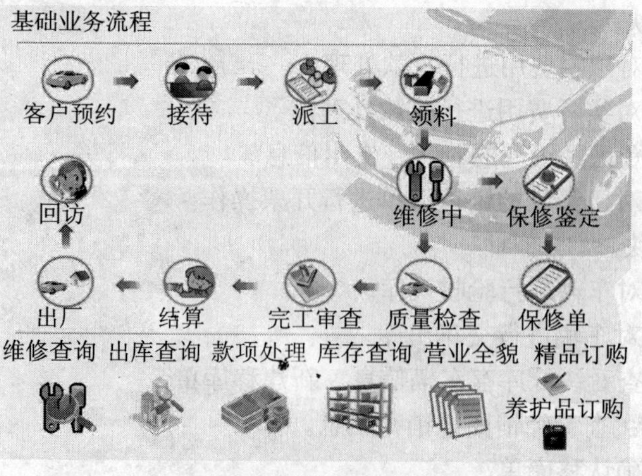

图5-13 维修服务管理系统主页面

①客户管理部分。如表 5-8 所示。

表 5-8　　客户管理部分功能及介绍

功能	功能介绍
以客户为中心	对与服务站发生业务关系的所有客户信息都在客户管理中进行统一管理
客户积分管理	对客户车辆维修或购买配件等消费进行自动积分，在车辆结算时可使用累积的积分介绍朋友来购车、购买保险、积极参加公司举行的活动而奖励的积分也一并可以使用
客户现场评分	维修接待与车辆结算时，客户可对有关服务人员进行现场评分（通过评分器进行，与银行窗口客户评分相似）
客户预约	客户来电预约时可作预约单，将维修项目和材料进行输入，系统中设置有预约提醒
客户意见	用户在维修过程或回访时若有建议或意见自动存入意见簿，以便服务站进行处理
客户回访	对客户的回访可采用问卷打分型的方法进行
客户关怀	对客户车辆保养、年审到期、季检到期、生日或特殊节日（如教师节）等进行提醒或送上温馨祝福
消费卡管理	对发行消费卡的服务站提供全面的管理功能（消费卡入库、销售、消费记录、挂失等）
俱乐部会员管理	对加入俱乐部的会员进行统一管理
保险代理	与保险公司合作，代理客户车辆的保险业务
特殊客户	能标记出特殊的客户，能在开委托单的时候给出提示
服务活动（召回车辆）	给参加活动的车辆提醒
关重客户	总部标记的关重客户提醒
被调查客户（JDPOWER 调查）	根据总部发出的通知，各服务站根据通知条件检索出客户车辆并对客户车辆提醒
流失客户分析	根据自定义条件对流失客户进行分析，再采取相应措施

②业务管理部分。如表 5-9 所示。

表 5-9　　业务管理部分功能及介绍

功能	功能介绍
维修模板	将某些常规维修项目及其所需的材料组合成一个“维修模板”，在车辆维修接待时可直接选择模板功能，加快速度
维修进程管理	对在修车辆的维修状态直观显示和管理，并对 30 分钟内要交车的未完工车辆进行预警
外修查询	查询车辆在其他服务站维修的修理记录，以便诊断故障
索赔单同步完成	完工审查时对有索赔性质的车辆通过“索赔鉴定”功能，同步生成索赔单，不进行索赔鉴定不能进行结算

续 表

功能	功能介绍
设定专项优惠项目或备件	当总部对某些维修项目或备件进行优惠活动时，可设定专门的优惠库供服务站使用
服务站索赔业务与总部索赔结算实现数据闭环	总部结算后的索赔单有关结算信息写回到本地索赔库中，便于服务站加强对索赔管理
换表里程	当维修项目中有换里程表项目时，可和总部服务器之间交换最新“换表里程”数，使车辆累计里程精确
经验积累	对疑难维修项目原因、解决方式等进行登记，积累经验供维修人员学习。可手工方式登记，也可自动记录
预估材料	确定维修项目后可录入预计更换备件材料，作为实际领料时参照或库房采购备件的依据
维修费用分析	分析不同时期购买车辆使用到一定期限后的维修费用
修理工工时统计	按多种方式对修理工工时进行统计，以适合不同服务站对修理工产值计算的需要

③财务管理部分。如表 5－10 所示。

表 5－10　　财务管理部分功能及介绍

功能	功能介绍
款项处理	自动记录有关款项的收入与支出，额外发生的账目也可手工录入，为账目查询提供更便捷的方式
财务审核	对已经结算的车辆、销售单、采购单等进行财务审核，作最后的确认

④备件管理部分。如表 5－11 所示。

表 5－11　　备件管理部分功能及介绍

功能	功能介绍
集成电子图册	在配件订货、领用等操作时，可通过电子图册对配件图片进行查看显示，直观明了
采购改进	通过缺件查询、近期采购等多种方式了解配件具体情况，进行合理地采购
备件推荐订货法	根据备件前 6 个月的消耗及客户满足率要求，以及季节性变化因素，系统产生推荐订单
缺件管理产生推荐订单	对维修或销售过程中缺少的配件进行记录，为配件采购提供信息，更加合理地进行配件管理
验收与备件索赔	在配件验收过程中发现配件有损件或漏发少发，系统可生成“货损货差退货单”，向厂家索赔

续　表

功能	功能介绍
备件订单管理	能对服务站备件订单与总部备件订单实现数据闭环
备件售价管理	总部可以控制服务站备件售价
盘点、报损改进	盘点方式更多选择，报损配件需经审核后才减少相应库存

⑤辅助管理。如表 5－12 所示。

表 5－12　　辅助管理部分功能及介绍

功能	功能介绍
旧件管理	对车辆维修换下的旧件（包括索赔件与普通件）进行管理
设备与专用工具管理	对服务站内部的设备工具及其使用情况、维护保养等进行登记和统一管理
员工管理	对服务站内部人员进行统一管理
服务车使用记录	对服务站服务车的使用情况进行登记，这是核查服务站外出救援实际里程的一个依据
LED 显示屏支持	车辆的维修状态通过 LED 显示屏显示，及时告知客户车辆维修信息

⑥系统扩展。如表 5－13 所示。

表 5－13　　系统扩展部分功能及介绍

功能	功能介绍
二级网点管理	对服务站设有二级网点（可以是自营的、也可以是联营的）的情况进行管理，包括业务情况、备件、索赔、往来账、一卡通消费积分、客户等
多品牌管理	对服务站经营多品牌车辆的情况进行管理
营业全貌	在同一界面显示客户预约、进厂车辆、在修情况、配件出入库、收入、支出欠账、应付、索赔等经营情况

⑦其他功能。如表 5－14 所示。

表 5－14　　其他功能及介绍

功能	功能介绍
万能查询功能	根据需要进行各种各样特殊方式的查询与汇总
模板化导出与万能导出功能	根据需要可对系统中数据选择多种格式导出

续表

功能	功能介绍
点标题排序	所有窗口都可以单击标题进行数据排序，从小到大或从大到小
使用软件在线咨询与建议	客户在使用系统中如果有什么疑难问题或建议可直接在线向卓越公司提出，卓越公司答复后可直接查到
电脑授权使用	只有经过授权的电脑才能使用系统，提高服务系统的安全性
在线消息	为服务站人员提供便捷的消息发送回复模式
通知公告	服务站与二级网点之间发布通知公告
内部QQ	员工内部QQ交流，方便工作

余下的汽车俱乐部、汽车销售服务信息平台、汽车备件门市管理、汽车售后服务管理、汽车备件电子图册管理等系统软件这里就不再一一介绍。值得提醒的是上述软件是基于DMS系统在经销商内部应用的一种模式，经销商对自己业务数据有主动的控制权。但是同时由于数据较分散，对于一些需要汽车制造企业及时反馈的信息响应较慢，在整车销售和零部件管理中制造企业无法实时获取信息，同时对数据交换模块和汽车制造企业的ERP集成模块（DCMS）有较高的要求。目前，许多制造企业是通过设计“实时同步”的DCMS集成方案，配合汽车制造企业提供的DMS系统来实现对经销商集中管理的。

5.2.5 汽车物流系统简介及应用

1. 汽车物流的定义

汽车物流是指汽车供应链上原材料、零部件、整车以及售后配件在各个研发、采购、生产制造、销售和各个服务环节之间的实体流动过程。它是一种通过资源整合来提高生产和管理效率、降低成本，实现汽车企业价值流顺畅流动的物流活动。

2. 汽车物流的特点

（1）技术复杂性

汽车物流的目标就是要保证汽车生产所需零部件按时按量到达指定工位，实现准时化（JIT）生产。因此，供应配件的准时化管理、生产环节的高密度集中化的敏捷制造要求、整车产品的远距离运输和配送以及大量的售后配件物流，这些都使汽车物流的技术复杂性高于其他行业。

（2）服务专业性

汽车生产的技术复杂性和大量配套供应件的及时性决定了为其提供保障的物流服务必须具有高度专业程度。即供应物流需要专用的运输工具和工位器具；生产物流需要专业的零部件分类、高效率、高准确度的作业流程和方法；销售物流和售后物流也需要服务人员具备相应的汽车保管、维修专业知识、物流需要系统的集成化、信息化的管理。

(3) 高度的资本、技术和知识密集性

汽车物流需要大量专用的运输和装卸设备，需要实现“准时生产”和“零库存”，需要实现整车的“零公里销售”，这些特殊性需求决定了汽车物流是一种高度资本密集、技术密集和知识密集型的行业。

3. 汽车行业物流系统现状及优化

目前，中国汽车企业的物流普遍信息化程度低，缺乏统一、完善的信息系统，同时，缺乏对企业的供应链的高效管理，使得物流的整体水平不高，服务功能不完善，管理效率低下，制约了汽车企业的快速发展。因此，汽车物流系统应从以下两个方面入手进行优化，建立和完善与企业发展规模匹配的物流系统。

(1) 强化供应链资源管理

汽车企业的供应链管理是针对供应链中的物流、资金流、信息流、业务流等进行的计划、组织、协调、控制的一体化管理过程。强化供应链管理的实质就是通过对整个供应链的资源、流程、功能进行整合，使整车企业和所有配套、服务企业和客户实现共享信息、共同计划，提高整个物流系统的效率，实现从原材料采购到产品售后服务整个过程的各种资源计划与控制，达到降低系统成本、提高产品质量、改善服务水平等目的，从而全面提高整个供应链系统的综合竞争力。

(2) 构建高效率的物流信息系统

信息化是物流系统的基础，是企业实现“准时化”和“零库存”管理一个必不可少的条件。企业借助先进的信息及网络技术，建立从原材料采购到售后服务整个环节的供应链管理系统和平台，通过信息共享和集成来实现管理运作中的全过程匹配，对整个物流渠道的产品、服务和信息实行管理，以获得最大的运行效率和经济效益。

利用计算机网络技术全面规划汽车供应链中的物流、商流、信息流、资金流，构建电子商务采购和销售以及信息互动平台，通过应用条码技术、EDI 技术、电子订货系统、POS 数据读取系统等信息技术，做到供应链成员能够及时有效地获取需求信息并及时响应，以满足顾客需求，并实现信息双向交流。

企业各种资源的计划与控制通过信息系统集成，形成企业内、外部各业务系统间通畅的信息流，增强物流信息的透明度和共享性，通过 ERP 系统采购与上游供应商连接；通过客户关系管理（CRM）与下游分销商和客户连接，促进整个供应链物流渠道的畅通，提高整个供应链的效率和对顾客需求的反应速度。同时，利用信息网络技术，保证物流活动每个环节的准确对接，为企业和客户提供快速、准确、高效的服务。最大限度地提高物流速度，整合企业资源，降低生产成本。

4. 汽车行业物流系统应用

汽车企业的物流从零配件供应开始到售后服务都离不开物流系统的支持，它包括零配件供应物流中的物料需求计划、订单以及配件的 JIT 时间节点控制等方面处理；生产制造环节中的生产作业流程中的物料运输及库存控制以及销售环节中的分销配送、交通运输、仓库管理、工厂和仓库或配送中心的管理和售后服务中的零配件和技术服务支持、索赔退件处理、废弃物和报废产品的回收处理等，如图 5-14 所示。

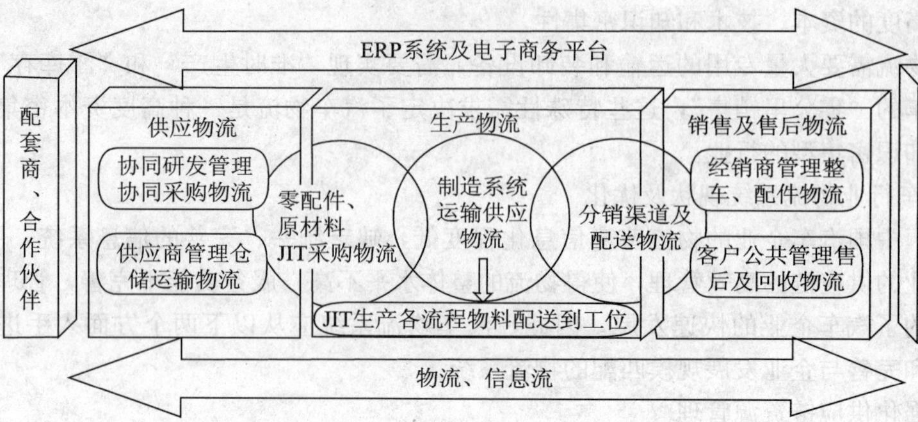

图 5-14 ERP 在汽车行业物流系统的应用

目前，我国一些汽车制造企业供应物流开始逐步引入第三方物流对整个企业价值链进行优化，如长安汽车的民生物流。第三方物流对于汽车制造企业改善物流环境，提升企业核心业务竞争力具有显著效果，具体表现在以下几个方面：

（1）降低物流成本，提高运输物流效率

外包给第三方物流一方面可以减少汽车制造企业和汽车零部件供应商大量的人、财、物投入，另一方面第三方物流企业可以依托其先进的物流理念和强大的网络优势，实现汽车零部件运输资源的整合，从而大大提高了运营车辆的利用率，降低了成本，节省车辆在途时间。实时跟踪、信息服务。通过铺设高效的信息平台和配置先进的 GPS 等系统，第三方物流企业可以对在途汽车零部件运输进行实时的跟踪，通过建立应急事件的处理流程，可以较为高效地处理运输或保管过程中发生的意外事件，保障汽车零部件的安全，满足整车生产商准时生产的要求。

（2）提高制造环节的库存周转率，实现零库存管理

汽车制造具有很强的专业性，需要专业化、个性化的物流服务。第三方物流企业拥有完善的物流基础设施和先进的信息平台，具有丰富的物流管理和运作经验以及运营网络，可以帮助汽车制造企业提高在生产制造过程中的物流效率。尤其在汽车零部件的准时化生产中，配件供应的环节，通过第三方物流企业的协调功能减少甚至取消供需双方的库存，实现库存水平的合理化，提高库存周转率，真正实现企业的零库存管理。

（3）提高供应链的协同效应

引进第三方物流，有利于优化供应链管理，提高供应链的竞争力，从而在竞争中获胜。供应链企业之间实现协同是供应链管理的关键，是供应链企业的生命。汽车零部件供应链中零部件的需求表现为产品种类繁多、体积重量不一，导致包装规格难以统一，总体需求批量大，零部件协同性要求高。汽车生产受市场调整、供求变化以及内部设备等因素的影响，对零部件输送质量、准时化以及可变性要求高。未来供应链的竞争力决定了供应链上相关企业的繁衍生息。引进第三方物流，有利于企业主动适应市场变化，迅速从驾轻就熟的企业单干的经营理念转变到协同供应链运作的经营理念上来。引进第三方物流，引

导企业根据自己的利益目标，以及供应链的总体追求目标，相关汽车零部件企业依据联盟协议组成利益共同体，在供应链的各环节，互相配合、互相协调，按照供应链运作的节拍完成价值创造及价值增值的工作，并有利于汽车和汽车零部件的制造、新产品的开发、销售、产品质量的提高等，从而能构建自身的核心竞争能力。

本章小结

本章是整本书的重点章节，主要介绍了汽车销售管理中的各种软件的基本功能，ERP、DMS、CRM 管理系统的基本模块的组成和各系统功能的使用。

知识训练

一、填空题

1. 汽车保险单证包括________、________、________、________和________五种。

2. 办理新车牌证后，公路养路费缴费证需随车携带，并在车窗右前角粘贴________、________、________、________四种标志。

3. 信息化系统的结构分为________、________和________三个层面。

4. ERP 的功能模块有：________、________、________和________四个。

5. CRM 的主要模块有：________、________、________、________和________五个。

二、选择题

1. 汽车物流的特点有（　　）。

A. 技术复杂性　　B. 服务专业性　　C. 知识密集性　　D. 技术密集性

2. 以下属于 DMS 系统工具的管理功能的是（　　）。

A. 订货管理　　B. 接车管理　　C. 销售管理　　D. 渠道管理

3. CRM 系统应具有（　　）功能。

A. 客户管理　　B. 统计分析　　C. 市场管理　　D. 销售自动化

4. 引入第三方物流对汽车制造业的作用是（　　）。

A. 降低物流成本　　B. 实现零库存管理

C. 产生协同效应　　D. 提高员工积极性

三、思考题

1. ERP 对汽车制造业的作用有哪些？

2. CRM 系统对 4S 店提高客户关系管理的重要性体现在哪些方面？

3. 汽车上牌包括哪些环节和流程？

实训项目

实训项目名称

汽车销售管理系统软件使用实训

实训目的

1. 了解汽车销售管理软件的整体结构和功能。

2. 掌握汽车销售软件的进货功能，制定汽车进货的相关表格和单据。

3. 掌握汽车销售软件的存货功能，能制作相应表格和单据。

4. 掌握汽车销售软件的出货功能，能制作相应表格和单据。

实训要求

上机实训：需要配备计算机，并安装有相应的汽车销售管理软件的模拟教学软件系统，并完成以下任务。

任务 1：了解汽车销售管理软件系统的整体结构和系统的全部功能。

任务 2：制定汽车进货的询价单、采购订单、入库单。

任务 3：制定汽车库存变动报表、分析库存滞销品种。

任务 4：制定汽车出库单、录入汽车用户相关信息。

实训时间

16 学时。

6　二手车评估与市场营销

【参考学时】8 课时

【任务目标、要点及权重】

任务目标	任务要点	权重
了解国内外二手车市场现状	二手车市场现状	10%
掌握各二手车评估方法的适用条件和计算方法	评估及计算的方法	30%
理解二手车营销的模式及二手车市场相关功能	二手车交易类型及程序	30%
理解二手车售后服务对二手车市场发展的意义	二手车售后服务的功能建设	20%

引导案例

广州本田雅阁二手车评估

在二手车市场中，日系车中的雅阁、飞度保值率都比较高，特别是广本雅阁，在同级别车型中价格十分坚挺，成交量长期位居各款日系车的三甲之列。目前二手雅阁仍然保持稳中有升的销售形势，特别是08款换代新车上市之后，一手车和二手车的差价拉大，使得旧款雅阁仍然保持较高的受欢迎度，而消费者出于性价比的综合衡量，尤其追捧03、04款雅阁。

1. 评估车型：广本雅阁 2.0L

上牌时间：2005年1月，显示里程：83000km。

车辆税费：各项年缴税费、保险费等还有近半年到期。

新车包牌参考价格：216000元（未减新车销售促销折让）。

静态检查：车辆整体外观良好，内饰整洁，但底盘有明显的未加修复的磕碰痕迹，且底盘异响比较明显，维修费用约需10000元。

动态检查：车辆冷车启动后，发动机运行有明显的不规律抖动，热车后恢复正常。行驶过程中车辆的动力结合正常，车辆转向、制动性能良好。

综合评定：03款的广本雅阁2.0目前在市场还是颇受欢迎，不过，考虑到目前08款第8代雅阁2.0L的配置明显提高，价格反而有所下降，自然会造成旧款二手车跌价。这辆车底盘异响比较明显，维修费用约需10000元，所以，在目前市场状况下，这辆车的评估价格为136000元左右。

2. 评估车型：广本雅阁 2.4L

上牌时间：2004 年 6 月，显示里程：130000km。

车辆税费：刚刚完成各项年缴税费、保险费等的续交。

新车包牌参考价格：248800 元（新车价格比对第 8 代雅阁 2.4L 基本版，未减新车销售促销折让）。

静态检查：车辆整体外观良好，内饰整洁，表显里程数也和实际车况相符。

动态检查：车辆启动后，发动机运行安静平顺，行驶过程中车辆的动力结合基本正常，车辆转向、制动性能良好。

综合评定：特别值得一提的是，这款车是一辆认证二手车，有半年 1 万千米的质量担保，而且各项费用都刚缴纳完毕。综合市场行情，这辆车交易价格在 148000 元左右。

3. 评估车型：广本雅阁 2.3L

上牌时间：2001 年 1 月，显示里程：80000km。

车辆税费：各项年缴税费、保险费等还有近半年到期。

新车包牌参考价格：229800 元（该款车已停产，新车价格比对第 8 代雅阁 2.4L 基本版，未减新车销售促销折让）。

静态检查：车辆整体外观良好，但车辆的右前大灯位置有明显的重撞并修复的痕迹。内饰方面比较整洁。

动态检查：车辆冷车启动后发动机运行基本正常，行驶过程中车辆的动力结合基本正常，倒挡和 2 挡有换挡冲击现象，车辆转向、制动性能良好。

综合评定：该款车型在城市道路和高速公路上的表现均不错，且油耗不高，二手车保值率也较高。考虑到车辆的右前大灯位置有明显的重撞并修复的痕迹，虽然未伤及大梁和 A 柱，但按事故折损贬值 15000 元。而且，里程表显示的公里数明显不准确，实际里程估计会超过 15 万千米。在目前市场状况下，这辆车能够交易的价格在 78000 元左右。

（资料来源：爱意汽车网）

点评： 本案例反映了二手车属于特殊商品，它的价值包括车辆本身的有形价值和各项手续构成的价值。二手车的技术状况（车况）是衡量其价值的关键因素，同时，它的价值受新车价格波动、各项税费手续的缴纳情况、售后服务、该品牌汽车的保值率、二手车市场的供求关系等方面的影响较大。

6.1 二手车评估

6.1.1 二手车市场现状

1. 国内二手车市场现状

我国自 1998 年颁布了《旧机动车交易管理办法》后，我国旧车市场开始步入规范化轨道，据统计，从 2000—2007 年的 8 年间，二手车市场的交易量从 25.17 万辆上升到 273.73 万辆，增长了 10 倍。专家预测，2012 年，我国二手车交易量将到达 500 万辆。然而，我国的二手车销售占新车比例尚不足 30%，美国、德国、瑞士、日本和中国台湾等地二手车的销售分别是新车销售的3.5倍、2倍、2倍、1.4倍和2倍。可见，二手车市场尚存在巨大的潜力和空间。

2009年2月9日，国务院颁发的《汽车产业调整和振兴规划》（以下简称《规划》）明确规定了“规范和促进二手车市场发展”，同年3月温家宝总理在《政府工作报告》首次提出“加快发展二手车市场”，这预示着二手车市场将迎来新一轮发展机遇。发展二手车市场，对促进汽车市场繁荣、确保国家宏观经济增长目标实现有着重要的作用。

当前，我国二手车市场存在着巨大的潜力和广阔的发展前景，但同时也存在着诸多不容忽视的问题，主要表现在以下几个方面。

(1) 市场诚信度不高。我国二手车交易的诚信体系不完善，卖方为了提高车价，故意隐瞒真实信息。

(2) 评估标准不统一。评估的主观随意性大，评估过程主要依靠经验，通过“一看二听三摸四闻”就得出结论。

(3) 售后服务不保障。在我国，针对新车，以“4S”为主体的售后服务体系逐渐完善，但二手车的相关售后服务尚未建立。而二手车交易量大、市场发达的国家就不同，比如日本，每辆二手车可以在全国享受1年或2.5万公里的售后维修服务；买车人如果不满意，可以在车辆售出的10天或500公里以内退货。

(4) 品牌置换不普遍。我国汽车置换业务起步较晚，发展缓慢。发达国家的置换量占新车销量的30%以上，而我国2008年时仅为3%。

(5) 从业人员素质不高。目前，我国二手车的从业人员大多数都是从实践中成长，没有经过正规的二手车人才体系的培训，故从业人员的职业道德素质及专业技能普遍不高，阻碍了我国二手车市场的发展。

(6) 市场管理不到位。《二手车流通管理办法》规定，“省级商务主管部门、工商行政管理部门、税务部门在各自的职责范围内负责辖区内二手车流通有关监督管理工作”。但在实际操作中，政府部门之间不能形成对汽车市场的管理合力，是导致市场秩序出现混乱的主要根源。

2. 国外二手车市场的发展现状及经营模式借鉴

最近的调查表明，国外旧车市场销量和利润普遍大于新车，越是汽车消费发达的国家和地区，旧车市场越活跃。目前，美国、德国、瑞士、日本等旧车的销量分别是新车销售的3.5倍、2倍、2倍、1.4倍，其中美国旧车利润占汽车销售利润总额的45%。旧车销售促进新车销售，旧车的客户是新车的潜在客户。大交易量和高利润的原因是经营旧车的主体多元化、交易方式多元化、交易手续简便化。从发达国家的情况看，旧车作为一般商品进入市场，其销售多渠道，导致形成了品牌专卖、大型超市、连锁经营、旧车专营、旧车拍卖等并存的多元化经营体制；其交易方式是直接销售、代销、租赁（实物和融资）、拍卖、置换等多样化。另外，尽可能减少交易环节，使交易手续灵活简便，为消费者营造了购买旧车方便的消费环境。

据报道，每年美国销售旧车1000万辆以上，其原因是美国连续几年的新车销量大增，使旧车货源充足，从而导致旧车车价下降，例如，一辆使用了四年的SUV，其旧车价格仅为原价的43%，其他车型情况也差不多，因此在目前，有更多的美国家庭想拥有第三辆或更多的汽车时，售价不高于1万美元的旧车则受到青睐。另一个原因是租赁用车到了更新期，在美国，租赁用车可不是一个小数目。据调查表明，目前拥有一辆已使用3～6年的旧车的客户总数较之1999年增加了30%以上，各汽车厂都为旧车业务增加了新的内容，如重新鉴定、修整、提供保修期、信贷优惠等。估计全美在用的，使用了3～6年后转手的旧车总数超过6000万辆，每年美国销售新车数量约2000万。

近年来在美国一些车展上也经常见到旧车经过重新鉴定后摆上了展台。热衷此道的公司有丰田、本田、奔驰等名牌公司。这些车型往往是较新的年度型，行驶里程不长，这种经过技术鉴定及整旧如新，并且提供原厂保修的车，展览目的也是促销。其另一目的则是品牌宣传，让观众看到使用了几万英里的车是什么样，从而提高购入这个品牌产品的信心。

澳大利亚、新西兰这两个国家旧车贸易也相当普遍。在这些国家，旧车贸易十分活跃，办理手续简便快捷，售后服务非常完善，管理十分规范，同时，他们汽车行业的中介组织也十分发达。值得一提的是，这些国家的旧车经营商都非常重视企业形象，营业厅简洁、明快、高雅，设施非常现代化。在规范建设方面，其交通法、车辆管理法、道路安全法等法律法规都比较完善，在澳大利亚和新西兰，旧车经销企业的资格审批由政府部门来管理，对于进口旧车都有严格的质量标准和修复行驶的标准及具体的检测措施。

相比国内的二手车市场，国外的二手车市场已经进入成熟阶段。综观美、英、德、日等发达国家的二手车市场，国家法规的政策导向和新旧车市场的协调发展，是促进这些国家二手车市场繁荣的关键原因。综合来看，国外发达国家二手车市场的现状有以下特点：

(1) 交易量大，已形成规模效应。发达国家二手车交易量均远远超过新车的交易量，一般均比新车高出一倍以上。正因为有如此庞大的二手车市场，发达国家才能保持一个相对稳定、规模巨大的新车销售市场。有关资料表明，西方成熟的汽车市场上，汽车报废周期平均为8～12年，而汽车更新周期平均不到4年，可见二手车市场有相当的空间可回旋，其中的作用是显而易见的。

(2) 价格较低，平衡市场供求量。在发达国家已成为“汽车社会”的今天，轿车已成为现代家庭必不可少的交通工具，但不同层次的消费者对轿车的需求不同。部分中产阶级及以上的消费者买车以新车为主，他们注重的是车辆的可靠性而非价格，一般至多用上四五年，在车辆的可靠性开始下降、意外故障逐渐增多时，他们就要换车了；而多数中产阶级以下的消费者则以买二手车为主，主要出于使用成本较低的考虑。二手车的价格一般只有新车的一半左右，而且这类车再使用2～4年性能仍然可靠，使用后的价值损失远比购新车小得多。这样的二手车用过后可能再次卖掉，这时车价只有新车的20%～30%，主要流向收入低或者没有收入的学生手中。另外还有一些较旧的车价格更低，仅有新车价的5%～10%，购买这种二手车，虽然要花费一定维修费用，但总体上使用成本最低，很划算。因此，在发达国家，二手车的总供应量略大于总需求量，二手车价格相对较低，以平衡市场供求量。

(3) 体制机构健全，促进市场健康发展。在发达国家的二手车市场，一般均形成一套比较完善的收购和销售体制，健全了二手车拍卖批发机构。各国政府纷纷制订了有关二手车贸易的相关法规，以保护消费者的权益。而各种评估机构公正、高效的运作，使发达国家二手车市场价格趋于长期稳定状态。消费者不必担心车辆价值不稳而带来的损失。二手车的价值对汽车的保值以及刺激新车的购买影响深远，二手车市场的持续稳定对新旧车市场的健康发展发挥了促进作用表 6－1 列出了几个发达国家的二手车市场现状及经营模式。

表 6－1　几个发达国家的二手车市场现状及经营模式一览表

国家	主要模式	发展现状
美国	厂家认证	在过去 10 年，美国新车的年平均销量为 1600 万辆，而二手车的年销量却高达 4000 万辆以上，基本上是新车的 2～3 倍。二手车的热销，除了与美国大众对二手车的热情有很大关系以外，还有一个主要原因是美国二手车市场经过数十年的发展已经相当成熟，形成了一套行之有效的市场规则，从价格、质量、服务等多个汽车消费的关键领域给消费者提供了保证。它已经建立起了一套很完善的旧车认证、置换、拍卖、收购和销售体制。并且，这项制度已经推广到几乎所有品牌的汽车生产商。所谓二手车质量的认证制度，就是由汽车生产商或者大型经销商对二手车进行全方位的质量检测，以确保汽车的品质达到一定的出售标准，同时，经过认证的二手车还可以在一定时期内享受与新车同样的售后保障。消费者可以放心购买经由汽车生产企业或大型经销商认证的二手车。此外，美国的二手车商还很注重售后服务，在一些州，如果消费者对已经购买的旧车表示不满，那么在确保旧车未遭损坏并且行车未满 300 英里或者购车不足 3 天的情况下，购车款可全额退还给消费者
日本	拍卖	二手车交易市场规模较大，交易量也较大，交易体制完善，覆盖面广。日本的二手车市场最大的特点是已形成一张分布均匀、覆盖完整的“交易网”，各个地区、不同的地方可以交叉交易，并不受地域限制。而拍卖会是日本二手车流通的一个重要方式，在日本有大大小小不同的 150 家拍卖场，以会员制形式组成。哪家有拍卖会，遍布全国的上万家会员经销商会赶往那里进行交易。在日本对二手车有一套公正的评估制度。很好地维护了消费者的权益，让消费者买得称心，用得放心
澳大利亚	多种模式	二手车信息丰富，比起国内功能单一、缺乏现代营销手段的二手车交易模式，澳大利亚的二手车交易渠道广泛，现有经销商、二手车连锁店、二手车出售点、私人和报废汽车厂 5 种渠道可供选择

6.1.2　二手车的计价形式

二手车一般有以下几种计价形式，这些形式在二手车的鉴定估价中都可能出现。

1. 二手车原值

二手车原值也叫二手车账面原值，是指车主在购置以及其他方式取得某类全新机动车时所发生的全部货币支出，包括买价、运杂费、车辆购置附加费、消费税、新车登记注册等所发生的费用。为简化计算，二手车原值除了购置车辆的车价以外，我们只考虑车辆购置附加费和消费税，而其他费用略去不计。

2. 二手车残值

二手车残值是指二手车现时市场的价值。关于残值的概念，应进一步明确：在规定的汽车的合理使用年限之内，所剩余的使用价值，被称为广义的汽车残值。此外，汽车到报废年限时车主也可以领到另一种意义的汽车残值费，一般以每吨 350 元计算，一辆小轿车可以领到 2000～3000 元。

从国外市场的情况来看，一般 3 年之后普通轿车的“残值”是原新车的 31.8%～56% 影响“残值”的因素很多，包括使用时间、行驶里程、驾驶习惯、保养水平以及车辆是否发生过重大事故等。但决定性的因素有两个：一是技术和质量是否成熟；二是市场的认可程度，即品牌。作为消费者来讲，在购买新车之前，最好的方法是到二手车市场，咨询一下同类车在二手车市场上价值，这样可对“残值”有个了解。越来越多的消费者在购买新车时便考虑该车在几年后卖旧车时能卖多少钱，即二手车的残值。

应用案例 6-1

前 10 位高保值率汽车型

近年来，随着国内外汽车市场竞争的日益加剧，新车价格浮动明显加快，有些车型在短期内价格就会有大幅下跌。许多最近几年买车的消费者发现，自己刚买的新车开了不到一年时间，价格几乎缩水 30%。高保值率主要包含三个方面：良好的品牌影响力、车系高品质、稳定的价格。

根据 51 汽车网公布的保值率较高的前 10 位汽车车型是：奥迪 A6（豪华型）、桑塔纳（中型车）、POLO（小型车）、奥拓（微型车）、别克 GL8（MPV）、宝来（紧凑型）、捷达（中型车）、奇瑞 QQ（微型）、本田雅阁（中型车）、丰田佳美（中型车）。

（资料来源：51 汽车网）

点评：二手车残值是指二手车剩余的使用价值，是一个抽象的概念，很多消费者此概念不是很熟悉，而习惯用保值率来衡量。保值率＝二手车车价/现新车售价×100%，可以发现，残值率和保值率两个概念密切相关，实际意义几乎可以等同。

3. 二手车评估值

二手车评估值是二手车鉴定评估专业人员按照一定的计价标准和评估方法，按照当地的现行市场计价要素所估算的二手车现值。二手车评估方法按照国家规定有四种：现行市价法、收益现值法、清算价格法、重置成本法。

6.1.3 二手车成新率的确定

成新率是反映二手车新旧程度的指标。二手车成新率是指二手车的功能或使用价值占全新机动车的功能或使用价值的比率，也可以理解为二手车的现时状态与机动车全新状态的比率。

目前在二手车的鉴定估价中，成新率的估算方法通常有使用年限法、行驶里程法、部件鉴定法、整车观测法、综合分析法等几种，其中最为全面和实用的是综合分析法。实际评估时，可根据被评估车辆的客观情况灵活选用不同的成新率。

1. 使用年限法

使用年限法是通过确定被评估二手车的尚可使用年限与规定使用年限的比值来确定二手车成新率的一种方法。其计算公式为式（6－1）。

$$C_n = (1 - \frac{Y}{G}) \times 100\% \tag{6-1}$$

式中：C_n——使用年限成新率。

Y——二手车实际已使用年限，年或月。

G——车辆规定的使用年限，年或月。

使用年限法估算二手车的成新率是基于这样的假设：二手车在规定的使用寿命期间实体性损耗与时间呈线性递增关系，二手车价值的降低与其损耗大小成正比。因此，可利用被评估二手车的实际已使用年限与该车型规定使用年限的比值来判断其实体贬值率，进而估算被评估二手车的成新率。

（1）已使用年限。已使用年限是代表汽车运行量和工作量的一种计量方法，这种计量方法是以汽车正常使用为前提的，包括正常的使用时间和使用强度。已使用年限一般取该车从新车在公安交通管理机关注册登记日起至评估基准日所经历的时间。这个时间可以用年或月或日为单位计算。实际计算中，评估基准日并不恰好与注册登记日同日，如果以年为单位计算实际已使用年限，结果误差太大；如果以日为单位计算实际已使用年限，需要精确计算实际已使用天数，结果精确，但工作量较大，比较麻烦；一般以月为单位计算实际已使用年限，即将已使用年限和规定使用年限换算成月数，这样计算简单、结果误差也较小，比较切合实际。

（2）规定使用年限。车辆规定使用年限是指《汽车报废标准》中对被评估车辆规定的使用年限。9座（含9座）以下非营运载客汽车（包括轿车和越野车）使用年限为15年；旅游载客汽车和9座以上非营运载客汽车使用年限为10年；营运客车的使用年限为10年；微型载货车、带拖挂的载货汽车、矿山作业专用车及各类出租汽车使用年限为8年，其他车辆使用年限为10年；对于大中型拖拉机，其使用年限不超过15年；营运车辆转为非营运车辆和非营运车辆转为营运车辆一律按营运车辆的规定年限报废。

（3）使用年限法的前提条件。使用年限法计算成新率的前提条件是车辆在正常使用条件下，按正常使用强度（年平均行驶里程）使用。我国各类汽车年平均行驶里程见表6－2。

表6－2　我国各类汽车年平均行驶里程

汽车类别	年平均行驶里程（公里）
微型、轻型货车	3万～5万

续 表

汽车类别	年平均行驶里程（公里）
中型、重型货车	6万～10万
私家车	1万～3万
公务、商务用车	3万～6万
出租车	10万～15万
租赁车	5万～8万
旅游车	6万～10万
中、低档长途客运车	8万～12万
高档长途客运车	15万～25万

2. 综合分析法

综合分析法是以使用年限法为基础，再综合考虑二手车的实际技术状况、维护保养情况、原车制造质量、二手车用途及使用条件等影响二手车价值的多种因素，以系数调整确定成新率的一种方法。其计算公式为式（6-2）。

$$C_z = C_n \times k \times 100\% \tag{6-2}$$

式中：C_z——综合成新率；

C_n——使用年限成新率；

k——综合调整系数。

（1）综合调整系数。影响二手车成新率的主要因素有二手车实际技术状况、二手车维护保养、原车制造质量、二手车用途和二手车使用条件五个方面，可采用表6-3中的综合调整系数，用加权平均的方法进行调整。

根据评估二手车是否需要项目修理或换件维修，综合调整系数有两种确定方法：

①车辆无须进行项目修理或换件的，可采用表6-3所示的综合调整系数，用加权平均的方法进行微调。

②车辆需要进行项目修理或换件的，或需进行大修理的，综合考虑表6-3列出的影响因素，可采用"一揽子"评估方法确定一个综合调整系数。所谓"一揽子"评估方法就是综合考虑修理后对二手车成新率估算值的影响，直接确定一个合理的综合调整系数而进行价值评估的一种方法。采用"一揽子"评估方法后，综合调整系数的确定不再用式（6-3）分别进行计算。

表 6-3 二手车综合调整系数参考表

影响因素	因素分级	调整系数	权重（%）
技术状况	好	1.0	30
	较好	0.9	
	一般	0.8	
	较差	0.7	
	差	0.6	
使用维护	好	1.0	25
	较好	0.9	
	一般	0.8	
	差	0.7	
制造质量	进口	1.0	20
	国产名牌	0.9	
	国产非名牌	0.8	
工作性质	私用	1.0	15
	公务、商务	0.9	
	运营	0.7	
工作条件	较好	1.0	10
	一般	0.9	
	较差	0.8	

综合调整系数计算公式为式（6-3）：

$$K = K_1 \times 30\% + K_2 \times 25\% + K_3 \times 20\% + K_4 \times 15\% + K_5 \times 10\% \quad (6-3)$$

式中：K——综合调整系数；

K_1——二手车技术状况调整系数；

K_2——二手车维护保养调整系数；

K_3——二手车原始制造质量调整系数；

K_4——二手车用途调整系数；

K_5——二手车使用条件调整系数。

表 6-3 中的因素分级和调整系数只是一个参考，实际确定综合调整系数时，应根据具体情况作适当的调整，但各因素的调整系数取值不要超过 1，综合调整系数计算结果也不能超过 1。

（2）调整系数的选取。

①二手车技术状况调整系数 K_1。

二手车技术状况调整系数是在对车辆技术状况鉴定的基础上对车辆进行的分级，然后取调整系数来修正车辆的成新率。技术状况调整系数取值范围为0.6～1.0，技术状况好的取上限，反之取下限。

②二手车维护保养调整系数 K_2。

维护保养调整系数反映了使用者对车辆使用、维护和保养的水平，不同的使用者对车辆使用、维护和保养的实际执行情况差别较大，因而直接影响到车辆的使用寿命和成新率。维护保养调整系数取值范围为0.7～1.0，维护保养好的取上限，反之取下限。

③二手车原始制造质量调整系数 K_3。

确定该系数时，应了解被评估的二手车是国产车还是进口车以及进口国别，国产车了解是名牌产品还是一般产品。一般来说，经国家正规手续进口的车辆质量优于国产车辆，名牌产品优于一般产品；但也有较多例外，故在确定此系数时应较慎重。对依法没收领取牌证的走私车辆，其原始制造质量系数建议视同国产名牌产品考虑。原始制造质量系数取值范围在0.8～1.0。

④二手车用途调整系数 K_4。

二手车用途（或使用性质）不同，其繁忙程度不同，使用强度亦不同。一般车辆用途可分为私人工作和生活用车，机关企事业单位的公务和商务用车，从事旅游、货运、城市出租的营运用车。以普通小轿车为例，一般来说，私人工作和生活用车每年一般最多行驶约3万公里；公务、商务用车每年不超过6万公里；而营运出租车每年行驶有些高达15万公里。可见二手车用途不同，其使用强度差异很大。二手车用途调整系数取值范围为0.7～1.0，使用强度小的取上限，反之取下限。

⑤二手车使用条件调整系数 K_S。

我国地域辽阔，各地自然条件差别很大，车辆的使用条件对其成新率影响很大。使用条件可分为道路使用条件和特殊使用条件。

道路使用条件可分为好路、中等路和差路三类。

好路：指国家道路等级中的高速公路，一、二、三级道路，好路率在50%以上；

中等路：指符合国家道路等级四级道路，好路率在30%～50%；

差路：国家等级以外的路，好路率在30%以下。

特殊环境使用条件主要指特殊自然条件，包括寒冷、沿海、风沙和山区等地区。

车辆使用条件调整系数取值范围为0.8～1.0。取值时应根据二手车实际使用条件适当取值。如果二手车长期在道路条件为好路和中等路行驶时，分别取1和0.9；如果二手车长期在差路或特殊环境使用条件下工作，其系数取0.8。

从上述影响因素中可以看出，各影响因素关联性较大。一般来说，其中某一影响因素加强时，其他项影响因素也随之加强；反之则减弱。影响因素作用加强时，对其综合调整系数不要随影响作用加强而随之无限加大，一般综合调整系数取值不要超过1。

应用案例6-2

五大因素影响二手车价格

影响二手车价格的因素较多，但总体而言，可归纳为以下五大方面：

(1) 车辆使用年限是二手车评估最主要的依据：一般年限在1～3年期间是二手车的快速折旧期，如果在快速折旧期内销售自己的车辆会有较大亏损。而3～6年的二手车价格相对比较平稳。

(2) 同等或接近车型的新车价格变动及二手车市场供求变化也将直接影响二手车价格。

(3) 车况及行驶里程对二手车价格会产生一定影响。私家车一般正常的行驶里程在1万～3万公里/年的较为合理，超出3万公里的，车辆会有较大折旧比例。

(4) 车辆的品牌、保有量、性价比、质量口碑以及售后服务及配件价格等会影响二手车的市场价格。

(5) 车辆的原始手续要妥善保管，手续不全会带来不必要的补办费用，影响到交易价格。

（资料来源：爱意汽车网）

6.1.4 二手车评估方法

二手车评估的方法和资产评估的方法一样，按照国家规定的现行市价法、收益现值法、清算价格法、重置成本法等方法进行。

1. 现行市价法

现行市价法又称市场法、市场价格比较法。是指通过比较被评估车辆与最近售出类似车辆的异同，并将类似车辆的市场价格进行调整，从而确定被评估车辆价值的一种评估方法。

这种方法的基本思路是：通过市场调查，选择与评估车辆相同或类似的车辆作为参照物，分析参照物的结构、配置、性能、新旧程度、交易条件及成交价格，并与待评估车辆比较、对照，按照两者的差别及现实市场行情对评估价格进行适当调整，计算出旧车辆的评估价格。现行市价法是最直接、最简单的一种评估方法，也是旧车价格评估最常用方法之一。

(1) 现行市价法应用的前提条件。

①需要有一个充分发育、活跃的二手车交易市场，有充分的参照物可取。市场越活跃，供需越平衡，现行市价法的结论就越准确。

②参照物及其与被评估车辆可比较的指标、技术参数等资料是可收集到的，并且价值影响因素明确，可以量化。

(2) 采用现行市价法评估的步骤。

①收集资料。收集评估对象的有关资料，包括车辆的车辆型号、装备性能、生产厂家、购买日期、行驶里程，了解车辆技术状况以及尚可使用的年限。

②选定类比的参照对象。所选定的类比车辆必须具有可比性，可比性因素包括：

a. 车辆型号。

b. 车辆制造厂家。

c. 车辆来源，是私用、公务、商务车辆，还是营运出租车辆。

d. 车辆使用年限，行驶里程数。

e. 车辆实际技术状况。

f. 市场状况。市场状况指的是市场处于衰退萧条或是复苏繁荣，供求关系是买方市场还是卖方市场。

g. 交易动机和目的。车辆出售是以清偿为目的或是以淘汰转让为目的，买方是获利转手倒卖或是购置自用。不同情况的交易作价往往有较大的差别。

h. 车辆所处的地理位置。在不同地区的交易市场，同样车辆的价格有较大的差别。

i. 成交数量。单台交易与成批交易的价格会有一定差别。

j. 成交时间。应尽量采用近期成交的车辆作类比对象。由于市场随时间的变化，往往受通货膨胀及市场供求关系变化的影响，价格有时波动很大。

③分析、类比。综合上述可比性因素，对待评估的车辆与选定的类比对象进行认真的分析类比。

④计算评估值。分析调整差异，作出结论。

(3) 现行市价法的具体计算方法。

①直接法。直接法是指在市场上能找到与被评估车辆完全相同的车辆的现行市价，并依其价格直接作为被评估车辆评估价格的一种方法。

所谓完全相同，是指车辆型号、使用条件和大体技术状况相同，生产和交易时间相近，寻找这样的参照物一般来讲是比较困难的。通常如果参照车辆与被评估车辆类别相同、主参数相同、结构性能相同，只是生产序号不同并只作局部改动，交易时间相近的车辆，可作为直接发评估过程中的参照物。

②类比法。类比法是指评估车辆时，在公开市场上找不到与之完全相同但能找到与之相类似的车辆时，以此为参照物，并根据车辆技术状况和交易条件的差异对价格作出相应调整，进而确定被评估车辆价格的评估方法。其基本计算公式为：

评估价格＝市场交易参照物价格＋∑评估对象比交易参照物优异的价格差额－∑交易参照物比评估对象优异的价格差额

或：评估价格＝参照物价格×（1±调整系数）

(4) 现行市价法的优缺点。

①优点。

a. 能够客观反映二手车辆目前的市场情况，其评估的参数、指标，可直接从市场获得，评估值能反映市场现实价格。

b. 评估结果易于被各方面理解和接受。

②缺点。

a. 需要公开及活跃的市场作为基础。

b. 可比因素多而复杂。即使是同一生产厂家生产的同一型号的产品，同一天登记，由不同的车主使用，其使用强度、使用条件、维护水平不同、其实体损耗、新旧程度也各不相同。

应用案例6-3

现行市价级评值某捷达汽车

某捷达车技术经济参数如表6-4所示，利用现行市价法求其评估值。

表6-4 某捷达车技术经济参数

序号	技术经济参数	参照物Ⅰ	参照物Ⅱ	被评估汽车
1	车辆型号	捷达FV7160CL	捷达FV7160CIX	捷达FV7160GIX
2	销售条件	公开市场	公开市场	公开市场
3	交易时间	2003年12月	2004年6月	2004年6月
4	使用年限	15年	15年	15年
5	初次登记年月	1998年6月	1998年6月	1998年12月
6	已使用时间	5年6个月	6年	5年6个月
7	成新率	53%	48%	50%
8	交易数量	1	1	1
9	付款方式	现款	现款	现款
10	地点	北京	北京	北京
11	物价指数	1	1.03	1.03
12	价格	5.0万元	5.5元	求评估值

评估过程：

(1) 以参照物Ⅰ为参照物作各项差异量化和调整。

①结构性能差异量化与调整。参照物Ⅰ车身为老式车身，被评估物为新式车身，评估基准时点该项结构价格差异为0.8万元；参照物Ⅰ发动机为化油器式两气门发动机，被评估物发动机为电喷式五气门发动机，评估基准时点该项结构价格差异为0.6万元。该项调整系数为（0.8＋0.6）×50%＝0.7（万元）。

②销售时间差异量化与调整。参照物Ⅰ成交时物价指数为1，被评估物评估时物价指数为1.03，则该项调整系数为1.03。

③新旧程度差异量化与调整。该项调整数为5.0×（50%－53%）＝－0.15（万元）。

④销售数量和付款方式均无差异。得：

评估值＝（5.0＋0.7－0.15）×1.03＝5.72（万元）

(2) 以参照物Ⅱ为参照物作各项差异量化和调整。

①结构性能差异量化与调整。参照物Ⅱ发动机为电喷两阀发动机，被评估物为电喷五阀发动机。评估基准时点该项结构价格差异为0.3万元。该项调整数为0.3×50%＝0.15（万元）。

②新旧程度差异量化与调整。该项调整数为5.5×（50%−48%）＝0.11（万元）。

③销售时间、数量和付款方式均无差异。得：

评估值＝5.5＋0.15＋0.11＝5.76（万元）

综合上述参照物Ⅰ和Ⅱ的评估值，可得：

$$被评估物的评估值=\frac{5.72+5.76}{2}=5.74\text{（万元）}$$

点评： 用现行市价法进行评估，了解市场情况是很重要的，了解的情况越多，掌握的数据与案例越多，评估的准确性就越高，这是运用现行市价法进行二手车价格评估的关键。

2. 收益现值法

收益现值法是将被评估的车辆在剩余寿命期内预期收益用适当的折现率折现为评估基准日的现值，并以此确定评估价格的一种方法。旧机动车的价格评估一般很少采用收益现值法，但对一些特定目的的有特许经营权的旧车，人们购买的目的往往不是在于车辆本身，而是车辆获利的能力。因此对于营运车辆的评估采用收益现值法比较合适。

收益现值法是基于这样的假设，即人们之所以购买某车辆，主要是考虑这辆车能为自己带来一定的收益。采用收益现值法对旧机动车辆进行评估所确定的价值是指为获得该机动车辆以取得预期收益的权利所支付的货币总额，它以车辆投入使用后连续获利为基础。如果某车辆的预期收益小，车辆的价格就不可能高，反之车辆的价格肯定就高。

（1）收益现值法应用的前提条件

被评估的旧机动车必须是经营性车辆，且具有继续经营和获利的能力，继续经营的收益能够而且必须能够用货币金额来表示，经营过程中的风险因素能够转化为数据加以计算，体现在折现率和资本化率中。非营利的旧机动车不能用收益法评估。

（2）采用收益现值法评估的步骤

①调查、了解营运车辆的经营行情，估算营运车辆的日常使用费用。

②全面测评被评估车辆的车况，调查其税费缴纳情况以及法律责任。

③确定评估参数，如报废年限、预测预期收益额和折现率等。

④将预期收益额进行折现处理，确定被评估车辆的交易价格。

（3）收益现值法的具体计算方法

收益现值法的评估值的计算，实际上就是对被评估车辆未来预期收益进行折现的过程。被评估车辆的评估值等于剩余寿命期内各期的收益现值之和，其基本计算公式为：

$$P=\sum_{t=1}^{n}\frac{A_t}{(1+i)^t}\frac{A_1}{(1+i)^1}+\frac{A_2}{(1+i)^2}+\cdots+\frac{A_n}{(1+i)^n} \tag{6-4}$$

式中：P——评估值；

A_t——未来第 t 个收益期的预期收益额，收益期有限时（机动车的收益期是有限的），A_t 中还包括期末车辆的残值，一般估算时残值忽略不计；

n——收益年期（剩余经济寿命的年限）；

i——折现率（%）；

t——收益期，一般以年计；

$1/(1+i)^t$——现值系数。

当 $A_1=A_2=\cdots=A_n=A$，即 t 在 $1\sim n$ 的未来收益分别相同且都为 A 时，则有：

$$P=A\times\left[\frac{1}{(1+i)^1}+\frac{1}{(1+i)^2}+\cdots+\frac{1}{(1+i)^n}\right]=A\times\frac{(1+i)^n-1}{i\times(1+i)^n}$$

其中，$\frac{(1+i)^n-1}{i\times(1+i)^n}$ 称为年金现值系数。

(4) 收益现值法中各评估参数的确定。

①剩余经济寿命期的确定。剩余经济寿命期指从评估基准日到车辆到达报废年限所剩余的使用寿命。各类汽车剩余经济寿命期的确定，参考《汽车报废标准》。

②预期收益额的确定。收益现值法在运用中，收益额的确定是关键。收益额是指由被评估对象在使用过程中产生的超出其自身价值的溢余额。对于收益额的确定应把握两点：

第一，收益额指的是车辆使用带来的未来收益期望值，是通过预测分析获得的。对其收益的判断，不仅仅是看现在的收益能力，更重要的是预测未来的收益能力。

第二，收益额的构成，以企业为例，目前有几种观点：企业所得税后利润；企业所得税后利润与提取折旧额之和扣除投资额；利润总额。关于选择哪一种作为收益额，应针对二手车的评估特点与评估目的具体分析，一般为估算方便，推荐选择第一种观点，目的是准确反映预期收益额。

③折现率的确定。确定折现率，应该明确折现的内涵。折现是指将预期收益额折现成现值，实现预期收益额的未来时间离现在越远，折算的现值就越少，否则就越多，它是一个时间优先的概念。折现率是将预期收益额折现成现值的一种比率，折现率越大，折算的现值就越少，否则就越多。从这个意义上讲，折现率可以看做是在特定条件下的一种收益率，说明车辆取得该项收益的收益率水平。收益率越高，车辆评估值越低。因为，在收益一定的情况下，收益率越高，意味着单位资产增值率高，所有者拥有的资产价值就低。

折现率的确定是应用收益现值法时的一个比较棘手的问题。折现率必须谨慎确定，折现率的微小差异，会带来评估值的很大差异。确定折现率，不仅应有定性分析，还应寻求定量方法。折现率与利率不完全相同，利率是资本的报酬，折现率是管理的报酬。利率只表示资本资产本身的获利能力，而与其使用条件、占有者和用途等没有直接联系，折现率则与车辆资产以及所有者使用效果有关。

一般来说，折现率应包含无风险利率、风险报酬率和通货膨胀率，应明显高于国家债券或银行存款的利率。无风险利率是指资产在一般条件下的获利水平，风险报酬率则是指冒风险取得的报酬与车辆投资中为承担风险所付代价的比率。风险收益能够计算，而为承担风险所付出的代价却不好确定，因此风险收益率不容易直接计算出来，只能根据经验估算。

(5) 收益现值法的优缺点。

①优点。

a. 与投资决策相结合，容易被交易双方接受。

b. 能真实和较准确地反映车辆投资的未来收益的本金化价格。

②缺点。

预期收益额预测难度大，受较强的主观判断和未来不可预见因素的影响。

应用案例 6-4

收益现值法评估某桑塔纳汽车

某人拟购置一台较新的桑塔纳 3000 型车用做个体出租车经营使用，经调查得到以下各数据和情况：车辆登记之日是 2002 年 4 月，已行驶公里数为 18.3 万公里，目前车况良好，能正常运行。如用于出租使用，全年可出勤 320 天，每天平均毛收入 450 元。评估基准日是 2004 年 2 月。请利用收益现值法求其评估值。

分析：从车辆登记之日起至评估基准日止，车辆投入运行已两年。根据行驶公里数和车辆外观和发动机等技术状况看来，该车辆原投入出租营运，还算正常使用、维护之列。根据国家有关规定和车辆状况，车辆剩余经济寿命为 6 年。

预期收益额的确定思路是：将一年的毛收入减去车辆使用的各种税和费用，包括驾驶人员的劳务费等，以计算其税后纯利润。根据目前银行储蓄年利率、国家债券、行业收益等情况，确定资金预期收益率为 15%，风险报酬率为 5%，其具体计算如下：

预计年收入：450×320=14.4（万元）

预计年支出：每天耗油量 75 元，年耗油量为 75×320=2.4（万元）

日常维修费：1.2（万元）

平均大修费用：0.8（万元）

牌照、保险、养路费及各种规费、杂费合计：3.0（万元）

人员劳务费：1.5（万元）

出租车标付费：0.6（万元）

故年毛收入为：14.4−2.4−1.2−0.8−3.0−1.5−0.6=4.9（万元）

按个人所得税条例规定年收入在 3 万～5 万元，应缴纳所得税率为 30%。故年纯收入为 4.9×（1−30%）=3.43（万元）。

已知该车剩余使用寿命为 6 年，预计资金收益率为 15%，再加上风险率 5%，故折现率为 20%。假设每年的纯收入相同，即预期收益额 A 为 3.43 万元，则由收益现值法公式求得评估值为：

$$P=A\times\frac{(1+i)^n-1}{i\times(1+i)^n}=3.43\times\frac{(1+0.2)^6-1}{0.2\times(1+0.2)^6}\approx 11.35\text{（万元）}$$

点评：采用收益现值法对二手车进行评估所确定的价值是指为获得该二手车以后取得的预期收益的所支付的货币，所以，要求被评估二手车未来的盈利模式比较明确，预期收益能被较为合理地预测。

3. 清算价格法

清算价格法是以清算价格为标准对二手车进行的价格评估。所谓清算价格，是指企业由于破产或其他原因，要求在一定的期限内将车辆变现，在企业清算之日预期出卖车辆可收回的快速变现价格。

(1) 清算价格法的适用范围。清算价格法适用于企业破产、抵押、停业清理时要售出的车辆。

企业破产是指当企业或个人因经营不善造成严重亏损，资不抵债时，企业应依法宣告破产，法院以其全部财产依法清偿其所欠的债务，不足部分不再清偿。

抵押是指企业或个人为了进行融资，用自己特定的财产为担保向对方保证履行合同义务的担保形式。提供财产的一方为抵押人，接受抵押财产的一方为抵押权人。抵押人不履行合同时，抵押权人有权利将抵押财产在法律允许的范围内变卖，从变卖抵押物价款中优先获得赔偿。

清理是指企业由于经营不善导致严重亏损，已临近破产的边缘或因其他原因将无法继续经营下去，为弄清企业财物现状，对全部财产进行清点、整理和查核，为经营决策（破产清算或继续经营）提供依据，以及因资产损毁、报废而进行清理、拆除等的经济行为。

在上述三种经济行为中若有机动车辆进行评估，则可用清算价格作为标准，但在评估时要注意评估车辆必须具有法律效力的破产处理文件或抵押合同及其他有效文件为依据；车辆在市场上可以快速出售变现，所卖收入足以补偿因出售车辆的附加支出总额。

(2) 清算价格的评估方法。旧机动车清算价格的评估方法主要有如下三种：

①现行市价折扣法，是指对清理车辆，首先应用现行市价法确定评估车辆的评估价格，然后根据快速变现原则估定一个折扣率并据此确定其清算价格。例如，一辆旧桑塔纳轿车，经调查在旧机动车市场上成交价为 4 万元，根据销售情况调查，折价 20%可以当即出售。则该车辆清算价格为 4×（1－20%）＝3.2（万元）。

②模拟拍卖法（也称意向询价法）。这种方法是根据向被评估车辆的潜在购买者询价的办法取得市场信息，最后经评估人员分析确定其清算价格的一种方法。用这种方法确定的清算价格受供需关系影响很大，要充分考虑其影响的程度。例如，有货车一辆，拟评估其拍卖清算价格，评估人员经过对三个司机、两个物流公司经理和三个货车销售员征询，其估价分别为：6 万元、7.3 万元、4.8 万元、5 万元、6.5 万元和 7 万元。综合考虑他们的不同经验以及市场交易条件等因素，评估人员确定清算价格为 5.8 万元。

③竞价法，是由法院按照法定程序（破产清算）或由卖方根据评估结果提出一个拍卖的底价，在公开市场上由买方竞争出价，谁出的价格高就卖给谁。

4. 重置成本法

重置成本法是指在现时条件下重新购置一辆全新状态的被评估车辆所需的全部成本(即完全重置成本，简称重置全价)，减去该被评估车辆的各种陈旧贬值后的差额作为被评估车辆现时价格的一种评估方法。

(1) 重置成本法的适用范围。重置成本法作为一种二手车评估的方法，是从能够重新取得被评估二手车的角度来反映二手车的交换价值的，即通过被评估二手车的重置成本反映二手车的交换价值。只有当被评估的二手车处于继续使用状态下，再取得被评估二手车的全部费用才能构成其交换价值的内容。二手车继续使用包含着其使用有效性的经济意义，只有当二手车能够继续使用并且在持续使用中为潜在投资者带来经济利益，二手车的重置成本才能为潜在投资者和市场承认及接受。从这个意义上讲，重置成本法主要适用于继续使用前提下的二手车评估。

(2) 重置成本法评估值的计算。重置成本法的计算方法主要有两种：评估值＝重置成本－实体性贬值－功能性贬值－经济性贬值；被评估车辆的评估值＝重置成本×成新率。

可以看出，运用重置成本法进行二手车价格评估时涉及重置成本、实体性贬值、功能性贬值、经济性贬值、成新率等有关概念。

①重置成本及其估算。重置成本是购买一项全新的与被评估车辆相同的车辆所支付的最低金额。必须说明的是，无论如何计算，重置成本绝对不可能超过现行同款新车购置价，这是因为任何一个人在购买一件二手产品时，所支付的最大金额绝对不会超过全新功能的该产品的现时价格，而不管该产品原购买者所支付的成本。例如，消费者购买一部二手捷达 GIF，绝对不会超过购买时的新捷达 GIF 的价格。

具体计算时，又分为下列三种情况：

a. 市场上有与待评估车品牌、型号和配置完全相同的新车出售。

重置成本价＝新车净车价＋车辆购置税

其中新车的净车价是汽车销售店的新车报价，倘若当地各销售店有最新的优惠或降价，也应把优惠折算成相应金额，计入新车净车价内。其原因很简单，重置成本不应超过最低新车购置价。

应用案例 6-5

一辆刚使用半年的上海大众帕萨特领驭 1.8TMT，购买时售价为 20.38 万元（含购置税），评估时新车价为 19.28 万元（含购置税），另赠送实际价值1000 元车饰精品，可折抵车价。其重置成本即为 19.28－0.1＝19.18（万元）。

b. 待评估车已停产，市场上有与之类似的车辆出售。

近年来，新车推出周期非常短，新车市场上已买不到与待评估车完全相同的车，但有改进型的车，这是经常出现的情况。在这种情况下，重置成本可以按下列公式计算：

重置成本＝新车售价－单车成本变动值＋车辆购置税

单车成本变动值是指由于车辆改进造成分摊在每一部车上的制造成本变动量。

应用案例 6-6

某一辆赛欧 SLX 手动变速箱轿车，购于 2002 年，该车型配有天窗，假如车主两年后开到二手车市场交易，如何确定其重置成本呢？此时，赛欧 SLX 天窗版轿车已停产，市面上只能买到无天窗的类似型号的轿车，售价为 10.98 万元（含购置税），据测算，天窗成本为 0.7 万元，那么该车的重置成本为 10.98＋0.7＝11.6（万元）。

还有一种情况，就是车主对车辆的改装，经改装的旧车，有些合理的项目可作为卖点推介，但一般不列进重置成本进行计算。

c. 市面上完全找不到与待评估车辆类似的车辆。

对一些早期进口的或国产的二手轿车进行评估时，可能会出现这样的问题。比如原装进口的本田雅阁 2.2，路上还能见到这种车在跑，但早已停产，而且在 1999 年国产的车型无论从外观还是内在的排量等都发生了较大的改变，此时，只能采用物价指数法确定重置成本：

重置成本＝待评估车辆的历史成本×（1＋物价变动指数）

待评估车辆的历史成本，也称车辆的原始成本，是待评估车辆购买时所花费的成本，为当时的车价加上车辆购置税或车辆购置附加费。这从待评估车辆的购车发票上很容易得到这个数据。物价变动指数是国家统计部门以及物价管理部门或行业协会等发布的物价动态数据，最好能获得从待评估车辆购买所在年份到评估所在年份这段时间汽车的物价变动指数。这几年，各类汽车，特别是小轿车，价格降幅很大，当年 14 万～15 万元一辆的桑塔纳轿车现在已降到 8 万元以下，不可以用整个社会消费品的物价变动指数去计算某一台车的重置成本，而应以汽车行业的新车物价变动指数去计算才合理。

②实体性贬值。实体性贬值也叫有形损耗，是指机动车在存放和使用过程中，由于物理和化学原因而导致的车辆实体发生的价值损耗，即由于自然力的作用而发生的损耗。

二手车一般都不是全新状态的，因而大都存在实体性贬值。确定实体性贬值，主要通过依据新旧程度，包括表体及内部构件、部件的损耗程度。

③功能性贬值。功能性贬值是由于科学技术的发展导致的车辆贬值，即无形损耗。这类贬值可能是由于技术进步引起劳动生产率的提高，生产成本降低而造成重新购置一辆全新状态的被评估车辆所需的成本降低而引起的车辆价值的贬值。对于营运车辆，也可能由于技术进步，出现了新的、性能更优的车辆，致使原有车辆的功能、生产率、收益能力相对新车型已经落后而引起其价值贬值。具体表现为原有车辆在完成相同工作任务的前提下，在燃料、人力、配件材料等方面的消耗增加，形成了一部分超额运营成本。

④经济性贬值。经济性贬值是指由于宏观经济政策、市场需求、通货膨胀、环境保护等外部环境因素的变化所造成的车辆贬值。这些外界因素对车辆价值的影响不仅是客观存在的，而且对车辆价值影响还相当大，在二手车的评估中不可忽视。

⑤成新率。二手车成新率是指二手车的功能或使用价值占全新机动车的功能或使用价值的比率，也可以理解为二手车的现时状态与机动车全新状态的比率。成新率通常采用综合分析法确定，参照式（6－3）。

（3）重置成本法的优缺点。

①优点。

a. 比较充分地考虑了车辆的各方面损耗，反映了车辆市场价格的变化，评估结果更趋于公平合理，在不易估算车辆未来收益或难以在市场上找到可类比对象的情况下可广泛应用。

b. 可采用综合分析法确定成新率，将车况和配置以及车辆使用情况用适当的调整系数表征出来，比较清晰地解析了车辆残值的构成，使整个评估过程显得有理有据，有助于增强交易双方对评估结果的信任，可广泛应用于价值较高的中高档车辆评估。

②缺点。

a. 评估工作量较大，确定成新率时主观因素影响较大。

b. 对极少数的进口车辆，不易查询到现时市场报价，一些已停产或是国内自然淘汰的车型，由于不可能查询到相同车型新车的市场报价，因此难于准确地确定出它们的重置成本或重置成本全价。

应用案例 6-7

2002 年 6 月，苏州市王先生转让一辆桑塔纳 2000—MT（时代超人）。经与张先生洽谈后，了解到车辆的情况如下：

(1) 基本情况。车辆由上海大众汽车有限公司生产，排量 1.8 升，水冷直列四缸四冲程多点喷射发动机。初次登记日期是 2000 年 6 月，已使用两年，累计行驶里程 4.8 万公里。工作性质属个人私家用车，账面原值 24.5 万元。无大修记录，工作条件一般，维修保养情况一般，现时状态在用良好。

(2) 事故情况：前门有轻度撞伤，已修复，现时技术状况较好。经现场手续检查，核对实物，证照齐全有效。

通过对车辆情况分析后，利用重置成本法确定其评估值，评估方法如下：

(1) 根据上述内容对车辆进行静态和动态的技术状况鉴定。因该车属于国产名牌，来源为私人用车，使用强度正常，工作条件一般，维护正常，整车动力性、经济性、可靠性、排放污染等与车辆新旧程度相适应；前门撞伤修复后无损整车车况，技术状况良好，对成新率的估算有增加的可能，因此其静态和动态技术状况鉴定的结果如表 6-5 所示。

表 6-5　静态和动态技术状况鉴定结果

影响因素	因素分级	调整系数	权重
技术状况	较好	1.1	30
维护保养	一般	1	25
制造质量	国产名牌	1	20
工作性质	私用	1.2	15
工作条件	一般	0.9	10

(2) 采用综合分析法确定成新率，由公式得：

$$
\begin{aligned}
成新率 &= (1-2\div15)\times[(1.1\times30\%)+(1\times25\%)+(1\times20\%)+(1.2\times15\%)+(0.9\times10\%)]\times100\% \\
&= (1-0.13)\times(0.33+0.25+0.2+0.18+0.09)\times100\% \\
&= 0.87\times1.05\times100\% \\
&= 91\%
\end{aligned}
$$

(3) 采用重置成本法估价。据市场行情调查，桑塔纳 2000—MT（时代超人）现行购买市价为 16.45 万元。因该车属于私人所有权转让的经济行为，故不再考虑购车后的有关税费列入被评估车辆的重置全价内。则其评估值为：

$$164500 \times 91\% = 149695\text{（元）}$$

5. 二手车鉴定评估工作

（1）二手车鉴定评估工作程序。二手车鉴定评估工作程序，也称为二手车鉴定评估操作程序，是指二手车鉴定评估机构在承接具体的车辆评估业务时，从接受立项，受理委托到完成评估任务，出具鉴定评估报告全过程的具体步骤和工作环节。二手车鉴定评估工作程序具体的工作步骤如图 6－1 所示。

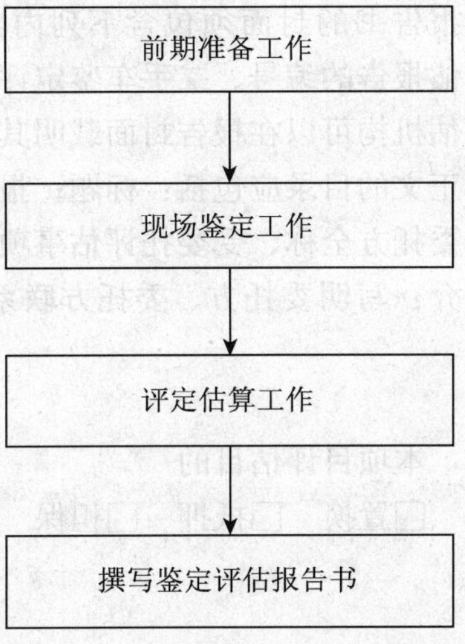

图 6－1　二手车鉴定评估工作程序

（2）二手车鉴定评估的主要作用。在所有评估工作中，撰写鉴定评估报告书尤为重要，因为它是在完成鉴定评估工作后向委托方和有关方面提交的说明二手车鉴定评估过程和结果的书面报告。具有以下重要作用：

①二手车鉴定评估报告书对委托方来说，具有以下重要作用。

a. 作为产权交易变动的作价依据。b. 作为法庭辩论和裁决时确认财产价格的举证材料。c. 作为支付评估费用的依据。d. 二手车鉴定评报告书是反映和体现评估情况，明确委托方、受托方及有关方面责任的依据。

②二手车鉴定评估报告书对接受委托的鉴定评估机构来说，具有以下重要作用：是评估机构评估成果的体现，一种动态管理的信息资料，体现了评估机构的工作情况和工作质量。也是建立评估档案，归集评估档案资料的重要信息来源。

（3）编制二手车鉴定评估报告书的步骤及注意事项。

①编制二手车鉴定评估报告书的步骤：a. 评估资料的分类整理。b. 鉴定评估资料的分析讨论。c. 鉴定评估报告书的撰写。d. 评估报告的审核。

②编制二手车鉴定评估报告书时应注意的事项。

a. 实事求是，切忌出具虚假报告。报告书必须建立在真实、客观的基础上，不能脱离实际情况，更不能无中生有。报告拟定人应是参与鉴定评估并全面了解被评估车辆的主要鉴定评估人员。

b. 坚持一致性做法，切忌出现表里不一。报告书文字、内容要前后一致，正文、评估说明、作业表、鉴定工作底稿、格式甚至数据要相互一致，不能出现相互矛盾的不一致情况。

c. 提交报告书要及时、齐全和保密。在正式完成二手车鉴定评估报告工作后，应按业务约定书的约定时间及时将报告书送交委托方。送交报告书时，报告书及有关文件要送交齐全。

（4）二手车鉴定评估报告书的基本内容。主要包括以下几方面内容：

①封面。二手车鉴定评估报告书的封面须包含下列内容：二手车鉴定评估报告书名称、鉴定评估机构出具鉴定评估报告的编号、二手车鉴定评估机构全称和鉴定评估报告提交日期等。有服务商标的，评估机构可以在报告封面载明其图形标志。

②目录。鉴定评估报告书正文的目录应包括：标题；报告书序号。

③绪言。写明该评估报告委托方全称、受委托评估事项及评估工作整体情况。

④委托方与车辆所有方简介：写明委托方、委托方联系人的名称、联系电话及住址、车主的名称等。

⑤鉴定评估目的。

例如：根据委托方的要求，本项目评估目的

□交易　□转籍　□拍卖　□置换　□抵押　□担保　□咨询　□司法裁决

⑥鉴定评估对象。

⑦鉴定评估基准日。

⑧评估原则。严格遵循“客观性、独立性、公正性、科学性”原则。

⑨评估依据。评估依据一般包括行为依据、法律法规依据、产权依据和评定及取价依据等。对评估中所采用的特殊依据也应在本节内容中披露。

⑩评估方法及计算过程。

⑪评估过程。

⑫评估结论。

⑬特别事项说明。

⑭评估报告法律效力。

⑮鉴定评估报告提出日期。

⑯附件。包括：二手车鉴定评估委托书、二手车鉴定评估作业表、车辆行驶证、车辆购置税、车辆登记证书复印件、二手车鉴定评估师资格证书影印件、鉴定评估机构营业执照影印件、鉴定评估机构资质影印件和二手车照片等。

⑰尾部。写明出具评估报告的评估机构名称，并盖章；写明评估机构法定代表人姓名并签名；注册旧机动车鉴定评估师盖章并签名；高级注册旧机动车鉴定评估师审核签章以及报告日期。

6.2 二手车市场营销

6.2.1 二手车营销模式

1. 二手车交易市场

二手车交易市场是指以企业经营活动为依托，辅以必要的政府协调功能，具有二手车鉴定评估及二手车收购、销售、寄售、代购、代销、租赁、拍卖、检测、维修、配件供应、美容，还有信息服务等功能的经济实体，并能为客户办理过户、上牌、保险等手续的服务性机构。二手车交易市场是我国汽车流通的主要渠道之一，集物资、工商、公安、税务和鉴定评估等管理功能于一身，实行多形式、多元化、一体化、连动式二手车营销模式。

二手车交易市场的功能如下：

①开展汽车营销功能。

二手车的鉴定估价，二手车的收购、销售、寄售、代购、代销、拍卖和经纪，二手车的租赁、二手车的检测、维修，二手车配件销售，二手车美容、装饰，二手车信息咨询、服务等。

②办理相关手续功能。

车辆过户、转籍、上牌手续，车辆投保手续。

③政府审查执法功能。

审查二手车的合法性，杜绝报废车、盗窃车、走私车、非法拼装车和证照不全的车辆上市交易，堵截偷、漏税费行为（车辆购置税、养路费等），交易照章纳税。

④车辆流通管理功能。

二手车流通涉及车辆管理、交通安全管理、国有资产管理、社会治安管理、环境保护管理等各个方面，属特殊商品流通，必须在批准的二手车交易市场内进行。国务院商品流通行政管理部门负责全国二手车流通的管理。

2. 二手车特许经营

特许经营（Franchise），又称特许连锁（Franchise Chain）或加盟连锁，是一种较直营连锁更具活力，较自由连锁更具约束力的经营模式，被誉为第三次商业零售革命，21世纪的主导商业模式。

消费者在购买二手车时，首先考虑的就是车的质量和维修保养问题。顾客的要求、成本的压力、竞争的加剧，使得现有二手车交易市场的运行体制受到严峻的挑战。国内外许多汽车生产企业在建设特许经营销售体系之后，通过建立稳定的销售网络、降低成本、改进服务，避免了短期行为，带来了长期客户，提高了企业的声誉，培养了顾客的品牌忠诚度，从而提高了企业的核心竞争能力。这种有效的营销服务模式，对二手车市场也很有借鉴意义。因此，建立特许经营体系，是二手车市场营销发展的客观要求。

（1）建立二手车特许经营的意义。20 世纪 80 年代中期，我国出现了二手车市场，但在客观上也扰乱了市场，不能推动二手车市场进一步发展。目前由经纪人公司管理属下经纪人统一参与市场交易的商业形式来代替，但是这种方式强调“单兵作战”，注重对个人约束、操守和发展，缺少于对公司整体建设的关注，对于整个“二手车大市场”所面临的巨大发展机会而言，其推动作用是微乎其微的，而有效地建立二手车特许经营体系，是真正能起推动作用的方式。

（2）建立二手车特许经营体系的作用。以往在二手车交易中，众多的经销商缺乏统一的管理，建立二手车特许经营体系后，二手车销售公司首先对特许经销商进行严格的审核，之后向其提供统一回收、翻新后的二手车，授予统一的品牌和标志，实行统一规范的价格，确保统一的售后服务，并且提供一套完整的管理和营销制度。这样，才能建立起“销售、维修、服务和信息”四位一体的二手车营销网络。如店址选择、人员培训、技术指导、商务建设等。

实质上二手车特许经营体系是扩大了二手车销售规模，从而直接带来产品价格、服务质量的长期优势。通过利用网络技术和现代化管理手段，起到有效兼顾经营成本和市场需求的作用：

①利用计算机信息系统，实现特许经营过程中对二手车辆的调配，充分调动总部、分销中心和特许经销商的库存，科学利用仓储流动资金，大范围调控物流体系。

②利用特许经营网络，将各特许经销商的有限资金集合起来，形成投资、资产规模，便于特许经营网络的总部集中最专业的市场策划人员负责营销策划工作，组织各种媒体参与广告宣传并进行市场人员培训，在二手车销售公司的品牌知名度上从而快速、有效地提升。

③统一的硬件条件及服务标准，将进一步增强二手车市场营销的品牌形象。通过统一的广告和公关活动而得到更大的利益，从而形成全方位品牌管理的规模优势，为各种二手车的成功销售和赢利提供坚实的市场基础。

3. 二手车超市

伴随着私家车的普及，国内的二手车行业正慢慢走上正轨。二手车市场营销还应根据地区和市场具体情况的不同，因地制宜地采取多种多样的二手车市场营销模式，从而来繁荣二手车市场。与新车销售不同，二手车的销售更注重对单辆车车况的鉴定，因此新车只需要一个小小的展厅，而二手车则需要更多的场地来容纳更多的车。二手车超市既保证了各大品牌产品的生动化陈列的要求，又有利于消费者进行比较，在处于信息相对公开的情况下对于购车作出理智的选择，从而实现汽车生产公司的全套服务。

（1）二手车超市的展示与销售作用。二手车超市作为二手车的一个展示舞台，必然吸引广大汽车消费者驻足、留意，入场商家的品牌也在同时被人们留意、记住。以往，由于二手车经销商普遍不重视自身品牌建设和形象宣传，所以在人们心目中往往缺乏认知度，而通过二手车超市这样的形式，就可以使得潜在的二手车消费群体非常方便、快捷地认知二手车经销商。心理学中有一个理论认为，人们往往有先入为主的倾向，对陌生事物的第一印象记忆特别深刻。由此可以推论，一个从没接触过、不了解二手车，对二手车的质量、售后服务等心存疑惑，但又是二手车可能的潜在消费者的人，当他在二手车超市看到、并进而结识一家二手车经销商后，当他有一天想要购买二手车时，首先会想到的就是这家二手车经销商。可以预见，二手车超市对于扩大人们对二手车经销商的认知度、信赖度，并最终促进二手车消费有极大的意义。

另外，通过在二手车超市的展示，能够普及二手车的知识，让人们了解二手车的购买流程、维修及售后服务事宜等相关问题，能够培育人们的二手车消费意识，扩大二手车的潜在消费市场。

(2) 二手车超市的样板示范和实验作用。二手车超市云集了各种二手车品牌以及二手车经销商品牌，代表了一种全新的、符合时代发展潮流的二手车销售模式，所以必将会吸引最多的注意力。这种活跃和创新，对于二手车市场的发展来说具有两方面的意义：

其一，“二手车超市”将成为二手车销售公司网络布点中的典范，具有样板示范作用。

其二，“二手车超市”是实验各种二手车销售模式的平台和载体。在“二手车超市”中本身就会不断诞生各种二手车交易模式，激烈的竞争将会极大地激发经销商经营的动力，增强实力；另一方面由于“二手车超市”客源多且流动快，大量的经销商和二手车品牌，在二手车超市这个平台进行各种营销及贸易，极大地促进了二手车市场的发展。

4. 二手车拍卖

二手车拍卖是指二手车拍卖企业以公开竞价的形式将二手车转让给最高应价者的经营活动。品牌二手车拍卖作为一种新的二手车营销模式，对二手车销售起着有益的补充作用，也是二手车贸易体系中一个不可或缺的环节。通过拍卖消费者可能买到低价的二手车，也有可能受到多方哄抬价格的影响买入高价的二手车，不像在二手车交易市场，购买者与商家有讨价还价的余地。

(1) 国外二手车拍卖市场状况。在国外，二手车拍卖非常普遍，甚至成为二手车交易的主流方式。

在日本，各二手车公司会在网上公布即将拍卖的二手车的详细信息，加盟商初步了解后，拍卖前到拍卖场旁的展示场地看车，然后参加拍卖。如在东京的 CAA 二手车公司的现场拍卖大厅有 500 个终端，每个终端可以有两个人同时参加拍卖。二手车以基本价起拍，由于经销商比较专业，因而单车交易速度特别快，通常 20 秒钟内就会结束，每天有上千辆的交易量。

在美国，二手车交易量是新车交易量的两倍多。因此美国的二手车市场更为巨大，汽车拍卖业很发达。拍卖企业设备齐全、操作规范、拍卖次数频繁、成交量大。全国有近 300 家二手车拍卖公司，它们分别从事汽车经销商、个人委托、保险公司的事故车、失窃车、执法部门的罚没车以及政府机构委托的车辆拍卖。有些公司甚至还通过卫星系统进行二手车拍卖，销售商们可以在电视上看到拍卖现场实况，通过电话进行报价，购买二手车。

(2) 二手车拍卖的营销模式的优势。传统的二手车交易由二手车经纪、二手车商以公司或私人的名义经营。由于管理水平低，经营者良莠不齐，暗含多种黑箱操作，传统二手车交易市场很难在消费者中树立信心。租赁、置换、拍卖等二手车交易模式的出现，是二手车市场健康发展的必然趋势，是时代发展的产物。而二手车拍卖也因其诸多优势，逐渐受到消费者的追捧。

优势一：公开。拍卖的二手车公开展示，明码实价，整个拍卖程序在公众监督下进行，杜绝了暗箱操作、人情交易。

优势二：公平。拍卖成交规则是竞买人公平竞价，价高者得，有利于实现价格最大化，卖出好价钱，维护车主的利益。

优势三：公正。拍卖公司作为中介机构，对拍卖成交的车辆，只收取佣金，不赚差价。从维护买卖双方利益出发，促成交易不会偏袒任何一方。

优势四：手续便捷，费用低廉。委托方只需携带随车证件，将车送至拍卖公司，经技术人员检测，议定起拍价格，签订委托拍卖合同即可；而竞买人只需携带本人有效证件，在拍卖会前半小时登记，交付保证金，即可参加。公司对成交车辆除收佣金（代收市场规费）外，不再收取其他费用。

优势五：服务优势。一些拍卖公司推出的委托车辆检查制度，这一检查包括了车辆的7大系统36个项目的勘察。在接受委托时填制检测表，由委托人当场签字确认，其中一份随车展示，使竞买人在看样时一目了然。这样做也是拍品公示的要求，此举不仅维护了买卖双方的利益，还明确了各自的责任。另外，一些拍卖公司承诺为所有成交车辆办理过户（转籍）手续，只按市场规定收取相关费用，不另收服务费。

(3) 二手车网上拍卖介绍

①二手车网上拍卖由市场组织进行。首先它绝非一般意义上的网上拍卖，而是由市场组织的针对目标竞拍者的一种拍卖形式，车主在对车进行一定时间的展示后，由市场方面对车进行拍照、评估，然后面向本地及全国的其他二手车市场进行拍卖。一般情况下，一辆手续齐全的汽车，车主只要给出拍卖底价，这辆车的欲售信息就会出现在拍卖网上，只等到规定的拍卖时间进行拍卖了。

②网上拍卖加速二手车交易。一辆各种手续齐全的二手车，一般会有两天时间在市场进行展示，同时网上也开始公布这辆车的所有评估资料（包含图片），第三天开始针对目标竞拍者正式拍卖，如果拍卖成功，车主在下一周就可以拿到车款，而且车辆的所有手续市场将代为办理，车主不承担任何风险。

为了保证拍卖的高效运行，所有参与竞拍的单位及个人，都需要在市场进行注册，并交纳一定数量的储备金，然后由市场分配竞买账户，或是利用互联网或是现场，随时随地可以参加当天的竞买活动。

6.2.2 二手车市场功能的变化

二手车市场营销可理解为与市场有关的企业经营活动，即以满足人们的某种需要和欲望为目的，通过市场变潜在交换为现实交换的活动。二手车市场营销活动内容十分丰富，不应该仅仅局限于二手车销售这一个方面，而应该是各项二手车相关功能的综合与统一。

1. 收购功能

收购功能是指为了避免二手车的浪费，对社会上的二手车进行统一的收购和管理。要开展二手车的收购，首先就要建立起一个二手车的质量认证和价格评估体系。通过该体系对每一辆欲收购的二手车进行统一的质量认证和价格评估，从而以统一的价格标准收购符合质量要求的二手车。

能否成功发挥二手车收购功能的关键在于是否能建立起一个二手车的收购网络。这个网络可以有散点的二手车社会回收站和固定的大批量二手车的收购点两部分组成。前者主要是针对私车用户的待更新的二手车而设。而后者则是针对成批定期的二手车单位收购而设，据调查上海的出租车公司，会平均 2～3 年对其出租车进行一次大更新，这些开了两年左右的出租车在性能等方面尚还良好，但行驶公里数很高，出租车每日的高行驶公里数使这些车的维修和保养费用太高，而私人用户则不存在 24 小时的开车问题，因而已存在了出租车淘汰成二手私家车的可能性。由此可以随出租公司的出租车更新期定期、大批量地对这些车加以收购。

2. 整修翻新功能

通过对二手车的整修翻新，可以大大地提升二手车的价值，同时提升二手车贸易公司在客户中的影响。目前，这项业务已在欧美国家广泛开展，德国的二手车贸易公司几乎全部均在销售的同时加上整修翻新业务，以提高收益率，创造公司整体形象。通常来说，开展二手车的整修翻新工作可以有以下几个途径：

①建立二手车整修翻新工厂，对所有收购来的二手车进行规模化的统一整修翻新。

②建立二手车整修翻新站，为需要对自己的二手车进行美容的用户提供其所需的整修翻新服务。

3. 配送功能

根据各地区二手车保有量和消费量的不同，以及各地不同的环境，在各地区间开展二手车配送业务，平衡各地区的二手车供需关系，推动二手车贸易市场的发展，建立一个国际二手车配送网络，为开展国际二手车贸易建立基础。

①国内配送。根据保有量的不同，可以在我国经济发达地区，如上海，和经济欠发达地区之间开展二手车的配送业务；根据消费观念的不同，可以在我国经济发达地区和一些消费观念较落后，一般车主不愿将自己的车折价或低价卖出而造成廉价二手车车源不足的地区之间开展二手车的配送业务。此外，由于有些城市环保要求较高，对汽车排气量等指标要求都较严，而有些城市的要求则相对低一点，故它们之间也可开展二手车配送业务，从而减少二手车资源的浪费。

②国际配送。根据各国经济水平和汽车工业发展的不平衡，可以在各国间开展二手车的配送业务，以平衡国际二手车的资源分配。同时也可为国内的二手车消费者积极引进国外的二手车，开拓国际二手车资源。

以上两部分都要求建立二手车的物流系统，这样才能对国内外的二手车资源进行统一的配送。

4. 销售功能

在开展二手车的销售之前，首先要对二手车销售区域进行统一的规划，在此基础上，以各个销售区域为单位进行二手车的销售。主要有以下几种销售方式：

(1)“二手车超市”销售。以某一二手车贸易公司的总体品牌为出发点，建立二手车超市，对各种不同品牌的二手车进行统一销售。

(2) 特许经营销售。这就需要建立二手车贸易特许经营体系，建立二手车销售网点，通过二手车贸易公司的特许经销商对各种品牌的二手车进行统一销售。

(3) 与新车同地销售。即借用新车经销商的车辆展示厅的一部分来展示与该新车经销商所经销的新车同一品牌的二手车，以借新车的销售来促进二手车的销售。

（4）互联网销售。在网上建立二手车贸易平台，通过互联网进行二手车销售。

5. 置换功能

即通过“以旧换新”来开展二手车贸易，简化更新程序，并使二手车市场和新车市场互动，共同发展。客户既可通过支付新旧车之间的差价来一次性完成车辆的更新，也可选择通过其原有二手车的再销售来抵扣购买新车的分期付款。

发挥二手车贸易置换功能的关键在于对物流、资金流进行控制与协调以及与汽车维修、车辆流通等相关领域以及车辆管理所、客管处、工商、税务等政府机关进行横向沟通和纵向疏导工作。

6. 租赁功能

租赁功能可分为用户个人租车、公司租车和长期租赁三个部分。开展二手车租赁服务规范化很重要，实行统一的租赁价格，可以避免二手车租赁公司各自为政而使竞争加剧、价格下降、利润减少的情况，是保证租赁利润的重要条件。另外，目前在国外还兴起一种叫做租售的二手车租赁贸易新方式。即在客户购买二手车之前可以先租赁该车一段时期并按比例支付租金，租赁期满后用户可根据租赁期中对该车的满意程度，依照租售合同中的相应条款决定是否购买该车。

7. 售后服务功能

现今，贸易领域的售后服务的地位越来越重要。因而，要想成功开展二手车贸易，就要充分发挥其售后服务功能。可以通过形成一个统一的二手车售后服务体系，来提高用户对该二手车贸易的信任度和满意程度。开展二手车的售后服务既可以由二手车贸易公司独立开展，也可采取与各地维修商相联合的方式来开展。如可与大众公司合作，向客户推出购买二手车后半年免维修费的售后服务，即客户购二手车后半年内车辆发生非事故性故障均可凭注明购买日期的贸易公司售后服务卡，前往任何一个大众维修站进行免费维修，其维修费用由贸易公司与大众维修站协商后定期统一支付。

6.2.3 二手车经营的新模式

1. 规模化、品牌化

目前，以合资方式进行集团化管理，以大卖场模式进行规模化运营——由厂家认证的品牌二手车正引领着传统二手车市场行业不断突破，探求更高模式的二手车服务理念。据专家预计，未来的二手车市场将出现传统二手车、品牌二手车以及电子商务二手车三方共存的经营场面，而这其中，品牌二手车正借助厂家雄厚的资金实力和的多年累积的渠道网络快速成长。

2. 品牌二手车经营从经销店转向大卖场

品牌二手车是指建立在一定规模的保有量基础上的汽车生产厂家，为了提高其汽车的保值率、巩固用户的忠诚度和提高用户量，进一步完善汽车售后服务领域所开展的二手车业务。

多年来，由于我国二手车市场规则混乱，相关行业法规迟迟未出，不少消费者对二手车缺乏信心。也正是这种状况，使得不少汽车制造企业依靠企业本身的品牌实力，推出了很多品牌二手车业务。目前，国内已经开展品牌二手车的汽车制造企业包括：上海通用的诚新二手车经营管理有限公司、现代首选二手车经营有限公司、广汽本田的喜悦二手车

(简称)、东风标致的诚狮二手车（简称)、东风雪铁龙的龙信二手车（简称)、一汽奥迪的奥迪 AAA（简称)、东风悦达起亚的至诚二手车（简称）等。

未来，汽车制造企业针对二手车的经营将出现一些新的模式，突破原有经销店的方式，效仿新车销售渠道建立品牌二手车大卖场。2010 年 10 月 28 日，上汽集团旗下上海汽车工业销售有限公司、通用汽车（中国）投资有限公司与上海通用汽车有限公司，共同投资成立了分别占股 34%、33%和 33%的“上海诚新二手车经营管理有限公司”。此前，上汽集团还宣布将旗下二手车业务整合至安吉品牌名下，并成立上海总部，如表 6-6 所示。

与国内现有二手车交易市场提供场地、服务来吸引经纪公司入驻，赚取租金和交易手续金的模式不同，“诚新二手车”品牌大卖场是直接从事二手车业务的经营实体，整车厂家和经销商相辅相成，以实现品牌化、标准化、规模化运营的独特优势。

表 6-6　国内品牌二手车经营模式一览

经营模式	代表厂家	品牌名称	成立时间	业务范围及特点
合资公司大卖场	上汽/通用	诚新	2010 年 10 月 28 日	上海汽车工业销售有限公司、通用汽车（中国）投资有限公司与上海通用汽车有限公司，共同投资成立了分别占股 34%、33%和 33%的“上海诚新二手车经营管理有限公司”；新公司 2011 年建成 4 家卖场并投入运营，并规划在未来 5 年内形成约 20 家的二手车卖场网络；直接从事二手车业务的经营实体，整车厂家和经销商相辅相成，以实现品牌化、标准化、规模化运营；二手车收购、整备、翻新、认证、销售、拍卖、售后服务等全业务链环节
合资公司授权经销商	北汽/现代	首选	2009 年 4 月 2 日	国内首家二手车合资公司；北京汽车投资有限公司、现代汽车（中国）投资有限公司、北京现代汽车有限公司共同出资建立合资公司——现代首选二手车经营有限公司，注册资本金 1000 万美元；大批量收购、整备、翻新、过户、转籍、销售、租赁资质的专业化二手车经营公司
经纪公司	上汽	安吉	2010 年 9 月 15 日	未来 5 年内，安吉二手车将在北京、广州、成都和西安等核心城市建立区域总部，辐射周边城市；并在国内建立 100 家二手车收购服务网点；业务范围涉及汽车收销、经纪、置换、拍卖、评估等

续 表

经营模式	代表厂家	品牌名称	成立时间	业务范围及特点
授权经销商	梅赛德斯一奔驰	星睿	2009 年 11 月 12 日	多品牌置换业务，认证二手车零售业务以及售后服务在内的“一站式”购置服务
	东风雪铁龙	龙信	2008 年 9 月 19 日	多品牌置换、一站式服务
	广汽本田	喜悦	2007 年 4 月 20 日	购进广本、本田二手车，通过专业翻新，提供健全的售后服务、纯正的零部件，让顾客在从新车购买、使用、维护、保养，到旧车置换、再购买等每一个用车环节都能切身体验和感受到信心、省心和悦心
	奇瑞	成功	2007 年	第一家自主品牌二手车；置换、收购、寄售、认证、销售二手车
	东风标致	诚狮	2006 年 10 月	多品牌置换、一站式服务
	东风悦达起亚	至诚	2006 年 6 月	二手车置换业务和二手车认证及销售业务
	华晨宝马	尊选	2006 年 1 月 23 日	BMW 尊选二手车（BMW Premium Selection）是宝马集团于 2003 年在全球豪华品牌中，首先推出的全球统一的二手车认证项目。该项目通过对 BMW 品牌二手车的车辆标准、客户利益及经营模式的系统规划和严格要求，向客户提供高品质的 BMW 尊选二手车。目前，全球已有近 40 个国家和地区启动了统一的 BMW 尊选二手车项目
	一汽奥迪	AAA	2005 年 12 月	二手车置换、零售、认证
		品荐	2009 年 11 月 17 日	AAA 二手车品牌的提升
	一汽丰田	安心	2005 年 12 月	全品牌置换、标准化专业检测整备、系统化评估、彻底清洁和价格明示
		SMILE	2007 年 8 月	针对自有品牌； 在所有 250 余家具有安心置换资质的店层层选拔、严格筛选，SMILE 零售认证店目前全国仅有 30 家。
	上海大众	特选	2004 年 8 月 30 日	收购、置换、认证到销售等
	一汽大众	认证	2004 年 8 月 28 日	同品牌二手车置换、检测、评估、售后等
	上海通用	别克诚新	2002 年 9 月 23 日	国内首个二手车品牌； 别克品牌二手车置换（以旧换新）、认证和销售

补充资料

政策助推企业发力，我国二手车市场将迎来高增长

在我国，每年二手车的交易量仅是新车交易量的25%。虽然近7年间，二手车交易量与新车销量的比例已由1∶6上升到1∶4，但是对比国外成熟的二手车市场二手车与新车销售比例的2∶1、3∶1还是有一定差距的，同时也可以预见，我国的二手车市场发展潜力是巨大的。

在一个成熟的汽车市场中，整车销售利润只占整个汽车行业利润的20%，而其余约80%的利润是来自于汽车后市场。在上汽与通用针对二手车市场的这一轮投资热潮中，有诸多共同点，例如，两者都依托在国内强大的品牌号召以及强大的销售网络；业务链条衔接二手车的各个环节，包括提供置换、二手车的收购、认证、销售等，试图改变目前二手车市场管理混乱、价格不透明等弊病，树立行业标准。然而，两者大力开拓二手车市场更大的意义在于，摸索一条适合中国市场的经营模式。

此外，在企业加大投入欲改变行业标准之时，另外一只手也在推动市场的健康发展。自去年以来，相关部门频频出台的政策，欲打造二手车健康的交易平台。2009年7月，商务部、财政部发布“二手车交易市场升级改造示范工程”，在北京、天津、山东、江西等10个省市，通过财政支持，引导企业以提高信息化水平、推进市场服务功能升级、改善交易环境为重点进行技术改造，促进二手车交易量持续增长。2010年年初，商务部再度表示，将积极探讨二手车增值税税收方式，推动建立二手车临时产权登记制度。

根据中国汽车流通行业协会公布的前8个月的二手车统计数据显示，2010年前8个月二手车交易量为231.99万辆，同比增长12.64%，2010年二手车交易量将达400万辆。

有专家预计，随着国内二手车市场的不断发展完善，今后2～3年内，二手车市将会迎来一次“井喷”式增长。而在品牌二手车在市场政策的制定和行业秩序的规范上，也将会起到积极推动作用。

（资料来源：http：//www.motorlink.cn）

6.2.4　二手车交易类型及程序

1. 二手车交易类型

（1）直接交易。二手车直接交易是指二手车所有人不通过经销企业、拍卖企业和经纪机构将车辆直接出售给买方的交易行为。交易可以在二手车交易市场内进行，也可以在场外进行。

（2）中介经营。中介经营是指二手车买卖双方通过中介方的帮助而实现交易，中介方收取约定佣金的一种交易行为。中介经营包括二手车经纪、二手车拍卖等。

（3）二手车置换。二手车置换也是一种二手车经销行为，是指客户在汽车销售公司购买新车时，将目前在用的汽车经过该公司的检测估价后以一定的折价抵扣部分新车款的一种交易方式。

2. 二手车交易的相关规定

（1）二手车交易地点。二手车应在车辆注册登记所在地交易，也就是说，二手车不允许在异地交易。

（2）二手车办理转移登记手续地点。二手车转移登记手续应按照公安部门有关规定在原车辆注册登记所在地公安机关交通管理部门办理。需要进行异地转移登记的，由车辆原属地公安机关交通管理部门办理车辆转出手续，在接收地公安机关交通管理部门办理车辆转入手续。

（3）建立二手车交易档案。交易后，二手车交易市场经营者、经销企业、拍卖公司应建立交易档案。交易档案主要包括以下内容：

①法定证明、凭证复印件（主要包括车辆号牌、机动车登记证书、机动车行驶证和机动车安全技术检验合格标志）。

②购车原始发票或者最近一次交易发票复印件。

③买卖双方身份证明或者机构代码证书复印件。

④委托人及授权代理人身份证或者机构代码证书，以及授权委托书复印件。

⑤交易合同原件。

⑥二手车经销企业的《车辆信息表》、二手车拍卖公司的《拍卖车辆信息》和《二手车拍卖成交确认书》。

⑦其他需要存档的有关资料。

交易档案保留期限不少于 3 年。

3. 交易流程

二手车交易不像一般商品交易那么简单，需要遵守相关的政策规定，按照一定的交易程序进行，这样才能保障买卖双方的利益。不论是哪一种交易类型，都必须办理过户相关手续，实现车辆所有权变更，其交易流程如图 6-2 所示。

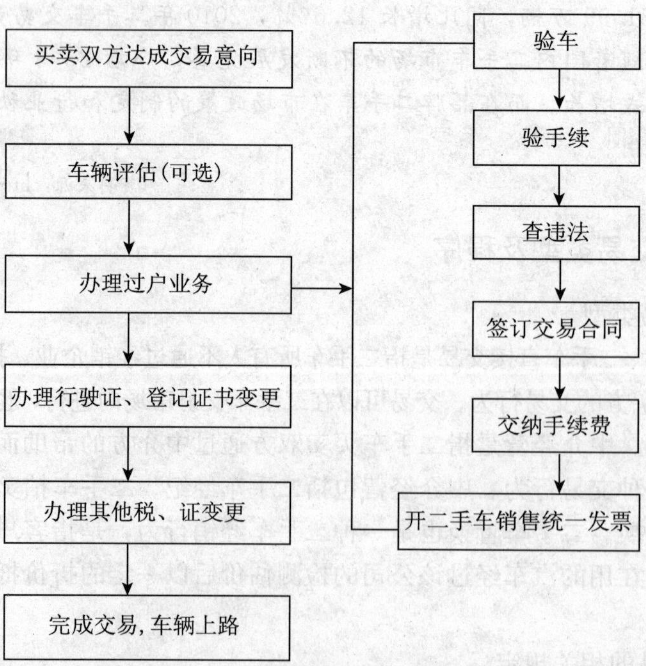

图 6-2　二手车交易流程

(1) 买卖双方达成交易意向。它是指买卖双方已就二手车交易谈妥了相关条件，达成的成交愿望。交易意向的达成是买卖双方的一个谈判过程，一旦谈妥就可以进入办理交易过户的相关手续，完成其交易。

(2) 车辆评估。它是买卖双方达成交易意向后自愿选择的项目。

(3) 办理过户业务。

二手车过户过程实际上是分为两个步骤：车辆交易过户和转移登记过户，两个步骤缺一不可。交易过户业务在二手车交易市场里办理，获取《二手车销售统一发票》；转移登记过户业务在车管所办理，主要完成《机动车登记证书》的变更登记、核发《机动车行驶证》及机动车号牌。

在办理车辆交易过户业务时，还需经过查验车辆、查验车辆手续和机动车所有人身份证明、查询违法记录、签订交易合同、缴纳相关费用和开具销售统一发票这些手续。

(4) 办理机动车行驶证、机动车登记证书变更。

(5) 办理其他税、证的变更。

6.2.5 二手车售后服务

1. 二手车营销售后服务的作用

在现代贸易领域中，售后服务的地位越来越重要，特别是汽车这种技术复杂的耐用消费品，售后服务更成为竞争的焦点。在现代汽车工业中，单纯靠生产制造所获得的利润已经降至10%以下，更多的利润则来源于不断完善的服务。目前，汽车行业公认的最有效的汽车营销模式是整车销售（Sales）、零配件供应（Spare parts）、售后服务（Services）、信息反馈（Survey）“四位一体”的销售服务模式。而服务则是四位一体的核心。如果说产品价格和质量是“第一次竞争”，那么售后服务则是“第二次竞争”，而且这场竞争层次更深、要求更高，更具有长远战略意义。

二手车贸易网点和特许经销商必备的功能之一就是营销后续服务，建立完善的售后服务体系，是解决目前制约二手车贸易的瓶颈问题，促进二手车贸易健康发展的关键之举。

(1) 完善售后服务体系，是由二手车商品本身和交易的特性决定的。

汽车是一种价值大、技术含量高的耐用消费品。消费者在购买时，最关注的就是其质量和售后服务。尤其是二手车，质量不统一且存在未来隐患，不开上一段时间，是不能真正知道车况究竟是如何的。所以，消费者在选购二手车时，自然会考虑到车的实际质量怎样，如果发生问题，由谁来负责维修。由于目前二手车交易中还存在一些不规范、不完善的地方，消费者的利益得不到保障。一旦二手车发生质量问题，无法在交易中心得到相应的维修服务。《中华人民共和国合同法》对买卖合同确立了“谁销售，谁负责”的原则，经销商和消费者之间是买卖合同的关系，可消费者在购买二手车以后，一旦遇到问题，却只能自己解决。所以，与新车相比，二手车更需要建立完善的营销后续服务，保护消费者的合法权益。

(2) 完善售后服务体系，是塑造二手车贸易品牌的关键。

目前，制约二手车发展的一个重要问题是消费者对二手车的质量不放心，感到售后的维修服务缺乏保障，二手车贸易还没有得到消费者的信任和认同。如果能建立完善的售后服务体系，解除消费者的后顾之忧，则会在消费者心中树立起二手车贸易的良好的品牌形象。

而且，从营销方式来看，单纯的销售手段是几乎没有任何技术含量的，“场外游击队”也可以模仿其交易方式。而售后服务则不同，通过“场外交易”购买二手车，如果发生质量问题，消费者无法找到卖主，只能自己负责维修解决；而在二手车贸易公司购买，则会得到品牌、信誉、维修技术、配件供应、服务态度等一系列的保障。所以，建立完善的售后服务体系，可以与竞争对手相区别，提高顾客满意度，塑造二手车贸易良好的品牌形象。

(3) 完善售后服务体系是促进二手车贸易公司改善经营管理、不断发展的推动力。

通过售后服务可以及时了解顾客在使用二手车过程中遇到的问题，广泛征求顾客对交易方式和服务的意见，充分掌握顾客的要求和希望，并把这些信息迅速反馈给经营管理部门，有针对性地不断进行改进。了解顾客、贴近顾客才能推动我国二手车贸易公司不断改进经营管理、实现品牌战略及提高经济效益和社会效益。

2. 二手车售后服务网络的构成

二手车售后服务网络主要由两部分组成：一是二手车贸易网点和特许经销商；二是各品牌汽车生产商已有的特约维修站。其中，各贸易网点和特许经销商是二手车贸易售后服务体系的主体，有责任对贸易网络中销售的二手车进行维护。各品牌的汽车维修站可以和二手车贸易公司通过适当的形式达成协议，进行合作，使其对本品牌的二手车提供维修、保养等服务。售后服务体系可以充分利用这些资源，合理规划、有效整合，建设布局合理、功能完善的售后服务体系，为顾客提供最大的方便。

二手车贸易网点和特许经销商的功能之一就是提供完善的售后服务。本着“谁销售，谁负责”的原则，经销者要对其销售的二手车做好售后服务工作。建立顾客档案，跟踪二手车的质量状况，了解顾客的使用情况。一旦所销售的车出现质量问题，及时提供维修服务。这样，才能解除顾客购买时的疑虑，没有后顾之忧，顾客才能放心购买，二手车贸易的潜力才能得到充分发挥。

各品牌汽车生产商已有的特约维修站也要纳入售后服务网络之中来。这样，一方面有利于各个汽车生产商树立品牌形象，如果能对本品牌的二手车也实行维修保养及跟踪服务，顾客会感到该品牌很有保障，以后在选购新车时，自然会多加关注。这样，提高了顾客的忠诚度和满意度，形成良性循环。另一方面，利用设备、技术、人员等各方面条件都已较成熟的维修站，可以不用再另行投资，重新创建专门的二手车维修中心，大大节约了成本，充分利用了资源。在此基础上，对贸易网点、特许经销商、特约维修站进行规划整合，优化选址，合理布局，统一标准，顾客信息网络化，建立与二手车销售网络相配套的、覆盖全国的售后服务网络。保证二手车无论在何时何地发生问题，都可以得到及时、方便的维修。

3. 二手车售后服务网络的功能建设

(1) 建立顾客档案，进行定期回访为顾客建立售后服务档案，可以密切了解顾客的使用状况，进行有的放矢地跟踪服务。利用现代信息技术，详细记录顾客的信息，并且留心观察，全面分析，科学管理，保证档案的系统性和正确性。有计划地进行顾客回访，及时了解顾客在二手车使用过程中遇到的问题，广泛征询意见，不断提高服务质量，可参见日常维护服务示意图（图 6－3）。

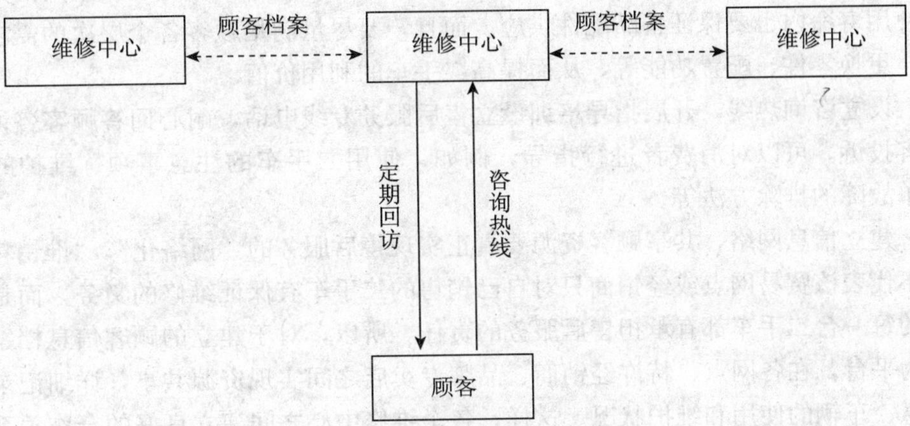

图 6－3 日常维护服务示意图

（2）提高维修技术，完善维修设备汽车是一种技术含量较高的耐用消费品，对其维修时，需要较高的技术水平和较完善的设备。绝不能因为是二手车，对其进行维护的设备和技术也成了“二手”的。实际上，有效的维修和养护是正常使用二手车的关键。所以，维修中心应该具备先进的维修设备，维修人员要掌握过硬的维修技术，以保证能对事故车进行及时维修，并能进行日常有效的养护，维修作业流程可参见下图 6－4。

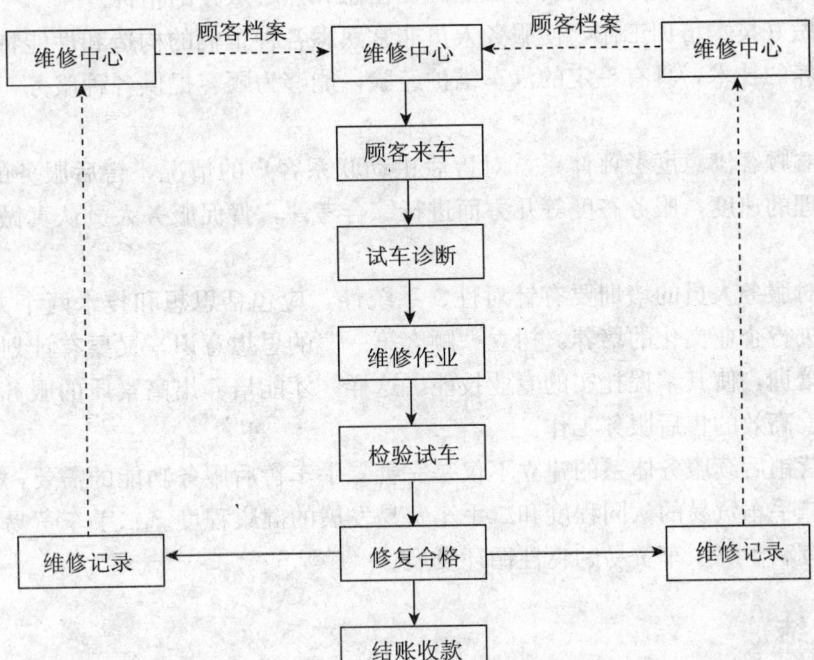

图 6－4 维修作业流程

(3) 提供备品配件，满足不同需求维修中心要备有品种、规格齐全的汽车配件，避免因为缺少合适的配件而耽误汽车的正常使用。即使是车型较老，现在较少生产的产品，在预期的使用寿命内也要保证备品配件供应。而且，要尽量满足顾客各个层次的需求，如改装车身、更换零件、配置功能等，从而提高二手车的利用价值。

(4) 设立咨询热线，开展指导培训设立售后服务专线电话，耐心回答顾客咨询，快速回应顾客投诉。可以对消费者进行指导，例如，使用二手车的注意事项、维护的基本常识、简单故障的排除方法等。

(5) 建立信息网络，共享顾客资源要真正实现售后服务的"网络化"，"谁销售，谁负责"并不代表该贸易网点或经销商只对自己销售的二手车有保证维修的义务，而是对贸易网络内的每一台二手车都有承担售后服务的责任。所以，对于建立的顾客信息档案，可以以网络为平台，在各网点、特许经销商、品牌专卖店之间实现资源共享，详细记录顾客的基本信息、车辆的使用和维护状况。这样，各个维修中心之间建立良好的合作关系，实现联网服务，才能真正发挥售后服务"网络化"的优势，使顾客满意度最大化。

4. 售后服务人员的培训

售后服务作为一个"软件＋硬件"的综合性工作，要求服务人员既要有高度的耐心和热情，又要有过硬的知识和技术。所以，要对售后服务人员进行严格的培训和考核，提高其综合素质。

(1) 要在每个售后服务人员心中树立"顾客第一"的观念。真正想顾客之所想，急顾客之所急。由于二手车的特殊性，顾客在使用过程中遇到的问题可能会比较多，维修起来会比较麻烦，这就要求服务人员要有强烈的责任感和热心服务的精神。

(2) 要做好技术培训工作，使服务人员非常熟悉各种车辆的构造和性能特点，掌握汽车维修和保养的技术，具有一定的汽车维护经验，能够为顾客提供各种服务，及时为顾客排忧解难。

可以建立顾客满意度考评体系，对售后主动联系客户的情况，售后服务的咨询能力，维修服务处理的速度，服务态度等几方面进行综合考评，督促服务人员认真做好售后服务工作。

可见，对服务人员的培训要有针对性、系统性，应包括思想和技术两个方面的内容。既要在平时进行企业文化的培养，树立"顾客第一"的思想意识，又要有计划地举办系统的业务知识培训，使其掌握扎实的专业技能。这样，才能培养出高素质的服务人员，开展全面、优质、高效的售后服务工作。

二手车营销后续服务体系的建立不仅是完善二手车售后服务功能的需要，还将直接关系到顾客对二手车贸易的认同程度和二手车贸易发展的健康程度。二手车贸易售后服务体系的建立将有利于二手车贸易的良性循环发展。

本章小结

本章重点介绍了二手车的各种评估方法、鉴定评估工作内容及程序、二手市场营销模式、二手车的交易类型及程序以及售后服务的内容。

知识训练

一、填空题

1. 二手车的计价形式有________、________和________。

2. 二手车的评估方法有________、________、________和________四种。

3. 若采用收益现值法评估二手车，只能用于________。

4. 一辆私家车已使用3年9个月，采用使用年限法计算的成新率是________。

5. 由于汽车的使用，出现了磨损、部件性能下降，致使原有的车辆相对新车型的贬值成为________。

二、选择题

1. 开展汽车营销功能有（　　）。

A. 办理相关手续功能　　B. 政府审查执法功能

C. 车辆流通管理功能　　D. 二手车交易的功能

2. 旧车销售方式有（　　）。

A. "二手车超市"销售　　B. 特许经营销售

C. 与新车同地销售　　D. 互联网销售

3. 运用综合分析法展开二手车价值评估时需要考虑（　　）。

A. 技术状况　　B. 使用维护　　C. 制造质量　　D. 工作性质

4. 引入第三方物流对汽车制造业的作用是（　　）。

A. 降低物流成本　　B. 实现零库存管理

C. 产生协同效应　　D. 提高员工积极性

三、思考题

1. 简述二手车评估方法的特点与运用条件。

2. 简述二手车交易的手续。

3. 简述二手车交易的发展趋势。

实训项目

实训项目名称

分析二手车交易过程中的价值评估与熟悉二手车过户手续

实训目的

1. 掌握二手车价值评估方法。

2. 熟悉二手车过户手续及流程。

实训要求

选定××二手车作为研究对象，完成以下内容：

任务1：对××二手车进行收购及销售

(1) 采用恰当的评估方法，评估该二手车的价值。

(2) 查阅相关资料，了解影响二手车收购及销售定价的因素，确定经销商的收购及销售价格。

(3) 小组角色扮演，5 人 1 组，分饰原车主、评估师、收购方、销售方、新车主，现场模拟收购与销售过程。

任务 2：熟悉二手车交易过户业务

二手车交易不像一般商品那么简单，其手续办理需要遵守相关的政策规定，按照一定的流程进行。

(1) 查阅相关资料，每个同学提交一份二手车过户流程说明书。

(2) 收集二手车过户时需要进行变更登记的相关手续。

(3) 收集当地办理二手车过户手续所需的各项费用。

实训时间

8 课时。

参考文献

[1] 科特勒，等. 市场营销原理（亚洲版）[M]. 何志毅，等，译. 北京：机械工业出版社，2006.

[2] 张国方. 汽车营销 [M]. 北京：人民交通大学出版社，2003.

[3] 王静. 现代市场调查 [M]，2 版. 北京：首都经济贸易大学出版社，2001.

[4] 徐向阳. 汽车市场调查与预测 [M]，1 版. 北京：机械工业出版社，1999.

[5] 单凤儒. 营销心理学 [M]. 北京：高等教育出版社，2005.

[6] 孙路弘. 汽车销售的第一本书 [M]. 北京：中国人民大学出版社，2007.

[7] 甘华鸣，王俊杰，高照娟. 新产品开发管理操作规范 [M]. 北京：企业管理出版社，2004.

[8] 陈永革. 汽车市场营销 [M]. 北京：高等教育出版社，2008.

[9] 志华，张子波. 汽车营销实务 [M]. 北京：北京大学出版社，2010.

[10] 张发明. 汽车营销实务 [M]. 北京：机械工业出版社，2009.

[11] 裘文才，崔玲. 汽车营销实务 [M]. 上海：同济大学出版社，2009.

[12] 宋润生. 汽车营销基础与实务 [M]. 广州：华南理工大学出版社，2006.

[13] 张建宁，营销渠道审计存在的问题及对策 [J]. 消费导刊，2009，(19).

[14] http：//wiki. mbalib. com/wiki/%E9%A6%96%E9%A1%B5MBA，智库百科网.

[15] http：//auto. sina. com. cn/，新浪汽车网.

[16] http：//www. cnautonews. com.

[17] 李景芝，赵长利. 汽车保险理赔 [M]. 北京：机械工业出版社，2009.

[18] 贺展开，张岸杨，机动车保险与理赔实务 [M]. 北京：机械工业出版社，2009.

[19] 张晓华. 汽车信贷与保险 [M]. 北京：机械工业出版社，2008.

[20] 张旭梅，但斌，刘飞. 企业信息化工程 [M]. 北京：科学出版社，2003.

[21] 宋润生. 汽车营销基础与实务 [M]. 广州：华南理工大学出版社，2006.

[22] 李德明，熊南南. 营销 4P 在瑞风商务车推广由应用的研究 [J]. 营销市场，2009，(12).